道德發展心理學

馬克林／諾爾士 編

方能御 譯

臺灣商務印書館 發行

致　　謝

　　這裡謹向 Holt, Rinehart 及 Winston 先生惠允我們摘引 Robert W. White 的 *Lives in Progress* 一書；國際大學出版社惠允我們摘引發表在 *Psychological Issue* 中的 Robert W. White 的 " Ego and Reality in Psychoanalytic Theory " ；W. W. Norton 先生惠允我們摘引 Erik　Erikson 先生的 *Childhood and Society* ，均致以謝意。 在我們的計劃過程中 ，The Heritage Foundation 出版的 *Policy Review* 和 Academic Press 出版的 *Developmental Review* 分別出版了第四章和第八章的簡縮稿。

目　　錄

i

中 文 版 序

在本書中進行的道德教育的基礎的研究，是對正在顯現的對人格成長和教育的價值的認識，所作的應答。價值闡明是為了滿足這種需要，並是在晚近所做的各種努力中的最首要的一項。其企圖僅僅是使隱藏在人生中的選擇引導變得更為明顯和有效。皮亞杰（J. Piaget）和柯爾伯（L. Kohlberg）所作的主要是技術性的努力已經成功地勾勒了道德論理向更抽象和原理水平發展的動態圖景。

然而，事情卻比技術事件廣闊和深刻得多。人是個複雜的物理性實體。人有感覺和知覺、感情和情緒、智能和洞察力、意志和愛好——當然，還有相反的一面。隨著時間的推移，和與家庭及社群的相互作用，人便把原始的學習能力形成了人的品格，以給出人們的個人和社會生活的穩定的形式。為了更好地瞭解並幫助品格的成長，不僅需要古代的智慧，更要真正的新的理解。我們這些哲學學者、心理學專家及教育專家組成的有挑戰力的小組，共同工作了兩年落實這項創造性的研究，就是要求產生所需的新的洞見。

這項研究計劃是由九名哲學家的小組開始的。他們在調查了這個問題的狀況和北美及歐洲哲學中有用的材料之後，便著手發展一種對人的綜合性的理解，對人在道德行為方面的學習能力則給了特別的注意。他們審視了道德論理與道德原則關係的經典理論，在個人與家庭和社群的複雜的多層次的相互關係過程中目的性和責任性發展的最近的現象學理解，以及這兩方面與個人的總的宗教和哲學

觀的關係。這樣，就有可能對道德成長作爲個人品質成長過程有更
好的理解。由價值和美德構成的個人品質是理性和創造性的道德行
爲的引導，並給行爲賦予能力。哲學家小組的研究已先以《行爲和
行爲者》(*Act and Agent：Philosophical Foundations of Mor-
al Education and Character Development*, G. McLean, F.
Ellrod等編著) 出版。

在該書出版後的幾年中，對於這些價值和美德不僅僅是個人
的，而且是由整個人群的創造性的生活型式、理解型式和經歷逐漸
形成的。在個人這便形成了品德，在民衆便形成了文化。而個人又
在文化中成長，形成他們自己和他們的生活。一代又一代，這種促
進善的生活的意識，以及因此而來的人們相互作用中的好的方
面（ decet ）得到了繼續重新評價，有選擇地傳遞下去（tradi-
ta ），由此便構成了文化傳統。這便是一份人文的遺產，每一個人
又由此開始了他（她）的生活歷程。戛達美（ H. G. Gadamer ）和
哈柏瑪斯（ J. Habermas ）等學者所作的詮釋學（ hermeneutic ）
研究，擴展了海德格（ M. Heidegger ）等對於人的基礎研究，並
對這種新的理解給予了可能。這就開啓了最有成效的理解之途。在
這些理解之途中，廣義理解上的教育可以也應該是價值和品質成長
的過程。在《行爲和行爲者》一書的第二版中增添了第四章，以反
映這些重要的近期進展。

本研究計劃的第二卷是心理學家小組的研究。與哲學家的工作
方式類似，他們在一年後開始了心理學方面的工作。他們發展了心
理學的新領域，特別是人的責任心的發展不僅是環境的條件作用，
而且與情緒的道德方面以及與人際的對品德發展有意義的範例或講
故事中想像的範例有關。

　　第二卷由兩大部份所完成：一是道德成長的綜合的心理學理論，二是從嬰兒至老年整個一生中道德發展的縮影，這部份根據各階段分期，確定出那些是可以期望得到完成的及其他人可給以何種幫助。

　　本書的英文本原名爲*Psychological Foundation of Moral Education and Character Development：An Integrated Theory of Moral Development*（道德教育和品德成長的心理學基礎：道德成長的綜合理論）。它的中譯本出版是個最重要的步驟。翻譯使研究深入到詮釋學的層次。在這個層次上，翻譯產生出不同文化的差異，這對於心理學的動力機構會成爲敏感的問題，因爲文化不僅是外在環境，而是人們構型他們的未來所作的自由的和不斷的選擇。這就造成了對東西方之間，及同一文化的不同代之間有關聯結過程進行瞭解的可能性。因此，這本書在使學者能創造性的運用中國文化去構建中國與世界的其他地區的未來會起重要作用。

　　在道德教育的基礎這項研究計劃的結構之中，這本心理學又在哲學家和心理學家的比較理論性的研究與一年後開始工作的教育小組的研究之間起著橋樑作用。以上述的兩項研究爲基礎，來自美國和加拿大的一些學校和研究機構的教育問題研究者，將道德教育的歷史和現實的探討性的研究進行到對教育過程本身的研究上去（T. Lickona）。不僅把學校當作學習的機構，而且是一個有序的社群，對於正值成型之年的學生們的道德觀和概念的形成起著核心的作用。這項研究集中於探詢和方法，這些對於初等的、初中的、高中的及大學的學生均最爲有用。這項研究還進一步研究了父母、宗教和媒體的作用。這一卷由萊恩（Kevin Ryan）主編，書名《學校內外的品格的成長》，另外一本由督察和課程發展協會編的小冊

子《 學校生活中的道德教育 》(*Moral Education in the Life of the School*)比較短小，與本研究十分相似。

　　還有一些已經進行了的或正在進行的相關研究。有一本書名《 價值的社會內容，美洲的觀點 》(*The Social Context of Values，Perspectives of the Americas*)，主要爲拉丁美洲的作者所撰，深入到價值形成的心理、社會的和社會－文化的基礎，進一步的方面，這本書從歷史、技術、美學和宗教作了相關研究。還有一些書，例如《 道德教育和品德成長的中國文化基礎 》(*Chinese Foundations for Moral Education and Character Development*)，這些是我的其他文化傳統知識有關來源之一。

　　在進一步的基礎上，杜根(Duquesne)大學建立了品德教育中心，公民責任和教學。他們的工作特別關心從文化資庫裡提出道德和品德教育的途徑，並將之創造性地推向新的一代。教育中心一直在舉辦學習班，教師們編寫了一系列教材，對不同程度的課堂教育作出了具體的貢獻。

　　每一代人都必須努力瞭解自己的生活，並幫助孩子形成他們自己的生活。這便是道德教育基金會所擬定並正在執行著的人的探索研究計劃的核心。第一步是出版了本書。

　　毋庸多言，眞正的英雄是本書的作者們。由於對價值、教育和人的心理成長的新的洞見的需要，出於對這種需要的深切感受，他們在志願的基礎上，來自不同的心理學背景，組成了一個能承擔這項新挑戰、組員各有所專的小組。在探索學科的新領域和巧妙的新理解過程中，他們是人們內在世界的新探索者。

　　諾爾士(R. Knowles)教授額外地貢獻了領導工作。他不僅有效地組織了這個組員各有所專長而又平衡的心理學家小組，並且

帶領小組在其他的學科方面工作。方能御教授以他對本書內容和有
關文化的深刻理解，作了實在的艱苦工作，將書稿翻譯成爲中文。
沈清松、王淼洋和蔣冰海敎授爲安排本書的出版費了不少心血。最
後，我們還應特別向 James A. McLean 家族致謝，是他支持了
這項研究，並向 Bonnie Kennedy 女士致謝，她多年來精心地爲
修改、編輯許多手稿而辛勤工作著。

　　讓我們共同慶祝本書中文版的出版。

　　　　　　　　　　　　　　　　　喬奇・馬克林
　　　　　　　　　　　　　　　　　（G. McLean）

導　言

本書想從心理學出發爲道德敎育實踐和個性發展提供更充實的理論基礎。這不僅僅提供心理學的發現，而且在更大的框架之下綜合這些發現發展一種理論。本書目的不僅包含已有成就，而且爲當代道德發展理論提供更特定的理論。

本書也是本系列叢書中《行爲和行爲者：道德敎育和個性發展的哲學基礎》（ F. E. Ellrod, G. F. McLean 編，美國大學出版社，華盛頓，1986 ）和另一本敎育理論和實踐著作《學校內外的品格發展 》（ K. Ryan, G. F. McLean 編：紐約，Praeger，1986 ）之間的橋樑。這些書均由一組有關學科的學者所著，也是兩年多以來進行不同角度的、批判性的深入討論的結果。每一組作者均從自己的學科，哲學、心理學、敎育學吸取了豐富的材料，應用他們的方法，並且，同時，向比各自專業廣得多的領域開放。

本書儘管與第一卷哲學基礎一致，但本書討論心理學基礎。因此，並不是單純地將心理學的成果應用於敎育，而是爲了對道德敎育和個性發展進行研究或瞭解的人們提供專門的心理學材料。

本書作爲第一卷哲學基礎的續篇，側重對有關道德發展的心理學研究進行綜合。目的是指出每一項心理成就對道德的各方面所能作出的貢獻。兩卷共同的論題側重於道德行爲，這包括對道德思考的描述，但並不局限於此。這兩大論題均反映於內容與安排兩方面。

第一部份是背景知識。第一章是麥卡伯（ McCabe ）寫的關於道德發展心理學的當代主要思想的歷史性評論。克拉夫特（

Kraft）的章節從現象學的觀點力圖對這些看法進行綜合。

　　第二部份在結構上與哲學卷的主要部份在大體相似，為讀者提供關於道德行為者的心理方面的各種觀念和發現，是心理學對道德理解所作貢獻的一份摘要，並力圖從綜合的和最近的角度來討論。每一章均介紹心理學的某一特殊觀點所作出的發現。通常在每章結尾均對該觀點的局限性作出解釋，並指出在綜合理論中所包括的發展。

　　例如，第一章從認識角度研究道德的發展。麥卡伯（Mc-Cabe）指出，把道德看作為推理（reasoning）的心理學家們在這方面作出了許多發現。他批評這些方法忽視了道德的其他方面，他建議道德推理應該包括更綜合的理論。

　　布拉貝克（Brabeck）的章節討論了道德態度的問題，這是道德行為者的另一方面。她評論了對柯爾伯（Kohlberg）的研究的一些批評。柯爾伯認為道德應該包括像關心這樣一些相對的美德，而不應該局限於抽象的普遍的觀念，例如正義。下面的哥爾曼（Gorman）和布拉貝克的章節力圖描述道德的感情成份，討論了心理學家所發現的與道德有關的特殊情緒，並進一步認為感情成份應包括在更大的道德理論內。蓋文（Gavin）的章節討論道德選擇，介紹了例如行為主義和社會生物學之類的專門的心理學研究的發現及某些自我決定性的研究的發現。她論辯了一種理論，既考慮決定性又考慮人們自我完善的能力。

　　第一部份的後兩章討論道德特性。慕塞爾（Musser）和列翁尼（Leone）的前一章包括從社會習得來觀察道德的全面的評論。在托出這種研究的價值的同時，他們推薦的方法更多的考慮人和道德環境對個人的動態性的影響。奇帕翠克（Kilpatrick）的後一章主張講故事是發展道德品格的一種方法，並描述了這種方法與艾利

克森（Erikson）的同一性概念的關係。

　　列翁尼與葛拉齊亞諾（Graziano）的關於道德環境的章節總結了這個論題的近期研究。他們認爲大部份研究只強調了環境對人的影響，他們建議在更大的程度上考慮人對環境的影響。

　　在第二部份介紹了各種觀點的發現之後，第三部份的任務是將這些理論綜合起來構成道德成長的綜合性理論。諾爾士（Knowles）的第一章以艾利克森（Erikson）的理論爲起點，因爲這包括了第二部份中討論的許多問題。然而諾爾士的理論超過了精神分析理論，以便把人的另一重要方面放在適當的地位，即認爲自我是生活在價值環境中的。諾爾士的第二章贊成懷特（White）對艾利克森的道德成長理論的擴充，並繼續了認知性的、技術性的自我（ego）與作爲責任與關心的自身（self）之間的區別。這兩章提出了道德行爲的綜合理論。

　　哥爾曼的最後一章是對以上兩章道德成長階段論的綜合。該理論指出人在特定階段時的地位，發展的方向以及成人或其他人在進一步道德發展方面所能做的。成人的一些階段也包含在本章之內，故本章可作爲前兩章的摘要，並可作爲本册心理學與其他心理學的銜接。

　　系列叢書的以下幾册將拉丁美洲（*The Social Context and Values*：*Perspectives of the Americas*）、中國（*Chinese Foundation of Moral Education and Character Development*）及其他文化加入到對人的研究，將各自關於人生的社會和社區的重要性的豐富的文化傳統的內含注入到道德教育和個性發展的研究。

　　這些文章所作的深入討論爲叢書加入了各自的特色研究並增加了整體的完整性。因此，小組的每一成員與哲學和教育小組一起爲整個論文集作出了重要貢獻。由於價值與哲學研究會（the Council for

Research in Values and Philosophy ），James A. McLean家族
及 Dyson 公司（ Dyson Corporation ）的資助，這些討論會才有可
能。這些討論會的秘書工作均是 B. Kennedy 女士完成的。

第一部份

背　　景

第 一 章
道德成長心理學的歷史背景

麥 卡 伯 著
Sheridan Patrick McCabe

　　美國心理學史的主要分界可能就是引入科學方法來研究人，這
是從德國引入的在十九世紀末紀建立的新學科。與馮特（Wund）
在萊比錫建立其實驗室的同時，在美國也可看到類似的活動。詹姆
士（William James）在哈佛大學的哲學系走向了對心理學進行科
學研究的方向，霍爾（Stanley Hall）、卡特爾（James McKeen
Cattell）及其他美國心理學的先驅者們也在這些方面進行了研
究。十九世紀的後四分之一這一領域有迅速的發展。

　　在這之前，美國的大學主要興趣是宗教、價值和個性的發展。
在美國建國之父傑弗遜（Thomas Jefferson）和富蘭克林
（Benjamin Franklin）的著作中體現了這個精神。然而，他們的
大部份著作只集中於個性發展和價值問題。

　　最初建立的一些美國的大學僅僅為此急需之國設立了政治、宗
教、教育及醫學的地區性訓練基地，即使一些學術性較強的學科對
實用的強調也十分明顯。哲學系是個特殊的例子，從哲學中分出了
早期的心理學系。許多這類大學（如哈佛和普林斯頓）的長期傳統
是培養教士以應迅速增長的社會所需。因為這些學校均強調新教，
故英國和蘇格蘭的哲學觀點易於流行。因此，心理學在受到德國的

新科學影響之前，在方法學上是哲學的、在價值觀上是實用主義或
功利主義的，其基礎是聯想主義或經驗主義。對哲學方法的強調爲
後來心理學研究的科學方法的發展提供了基礎和動力，與此同時，
這也易於集中於主體和導向詢問研究方法。

　　道德發展的哲學方面的歷史過程，特別是在美國的發展，將在
本叢書的第一卷第二章中敍述。本文所提及的一些作者，如詹姆士
（James）和杜威（Dewey），在早期的心理學中也有重要建樹。
然而，心理學的早期哲學基礎並未像這兩位作者所思考的那麼發
展。

　　除了當時的哲學氣候外，另一個對道德發展心理學的發生有重
要影響的因素是達爾文（Charles Darwin）進化論所帶來的對科
學的熱情。對生物學的新觀點，及因此引起的社會學和相關學科的
發展，對於心理學觀念的發展具有深刻的影響。這些觀念的變革迅
速地輸入到美國，對於兒童發育的理論思想的形成起了重要作用。
來自生物學的新觀點從進化論觀點中得到了動力觀和功能觀以實驗
方法爲基礎探取了科學的途徑，在美國受到實用主義的影響得到了
進一步的成形，並成了研究兒童發育的新途徑的基礎。過去與傳統
相聯繫的神學的和道德的觀點現在轉向新的技術，從而對青年個性
的成長有了新的理解與促進。這裡將考慮領導著這種發展和方法學
的主要思想家。

　　詹姆士（William James）　與北美洲心理學的建立相聯繫的
名字是詹姆士。他是個知識廣博的人，無論在氣質上和學校教育上
均有藝術的特質，曾經學醫，爲美國引入了對心理學的科學研究方
法，後來更成了大哲學家。詹姆士對心理學的影響不僅在他建立的
實驗室工作，而且在於他的著作。他所著的《心理學原理》
（*Principle of Psychology*, James, 1890）曾作爲敎課敎育了一代

心理學家，使人深感他的知識廣博。關於道德成長的章節討論個性、意志、美德均從美國學者從未有過的角度進行討論。詹姆士竭力從科學研究和實證角度來考慮這些論題。他的哲學精神，包括對認識論進行實用主義的和經驗的研究，顯然支持這種科學性。儘管在方法上有所擴大，心理學的主觀性仍未改變。

霍爾（G. Stanley Hall） 另一名美國心理學先驅斯坦利·霍爾，曾在馮特（Wund）的心理實驗室獲得學位，回美國後成了大革新家。除了從馮特那裡帶來了科學方法以外，霍爾對發育心理學、宗教與道德的發展特別感興趣。霍爾在約翰斯、霍布金斯大學建立了心理學實驗室，曾任克拉克大學（Clark University）第一任校長，並建立了美國心理學學會。霍爾還創辦了許多雜誌並將弗洛伊德（Sigmund Freud）介紹給美國。霍爾對發育心理學作了廣泛的研究，特別是青少年發育的研究，對道德成長提出了許多有益的觀點（Hall，1904）。在這項研究中，霍爾應用經驗詢問的觀察法往往從上千名青年中獲得資料。然而，霍爾的採樣不夠好，其推論又缺乏方法學的嚴格性，不能像後來所期望的那樣。況且，他的許多著作以他自己的預感和直覺爲基礎，並不依據客觀資料，他用自己的信念填充經驗證據的缺乏。然而，對於以道德訓戒和思想箴言爲特徵的領域，他必須歸功於嚴格的方法學。因此，正如詹姆士和杜威那樣，霍爾反映了那個時代的興趣與研究道路。他是一個廣博而又創新的人，以科學探詢，精神分析的詮釋和他自己的對經驗進行理性分析爲基礎將各種觀點綜合起來。

鮑溫（James Mark Baldwin） 在道德成長心理學早期發展中另一位應該提及的是鮑溫。他是普林斯頓大學心理實驗室和《心理學評論》雜誌的創建者。他的許多學術研究是有關道德成長問題的。他在1906年所著的《心理發育的社會學和倫理學解釋》（

Social and Ethical Interpretations in Mental Development）便是用達爾文主義的觀點力圖對道德成長進行解釋的著作。在這本書中，鮑溫對社會發展、社會組織和自身（ self ）的起源作出了一個社會和道德發展的遺傳理論的大綱。事實上，他的思想成了皮亞杰（ Piaget ）和柯爾伯（ Kohlberg ）的先驅。儘管鮑溫的貢獻在目前美國的心理學界未獲廣泛承認，皮亞杰認為他的認知結構階段發展理論的形成受到了鮑溫的重要影響。

實驗方法的影響

十九世紀後期心理學尚未清清楚楚地從哲學中分離出來。心理學的哲學基礎是來自英國和蘇格蘭傳統的經驗主義和聯想主義，是對歐洲大陸的理性主義的反動。早期美國心理學所處的特殊哲學土壤對其發展特別有利。然而，值得注意的是早期心理學的發展受到了哲學問題的促進。從馮特心理學觀點分岐出來的觀點之一是費希納（ Fechner ）對感覺的早期研究。這項研究以馮特的方法學為基礎，而又側重於內省（ introspection ）和生理測量。然而，費希納的這種思考受到了英國經驗主義者的反對。這種理性主義的一個更極端的形式是所謂「能力心理學」（ faculty psychology ），這種心理學假定有一種「能力」或假設性的結構能夠傳遞出已有的功能，例如智慧和記憶。後來，這種方法進一步用於道德活動的其他類別，如特殊的道德特徵或美德例如誠實和忠實。在最壞的方面，能力心理學傾向於重複這些能力而不顧其行為的特殊性，因此對於新興的心理學領域的科學精神是對抗的。

十九世紀最後十年和二十世紀的前十年間，開始於德國由馮特所作的科學創新，強勁地輸入了北美洲。相當多的美國人前往德國

受學於馮特或他的弟子，然後回國建立類似的實驗室。如前述，霍
爾便是一個例子，卡特爾（James McKeen Cattell）是另一個例
子，在後來的數年又有了十餘名。

　　這樣，在心理學家中便有了分化。有些學者主張正統，認爲馮
特的研究方法是心理學中最正確的概念。持這種觀點的人們中，突
出的是鐵欽納（Titchner），他是一名英國人，在馮特那裡獲得學
位，後來在康奈爾（Cornell）大學敎學。其他一些人，特別是追
隨詹姆士、杜威和卡特爾的美國傳統的，強調個性差異將心理學引
向另一方向，其要點是強調行爲和達爾文的進化觀。後一種研究途
徑有許多形式，稱爲功能主義（functionalism），而鐵欽納和傳
統主義者則被稱爲結構主義（structuralism）。

　　在美國心理學的早期發展上，這一分化具有很大的重要性，儘
管爭論一直持續了很長時期。因爲功能主義具有唯一的美國特徵，
所以在美國心理學界迅速成爲主要學派。這使它區別於歐洲大陸的
心理學方向，並有了明顯的固有特徵。在當時流行的哲學思潮中，
美國的功能主義心理學有著相對堅實的基礎。它具有明確的新興的
科學方法，並能迅速地與各種成功的理論鍥合。

　　這些因素導致了北美心理學迅速發展。這一發展包括將德國實
驗室的嚴格的實驗方法與強調個體差異並將之應用於當時的實際問
題這兩方面結合起來。這些包括那些與靑年敎育有關的問題和強調
道德成長。在這方面霍爾、詹姆士和鮑溫的工作均是針對道德成長
的。美國的心理測試運動是由卡特爾領導的。這一運動受到了英國
心理學的明顯的影響，特別是高爾頓（Galton）和皮爾遜（Pear-
son）的工作。他們兩位主要關心的是研究個體差異的遺傳和進化
方面。這一側重點對功能主義和動力主義（dynamism）是進一步
的推動，使這兩個主義成了二十世紀美國心理學的特徵。

　　然而，比奈（ Alfred　Binet ）在法國的研究證明了在測量和評定個體差異和認知過程中形成學派方向的重要性。另外比奈還是建立兒童發育心理學的主要人物，他在這方面影響將在以後介紹。然而，推廣比奈測驗並使比奈測驗在第一次世界大戰後得到巨大發展的卻是真正的美國現象。由於它強調嚴格的觀察、定量化、在經驗的和功能內容的基礎上發展概念，於是促成二十世紀早期行為主義（ behaviorism ）的發展。

　　華生（ John　B.　Watson ）　　新行為主義的最傑出和有力的發言人是華生。在芝加哥大學就學時他就堅信只有可觀察的行為才是心理學研究的合適的主體材料。當時，結構主義的內省性方法已經衰落。華生對發展心理學理論應用精神主義的觀念特別持批判態度，並積極發展一種完全排除「形而上學」思考的心理學。這種心理學應完全能用可觀察的資料來表述，為此他希望將複雜的行為還原成嚴格的確定的觀察單位。華生選擇了巴甫洛夫（ Pavlov ）所發展的條件反射方法來確定複雜行為的基本單位。在這個系統中，情緒或思想可還原成先天的或獲得的反射型式或結局，通過條件作用引起和整合出反射。因此，比較心理學或對低等動物的研究成了首選的方法，因為這可以增加設計實驗的科學嚴格性。於是，實驗的方法成了基本的，並在某種程度上，唯一可接受的科學研究途徑。數十年來，由於對內省和理性主義的強烈反應，那些以往受到強調的並形成詹姆士、霍爾和鮑溫的研究特徵的心理學受到了摒棄或至少是轉向。

　　這種方法將道德行為還原成通過條件作用而獲得的一套複雜的機械反射。行為主義完全是決定論的，這裡沒有自我取向（ self direction ）和道德選擇的餘地。行為主義還極端地強調環境的作用，認為個體的差異完全是個體的經驗和強化作用的不同。這種立

場真是相當地極端，它成了美國心理學的主導力量。行爲主義儘管
也有所發展，有所擴大，發展成了許多形式，它仍將在相當年內發
揮其影響。在道德成長方面，這種觀點在社會習得理論中看得最爲
清楚，儘管它對所有的理論和研究方法均有影響。這種影響的擴展
也是其他許多影響的結果。

　　臨床與兒童研究機構的出現　1896 年維特梅爾（Lightner
Witmer）在賓夕法尼亞大學建立了北美第一所臨床心理診所。臨床
運動開始進展較慢，但一直發展著，到第二次世界大戰時期在美國的
心理學機構中已成了唯一的最主要的力量。早期的心理臨床診所，
如賓州所建者，主要以兒童爲對象。這些診所成了對兒童進行實際
研究的中心，在它們的努力下作了許多組織性的工作。蓋因
斯（Cairns, 1983）在一篇關於發育心理學的出現的文章中指出
了建立兒童研究協會及以後發展了研究機構的重要性。這些機構致
力於對兒童撫育和成長的研究。私人和政府均拿出相當的基金供
用，這些機構成了研究兒童成長的持久性的單位。例如在 Berke-
ley 和 Fels 所作的縱向研究便是它們的重要貢獻。一些宗教和社
會教育機構對死亡原因進行了研究。通過這些診所和研究所的努
力，大量的重要材料，如發育表，體格、社會和行爲的型式，可備
利用。一般而言，儘管這些努力是實用性的和因爲對撫養和教育的
興趣，但它們均能遵守嚴格的方法和堅持積累資料。

　　　在第一次和第二次世界大戰之間的時期，對道德成長已無大的
興趣。然而，一項著名的道德教育的研究是在社會與宗教研究所主
持下由哈茨洪和梅依（Hartshorne and May, 1928）所作的。他們
分析了在不同的社會組織對道德行爲的作用。在行爲習得概念的框
架下他們發展了一系列測驗和實驗性的類比方法以便提供關於誠
實、助人、合作和其他性格的資料。但是由於該研究對研究道德行

爲是一種創新和未能對當時的道德教育起到有效的作用，故對這項
研究仍有異議。

動力心理學的影響

整個臨床運動受到了動力心理學和臨床方法的明顯的促成作
用。這些對道德成長的考慮也有大的影響。在某種程度上，這一運
動可以追溯到十九世紀後期的巴黎，特別是夏科（ J. M. Char-
cot ）。夏科是一名有聲望的神經科醫師，他通過他的三名學生，
比奈、弗洛伊德和皮亞杰構建了道德成長的理論。他們三人對道德
成長的當代思考均起了重要的作用。

比奈（ Binet ）　比奈對心理測驗所作的重要貢獻已在前面提
及。另外，他對兒童認知過程發育的研究也很著名，這是他在自己
孩子的身上所作的觀察。他對認知的研究，尤其是高級認知過程的
研究很有成果和創見。通過大量的研究，他才可能發展出智力測驗
法。他的工作在方法學上也很重要，因爲他的觀察方法和實驗方法
均很完善和嚴格，他曾經指出分子戰略的重要，如果從美國行爲主
義所有的高度分子化的研究途徑來看，他所指出的更顯重要。在這
方面，蓋因斯評論道：

> 比奈是第一個提供了令人信服的證據說明人的發展科學的
> 命題是可能的，……比奈證明，如果研究者從觀察和實驗
> 結合的兩元法來獲得研究資料，那末便能掌握人類行爲發
> 展的經驗科學（ Cairns, 1983, p.51 ）

弗洛伊德（ Freud ）　弗洛伊德是一名第一流的臨床醫師和開
業醫師。精神分析是用於治療神經官能症和情緒失常的首要方法，
是弗洛伊德從實踐經驗和思考中發展出來的一種治療方法。從這一

實踐經驗又引出一系列重要的、而且創新的理論概念。因此，精神分析又是一套理論系統，對人類心理的一般發展和特別對道德成長作出許多解釋。弗洛伊德的觀點從一開始就有高度爭議。儘管如此，這些觀點對二十世紀的思想界仍然有巨大影響。最有爭議的是佛洛伊德關於性中心、性動能在人類一切行爲中的作用、嬰幼兒時期性的重要性、及下意識的普遍意義。弗洛伊德的觀點，若突出其爭議之處，直接與通行的宗教教訓抵觸，尤其是將之應用於道德成長。弗洛伊德本人，至少在其晚期著述中，並不認爲實踐方法是有關人類行爲的適當來源。他認爲由精神分析得到的洞見（insight）是如此之豐富以致其複雜性是實驗室類比方法永遠不能達到的。儘管他的這一立場使他與科學界對立，但其學說的爭議性和創新性並未能阻止他成爲二十世紀最有影響的心理學理論之一，儘管不是最有影響的。

至於道德成長，佛洛伊德十分強調非意識在決定行爲和道德選擇中的作用。其理論是說人格（personality）的深層非意識成份之間的心理內部的（intrapsychic）衝突，即本我（伊德，id）和超我（superego）之間的衝突。本我是一種基本上屬於性本能的原始本能衝動的遺跡。超我是一種壓制性的但非常活躍的抑制機制，它來源於對衝動在環境中的表現，特別是父母的形象，所進行的限制。通過與父母形象之間居同作用（identification）過程，超我得以形成。根據精神分析理論，超我的功能類似於意識，儘管它是人格中的非意識成份。

通過人格發展理論，精神分析說提供了高度組織和發展的道德起源理論。在道德形成方面，先天的本能力量和在最初幾年與家庭相互作用的效應均有重要作用。最近，發展了許多修正的弗洛伊德說，這些修正說往往取決於提出者的哲學以及其臨床經驗。這些臨

床洞察，儘管往往未能很好地建立在嚴格的科學測試之上，但仍然對於了解複雜的人類行為和為組織思考和經驗提供有用的基石作出了巨大的貢獻。因此，這些理論仍為道德成長的心理學考慮作出了重要貢獻。

這些學說因為對人類動機提供了動力的和發展的觀點，所以對複雜的人類行為作出理論概念性概括仍然很有用。

其中艾利克森（Erik Erikson）的理論對於研究道德性格的發展特別適用。在本書的第十和十一章中諾爾士（Knowles）即應用了這種理論框架作為出發點來構建他的綜合性研究。

皮亞杰（Jean Piaget）　這裡要討論的第三位曾跟從夏科在巴黎學習的皮亞杰，也許是對於道德成長的當前思考最有影響的一名。在方法學上，皮亞杰應用了自然觀察的方法，他的某些最重要的洞察便來自對他的孩子的觀察。因為他的洞見既深刻又寬廣，所以能夠對兒童複雜的行為成功地作出理論解釋，他的理論因此也十分有影響。他的著作1932年英文出版的《兒童的道德判斷》（*The Moral Judgment of the Child*）在道德成長方面至今仍在發揮較大的理論影響。通過對兒童做遊戲的觀察，因遊戲活動的發展有賴於遊戲規則，皮亞杰認識到深層的認知結構的出現，這些是與道德思考和行為有關的。皮亞杰描述了這一發育過程的正常的階段，並定出這些階段出現的相應年齡。另外，他還描述了這些階段出現和形成的環境影響和過程，因此對道德教育提供了基礎。

皮亞杰假定存在一種深層的機制或結構，這些結構如何突然開始運行，並由此使原先在該個體不存在的知識或概念有可能得到抽象和普遍化。對這些結構的認識得以確定認知功能的階段。根據階段順序理論，這些階段均是相對具體的，可確定的並以特定的，不可逆的順序出現。因此，在相當的抽象功能或複雜認知功能的認知結構能夠工

作之前，要進行一定水平的抽象或複雜認知是不可能的。

最近的實驗心理學的影響

　　行爲主義　二十世紀三十年代，行爲主義以更複雜的哲學爲武裝開始發展了更精細的研究方法和作理論構建，因此在理論構建上更協同。在不放棄方法嚴格性和更求實驗精良的同時，行爲主義開始更加發展理論構建，並有些超過了可觀察的行爲範圍。像赫爾（Hull）及多爾曼（Tolman）這些心理學家利用了更廣泛的概念，包含動機、認知、目的等構建複雜的理論體系，來解釋相對簡單的行爲型式。儘管許多都是低等動物的實驗，但均經過很仔細的設計將有關理論用至更複雜的行爲，也可能構成更複雜的與實驗相聯繫的理論而不與實驗相衝突。

　　值得強調的一位激進的行爲主義者是斯金納（B. F. Skinner）。在某些方面他比華生（Watson）更爲激進，他拒絕接受利用任何非直接觀察行爲的方法。他否認在心理學中進行科學理論化的價值，認爲一切結果均應用數據資料來表述，完全不用理論概括。斯金納還極強調環境因素，但不重視生理因素或認知機制或中樞過程。因此，人工的條件作用便成了解釋各種行爲的工具，而研究則成了對與特定行爲相聯的強化型式的了解。在過去的三、四十年中，斯金納的觀點對心理學有深刻的影響。斯金納的著作有很大的價值，不僅用於研究和構建理論概念，而且用於在臨床上創新診療方法、提高教育效果、和解釋複雜的行爲。

　　在道德成長方面，人工條件刺激用於構型行爲。這當然無需理論，因他認爲行爲只是強化的產物，並與道德品質無關。斯金納最後也考慮了道德的意義，出版了《自由與尊嚴的彼岸》（*Beyond*

Freedom and Dignity，1971）一書。近來，心理學思潮脫離了斯金納的激進行為主義途徑，但並未減少將複雜的行為還原為最原子的成份。不管如何，斯金納的影響和觀念仍然可以在心理學的所有領域中感覺到。

社會習得　隨著關於學習系統理論的發展，一些研究者，如赫爾（Hull）和多爾曼（Tolman），開始將注意力轉向更複雜的人類行為型式，包括認知、社會相互作用和人格。在這個過程中，精神分析思想很有影響，例如米勒（Miller）和多拉德（Dollard）等研究者，便發展了一些實驗來證明在行為中精神分析概念所起的作用。（見他們所著的《社會習得與模仿》，1941）。最近邦杜拉（A. Bandura）在社會習得理論領域所作的研究，直接與道德發展有關。

目前在道德行為方面有許多經驗性研究，這些研究者可歸入社會習得理論家之列。他們在方法學上比在理論上更具特徵。一般而言，他們相信道德成長是習得的結果，並否認認知結構認為這些結構是多餘的或無意義的。他們應用實驗方法進行研究，他們的大部份資料來自實驗室：因此在他們的實驗設計上十分嚴格。一般來說，他們是對孤立的、特定的行為進行分子性的研究。這些研究包括廣泛的內容，包括與欺騙、偷竊、或說謊有關的道德決策。另外，對社會公益性行為進行了許多研究，對有益行為的參數和決定因素進行了研究。雖然也對成人作了這些研究，但更典型的是研究兒童，並進行了發展研究。儘管積累了大量資料，但理論遠未發展。邦杜拉是這類研究的主要人物之一，也是主要理論構建者，例如他的自我效率論（self efficacy theory）便在這類研究中有重要作用。在對道德成長作心理學研究這個重要方面，許多研究者仍在繼續作出貢獻。

認知結構性研究 也許對道德成長進行現代研究的最有影響的人物是柯爾伯（Lawrence Kohlberg）。他的理論對道德成長的理論和研究均有大的影響。柯爾伯採用了皮亞杰的研究原理，加以發展，並發展了比道德發展的分段更細的階段序列理論。另外，他還發展了為支持他的理論搜集資料的方法。由此，柯爾伯、他的追隨者以及持批判態度者橫向地、縱向地以及跨文化地收集了資料。結果，該研究領域受到了相當的注意。柯爾伯的主要方法是利用一份談話表，表中提出一系列道德困惑的問題，然後要求受試者講出行動的原因和支持的理由。對這一理論的詳細介紹及批判，將於本書的其他部份詳述，故這裡不再敘述。

另有一些其他理論也從階段序列來考慮認知和自我（ego）的發展，並迄及深層結構以解釋這些階段的出現。勒文格（Loevinger）（1976）的自我發展（ego development）理論便是一例。另一個例子是珀利（William Perry）（1970）關於大學生智能及倫理發展的理論。珀利的理論將認知的複雜性的發展與對複雜問題用各種觀點進行抽象的能力，因此具有的責任行為和作出成熟的、可靠的負責，兩方面結合起來。因為把智能發展作為倫理發展的前提，故其理論在高等教育的課程和教學過程中有相當意義。

概念的及方法學的脈絡

心理學在其獨立存在的年代中繼續發展著。雖然這裡所列的早期觀點已不復存在，當代的觀點仍顯示出心理學的源頭，反映其歷史的和哲學的根。

三種主要觀點 霍夫曼（Hoffman）（1970）觀察到在道德成長上顯然有三種主要的哲學學說，並由此導致了三種主要的現代心

理學研究。根據霍夫曼的研究，第一種是「原罪」（original sin）說。該學說認為由代表著神聖和世俗價值的成人進行早期干涉是對失去的靈魂的唯一可能拯救。（261頁）他指出，這種觀點與精神分析學派是緊密平行的。後者視兒童為許多驅力的集合，必須受到成人的教導以適合社會目的。這便是道德成長。霍夫曼的第二個觀點是「先天純潔說」（doctrine of innate purity），認為社會是墮落影響，必須使這種影響減小。霍夫曼認為這便是皮亞杰和其他結構主義學派的觀點，這種觀點認為同夥人群的社會性相互作用引起認識改變，由此導致道德成熟。道德思考和行為的基礎仍在個體內部，所需要的只是加以引導。第三種哲學觀點是認為兒童是一塊「白板」，既不墮落也不純潔，這種觀點基本上是行為主義，特別是習得理論的觀點，認為一切道德行為均是在環境影響下習得的。

方法的作用 心理學發展的另一特徵是方法學，有些類似於崑恩（Kuhn）（1962）在討論物理學發展時所提出的「範式」（paradigm）。在德國發展的心理學實驗方法乃源於物理學的經典實驗，儘管加入了內省技術。這種研究的要點是將客觀的測量與觀察和主觀的經驗報告結合起來。這便是將心理學作為一種科學輸入北美的基本方法。如前所見，這種方法中的內省，不久便在行為主義革命中受到了摒棄。與之同時，臨床方法和自然觀察法得到了應用。在歐洲這種情況也很盛行，例如在比奈和弗洛伊德那裡便是，這在美國則繼續受到注意。霍爾（G. Stanley Hall）便以應用所有這些方法稱著。通過詢問（questionnaires）和心理學測試是另一種重要的心理學研究方法。

正如霍夫曼從哲學觀點來研究道德成長，分出三種主要途徑那樣，同樣的區分也可用於方法學。精神分析學派主要用臨床法。通

常，精神分析派對實驗研究不屑一顧，認為太死板和缺乏可抽象
性。認知結構性途徑應用自然觀察法，當研究青年和成人時還用交
談法。因為不僅僅是個人的行為，而是作為研究對象的思想的型式
和延續，所以行為觀察和實驗方法便被認為不合適。最後，從研究
方法來看，社會習得研究者是更為正統的行為主義學派。他們認為
臨床資料法、自然觀察法和交談獲取資料法均太主觀及難以分類，
作為科學研究也不合格。

　　從多方面來看，研究方法的這些分歧是以哲學和觀念的差異為
基礎的。這些差異乃來自研究者對道德或道德行為的定義。它們代
表著某種思想的分歧，這可能造成各種努力的兼併或各種研究方法
均難以有所發現。然而，仍然要指出的是，將來的研究仍然在於將
各種努力結合起來，應用一切方法來揭露道德行為及其習得的心理
學基礎。

結　　論

　　本章努力追溯在道德成長問題上美國心理學家的主要論題和思
想方向。從所有的心理學環境考慮了這些論題的源流和發展。作者
認為，美國的心理學既是唯一的由本土的傳統和精神中產生並藉美
國的精神力量和價值成形的，又是來自歐洲文化源流的。這裡是一
種新的表述，也是不同思想在一起的融爐。考慮到近期的發展，從
歷史的角度對研究和理論進行考慮，可以對它們的發展有更深、更
動態軌跡性的了解。

　　的確，我們已經對將不同的思想結合起來織成一塊智慧的花毯
有了深刻的印象。與此同時，我們可以承認有了將它們結合起來成
為一個新的更為綜合的體系的基礎。各種研究途徑的特殊研究策略

均是本研究的源頭。同樣，我們所考慮的問題也緣由於思想源流在價值上的差異。本卷的以後各章也反映了文體、興趣、價值和方法方面的不同。同時每一篇又反映了某一思想的家系，我們的主要任務是將它們綜合起來。這需要我們將不同的觀點拉到一起織成一個新的框架，從心理學的角度深化我們對道德成長的理解。

University of Notre Dame

Notre Dame, Indiana

參 考 文 獻

Baldwin, J. M. (1906). *Social and ethical interpretations in mental development*：*A study in social psychology* (4th ed.). New York：Macmillan.

Cairns, R. B. (1983). The emergence of developmental psychology. In Mussen, P. H. (Ed.), *The handbook of child psychology*, vol. l, *History, theory, and methods* (W. Kessen, Ed.). New York：Wiley.

Ellrod, F. E., McLean, G. F., Schindler, D. & Mann, J. (1986). *Act and agent*：*Philosophical foundations for moral education and character development*. Washington：University Press of America.

Hall, G. S. (1904). *Adolescence*：*Its psychology and its relations to physiology, anthropology, sociology, sex, crime, religion, and education* (2 vols.). New York：Appleton.

Hartshorne, H., and May, M. A. *Studies in the nature of character*. Vol. 1. *Studies in deceit*. New York：Macmillan, 1928.

Hoffman, M.（1970）. Moral development. In P. H. Mussen,（Ed.）, *Carmichael's handbook of child psychology*,（Vol.2）. New York：Wiley.

James, W.（1890）. The *principles of psychology*. New York：Macmillan.

Kuhn, T.（1962）. *The structure of scientific revolutions.* Chicago：University of Chicago Press.

Loevinger, J.（1976）. *Ego development：Conceptions and theories.* San Francisco：Jossey-Bass.

Mann, J.（1986）. Backgrounds in American philosophy for the theory of moral development. In F. E. Ellrod, G. F. McLean, D. Schindler and J. Mann,（Eds.）, *Act and agent：Philosophical foundations for moral education and character development.* Washington：University Press of America.

Miller, N. E. & Dollard J.（1941）. *Social learning and imitation.* New York：McGraw-Hill.

Perry, W. G.（1970）. *Forms of intellectual and ethical development in the college years.* New York：Holt, Rinehart and Winston.

Piaget, J.（1932）. *The moral judgment of the child.* New York：Harcourt.

Skinner, B. F.（1971）. *Beyond freedom and dignity.* New York：Knopf.

第 二 章
道德人格的現象學研究

克拉夫特　著

William F. Kraft

　　本書的以下各章將討論道德成長的各種觀點。爲了平衡篇幅，一些主要的觀點如認知的、發育的、行爲主義的、社會的、現象學的和精神分析的觀點將予以研究和討論。這些比較分析的目的是引起對道德成長有更廣泛的瞭解。

　　各作者均示出了許多觀點的價值和局限性。因此，認知－發育方法（cognitive-development approach）對於瞭解道德覺悟十分重要，而一些情緒的、性趨向、個性形成、個人的和社會的影響、宗教的、正規和非正規教育因素則對個人的道德生活有顯著作用。不能期望任何一種心理學（如認知－發育心理學、精神分析、行爲心理學、社會心理學、人文的等等）能對一切問題均有意義。最理想的辦法是尋求各種觀點所能爲道德心理學貢獻的眞理。

　　本章討論現象學（phenomenology）的研究途徑。因爲現象學心理學旣是基礎性的又是描述性的。它可用於構建道德整體的統一心理學理論。其中心是「愛心的人」（loving　person）。本文的目的是對道德人性（moral　personhood）構建一描述性的和基礎性的理論，以對道德過程提供現象學的瞭解，走向對道德成長理論和心理材料進行綜合。

人性的現象學

　　下面的關於人的心理理論是爲了對人的存在的本質與功能能有更好的理解，特別是對人作爲道德行爲者的理解。爲此，要將某些心理學基本建材結合起來構建人的結構和功能。結構與功能之間的關係不是經驗性的，而是邏輯和理論，因爲功能不可能脫離結構而存在，結構是推論出來的。總之，心理結構與功能是相互包含的。

人（**Person**）

　　本章主要提出人的存在（ human beings ）在三方面與現實相互作用：前理性地、理性的與超驗理性的。這些心理材料均要求有理論的統一性和實驗的根據。本節的目的即對人的存在的超驗理性的（ transrational ）（自身，self ），理性的（自我，ego ），及前理性的（軀體，body ）三個方面構建一心理基材（ construct ）使之在有意義的和統一的人性理論下結合起來。這一高層基材（ superordinant construct ）即有人性的人（ person ）。

　　除了現象學的分析以外，我們構建人性基材將以海德格（ Martin Heidegger ）（ 1962 ）的思想、及前卷的兩個章節：Sebastian Samay的「感情：道德行爲的力量基礎」及卡布多（ John D. Caputo ）的「道德感情的現象學」爲基礎。〔見前卷《行爲和行爲者》（ *Act and Agent：Philosophical Founda-tions of Moral Education and Character Development* ）（ Ellrod and McLean, 1986 ）〕。

　　重要的來源之一是海德格對於「存在」（ Dasein ）的分析。

海德格在《存在與時間》(*Being and Time,* p.312, 1962)一書中說，「『誰』的問題已由『自身』(self)這一表述作了回答」。這將是我們構建基材中的基本因素。沙梅(Samay)指出人們與現實之間的原始關係是思考前的情感狀態(prereflective affective order)。他證明，思想是與作為行為引導的道德不可分割的，而思想乃來源於生命基礎的價值導向，或所謂感情(affctivity)。其對於感情和愛的分析，因為與心理學的理解不同，不僅僅包括情調、態度和情緒，所以將成為我們構建人性的第二個主要成份。

最後，卡布多論證了，前思考性的、感情性的對其他人的意向為什麼及為何構成了「原倫理」(protoethics)狀態的。後者正是一切道德思考的基礎。他提出，人們的道德感情經驗具有原始原則性(proto-principles)，它有待經過反覆的思考才能具有自覺的意義。因此，對思考前的道德意向的分析，這些基礎性的理性道德活動之前的意向，對於心理學理論將有重要意義。

人(person)是形而上學的構建物，用以指人類存在與世界相互作用時，包括與他人一起或為他人所必需的和充分的條件。有道德的人(moral person)需以人(human person)為前提或為基礎，可以稱為有愛心的人(loving person)或被愛的人(loved person)(Scheler, 1961)。在最高的意義上，道德過程的動力學就在於有感情的（或有愛心的）人自始至終均指向或為了愛的趨合。讓我們從現象學來考慮，這些存在成份便是人格的人(person)。

多數的人(persons)是指結構的和動態的客體、事件及其他。只有人才是徹底地對現實開放的，並有能力面對現實情況。與動物相比，人的適應性更強並且沒有結構上的限制。因為人就是人格的人，他們比較自由，也比動物更能自我確定(determine themselves）。

　　當然，自由在實際上受到我們的形體的限制，同時也受到各種個人的、社會的、歷史的、和文化因素的限制。精神分析強調人性的生物學方面，並證明人們是如何受到他們的形體的影響和驅動的。習得理論和社會心理學則證明自由如何受到條件限制和影響的。

　　因爲人們首先是生存於其他人的世界中，一切選擇，包括道德選擇，均受到社會的和環境的以及認知因素的和情緒發育的高度影響。作爲與其他人共同在世界中存在，他們的自由或選擇是受限而又動態的。

　　作爲人格人的存在便給人們基本的可能性來思考、感覺、直覺、決定、愛或以任何方式與這個世界或其他人相互作用。所有的認知方式均以與實在之間的原始聯繫爲前提，在這個意義上，人格人的存在是存在的最原始方式。本文的主題認爲，有愛心的人——與有思想的、情緒的、受條件制約的、受驅使的或社會人相對——是最高的，但不是唯一的，道德成長的動力。

　　人性是心理的構建物，指我們與實在之間的必需的、基本的關係。從懷孕至出生，通過嬰兒與幼兒期，從少年至青年，從成人至中年最後至老年，人們總是不斷地在發現實在。整個一生的持續進程稱之爲發展。所有的人都有一共同命運：關心揭示和將他們的現實搞得更好。我們的主題認爲對於一個人來說，揭示和推動最好的實在的最高動力就是愛。活力的、認知的、意志的、社會的和其他因素對於人性的發展也是必需的，它們對道德成長的中心力量—愛施以影響並且是愛的部份。

　　存在也是一種共存。存在在世界上相互交織是其原來的和本質的關係。因此，社會心理學與其他人際的社會性的研究途徑對於瞭

解人性是必需的。「我」和「其他人」的關係是人性存在的不可少
的成份。它不僅給人們以可能，而且促使人們以各種方式相互作
用。因爲人們在結構上就是相互指向的，否認社會性也就是否認自
身。人們是相互組成的，所以人的存在的社會和人際方面對瞭解人
性是必不可缺的。

本理論認爲存在和共存的超驗理性（自身），理性（自我）和
前理性（軀體）方式均是以人性的存在爲基礎並與之接合在一起
的。在世界上與其他人動態地在一起，這就是軀體、情緒、理性、
認知、社會及自身存在方式的源，因此也就表現爲所有這些。同時
人性往往表現爲前理性、人際間和理性，當人們走近實在和其他人
時也就以最和諧的方式體驗著自己。

人性也在人們的理性（自我）和前理性（軀體）方面獲得實
現。例如，自我與實在發生關係也因此以人性爲表現和前提。與人
們的更爲世俗禮儀的和復合的存在，和超驗理性的或自身的存在相
比，作爲理性的人則能夠操縱和分析現實。如果沒有理性的控制或
超驗理性的愛，軀體便易於盲目地衝動和排斥他人，而不像通常的
自身那樣有禮貌和容納他人。

人也是一種（未分化的）原基，由此分化出自身、自我和軀體
的形象。因爲這一共同的原基，所以人性的人也可用作一種構建物
將自身、自我和軀體結合起來。憑藉人格的存在，同一個但變化著
的同一性終身在三個方面表現出來。人格的存在不僅使這些有可能
相互作用，並有可能在經驗的層次上結合起來並在理論的層次上合
而爲一。

前理性的人：軀體

前理性的人或「軀體－主體」（Merleau-Ponty）指作爲存在

方式的人體，而不是生理的、醫學的或化學的人體，這一基材（construct）是指活的身軀。心理的軀體可描述為一種實在，這便是我之所是和所有（I am and have.）（Marcel, 1949）。在一方面，我們可以將軀體客體化、加以測量並在某種程度上摒棄我們所有的軀體，在另一方面，人的軀體又是我們所是的主體。這一關於軀體的概念包括著精神分析法對軀體的分析，特別是在道德領域方面。軀體的存在也包括著人格存在的感情和情緒方面。

　　因為人格總是能夠表現的，所以人的任何功能也是在某種程度上能夠具體表現的。人們只能在他們的軀體上或通過軀體表現他們自己，需要，感覺，思想，選擇，被影響和建立條件反射，創造，愛等等，所以任何形式的「表現」均需要包括一個具體化的過程。軀體的人是最原始的清楚的人格存在的表現，同時也是一切存在形式的基礎（儘管不一定總是最基礎的）。

　　活的軀體具有與理性的、過渡狀態的方面不同的功能。例如，人們驅車去工作時總是很少想到加快速度、減慢速度和尋找方向。人們信任自己的前理性存在，駕駛技術，很少去考慮駕車問題。人們可能只是在出了什麼問題時才考慮駕駛的事，因為人們的軀體：手、臂、腿、耳等，知道如何駕駛。其實，如果人們對每一個操作均要進行論理的話，這種用力和緊張已經使人衰竭，或者至少使駕駛不能順利操縱。

　　活的軀體知道並揭示著世界。鋼琴家的手指比他的理性思考更瞭解樂譜。事實上，當演奏時如果用時間去分析，音樂就要受影響。當然，詮釋性的（interpretation）思考分析、技術及認知活動對於彈好鋼琴也是不可缺少的。籃球中的球星的手指比其理性更瞭解籃球。好的投籃者，人們只是說是「好手」而不需要好腦袋。事實上，在競技時運動員並不多考慮，這也是為什麼有超過時

間（time-outs）的部份原因。同樣，性行爲的知識和語言比思維過程的知識和語言更能說明問題。如果在性行爲的對話中思考的話，那麼他或她便或多或少的脫離了性的活動情景。

作爲軀體的存在，人們努力得到即時的滿足。因爲人可以是「有所需的人」，所以可以在某些方面形成條件反射，無論這些條件適合和／或不適合健康或道德成長。成長是在各種個人的、社會的影響下或條件作用下形成的。

當某人將其大部份精力傾注於軀體的活動（physicality）時，他總是想立即得到滿足，而不是以後再滿意。正如滿足一詞的詞源學所示，指人們要求「足夠地得到」或「給足」他所缺的。若無控制或價值，則不可能有所戒律或理由去延緩或拒予滿足。用精神分析的語言來說，當無自我（ego）或超我（superego）的控制時，人們可能盲目的驅動自己去得到滿足。當沒有自我的思考，超我的引導及自身（self）的自尊時，軀體便變得衝動和自私。人可能急迫地尋求立即的緩解，也可能盲目地利用任何東西或任何人來達到愉快。極而言之，這種軀體存在是排斥他人的，因爲一個人的行爲只是爲了自己的滿足。儘管軀體是人在世界上的停舶處，動機處和表現之地，但軀體要有自我和超我才能成爲全人。

因爲人是具體化了的人格，他們能夠有限地和正確地認識現實，儘管人們尋求無限的可能性，但具體化了的人們只能使他們有限的或限制他們實現某些可能性。所有與自身（self），他人和世界相接觸的均在軀體之內或通過軀體。例如，人們必須通過感官結構和神經系統才能吃、睡、居住、生活於時空之中和與世界上的其他人相互作用。因此，行爲以及選擇均局限在可能性的範圍之內。

具體化也意味著人是處於時間和空間中的。時間性和空間性是人的存在的組成部份。任何思想、感覺、慾望、選擇、行爲或人的

現象，不管是什麼均發生於時間和空間之中。況且，人是具體化了的，他們不能一下子或自發的生長，而必須將其生命結構化為生長服務。僅僅從生長來說還是不夠的，人們為了得到健康的和好的生活，也必須現實地、具體地形成他們自己和其他人。

理性的人：自我（ego）

理性的人或「自我」維度（ego dimension）是一種心理結構，是人性存在的理性和認知性的接合。自我的活動是圍繞任務的活動，如對付機制、理性思考和作決定和達到目的。這種意義的自我不僅僅包括各種精神分析對自我的研究，而且包括許多承認自我的心理學派如皮亞杰（Piaget）、勒文格（Loevinger）、柯爾伯（Kohlberg）和懷特（White）。

自我是理性思考和意志功能的基礎。作為指向一定任務的人，當接近現實時，主要是解決一系列問題。在自我的相互作用中，人們與處境保持著一定的思考距離，這才有相對清晰的思考和不摻與人的因素。這一理性維度（rational dimension）不像軀體人的相互作用那樣直接、私自或衝動，也不像自身存在（self presence）那樣反常、離奇或協調，而是相反，自我的相互作用更為清晰、更有分析、更理性和有控制。

理性人格總是指向共同的世界講壇。例如，當人們用「自我」的語言時，他們往往對公衆坦露自己並歡迎批評。理性的語言通常並不像軀體的或自身的語言那樣私自。公共交往系統，特別是語言或書寫的文字，通常主要依賴理性過程。況且，自我對思想和價值的落實以及在將現實納入結構之中很為重要。若無理性，則既不能寫也不能說。總之，若與模糊的、反常的和唯一的人性維度相比，自我維度所對付的則更清晰也更公開。

理性的人是有思考的人。如思考一字的字源學所示，這個字源於某種更原始的情況，即經驗。理性知識是第二層次的知識，他以行為和經驗知識為前提。理論世界是為經驗世界服務的。所以，例如，理論、規則、規範（如道德標準）最終均服務於生活（道德行為）。

作為自我的人性也在心理社會的調整和處理之中得到實現。與軀體的「有所需的我」（needy me）相比，自我可認為是「處理事務的我」（managing me）。每個人均必須能操縱自己以滿足基本需要，應付內在的和外在的精神世界，去工作，思想，學習，遊戲和生活，必須掌握時間、空間和組織生活。的確，軀體與自我是兩個不可分離的實體，但又是有區別的同一整體人的相關部份。最好是說，它們相互協調的工作著。

整體人格——軀體、自我和自身——的形成並不是偶然的。人必須有理性地為整個成長計劃時間和空間。同樣，在某種程度上，我們也可以計劃好的道德成長和性格培養。儘管超驗理性的經驗不能完全加以控制，但可以用增加健康與道德成長可能性的方式對生活進行組織。

超驗理性的人：自身（self）

從現象學的觀點看，自身的生活是指保持和促進善的和超驗理性經驗的一種藝術。現在簡單地考慮一下這方面的問題。自身的中心問題是活的、建設性的經驗世界，而不是抽象的、理論的觀念世界。為了自身的成長，需對自身進行維持、保護和營養，否則便會枯乾。性格的成長，尤其其核心，美德的成長主要是自身的功能（見第十章和十一章），是一個不斷形成的過程。

在這個意義上，「善」是指那些符合或促進健康的愛的經驗，

也就是說，促進健康的和道德的善的成長。「善」（ Goodness ）是指全面的並最終導致愛的群體的、動態性的結合的一種發展。「創造性」（ Creative ）是指人們能夠不斷地走出他們自己，走近他們的最終命運；去愛和被愛。這便是善及超驗理性自身的中心動力。善的經驗是符合或促進純真的愛。與福歐勒（ Fowler, 1976, 1980 ）所說的信仰普遍實現的第六階段，和柯爾伯（ 1973 ）提出的理論性的第七階段相似，一些心理學家，如詹姆士、容格（ Jung ）、馬斯洛（ Maslow ），福蘭克（ Frankl ）、羅傑士（ Rogers ）、阿德勒（ Adler ）和歐波特（ Allport ）也都明確地談到過這種完全理性的愛的歷程。

與可能非理性的軀體和理性的自我相比，自身超驗理性地揭露並呈現給現實。自身的存在是前思考的、直覺性的、具體的及普遍的。與理性的問題「這個或那個」（ either-or ）不同，超驗理性的人則相反是「兩者均」（ both-and ）。自身維度尚包括玄奧的，永不枯竭的知識源泉。馬斯洛（ Maslow ）所描述的最高體驗，以及詹姆士、阿德勒、歐波特對健康人的分析均指向了這種自身的動力學。

超驗理性的經驗包括超驗性（ transcendence ）。這並非逃避到幻想，而是體驗現實的一條途徑。這意味著走出軀體與自我相互作用的通常方式。例如，儘管有些人會有許多問題，他們會被現實所糾纏，並從他們自身中走出，這樣便能體驗生活的無限，而不是所有的問題。超驗性，作爲對生命的基本的和深層的基體的體驗，使人們能以一種整體的觀點超越限制去體驗自己。

作爲超驗理性的存在，人們不僅可以考慮並能面對他們的最終界限：死亡。像生命一樣，死亡和「許多小死亡」（「little deaths」）使這些人最終無助於事和有賴於人。與一般的理性魅力

相反，「生命最終還是在我們手中」並不一定正確，「任何情況均是可能的」，或者說，「只要有意願，就會有辦法」。理解和接受並不能解決全部問題，也不一定使生活有意義，儘管有幫助。的確，儘管現實可在一定程度上受到控制，但在最終的意義上人是無濟於事的。

與軀體和自我一樣，自身也是人際性的，也受到社會的影響。特別當作為自身時，人們相互尊重──一種給予別人，與人一致的脾性。人們並不需去操縱或控制別人，也不必引誘別人滿足自己的需要。馬斯洛（Maslow）提出的自身實現的人（self-actualizing persons）及阿德勒提出的社會關切（social concern）理論支持這一自身的人際性維度。

愛，這一健康和善良人們的主要動力，將人性的其他維度結合起來。它使人們在一起成長成為一個整體。與阿德勒的社會關切、羅傑士的正性關懷、福歐勒的普遍信仰，或艾利克森（Erikson）的關心均相似，愛超越自私的關心，引出善和健康。如果沒有愛，人們便從他們最初的與人合一的或為別人的原始本性中異化。〔見海德格對自身的分析，1962，和沙梅（Samay）和卡布多（Caputo）的文章於 Ellrod and McLean, 1986〕。道德在基本上和最終是一與愛一起存在的過程。對社群（community）的破壞是根本上的不道德。

的確，軀體、自我和自身均是人的主要表現，但自身是人的存在的最真正的最超驗的表現。當人們出於愛而行動時是最有人性和美德的。（Erikson, 1961）。

自身的結構允許最基本的、最大範圍的選擇，它使人對重要的經驗開放或關閉。當人的最高價值和主要動力來自完全理性的自身時，它便生活在開放和愛之中。自身的決策並不完全是理性的過

程，而更是「超驗理性」的過程。爲了正義解決衝突（ Kohlberg,
1981 ）是很重要的，但對愛進行超驗理性的選擇則是正義的基礎和
源泉。

　　至於基本意願和自身之間的關係，波連（ Boelen, 1961, 200
頁 ）認爲，眞正的意志組成眞正的自身。由此，他認爲，爲了做眞
正的人必需對現實開放，因爲它自身揭示，而不是通過防衛機制向
現實滲透。波連（ 1961, 198-202頁）還指出，當自身被實現時，開
放的意願也包括了解決和承諾；事實上，意願就是解決。去愛就是
將自己與現實一致，和盡可能地行善。去解決意示是去傾聽和尊重
更多的人，即社群。在某種意義上，存在是受愛的指向來決定的；
然而相反的是眞正的自由在存在於這種現實性之中的。對現實的愛
的承諾，如對事物、動物、其他人、自身和上帝，便構成了善。當
人們愛時，他們也更願意接受（ 更確切地說：納入 ）經驗。人們不
再通過意識或非意識來操縱現實，而是承認經驗並對經驗負責。在
與現實更好地合作之中，人們可以用整體的眼光或與整體的關係來
考慮事物。善良的人們更願意用最終命運的眼光，即生活在愛中，
來作出理性的和超驗理性的決定。

結論與定義

　　人的存在，有愛心的或缺乏愛心的，均將通過自身、自我、和
軀體得到實現。因爲人是基礎，由此再產生自身、自我和軀體的形
象，所以人可以作爲道德發展的綜合理論的綜合材料。人也可以認
爲是與自身、自我、和軀體類似的術語。這些存在的方式相互間是
相似的，因爲它們都有共同的人，也就是，它們都植根於共同的基
礎或以之爲表現。它們與人格性（ personhood ）之間的關係則不
相同，並因此有不同的意義。例如，軀體（ 主體 ）便是人的存在在

活動過程和需求方式中的實現。自我是理性的和操縱性的實現，而
自身則是人格性的超驗理性和超驗性的表現。

特別要強調的是超驗理性的維度，因爲這被認爲對道德成長的
動力是最重要的，儘管不是排他性的。在這些經驗，如責任、信
心、創造和美德以及道德善的核心，之中自身都是主要的動力。自
身的最大道德功能是對新的領域開放，對現實的尊重，特別是對
人。自我的理想的功能是與自身互相保持功能協調並反映爲理性的
選擇和對付現實。自我與自身（及軀體）均在揭示現實：它們都是
人的表現，又是道德發展所不可缺少的。況且，人的所有這些表現
均是包含在人際之間、社會和文化內容中的。因此，爲了瞭解道德
的心理學應該儘多地考慮各種維度和各種觀點。

人格的人（person） 人格的人是以哲學和心理學爲基礎的元
心理學（metapsychological）和超級層次的（superordinant）
構建，並用於將自身、自我和軀體結合起來形成道德發展的現象學
的整體的心理學。在理論上可推論其結構爲人的基本結構組成，正
是人才使並要求所有這些結構起來在世界上存在，並爲其他人而存
在。其功能要通過自身、自我和軀體的方式來得到實現。我們可以
譬喻的說人格的人就像（未分化的）原基，由此分化出自身、自我
和軀體的形象。

自身（self） 在將人格存在的各種理論結合起來的現象學理
論中，自身是一種構建（construct）。這種構建指人的一種基本
結構，它構成各種體驗，如同情心、信仰、希望和愛，以及道德成
長的最高動力的基礎。心理學家和精神病學家，如詹姆士、容格、
荷爾內（Horney）、阿德勒、福蘭克、馬斯洛，艾利克森、懷
特、福歐勒、羅傑士及歐波特均或多或少地涉及到自身的動力學。

自我（ego） 自我是一種構建，乃用來對弗洛伊德、皮亞

杰、柯爾伯、艾利克森、勒文格及懷特的理論進行解釋。它指一種推論中的人的基本結構，它構成反覆思考、理性決定、適應、操縱事物、綜合和執行功能的基礎。自我與相對理性的動機、認知和完成任務的行爲有關。

　　軀體　在本現象學理論中軀體（主體）用於將某些人的理論結合起來。它是推論出來的人的基本結構，是前理性功能，如軀體需求、欲求、情緒、驅動力、戀情和知識的軀體表現的基礎。許多心理學家，如弗洛伊德、珀烏比（Bowlby）、馬斯洛、羅傑士和斯金納（Skinner）均曾提到過軀體功能。

道德人格的現象學

　　從人性理論的觀點，下一步任務是給出道德人的現象學。本節將簡短討論道德善的人性並給出道德成長的主要導向。第一部份關於人性及第二部份關於有道德的人將爲第三部份對有道德的人作出現象學的整體的解釋提供一個基礎。

　　基本的論點認爲道德善及心理健康並不是總能完全達到的目的或狀態，而是一些理想，是在實現過程中永不會完美和有止境的。對於一個人的道德量度主要依賴於他在實現這些理想中的鬥爭，而不是結果。

　　道德好的人的必要的和最高的，但不是唯一的，標誌是愛。用愛心爲自己也爲別人生活的善良的人的動機是促進社會的福利。因爲在他們的價值系列中，愛是最高的價值，它集聚並影響其他的價值。所有其他活動都是在愛和互愛這兩項活動之後的。

　　我們認爲愛主要就是爲促進社群健康成長（包括軀體、自我和自身）的意願。因此，愛並不是僅僅指向自身和僅僅指向別人，而

是同時指向兩者。珀烏比的戀情、阿德勒的社會關切、容格和馬斯洛的自我實現、羅傑士的正性關心、歐波特的健康人性、及艾利克森的美德成長均屬於愛的現象學。

在道德上，善良的人所培養的和所表現的品質是與愛的指向一致的，這些如希望、忠實、和平、智慧、理解、愛憐、忍耐、剛毅都是。艾利克森特別主張美德和品格成長的學說。與愛一起成長的善良的人的樸素素質是善良的人應該趨從的。

作為自身的主要功能，愛可產生超驗性的眼光使善良的人們能整體地體驗生活。因此，他們不易受到現實的某些方面的誘惑，即那些與全體非常相似的部份，因為善良的人們更傾向於將他們自己保持在整體的境界中。

善良的人們在他們的生活中總是表現出某種指向性。他知道，如果沒有愛，生活將最終變得毫無意義。不停地要求在愛中生活本身就給人一種孤獨和持久的歉疚感。軀體的暫時滿足和自我功能的成功均不能成為人們生活的中心，人們生活的最終目的是要求不斷地愛。然而，要強調的是，愛總是表現於軀體方面或通過軀體來表現，其實現尚涉及自我。

善良人們的主要的，但不是唯一的，生活動力是自身（ self ）。從道德的觀點看，軀體和自我均最終為作為自身的主要動力及人性充分實現的愛服務。人們的全部存在；軀體、自我和自身，均是指向善的，而且人們也知道促進善的最佳方式便是愛。馬斯洛、福蘭克、容格、艾利克森和歐波特等曾描述過健康的人。善良的人的這些品性與健康的人是一致的。

不道德的主要動力就是拒絕或破壞愛。例如，不道德的人可能將他們的生活主要放在操縱和剝削別人以滿足自己的需要或達到自己的目的。他們破壞生活而不是去愛和促進生活。他們妨礙和破壞

在愛中的他們的存在，而不是促進人的存在的充分表現。他們相互利用，所以壞人把自己從社群中異化（alienate）出去。因此，他們的生活缺乏超驗意義和責任感，他們變得孤獨，他們的尊嚴和完美受到了損害。艾利克森（1964）和福蘭克（1955）均曾談到過這種人，儘管不是從道德的觀點來談的。

善良的人努力爲給予而給予，和爲了關心而關心，而主要不是爲了得到別人的承認、尊重和肯定。他們盡力爲別人，而不是視別人爲滿足自己的（軀體）滿足和（自我，ego）成功的對象。的確，軀體的動力不需要指向自私的自戀（narcissism），自我也不需要去操縱別人，它們均可以和必須與自身的最原始的愛的指向一致。道德的挑戰在於使軀體、自我、和自身協調地進行功能活動，以促進自身和其他人的道德善。

這一愛的觀點與柯爾伯和其他一些人的正義（justice）觀點不同也不一致。愛包括並超過尊重別人的權利、尊重利益衝突、和因愛的要求而最少的給予（Luipjen, 1960）。例如，愛要求人們比理性的解決衝突更多做一些，愛要求前思考性的和超驗理性的道德善。吉利甘（Gilligan）關於把關心（care）作爲道德判斷的主要動力的概念（1982）與把愛作爲道德的最原始的基礎有最直接的關係。

愛的指向也可併入或超越例如價值闡明（values clarification）這樣的一些道德途徑。愛不僅僅包括平面的價值闡明，而且包括縱向的價值順序（ordering of values）。愛的原始素質認爲某些體驗要比別的更好，並認爲某些行爲可能好也可能壞或兼而有之。的確，有愛心的人總是受到對他們的價值等級系統作反覆的理性思考或實現（自我，ego）的挑戰。有愛心的人性的成長主要有賴於愛的前認識性的表現（如Bowlby, 1973）和認知判斷（如Kohlberg,

1981）。在道德上，愛是由這些前理性的和理性的過程來表現和實現的。

對於道德成長的研究，例如柯爾伯和西蒙（Simon）所作的研究，雖然與現象學關於有愛心的人模式一致，但仍有所不同。例如柯爾伯的模式可以認為是一種認知性的、理性的（自我，ego）研究途徑，它不同於愛的超驗理性過程。從道德的觀點看，理性的認知和超驗理性的愛是不可分割的，而是有區別而又相互有關的。本章的主題是說，愛是原發性的和終極性的，而不是滿足的需要，社會條件形成的或在人性道德成長中的理性認知。人的愛的原始意向是道德的基礎，是認知性的、理性的、情感性的和前理性的道德過程的源。

愛是善的品質成長的力量的基礎和最高的品質。在愛的指向範圍內，理性的人們才做出善良的決定，也就是對於當時情況，對他們自己和別人都是善的。當愛得到積極的實現時，人們才向多種前景開放，不僅是對他們自己；這時他們才成為理性的人，他們才能論理或與之論理。愛使理性與善保持協調。

善良的人們所贊成的不是暫時性的東西，而是永久性的。愛的基礎不僅僅是這樣或那樣的喜歡、舒服、素質或功能。所有這些品性最終總是暫時的，並將隨時間的流逝而消失。這些品性並不隨社會或文化相對主義的文章而改變，也不因為它們均不引起什麼不適而有相等的價值。作為超驗理性的人，這些品性追求善；作為理性的存在，這些品性反映著並選擇著道德的善。

走向道德人性的整體理論

以前兩節為基礎，道德成長的整體理論應由道德成長的各種理

論在關於人性的現象學理論下結合起來構成。其前提是每一種理論均揭示了人這個道德行爲者的心理眞實的某些方面。下面幾章要作更細緻的分析。本文的目的只是將道德成長的各方面結合起來，構成現象學的理論。

如已經提出的，人是動態的、多維度的和社會性的。人在推理、判斷、情緒、條件反射形成、選擇、人際關係、性格發展等的過程中成爲他們自己（軀體、自我和自身）。軀體、自我和自身的構建及與其他人一起在世界中的存在，本身就提供了一種將道德人的各種研究，（如認知的、情緒的、行爲的、社會的、人性的和精神分析的研究）結合起來的理論。

實 例

考慮一下以下的情景，以說明整體理論和對作道德決定的各種心理因素作一比較。這是一個道德困境：一名鋼鐵工人，三個孩子的父親，已經失業一年有半，他的妻子也失業著。他發現了一個有900美元現金的錢包。這個被解雇的鋼鐵工人認爲這個錢包正是他這個被解雇者工作的大鋼鐵公司老闆的皮夾。道德問題就是他是否應該交還這只錢包。現在來考慮一下可能影響他作道德決定的可能動力。

當他發現這只錢包時，一開始他覺得高興與好運。他自忖：「我終於有了好運，可能是上帝對我的祈禱有了回答。現在，我可以付掉一些賬單，給老婆孩子買幾件像樣的聖誕禮物了。」

然而，伴隨這些思想也產生了一些不安和矛盾的心情：「這些錢是別人的。留下這些錢是不對的吧？還掉這錢也不對吧？」「我有義務歸還這些錢。如果每個人都留下他所發現的東西，那將算什麼？極端而言，這會引起社會混亂。」

　　這一困惑可以從多種觀點來考慮。例如，他最初的感覺可解釋爲對愉快或需求的報應，或滿足欲求或願望。這些或類似的解釋主要是活力的、前理性的人性的功能。後來的心理衝突可視爲由於超我（superego）的衝突，認識的不協調，或自身概念（self-concept）和經驗的不一致。

　　其他一些心理學家可能側重於對於價值的社會條件作用，或者阻礙或促進自由選擇的情景因素。這些研究可將人的存在的社會的和理性的維度包括進去。認知論心理學家可能指出人的道德推理（moral reasoning）是柯爾伯的第三、第四階段的功能。

　　問題是，有許多角度來觀察（例如，側重某些方面），解釋同一道德情景。所要求的是將所有的觀點綜合起來提取有用之處，而不是應用這個犧牲那個。

　　現在讓我們回到那名被解雇的工人，他徵詢了一些人的意見。他的妻子態度含糊。一方面，她說他們確實可以用這份錢（缺錢的促動？）而且因爲老闆很富（理性？善意的判斷？）。另一方面，她在道理上認爲老闆也是人，他有有錢的權利（柯爾伯的第五階段？）。而且，她對自己的家庭的關心比關心老闆爲多（性的維度（gender　dimension）？吉利甘的關心倫理？羅傑士的正性關切？）

　　有一位友人對他說，把錢包歸還給老闆才是傻瓜呢，認爲他應該爲自己著想〔文化迷思（cultural　myth）？自我中心論？〕。然而，他又警告自己，他需小心不要被人抓住（柯爾伯第一階段？）然而，他的牧師瞭解他的矛盾心情並鼓勵他歸還金錢，理由是做誠實的人是普遍的原則，任何人均應該遵從（柯爾伯第六階段）。另外，牧師還對他說「你想想，上帝會叫你怎樣做呢？」

　　所有這些情景均包括著社會影響和人際動力學。他的妻子所部

份關心的是生活的主要方面（如基本的需要和情緒），他的朋友則不同，集中於人的軀體需要的滿足。他的妻子還考慮了人權（理性的維度）以及她必需對其家庭的關心（自身的維度）。牧師可能在說明道德推理的第六階段，並引起對超驗實在的注意。所有這些均與愛的倫理學（超驗理性維度）是一致的。

被解雇的工人考慮了（自我，理性的人）每個人所說的（人性的社會和人際維度）均反映了他的感覺與需要（軀體，前理性的人）並傾聽了妻子與牧師的關心與愛（自身，超驗理性的人）。他覺得，歸還這些錢似乎對許多人來說有些傻。然而，他還是決定應該歸還這些錢（柯爾伯的第七階段及福歐勒的第六階段）。

道德成長的研究

另一種顯示整體現象學研究的方法是對一生中的道德成長作出分期。雖然對於成人的分期不像兒童那麼明確，或許通常可以分出青春期、危險期、調整期（moments of adjustment）及社會生活期（times of confrontation）〔哥爾曼（Gorman）的第十二章下段專門論述本題〕。儘管我們可以在道德推理（moral reasoning）中達到理性的高峰，但我們建議，人們並不需要達到自身成長和性格成長的高峰。

人的一生是以多種方式展開的。例如，人最初表現爲前理性的軀體，不久以後進入理性自我的發展。自身維度（self dimension）也是從一開始便存在著，但較複雜。珀烏比（1969）的戀著說（attachment theory）及艾利克森（1964）對兒童時期品德的分析支持以上理論。關於人的存在的軀體與理性維度的形成的和賦予活力是如何影響自身維度（self dimension）的發展的。

我認爲，軀體和自我的功能是作爲自身的上層結構發生的下層的結構（ infrastructure ）。爲了說明有愛心的（自身）人是道德成長的基礎的理論，讓我們簡單地考慮一下道德成長的各個階段。

人開始時是以前理性的、含蓄的方式成長的。道德選擇的開始時間取決於採用那種心理學分類。例如，認知理論認爲道德成長乃與理性自我的發展過程高度相關。因此，道德歷程從生命的最初兩年便已開始，但是是以前通常的（前道德的）方式進行的。幼兒很少進行推理或考慮符合規則，卻對符合基本需要的滿足及／或因此發生的軀體結果十分關心（ Kohlberg，1981 ）。因此，瞭解在教育和教導的理性形式中認知動力的作用是十分重要的。例如，若給予兒童的是比兒童所能接受或能回答的問題更多的東西，則並不能促進兒童的道德成長。

其他理論對人的前理性表現更爲有意義。這些理論並不關心兒童的道德選擇，而是關心在出生後甚至在懷孕期對兒童的道德影響。幼年給予戀結（ attachment ）的種類、學齡前的環境、道德模範、文化與傳播媒介的影響、人際關係、講故事、性別的條件作用、道德和宗教的形成、以及其他因素對兒童現在的和未來的道德成長均有很大的作用。例如，幼嬰時給予戀結（ attachment ）的種類對其自身（ self ）和道德生活的發展具有明顯不同的作用。嬰幼兒如何給予戀結是其自身發生的基礎。

艾利克森從心理發展所做的對美德的分析也具有道德意義。例如，艾利克森認爲作爲最基礎的品德，希望便是在一生的第一年發生的 ，而且是其他品德的基礎 。 在本文及後文諾爾士的第十章關於艾利克森的部份中，希望（及其他在早年發展的品德）可以認爲是自身（ self ）的不明顯的表現。希望是以前理性的和含蓄的方式主要以對世界和其他人以一種施緩和開放的意義來實現的。與恐

懼和失望相比，這種施緩的開放性使人能在尤其是在冒險之中有情感的和有認識的成長。所以，希望的前理性發展明顯地影響著以後的道德發展。例如，與生活在固定的或可能性有限的世界中不同，充滿希望的人所體驗的現實就好像是受著不斷展開可能性的世界的邀請。

當兒童在有希望和／或無希望之中繼續成長時，人性的理性的、自我的表現開始清晰地表現出來了。兒童開始能夠對自身（ self ），其他人與世界有一初步的理性的掌握。按艾利克森的說法，即意志（自身）的品德以他所感覺到的為基礎。人們如何前理性的和理性的感知，和感知到什麼高度地依賴於希望或對什麼開放。儘管在生命的最初幾年中的發展是不怎麼理性的，但這一前理性的發展對以後的道德成長卻是個重要時期。人們對什麼開放和以什麼為基礎對以後的道德推理的思考過程以及對基本的開放性及剛毅性的超驗過程均有影響。

前理性的、超驗理性的及理性的形成在早期道德發展過程中是重要的。例如，早期的戀結（ attachment ）及角色模式這些與人相愛的動向是一致的，對以後的道德發展具有重要的基礎作用。受愛的種類和一致性及其他輸入，如家庭的影響，接受的傳播媒介均會形成道德的下層結構。下面奇帕翠克（ Kilpatrick ）的第八章，關於講故事和福歐勒（ 1980 ）的神話文學信仰的第二階段均說明早期成形（ early formation ）的重要性。

當人格進一步發展，認知過程便愈來愈重要了。這時兒童已能同化（ assimilate ）和理解更多的信息，因此可以輸入更多的規則並能給予基礎的推理。例如，死記的記憶不僅對立即的行為有作用並對未來的道德發展有作用。

除了認知的和／或教導性的過程，成型性的過程，如品格的成

長、講故事、性別的條件作用、文化和社會的影響，教育和來自父母的輸入對任何年齡，包括幼兒時期是至關重要的。例如，當兒童更多的參與人際關係之後，認知的發展和角色的模範作用便比以前有更大的影響。電視和電影不僅傳遞故事，而且傳遞價值與規範。同樣，講故事（如以下奇帕翠克的章節中所發展的）也不僅僅是給予人與人的親近，並也有教導和成形作用。一些經典的故事，不僅以其基本的道德問題在前反思的方面和認知性的方面給兒童深刻的印象，而且往往給兒童留下永久的影響。這些寓言故事和神話不僅是理性的，而且是一種符號，所以兒童能在超過理性範圍以外，接受符號的影響。這些成形過程以發展一種美德和道德感而影響品格的成長。

青春期也是道德發展中的關鍵時期，這不僅是青春期在性的問題上和認識上有根本性的轉變，而且也有超驗性的方面。例如，大部份青少年在十五歲前後均對生活的根本或關鍵性問題提出問題。這是一個過渡時期，脫離少年時代進入更穩定的時期。這個過程的一部份是對兒童時期所得到的傳統提出問題，並不一定有自己內心的衝突。似非而是的是，從一明顯的負性時期來臨了正性的意義。從明顯的混小子出現了銳敏和清晰得多的作爲超驗性的（自身，self）現實的道德存在（Kraft, 1971）。

可出現理想主義並因此用絕對的觀點來判斷現實。這種理想主義也影響道德感知與判斷。事實上，有些人一直未脫離青春期道德，他們總是用非此即彼（either-or）的方式來判斷現實。

愛，這個自身的主要動力學及人格的主要道德推動力，也發生了變化。這時合成了更發展的品質，如責任心、尊重和義務感。在青春的中期和後期開始了對愛情和職業作生命責任的考慮。這種新的愛的經驗對道德發展至關重要。

　　從明顯的青春期空虛感走出之後進入了新的道德感。與認知性的道德成長的後通常期良好相關的超驗性成形對道德成長也有作用。與不同的思考相隨的是青春期體驗現實也不同。他們變得比以往更爲開放。

　　一下子跨入了價值世界，幼少年所接受的正式的和非正式的價值教育，他們或多或少地遵從這教導。青春期則對價值進行反思，竭力尋找和在生活中實行最好的價值。這些技術，如價值闡明（value clarification）（Simon, 1973）可幫助認知人們所持的價值觀，而不是在道德上應持的、追隨的或促進的觀點。

　　在青春的後期或青年成人早期，人們往往對他們的道德提出問題。與他們往常符合社會期望與規則相比，青年人變得注意個人的權利與價值，（Kohlberg, 1981 and Fowler, 1980），因爲這些是在社會系統甚至個人的戀結之先的。這一對於道德的後習俗立場（post-conventional stand）旣是認知性的（自我，ego）又是自身的歷程（self process）。在某些方面，吉利甘的關心和責任倫理（ethic of care and responsibility）可認爲更多的是自身的功能而較少的是自我的功能。對於成人時期的挑戰是將關係的道德（Gilligan, 1979）與權利的道德結合起來（Kohlberg, 1981）。〔見布拉貝克（Brabeck），第四章〕

　　儘管大部份青年人對他們的道德提出問題，仍然有許多人繼續沿襲慣常的道德，遵守法律而不是傾聽法律中的超驗性的意義。另一些人根據爲自身服務的道德做他們感到是「善」的事。另一種途徑是在壓力下或面臨責任時退回到早先的道德水平。例如，年輕人當自己做父母時，往往退回到他們原先所批判的，他們的父母親的「舊式的、習俗的道德」。

　　道德是不停發展的。例如，三十歲左右的成人通常感到對他們

的孩子們的道德成長發生影響的責任，而經常對他們自己的道德標準表示疑問。甚至一些已經對道德比較淡漠的成人，通常也對怎麼做對自己和別人都會更好發生疑問，儘管他們可能也在尋求擺脫這些感覺。另一些人則發展一套權宜的道德系統，助長自身中心。那些原先有固定道德體系的人們，在個人的和社會的變化的挑戰下也將變得更靈活和更有理解力。不管怎麼說，這總是一個對自己的道德體系提出挑戰的時期。

近來，儘管中年成人從生理的和心理的觀點均是討論的熱點（例如：Levinson, 1978； Gould, 1979； Vaillant, 1977及Sheehy, 1981 ），即使經過明確的研究，也很少發現中年期的道德成長。在這個模式中，中年是指早期成人和中年之間的時期，或三十九歲到四十九歲之間的年齡。

在面對自己的虛偽而又愚蠢的自身的情況下，中年是痛苦的但又是彌補前過的經歷。所謂中年「功過」正是人們揭開面紗，坦露之處。人們往往在互相欺騙或自我欺騙之後又面對面的碰到一起。中年往往是這樣一個時期，人們在壓力下懂得了他們是如何不按原先宣稱的價值生活的，他們是如何言行不一的，或者說人們如何使自己相信並非如此的（ Kraft, 1981 ）。

常見的一樁事情是，死亡從隱藏的地方走了出來，表現它自己。似非而是的是，人們接受了表現為死亡的最終無助狀態以後，反而導致了新的覺悟和更好的生活。死亡可以使人們的道德觀念變得清楚和受到挑戰，可以撰寫人們的道德生活。當人們努力於超驗的愛並走出日常生活的恩恩怨怨至一切經驗的共同基地時，道德又有了另一超驗性的飛躍。將道德放到這樣的愛的基礎上便會有助於人們超越他們的不同意見，認識到所有的人都是同樣的軀體的一部份。只有在愛之中才能體會深層的奧妙和走出到問題之外的無窮境

界。

當人們愈步入老年，人們便能比以往更認識到他們的道德命運並不單純掌握在他們自己的手中。繼續的道德成長包括重新肯定和加深人們的依賴性，或作爲人的條件的最終不完滿性，對於人們自己人們最終無什可爲。只有放棄完全掌握命運的企圖，才是一種樂觀的解脫。只有當人們服從於愛，不再無效的企圖拯救自己時，才始終是人的存在。只有道德包括並超越個人時，才能達到將人們團結起來使人們至善的境地。

如果說道德成長是個增長的過程，那麼老年時就會積累得更高。然而，普遍的認爲是，老年只是個終點而不是生命的最高點。相反，本研究的論點認爲，在老年時期人性可以得到最充分的和完滿的實現。

最後，道德是生活和死亡中的事，而在老年時死亡更顯重要；死亡一直在向我們提出問題。究竟生活是肯定的、豐富多彩的、應該追求的；還是應該拒絕和停止的？到了老年就要求選擇生死。生活與愛的精神要求他們道德善的生活及因此而有意義的生活。

人的道德命運是愛和被愛。從宗教的觀點看，愛總是一種不輕易給人的美德，尤其是當沒有人直接愛我們時。在老年時，人們對超驗現實的依賴性更加積累了。不管人們的生理的、社會的或心理的情況怎麼樣，總有一個比自己大的力量（如，通常西方人對現實給予的稱呼，上帝）爲生命提供力量。在愛之中年齡增長使人們依賴於並享受生命之源（Source of Life）。道德贖罪在於與現實在一起，同爲現實是維持人的尊嚴與完整的源泉。

若無自身的經驗，生活最好也只是昏暗的，壞則毫無意義。如果原發的意義僅僅來自體魄健康、功能的成功、或感覺滿足，那末生活最終會變得無意義。尤其是老年時期，當體格的和社會的疾病

更爲痛苦與持久時，生命便毫無超驗理性而乾枯了。

總之，我們不會停止或終極我們的道德成長。道德成長也像自身的成長一樣是個一直向前的過程，只有死亡了才終止。在許多方面，人們在體力上有終極，有許多人在認識上有終極，但在道德上和超驗理性方面從無終極。儘管人格的實現在軀體和理性上有限制，超驗理性的成形則能繼續。

教育指導

從人性的道德方面的發展來看，提出以下建議發展教育計劃：

1.道德教育是多方面的，包括前理性的、認知的、意志的、情感的、美育的、社會的、行爲的、有形的、超驗理性的、及整個人格的道德方面。不能促進某一方面犧牲另一方面。

2.道德成長包括有形的與無形的兩方面。內容與過程是辯證的關係。在前正規的、正規的、後正規的水平上進行教育都是必需的。前理性的及超驗理性的有形過程對道德成長也至關重要。

3.無論是有形的或無形的教育，對於認知和社會道德成長的研究和理論的了解均是重要的：這些均應與經驗和有形的過程結合起來。而且，教育的內容和過程，教什麼與怎樣教，均是重要的。

4.道德教育是在社會環境中所做的前理性的、理性的及超驗理性的教育。道德教育可以從嬰兒時期的前理性教育開始。例如，健康的感情傾注及經驗性的學習，例如信任與希望，對於道德成長十分重要。以後，理性的推理、判斷、以及理性的給以講述價值、理論和規則均是重要的。講故事時常常包括的有形的、無形的過程均影響道德成長。

5.認知性的方法應與靑春期新出現的自身（self）相結合。例

如，價值闡明技術可幫助人們變得意識他們的道德地位，並使人們以整體的觀點建立一個價值等級的體系。

6.道德成長是一生命過程，並不在青年時期停步，而在整個生命中繼續。因此，有形的和無形的學習均可促進或阻礙成人的道德成長。例如，時間和空間均可以作為道德反思的結構，並可作為經驗的結構肯定和促進道德成長。

7.促進道德成長的途經的目的均應維持和促進所有的方面和所有的條件，這些方面和條件均應是促進個人道德善的有形或無形方面的。

Carlow College

Pittsburgh（匹茲堡）

參 考 文 獻

Bowlby, J.（1969）. *Attachment and loss: Vol. I. Attachment.* New York: Basic Books.

Bowlby, J.（1973）. *Attachment and loss: Vol. II. Separation, anxiety and anger.* New York: Basic Books.

Ellrod, F. E., McLean, G. F., Schindler, D. & Mann, J.（1986）. *Act and agent: Philosophical foundations for moral education and character development.* Washington: University Press of America。

Erikson, E. H.（1964）. *Insight and responsibility: Lectures on the ethical implications of psychoanalytic insight.* New York: W. H. Norton and Co.

Fowler, J.（1976）. Stages in faith: The structural-developmental approach. In T. C. Hennessey Ed., *Toward moral and religious maturity*. New York : Paulist Press.

Fowler, J. (1980). Normal stages and the development of Faith. In B. Munsey (Ed), *Moral development, moral education and Kohlberg*. Birmingham : Religious Education Press.

Frankl, V. E. (1955). *The doctor and the soul : An introduction to logotherapy*. New York : Alfred A. Knopf.

Gilligan, C. (1979). Woman's place in man's life cycle. *Harvard Educational Review, 49* 431-446.

Gilligan, C. (1982). *In a different voice : psychological theory and women's development*. Cambridge : Harvard University Press.

Gould, R. L. (1979). *Transformations*. New York : Simon & Schuster.

Heidegger, M. (1962). *Being and time* (J. Macquarrie and E. Robinson, Trans.). New York : Harper & Row.

Kohlberg, L. (1973). The claim to moral adequacy of a higher degree of moral development. *Journal of Philosophy. 60* (18), 630-646.

Kohlberg, L. (1981). *Essays on moral development* (Vol. I). San Francisco : Harper & Row.

Kraft, W. F. (1971). *The Search for the holy*. Philadelphia : Westminster Press.

Kraft, W. F. (1981). *Achieving promises : A Spiritual guide for the transition of life*. Philadelphia : Westminster

Press.

Levinson, D. J., et al. (1978) . *The seasons of a man's life.* New York : Alfred A. Knopf.

Luipjen, W. A. (1960) . *Existential phenomenology* (H. J. Koren, Trans.) . Pittsburgh : Duquesne University Press.

Marcel, G. (1949) . *Being and having.* London : Deane Press.

Maslow, A. H. (1951) . *Motivation and personality.* New York : MacMillan.

Merleau-Ponty, M. (1964) . *The primacy of perception* Chicago : Northwestern University Press.

Scheler, M. (1961) . *Man's place in nature.* (H. Meyerhoff, Trans.) . New York : The Noonday Press.

Sheehy, G. (1981) . *Pathfinders.* New York : Willian Morrow.

Vaillant, G. E. (1977) . *Adaptations to life.* Boston : Little, Brown and Co.

Simon, S. B., & Kirschenbaum, H. (Eds.) . (1973) . *Readings in value clarification,* Minneapolis : Winston Press.

第二部份

道德成長的整體理論
的各種觀點

第三章 道德推理

麥 卡 伯 著

Sheridan Patrick McCabe

對於道德成長這個論題心理學家可以從許多角度來進行研究，有些認爲主要是品格的成長，其他一些認爲是感情的選擇，還有一些認爲是環境的影響。最近，對於道德成長的最普遍的研究方法之一是道德推理（moral reasoning）。道德推理觀視道德情景時認爲推理是最中心的，其他觀點只是與推理相關而已。柯爾伯（Lawrence Kohlberg）的研究是這種途徑的最近的例子。

儘管對道德成長有相當的興趣，而且在近年中對於這一論題也有了廣泛研究的文章，但尙無專門針對道德推理理論的直接的研究。實驗心理學傳統地注重分子性的研究，特別是從學習來研究。認知心理學注意的是學習的複雜過程，它是近年來發展出來的。某些複雜的機制，如創造性、動機、和人格的某些問題均開始成了研究的領域，但對於推理和邏輯思維的心理學卻注意得較少。一個值得注意的例外是皮亞杰（Piaget）的研究，他是特別從發生發展的角度來研究思考和推理的先驅者。他的著作特別有影響，並導出了其他許多發育心理學研究。除了這一研究進展以外，心理學家對發展理論和發展推理心理學的研究資料注意得很少。因此，介紹道德推理並指出一些理論的方向，這些都將對道德推理從心理學的角度

進行了解提供基礎。（哲學的角度可見本叢書第一卷：*Act and Agent：Philosophical Foundations for Moral Education and Character Development*, Ellrod and McLean, 1986）

道德推理的概念

道德推理包括「根據社會的善和正確來描述、評價、和判斷」（Gibbs, 1977, p.44）。它包括所有的認知過程，人們由此得出結論並表示關於正確和錯誤的意見。黎伯特（Liebert, 1979）將這些認知過程的不同方面分成三類。道德判斷是個人關於各種道德衝突或困境的反應的道德正確性所作出的反應並由此作出的陳述。道德期望是指當面臨道德衝突或困境時，個人所作出的關於將實際發生什麼情況的陳述。道德辯護是指主述者對他在一定情景下所作出的道德判斷給出正確性的解釋和說明理由。黎伯特將他對道德推理的描述歸納爲，對某些行爲或行爲過程（「善」的）進行鼓勵，和對某些行爲或行爲過程（「壞」的）進行阻止。因此，人們對任何衝突或困境的反應均可接受道德評價，好、壞、或與道德無關。

以上所述的道德推理基本上是認知性的，但又超過嚴格的認知範圍，強調評價與行動。正因如此，所以更具包容性和動態的指向性。也許最好認爲推理是與整個人格有關和行動導向的。可能關於道德推理的最全面的學說是雷斯特（Rest, 1983）提出的。他認爲道德推理包括四項元素組成的鏈。第一，他需要親臨其境或其事，與之有道德的關係，此由相應情感得到完成。其次，他應得出關於該道德情景是「好」，是「壞」的判斷。其後該判斷應繼之以行動的決定。最後階段的道德推理是繼前一階段決定的行動。道德推理的概念包括這一過程的全部方面與全部階段，並不僅僅局限於抽象

思維或與這一活動有關的純形式邏輯分析。這樣便呈現出一更現實的和完全的圖景，由此也可以看出，關於道德推理，不同的學說會有不同的側重。

考慮到對道德推理的概念抽象（conceptualization）和理解，在思想中要有一些基本的概念是重要的。這些也是任何心理學說的基本觀念，這些觀念可以用來洞察某些特殊觀點中的假設和限制條件。

1.理論可以根據結構與功能的關係來分類。這一結構與功能的統一只是程度上的，在某種程度上，推理被認為是通過經驗和刺激與反應間的系統配對而得到的一種過程，或者是依賴於與經驗無關的某種結構，如能力或天才的過程。不同的分類在於對認知或情緒結構在個體內存在的程度的承認，無論這些結構是遺傳的還是在經驗中獲得的。

2.也可根據理論強調的研究範圍是大功能單位的還是分子性的來分類。大功能單位的理論傾向在更複雜更高的水平上，更加整體性地來對待和解釋資料。然而卻往往犧牲了特異性和可證實性。分子性的理論只對待很窄的行為，追求精確性。

3.對於理論立場的另一重要考查是看其研究的基礎。有些以嚴格的經驗性研究為基礎的傾向於更加分子性和功能性。另一些以自然觀察為基礎，傾向於在更廣的範圍上來解釋經驗，對待更複雜的問題。最後，有些理論以廣泛的臨床研究為基礎。這類理論通常更注意在道德推理中起作用的動機和人格差異。

在對各種代表性的理論觀點進行檢查之後，我們將考慮基本的道德概念和理論基本結構的普遍性。在最終的意義上，理論充分性的判斷是在瞭解行為並用以解釋問題和在實際生活情景中應用的充分性。

道德推理的各種理論

本文將討論道德推理的心理學基礎研究的三個大類。一類是功能性的理論，這類理論尋找來自環境或學習的影響道德行爲或推理的原因和動機。主要的是行爲學的或社會習得理論。第二類理論探取動機研究，檢查人格動力將之作爲道德認知和行動的基礎。精神分析理論就屬於這一類。第三類包括認知－結構性理論，這類理論需作較詳細的討論。因爲道德推理本來就是一種認知性活動，所以那些與認知過程關係更直接的理論關係最密切。這些類別之間的區別也不是固定的，而有許多地方相互重疊。儘管沒有一種理論途徑是完滿的，但每一種理論均對我們對於道德推理的總體性的瞭解作出了貢獻。

社會習得理論

行爲學和社會習得理論的哲學構架是洛克（John Locke）的經驗主義傳統。他用聯想（association）機制來解釋觀念、知識和認知性技能的獲得。這類理論集中於雷斯特的道德推理結果的行動期。這一傳統一直是許多近代心理學的主線，因此發展了許多理論系統以解釋高度複雜的認知現象。這類理論中有許多學說，它們均以徹底的行爲主義爲根本，在程度上則各不相同。它們的基礎是認爲一切行爲都是習得的假設和信念，或者說是通過與環境的相互作用而獲得。它們拒斥一切不學習而存在的結構、圖式（scheme）或範疇。

行爲主義的基本概念認爲，一切行爲均可用刺激（指環境中對

個體的反應有作用的事件）與反應（指在環境刺激的控制下個體的動作）之間的聯繫性的結合（associative bond）來解釋。通過強化便形成了刺激－反應聯繫（S-R）。因此，S-R單位便形成了行為的分子。非常複雜的行為型式也可以在精心製作出來的S-R型式的基礎上建構起來。這種研究途徑便將其自身導致了精心的，能說明問題細節的研究設計，這便是它投合科學研究者的科學心理的一個因素。

一些主要的社會習得理論都或多或少的偏離了徹底的行為主義，但仍在這個總哲學框架中。一些複雜的過程，如模仿、模範作用、和扮演角色均被用來解釋環境是以什麼方式對個體的行為起成形作用的。邦杜拉（Bandura, 1977）認為模仿是社會習得的基礎，這時個體通過觀察進行學習。阿隆弗利（Aronfreed, 1969）描述兒童通過觀察性的學習建立範式行為的「認知性模板」或「代表性的認知」。霍夫曼（Hoffman, 1971）認為與父母親的居同作用（identification）的概念是利他主義行為習得和道德意識發展的基礎。

社會習得理論的一個重要觀點是普遍認為社會因素是道德觀念和道德判斷過程習得的原因。認知技能的習得並無年齡特殊性，也不一定發生於特殊發育階段之後。這些理論均有嚴格的界定，並與資料緊密結合。因此，這些理論均能經受仔細的經驗評價。另外，因為這些理論的經驗基礎，故與行為緊密對應。這些學說考慮了多方面的因素，如習慣和環境，特別是環境中偶然因素對行為的作用。然而，由於是分子性的途徑，這些理論只限於能夠提供充分的構建材料，通過這些材料來理解道德推理和道德行為的複雜現象。

邦杜拉最近關於自我效率（self-efficacy）的研究，超出了傳統的社會習得研究，強調內化和延伸為行為導向的過程。這一觀點

提出了一種更複雜的構建材料，與傳統定義的價值關係更爲直接的材料。而且也適應於自身取向（ self direction ）和自由選擇的主觀經驗。

精神動力學理論

第二類理論強調動機因素或人格動力學。這些便是它們的系統人格理論的出發點。其中許多理論來自精神分析學說。這些理論均假定個人有一基本的、固有的動機力，即先天本能的驅力。這些理論又都是階段發展論，在這些理論認爲人格是以系統的方式發展的，正如個體成熟和與環境相互作用那樣。一般而言，這些理論均源於臨床而不是來於實驗室。因此，所用的構建材料往往缺乏明確的定義，也難予以功能界定。然而，因爲這些理論的綜合性和其解釋複雜行爲型式的能力以及它們佔據著較大的理論系統地位，而引起了研究者的普遍興趣。這些理論觀點也有某些經驗基礎。

弗洛伊德（ Freud ）在他的早期著作中設想自我（ ego ）是因（個體的未成熟的本能性的力量）本我（ id ）與環境相互作用的結果，由本我分化而來。正是在此發育早期，認知也作爲初級的過程發展起來（原始的或非理性的思維），後來就被次一級的過程（理性的邏輯的思維）在意識中所取代。初級的過程並不被消除而是被壓抑進入到非意識。弗洛伊德在其晚期著作中，提出了超我（ superego ）的發展。這一人格成份是道德判斷和決定的主要動因之源，也是罪錯感、心理衝突感、罪罰感之源，因此對規範道德心也是一個重要概念。超我是人格的非意識方面，是通過居同（ identification ）和壓抑機制，將其父母的形象內化而成的。

除了這些人格的基本成份外，弗洛伊德還對個體的發展劃分了

特殊的階段。弗洛伊德將這些階段概念化爲性心理階段，從嬰兒的性活動至成人的性活動。這些發展階段具有特殊性格結構形式，並直接與個體的道德觀點有關。儘管這些概念直接與道德成長有關，但是弗洛伊德從未專門提出過道德推理理論。在弗洛伊德理論中道德被解釋爲來自人格的非意識的原始的層次。這一情況使人們不首先選用它作爲解釋正性道德系統的基礎。

艾利克森（Erik Erikson）利用精神分析爲出發點，但他提出的體系能較好的解釋道德推理和作爲心理效應結果的道德行爲。因爲他的觀點將在本書第十一章全面討論，這裡只簡短地作介紹。艾利克森提出了一套關於自我（ego）發展的階段理論，認爲自我的發展直接與道德敏感性和效應性有關。他認爲在一生中有八個依次發展的主要衝突。當這些衝突得到解決，個體便發展了心理的美德（希望、意志、目的、能力、忠實、愛、關心和智慧）。這一發育順序與精神分析中的階段不同，它集中於美德和道德效應，它包括成人而不僅僅是嬰幼兒時期，它集中於對行爲的解釋，而這又是對道德有針對性的。

存在主義和現象學的理論與精神分析理論相似，這些理論均是關於人格的綜合性理論，均集中於動機問題。但與精神分析理論不同的是這些理論均有目的論傾向。這些理論不強調動機的本能的或性的基礎，而是用價值、意義或自身－實現（self-actualization）作爲發展的動力。在這些理論中，道德是發展的標誌和產物。

就整體而言，這類以動機爲基礎的理論主要集中於自我（ego）的發育並強調個體的社會化和前道德發展。它們與習得理論的區別在於在解釋時強調內在的過程。另一位主要集中於自我（ego）發育的重要研究者是勒文格（Jane Loevinger, 1976）。

她認爲自我的發展是一系列的階段。她的自我（ego）概念來自精神分析理論，但對自我發育的評定則在很大程度上是認知理論的。當他或她通過自己的自我（ego）發育階段時，便變得更有自主性（autonomous）、在質的方面更成熟、更對行爲負責。她對發育階段的描述與皮亞杰和柯爾伯十分相似，儘管她所提出的素質（trait）或結構有很大的不同。她用認知過程來對自我功能的發育進行說明或劃分階段。她認爲當個體能夠依賴認知有效的對待現實而不是防衛反應性的，便達到了眞正的、成熟的道德推理。

認知結構性理論

認知性理論學家們的工作與道德推理的研究和思考的關係最大。如上所述，這類理論與功能性理論的質的區別就在於集中於結構。這類學說來自另一哲學傳統，更接近於康德（Kant）的認知性研究，而不同於洛克（Locke）學派的經驗主義的社會習得理論。這類理論所關切的主要是雷斯特的道德推理系列的判斷期。這類理論以其認爲邏輯結構（或圖式，schemata）的運行即對認知功能的組織和指向，而列爲結構性理論。對於這些結構所指向的帶著環境信息的行動來說，這些結構具有動力的性質，同時，又是解釋信息的基礎。對於這些結構是從內在的實體來考慮的，而不是從外在的刺激來考慮，將結構看作是在功能上與某類反應相關的。經驗的作用是間接的，並受到現存的概念結構的限制。福斯（Hans Furth, 1969）對結構的敍述是：「還要注意，內在的結構並不是原先是外在的東西被逐漸內化而成的，而是與生活機體本身相關的發育上的或種系發育上的，無論在什麼層次上均不應該認爲是機體外的存在。」（75-76頁）

　　皮亞杰把兒童的認知發展分爲四個階段，即感覺運動階段、前運作階段、具體運作階段和形式運作階段。這些階段乃依個體所用的邏輯結構的類型和複雜性來劃分。這些結構是在兩個先天機制，組織和適應，作用下產生的經驗中產生的。組織是指將信息整合（integration）成機體系統的形式。適應是指個體對信息的反應。適應可以是信息被同化（assimilation），即信息被改變以適合現存的結構，或可以是順應（accomodation），即結構被改變以適合信息。皮亞杰認爲由於信息不斷輸入便不停地造成不平衡的狀態。若不平衡較重，已不能應用同化，那麼就要用順應。同化和順應兩個過程便導引了新結構的不斷發展。一項基本的假設是，所有的人均形成相同的普遍結構，而且這些結構均以相同的順序依次出現。

　　皮亞杰（1948）將他的普遍結構說擴展應用於道德發展。他確定了兒童道德發展的兩個階段。他給兒童講故事，然後要求兒童判斷故事角色的好壞。八歲以前的兒童對壞人的判斷主要根據行爲而不是根據動機。年齡較大的幼童則趨向根據動機來判辨角色的好壞。他把這兩個階段分別稱爲客觀道德階段與主觀道德階段。

　　對於認知結構理論作過最多的研究和最有影響的是柯爾伯。他的研究沿襲皮亞杰的傳統，但對道德發展作了更細緻的分期。基本假設認爲道德推理受到一般認知發育的制約。然而，道德推理卻依從著同樣的發育進程。柯爾伯的理論是一種階段循序理論，認爲道德發育要經過固定不變的順序型式。由此柯爾伯提出了一種道德發育的「邏輯普適性」（logical universality）。

　　柯爾伯是根據對年齡分組爲10、13、16歲並代表廣泛社會層面的七十二名幼童的交談資料作出的理論。在過去的二十年中，這種研究一直受到了繼續，進行了千次以上的交談，包括在美國所做的和以

交叉文化爲基礎的。在這些交談中，給出一個道德困境，讓受試者作出選擇行動方向的反應或指出他選擇某種行動的理由。根據這項研究，柯爾伯確定出三個道德成長層次，後來每個層次又分爲兩個階段。這些層次和階段如下所示：

I.前道德層次（Pre-moral Level）

第一階段：服從和懲罰導向
以自我中心地接受較大的權利或威信，或使麻煩避免的安排。
第二階段：天生的自我性的導向
兒童爲了獲得報酬而服從。

II.通常的服從道德

第三階段：做爲孩子的導向
第四階段：權威或社會秩序的導向
做該做的事，對權威的尊重及爲了自己不遵守社會秩序。

III.自己接受了道德原則後的道德

第五階段：條約性的、法律性的導向
以條約形式確定的義務，一般性的避免侵犯別人的意志和權利，以及大多數人的意志和福利。
第六階段：意識的或原則的導向
不僅僅因現實規定的社會規則，而且因爲對原則的選擇，包括求助於邏輯普遍性和一致性。

在柯爾伯的思想中，值得注意的重要點是柯爾伯關於道德的定義或概念。道德的中心是正義。在道德成長的每一階段均結合著該階段的正義原則，其中道德原則只是解決衝突的方法。這也是柯爾

伯應用道德困惑作爲發展其研究工具的基礎。

　　值得注意的是，與柯爾伯同時，發展了另一種階段理論，該理論應用了類似的方法，但又完全與柯爾伯的理論無關。這就是珀利（William Perry, 1970）所發展的模型，這主要是來自對大學生的研究，珀利也應用交談的方法收集大學生的認知結構的資料，並研究四年大學生活使認知結構發生的變化。儘管這是認知發育的模型而不是道德發育的模型，珀利發現，在其模型的高級部位，特徵性的改變是與責任有關的結構。換言之，學生們在這種模型的高級階段主要是程度上的改變，即他們能夠將學習到的東西轉成與個人有關的價值。珀利討論了在這一發育過程中的宗教和道德方面。珀利的學生們在早期階段的特徵是教條式的和絕對式的思維，與柯爾伯的第二和第三階段相似。珀利的模型由九個階段構成，包括如下列的大標題所示的三個大段。

I.關於兩元性的改變

　第一階段：基本兩元性（duality）
　　大學生們用極端的眼光看待世界，「我們－正確－好」對「其他人－錯－壞」。對於每件事的正確答案均是絕對的，即所謂權威，其作用是向他們傳達思想（教導）。認爲知識和善是經過堅苦工作和服從在數量上積累起來的零碎的善。
　第二階段：前合理性的多樣性（multiplicity pre-legitimate）
　　大學生們考慮到意見的多樣性和不確定性，並認爲這是因爲權威尚不夠確立引起的不應當的混亂，或者說是權威意見的演習，「所以我們自己能夠學得找到答案。」

第三階段：從屬性的多樣性（ multiplicity subordinate ）
大學生們接受意見多樣性和不確定性是合理的，但仍只是
暫時限於「尚未找到權威答案的領域」。他們認爲，正是
有權威才使他們在那些仍有困惑尚無標準答案的地方表述
出許多看法。

II.相對主義的實現

第四階段：相關多樣化或從屬性的相對主義（ relativism ）
1.大學生們認爲合理的不確定性（ 因此而有意見的多樣
性 ）是廣泛存在的，並將之提升到他們的非結構性的認
識領域的一種狀態，在這種狀態中「每個人都有自己意
見的權利」這個認識領域正是他們用以對抗權威的，因
爲權威領域內仍流行著正確－謬誤的絕對性，或者說
2.學生們在權威領域內發現了在質的內容上爲相對性推理
的「人們所要求的」特殊情況。
第五階段：相關的、競爭性的或擴散性的相對主義
學生們認爲所有的知識和價值（ 包括權威性的 ）均是情景
性的和相對的，他們並將兩元論的正確－謬誤功能從屬於
情景中的特殊情況。
第六階段：預見性的責任（ commitment foreseen ）
學生們以個人責任的形式和相對的世界來理解對他們導向
的責任（ 以區別於不存在問題的或無需考慮的以某種簡單
確定的信仰爲基礎的責任 ）。

III.責任的發展

第七階段：初始的責任

學生們在某些領域開始有初步的責任感。

第八階段：責任內含的取向

學生們體驗到責任的內含，並開始對主觀上的和慣常的有
關責任的事件進行探索

第九階段：責任的發展

學生們在眾多的責任中體驗到同一性，並認識到責任是一
不斷發展的活動，通過這一活動得以表現自己的生活方
式。

與柯爾伯的理論相比，珀利的模型不是一成不變的序列。珀利
通過與學生的交談發現，有些學生並不按通常的型式向前發展，而
是有某些偏離，包括倒退，即從某一階段往原先的階段退；拖延，
在任一階段停留較長時期；脫逸，即滿足於第四、五、六階段但拒
絕其內含、停步不前。

一個階段向一個階段的移動基本上是認知的發展，從較簡單的
認知至較複雜的認知。然而，也有認知以外的內含。「複雜性」特
別是價值系統之間的衝突，要求在責任行動之間有容忍悖論（para-
dox）的能力。（166頁）。珀利的責任概念包括著人格的成長。珀
利在談到他的交談者時說：「他們體驗到的同一性在責任的形式上
比在要求他們責任的外在內容上要敏感得多」（167頁）。

通過一個個階段的移動過程類似於皮亞杰所描述的的階段。存
在著從天生的自我中心（egocentrism）向分化的對環境覺
知（awareness）的移動。

這一覺知反射回來，建立新的對自身（self）與環境的經
過分化的覺知，我們的（發展）圖式（scheme）可追蹤
這個過程至斡旋這一過程的同化與順應作用，特別著重於
關於知識與價值之源的結構改變（204頁）。

珀利認爲他的模型是皮亞杰的構架（ framework ）理論的擴伸。

　　我們的圖式的前半部份所揭示的過程與皮亞杰所描述的運動、認知和道德「去中心化」（ decentering ）過程是平行的，而後半部份的人格類型或責任平衡（ equilibrium in commitment ）的發展則有性質的不同。其轉變情況是從空間－認知的重新建構（ spatial-cognitive restructuring ）至情感的和美學的評定（ assessments ），這一方面心理學家一直未能在概念上作出成功的區分，尤其是在實驗方面。這裡，想儘量精確地將研究擴伸到能夠包括人道的和哲理思考的主觀類型（ 205頁 ）。

　　墨爾菲（ Murphy ）和吉利甘（ Gilligan, 1980 ）在一篇引人入勝的文章中提出，用他們的研究和珀利發展的發育模型來重新改造柯爾伯的理論。他們注意到柯爾伯理論的困難，如某些青少年和成人所見的倒退問題，將模型擴展應用於成人的問題，以及在某些經驗性研究中所見的第五、六階段缺乏穩定性的問題。對於柯爾伯的模型這些方面特別易於偏離，無論是在理論困惑和在實際情景中的應用困難。

　　他們對56例大學生進行了研究，從四個時期收集資料，在經過一道德和政治選擇課程之前與後，課程結束兩年以後及五年以後。前兩次資料爲填寫柯爾伯交談表，後兩次是在用柯爾伯交談表的同時作結構開放的交談。交談的結果同時用柯爾伯和珀利的發展圖式作審查。墨爾菲和吉利甘說：

　　　珀利的發現爲後習俗性的（ postconventional ）道德判斷的另一種概念，提供了基礎。這種概念可以解釋成人時期的道德發展，而又保留關於階段改變過程的基本認知發育假設。這種研究認爲，對責任的經驗，對於青春晚期的道

德發育與自我（ego）發育均是極重要的，因此將這兩種
發育聯繫起來。與此同時，該概念認為青春晚期和成人期
的道德判斷改變可以稱得上是嚴格意義上的皮亞杰理論中
的認知性結構改變（96頁）。

墨爾菲和吉利甘打破了柯爾伯將道德推理的概念限制於以假設性的
道德困境中的道德的原則為基礎上的抽象思考，從而為認知結構性
理論確立了更堅實的基礎。

理論上的限制

道德的概念

對於理解和解釋道德推理的理論研究受到了構成研究基礎的道
德定義或概念的明顯的和隱含的含義的導引和限制。社會習得的途
徑傾向把道德看作環境力量的結果和強化所致的型式（pattern）。
這些強化作用傾向於將個體的行為塑形成社會易於接受的方式，最
後導至對行為規範的內化。有一些專門的理論從各種途徑來描述這
一過程，如認同作用（identification），擔任角色（role taking）、
各種形式的條件反射作用等等。一般而言，這些都是經驗性的研
究，在這類研究中行為的標準乃來自經驗而不是來自先驗的原則。
這樣，這些學說均傾向於解釋道德行為，而不是論述道德的內容。
所以，這些理論也有與道德教育的傳統性的研究一致的傾向。

精神動力學理論在其發展過程中較少分子性和經驗性研究。這
些學說傾向於認為道德來自作用於個體的環境、力和期望，但也表
現出隱含的價值，即關於行為的適應性和建設性，它們來源於個體
的和社會的期望。這些理論在個人對好與壞的選擇上提供了較大的
自主和自我導向。但是，關於道德選擇的無意識性的（formal）或

先驗性（a priori）成份則未談及。因此，這些理論主要對道德行為的複雜動機進行說明，而不是針對道德好或壞的決定。

如上所述，柯爾伯在道德推理方面提出了最清晰的認知結構性理論。柯爾伯對道德定義和對道德推理的固有原則均提出了清楚的途徑進行界定。柯爾伯對道德原則的研究圍繞於正義這個問題。柯爾伯對兒童進行追踪研究的認知結構發展便圍繞著對正義的認知。柯爾伯所用的方法，即提出道德困惑要求解決的方法，乃來自其理論概念並認為正義是道德的主要問題。

道德推理的較完善的理論必需包括「什麼是道德的組成」這個概念，並能對真正被普遍接受的行為原則的習得進行解釋。僅僅對行為習得的機制進行描述是不夠的。然而，柯爾伯所用的抽象而又有限的正義概念，用以研究道德的成長似乎太為狹窄。可能更為根本的、深入的有意義的是對其他人的真正關心。羅森（Rosen, 1980）在評論柯爾伯對正義的強調時說：

原則性的道德，若無對人的高度同情並由此驅動的行動，
那麼只能是空洞的。年幼的兒童可以經過訓練脫離僅僅關
心自己，並使之關心別人的需要。如將這種做法習慣化，
則可產生同情人的素質，由此再對人類的痛苦產生適當的
有關的道德行為（134頁）。

彼得（Peters, 1971）指出了一些柯爾伯不重視的自身控制性的美德，包括勇氣、決斷、堅持性、正直、言行一致。他指出知道好與壞的區別是一件事，而去關心則是另一件事。完滿的道德推理理論應不僅僅討論正義這一個問題。

普遍適用性

　　道德推理理論的一個重要方面是應用於一切人的能力，而不僅僅是局限於特定的文化、經濟或其他限制。社會習得理論強調過程及行為習得，因此可廣泛適用。然而，社會習得理論與行為型式或技能的關係更直接一些，而與道德決定或行動計劃的原則的關係並不直接。精神動力學的各種理論則有不同的普遍適用性。

　　精神動力學理論的主要基礎是臨床經驗而不是經驗性研究，而且這些經驗往往範圍狹窄。這類理論對道德反思（moral reflection)和道德決定的作出往往只提供比較局限性的解釋。然而，我們或許可以有可靠性的說，他們所提出的精神動機類型在道德推理中起著重要的作用，而且有相當的普遍性。各種型式的經驗、對兒童的教養、角色的區分等等可對其所導致的不同價值和行為類型的多樣性作出解釋。

　　認知結構性理論家們一直致力於發展一種不受社會或社會類式限制的理論框架。當然，皮亞杰力圖發展的兒童認知發育模式完全有理由是普遍適用的。儘管皮亞杰的洞察是從對他自己的孩子的觀察開始的。柯爾伯在發展其道德推理的模型時，費了很大的力氣去在跨文化的基礎上獲得資料。他的道德困惑和交談技術被用於世界各地的各種文化之中以證明其普遍適用性。

　　儘管柯爾伯相信他的結果是成功的，批評家們仍然指出了柯爾伯理論的許多固有困難。吉布斯（Gibbs, 1977）複習了這項研究的某些材料，作出了有意義的觀察，認為跨文化的資料支持柯爾伯模型的前四個階段，但不支持後兩階段。吉布斯斷言柯爾伯的原則性的導向並不是皮亞杰意義的階段。吉布斯用區分自然的和現存的兩種主題的方法，提出了一種解釋。吉布斯認為柯爾伯的前四個階段是自然的階段，代表著實際的發展，在所有的社會和文化中均如此。然而，吉布斯認為原則性的導向則是現存的主題。「可以理解

原則性導向為以在哲學反思和論辯下得到的自然狀態的隱含性的成果的基礎上的形式化（formalization）。」（第56頁）

道德推理理論中的主要內容

通過對道德推理的主要理論觀點的大致瀏覽，結合在道德推理的全面概念中需要考慮的某些問題的複習，提示出綜合性理論中必需包括的一些主要考慮。

整體人格的發展

道德推理，像其他推理一樣，是一種固有的認知現象。因此，它是必需通過經驗和成熟才能獲得和發展的一種能力。這些考慮是這裡所討論的所有理論途徑的必需包括的內容。然而，從全體來看，以上所複習的理論均有些狹窄或比較專門，所以必需考慮整體人格的發展。雖然推理主要是認知活動，但仍然是整個人格的活動。本章前面引用的雷斯特的道德推理的定義便是很好的例子。以階段發展為導向，針對認知功能的整體人格發展理論是本章前面敍述的勒文格（1976）的自我（ego）發展理論。該理論也為動機和情感方面的思考提供了基礎。該理論比狹窄的社會習得理論或更狹窄而又缺乏靈活性的柯爾伯模型能更好地提供綜合的基礎。

動機方面

雖然社會習得理論和認知結構性研究為理解道德推理提供了許多論據，但它們均對人類行為的動力學有所忽視。道德推理本身或多或少只是一種純理論概念，其意義只是有助於解釋行動。道德推理如果沒有同時對作為道德行為基礎的動機的瞭解，那末只是單維

度和局限的。精神分析理論家們對人類行爲的動機特別注意。一個
理論家，例如採取發展觀點的艾利克森，就特別適合理解道德推理
的動力學。其發展觀點有助於將整個人類經驗綜合到瞭解和解決道
德問題的任務中去。通過對個體歷史的研究，追踪動機因素的發展
便能瞭解複雜的動力學的整個情況了。

品德的作用

習慣在對道德推理的心理學作充分地解釋中有非常重要的作
用。道德推理不僅是對好與壞有足夠的理論概念，而且是將這些概
念轉換成行動的能力或傾向。習慣爲道德選擇的實踐提供了必要的
方便。儘管習慣並不像社會習得理論認爲的是道德推理的中心問
題，但習慣卻是一個完整的理論所應包括的一部份。我們需要對習
慣作更多地考慮，而不是像柯爾伯那樣預先就把「整袋的美德」放棄
掉。因爲在更爲傳統的道德推理研究中品德佔有中心的地位，可能
在反應中品德這一概念容易遭到忽視或摒棄。在使個體自由地把注
意力集中到更嚴重的或衝突的情況的過程中，習慣起著重要的作
用。這時習慣構成情景的背景起支持作用或對意識起導引作用。習
慣的重要作用就在這裡，這是需加以注意的。

內在的因素和環境因素的綜合

認知結構理論往往比較抽象和圖式化。與社會習得和精神動力
學研究相比，認知結構理論較少注意個體實施道德認知的情景或在
感知上及主觀上的對情景的解釋。通常的關於道德的概念主要在於
人們在道德困惑和衝突時的經驗。在道德推理的綜合性理論中，如
果排除對這些問題進行考慮所起的中心作用，那麼就似乎不太合

理。儘管認知結構理論在確定一般普遍見到的認知結構是道德推理的主要成份中作出了主要的貢獻，將這些與進行道德推理的情景聯繫起來仍然是重要的。否則，理論就將過於抽象。

包括情感的領域

與前述的這些觀點相銜接，道德推理的理論，儘管主要是認知過程，應該包括整個人才對。因為是整個人在認知，整個人在思考。情感與認知的區分是邏輯上的區分。因此，完全的理論必然直接與這個問題有關。

湯金斯（Tomkins, 1965）對這個問題作了清楚的討論。他區分出思想感情性態度（ideo-affective posture）和思想意識性態度（ideological posture）。後者是對於事物高度組織的和條理清楚的思想。前者則是組織程度鬆弛的感覺或對感覺的思想。湯金斯認為需要發展和維持這兩種態度之間的共振。他指出，不發展這兩種態度之間的共振就會導致一種思想意識的真空而容易受外界影響。這一概念似乎特別與道德推理有關。

行為的可預測性

任何心理學理論的最終檢驗是對行為的預測能力。社會習得理論家們對此最有反應，他們將他們的思考與研究引向在結構和可觀察的行為之間建立清晰的聯繫。這樣便強調了重點而犧牲了普遍性和概念的意義。精神動力學家們對此則不太注意。他們關心得更多的是更廣泛的和更有意義的理論概念和系統的一致性。認知結構論者的立場居於中間。

　　至今已有許多努力力圖說明認知結構理論中的結構能夠預測個體的道德行爲。這些研究文獻受到了不同的評論。對認知結構預測道德行爲作了最全面的說明的是布拉西（ Blasi, 1980 ）。他就經驗文獻所及對道德推理與罪錯、誠實、利他主義、合群性的關係作了複習，並結論說，有相當的支持點支持道德推理與道德行爲在統計上是相關的假設。他指出，這兩者之間相關的程度隨不同領域而不同。有許多證據說明，在罪錯者與無罪錯者的道德推理有所差異。有一種論點認爲那些不太遵從習俗的人們對於使他們服從道德行爲的社會壓力有較大的抗力，對此並無多少支持。根據這些發現，布拉西對道德推理的理論提出了建設性的批評：

　　　似乎所需的是清楚地、直接地聚集於道德完善或人格一致
　　　性的心理學本質，也即，那些向個體的生活注入他個人所
　　　理解並接受的意義並使個體的行爲與他的正常的觀點相符
　　　合的那些過程和技能。這不僅僅是從普通常識的觀點看是
　　　重要的，而且也應該是任何強調認知結構的理論的自然成
　　　份。（第40－41頁）

結 束 語

　　本章檢查了各種對道德推理概念的研究途徑，及各種研究所能夠爲道德成長的綜合性理論提供的相應貢獻。道德本質的傳統概念傾向側重於推理和認知過程。這些過程代表了人類行爲的道德性的基礎，但其本身尙不足以爲道德成長和道德行爲的瞭解提供綜合性的基礎。

　　本章所考慮的各種理論觀點俯視了這一複雜過程的不同特徵。一個眞正的綜合性的研究途徑應該包括從所有觀點看到的側面。本

部份的其他章將討論人格問題的其他重要方面。本書的最後一部份，特別是諾爾士（Knowles）的第十章，力圖為綜合性的整合提供一個框架。

University of Notre Dame

Notre Dame, Indiana

參 考 文 獻

Alston, W. P. (1971) . Comments on Kohlberg's " From is to ought. " In T. Mischel, (Ed.) , *Cognitive development and epistemology*. New York : Academic Press.

Aronfreed, J. (1969) . The concept of internalization. In D. A. Goslin (Ed.) , *Handbook of socialization theory and research*. New York : Rand-McNally.

Bandura, A. (1977) . *Social learning theory*. Englewood Cliffs, N. J. : Prentice-Hall.

Blasi, A. (1980) . Bridging moral cognition and moral action : A critical review of the literature. *Psychological Bulletin, 88*, 1-45.

Craig, R. (1972) An analysis of the psychology of moral development of Lawrence Kohlberg. *Counseling and Values, 17*, 10-17.

Ellrod, F. E., McLean, G. F., Schindler, D. & Mann, J. (1986) . *Act and agent : Philosophical foundations for moral education and character development*. Washington : University Press of America.

Furth, H. G. (1969). *Piaget and knowledge : Theoretical foundations.* Englewood Cliffs, N. J. : Prentice-Hall.

Gibbs, J. C. (1977). Kohlberg's stages of moral judgment : A constructive critique. *Harvard Educational Review, 47,* 43-61.

Gilligan, C. (1977). In a different voice : Women's conceptions of self and morality. *Harvard Educational Review, 47,* 481-517.

Hoffman, M. L. (1970). Moral Development. In *Carmichael's manual of child psychology.* New York : John Wiley.

Hoffman, M. L. (1971). Identification and conscience development. *Child Development, 42,* 1071-1082.

Hoffman, M. L. (1979). Development of moral thought, feeling, and behavior. *American Psychologist, 34,* 958-966.

Liebert, R. M. (1979). Moral development : A theoretical and empirical analysis. In G. J. Whitehead and B. J. Zimmerman (Eds.), *The functions of language and cognition.* New York : Academic Press.

Loevinger, J. (1976). *Ego development : Conceptions and theories.* San Francisco : Jossey-Bass.

Murphy, J. M. and Gilligan, C. (1980). Moral development in late adolescence and adulthood : a critique and reconstruction of Kohlberg's theory. *Human Development, 23,* 77-104.

Perry, W. G. (1970). *Forms of intellectual and ethical development in the college years.* New York : Holt,

Rinehart and Winston.

Peters, R. S. (1971) . Moral development : A plea for pluralism. In T. A. Mischel, (Ed.) , *Cognitive development and epistemology.* New York : Academic Press.

Rest, J. R. (1983) . Morality. In J. H. Flavell and E. Markham, (Eds.) , *Carmichael's Manual of Child Psychology* (4th ed) . New York : John Wiley & Sons.

Rosen, H. (1980) . *The development of sociomoral knowledge : A cognitive-structural approach.* New York : Columbia University Press.

Tomkins, S. S. (1965) . Affect and the psychology of knowledge. In S. S. Tomkins and C. E. Izard (Eds.) , *Affect, cognition and personality : Empirical studies.* New York : Springer.

第四章　道　德　導　向

對於男人和女人的另一種看法

布拉貝克　著

Mary　Brabeck

　　除道德推理以外，綜合道德理論的第二個方面是道德導向（moral　orientation）。這涉及到個體如何感受並將情景解釋爲合乎道德的各種方式。有一種主要觀點認爲個體道德導向的差異可在性別差異的文獻中找到根據。本章想對認爲男女在道德導向上有差別的理論和研究進行檢驗。對於這一問題的關心來自道德觀點方面的性別差異的心理學理論，以往的如弗洛伊德（Freud）理論（1925），晚近的如邱德羅（Chodorow，1974，1978），吉利甘（Gilligan, 1977, 1979, 1982）的理論。

　　目前也仍有性別差異的論調。例如，在最近一份地方報紙上，一個男女對話的漫畫上，船長說「當然囉，你的腦子比我清楚，不過你也比較多變。」如果去掉畫面，大多數讀者也會毫無困難地猜出誰是說話者，誰是被說的人。這張漫畫談到一個普遍的社會態度，一種關於道德品格的性別差異。當描繪女人道德比男人高時，通常如上面的漫畫那樣總是同時貶低女人的智力。叔本華（Schopenhauer）曾經寫道「女人的論理能力低弱正好也說明了爲什麼

女人比男人更富有對不幸者的同情。」更多的情況是，當宣稱有性別差異時，總是把女人的道德描繪得較男人差。弗洛伊德在描述女人的特徵時寫道：

> 女人的倫理標準與男人的不同。女人的超我（superego）
> 不是那麼堅定。與個人無關、不依賴於情緒……，女人們
> 的判斷力較差，……缺乏應付生活中巨大意外事件的準
> 備，她們的判斷常常受到愛慕之情或敵對之意的影
> 響（1925 / 1961, 257-258）

女人往往被認爲更直觀、同情、無私、和仁慈，〔例如，南丁格爾（Florence Nightingale）〕，而男人則更深思熟慮、權衡輕重、而且在道德選擇上更爲理性〔例如梭羅門（Solomon）〕。

這些陳舊論調對於性別特殊性問題採取了兩元分類的方法。弗洛伊德是首先提出有關理論的一個。此後，就有了許多解釋道德的性別差異的理論。典型的情況是男性的標準來自對男性案例的觀察。當女性不符合這一男性標準時即被認爲是偏離。例如皮亞杰（1932）發現男孩子較注意遊戲的規則，奇怪的是女孩子不太關心這些。由於只注意了由男孩的例子確定的標準，皮亞杰便認爲道德所需的法律觀的發展，女孩不如男孩（1932 / 1965, p.77）。柯爾伯（Kohlberg）和柯拉馬（Kramer, 1969）報導，男性所處的平均階段（第四階段，法律與秩序）與女性的平均階段（第三階段，人際間和諧）不同。根據一項研究他們懷疑這一發育落後可能是角色機會不同所致。吉利甘（1979；1982a）指出，艾利克森（Erikson）認爲存在著類似的性別差異。艾利克森的研究表明男性組的個性形成階段（identity formation stage）在親昵行爲（intimacy）階段之前，而女性這兩個階段是融合在一起的或個性形成階段在親昵行爲階段之後。艾利克森並不因此改變他提出的發

育階段順序，而仍然維持男性發育的標準認為女性的情況是偏離（deviation）。這些理論均有一共同的主題，即男人發展理性的道德態度的基礎是對各種不同概念的瞭解和對普遍抽象概念的義務。女子的發展對普遍抽象概念較少關心，更多關心的是某些個人，感情比思考的成份更多，責任義務觀念較淡，因此，在道德上較易於改變態度。

晚近有兩名女學者參與了這項討論。她們是吉利甘（Carol Gilligan, 1977；1982）和邱德羅〔Nancy Chodorow（1974；1978）〕。她們為這個問題的討論貢獻了吉利甘（1977）所稱的「不同的（女子的）表述」〔different（woman's）voice〕，吉利甘認為這個概念有助於觀察性別差異。本章將(1)摘要介紹邱德羅對性別導向特異性的發生所作的新弗洛伊德主義討論；(2)摘要介紹吉利甘關於性別差異的結構發育理論對道德觀點的性別差異導向的影響，並將吉利甘的觀點與柯爾伯的道德正義（justice morality）理論進行比較；(3)審查道德性別差異的各種主張的經驗證據；(4)評價吉利甘對整體道德理論所作的貢獻。

邱德羅（Chodorow）：性別差異導向的起源

吉利甘主張的性別差異心理學發生的理論基礎及由此導致的男女道德導向差異，是邱德羅（1974；1978）的新弗洛伊德女性理論的一部份。邱德羅將弗洛伊德的早期的〔前戀母情結的（preoedipal）〕和青春期的〔後戀母情結的（postoedipal）〕概念重建成一種客觀關係理論（object relations theory）。最促使邱德羅構建其理論的是她與她母親之間的關係的經驗，而不是像弗洛伊德所

描述的解決以本能爲基礎的個人內部衝突。然而，邱德羅和後來吉利甘所稱的性別差異並不是天生的，而是起源於早期心理經驗，因此是與性別不可避免地、普遍地緊密聯繫著的。邱德羅對男孩與女孩的不同經驗所作的解釋是：在前戀父（母）情結期（ preoedipal period ）母親經驗到她兒子的性別差異。母親即將兒子從較短的前戀母情結期推入到戀母情結的衝突之中，以滿足她們自己的男女關係的心理需要。其結果使男孩較早地（相對於女孩）與母親分開，自身（ self ）個體化（ individuation ）。前戀父（母）情結期的經驗對女孩則不同。母親共生性的（ symbiotical ）經驗到女孩與自己的性別相似，在心理上她便把女兒當作自己的延伸或複本。其結果便加強了母親與女兒之間的聯繫。

母親與男嬰孩和女嬰孩之間關係的差別以後在家庭中更受到不同家庭關係的加強。這些關係的經驗均得經過前戀母情結期的態度的過濾。對於男孩便引起了個體化和分離作用，而女孩則是共生性的聯繫和主要是自戀性的愛（ Chodorow, 1978, 115頁 ）。

男孩在與最初的愛的對象（母親）分離過程的繼續作用下引起強烈的情緒反應，使心理進入對這些戀結的抑制狀態，最後引起自我（ ego ）便成形，超我（ superego ）成形了並形成男性的特徵。女孩則全無這些作用。對於女孩來說，與母親的聯繫引起兩方面的結果，因爲親密的關係不僅是滿足，而且有限制性的一面。對母親的敵意的發展是由於感到自己無能，而親密的母親卻又那麼全能。於是將女孩推往父親。然而，女孩的戀母情結衝突的解決卻因對母親的強烈的前戀母情結期的戀結而複雜化。她與母親的戀結並未破裂，而是加上與父親的戀結，從而形成三角關係（母親－父親－女兒）。

女兒與父母的三角關係是一種兩性的（ bisexuality ）波動狀

態。邱德羅（1978）說，這種兩性波動的結果是：

1. 儘管女子在情慾上是異性相戀的，但在情感上卻較少排斥同
　 性（167頁）。
2. 女子保持著較大的主觀世界、直覺和內在的感知（168頁）。
3. 女子（相對男子而言）保持著較大的聯繫性，感情隔離較少
　 （169頁）。
4. 女子發展的超我對別人的勸說和判斷更爲開放。
5. 女性的人格變得植根於存留的事件和繼續的關係之中。「女
　 性的基本自身感（ sense of self ）」是與世界相聯繫著的。
　 而男性的自身感則是分離的（ Chodorow ，169頁）。

以後這些品質又在社會力量作用下得到加強與維持。例如，在
成人時期，女子的工作主要依賴於情緒的和心理的功能。「女子的
工作是『情感性』工作」（ Chodorow, 1978 ），而社會給予男子的
是職業性的角色，缺少情感或強烈的情緒性責任。邱德羅說：

　 不僅僅是那些角色，女孩子在這些角色中學得比男孩子更
　 爲注重人際關係、情感專注、易於動情。對於女孩子來
　 說，居同作用和角色學習過程也易於情感專注，在與母親
　 的關係中，也易於沉於情感之中。對於男孩子來說，這些
　 過程更決定於角色、更受文化制約，更易於由抽象的或絕
　 對的（ categorical ）角色學習作用組成，而不是由與人
　 之間的居同作用（ Chodorow ，177頁）。

兒子發展的自身感是分離的和獨立的。女兒發展的自身感則是
與他人連續的、對專注的情感責任的關切、情緒的集中點、和對關
係的注意。這些特徵又使她在採取像她母親那樣的成人角色。邱德
羅認爲男孩子學習成爲男性，女孩子向她們的母親學習。這一情況
對於男女兩性看待世界的方式有深刻影響。吉利甘（1982a）認爲

對看待道德事件也有深刻影響。這樣,邱德羅提出了性別差異是如何發展的理論,吉利甘則討論了性別差異對道德導向的影響。

吉利甘的理論:關心與責任的倫理學

吉利甘(1977, 1982a)指出,弗洛伊德、艾利克森、貝投海姆(Bettelheim)、馬克勒南(McClelland)及勒文森(Levinson)他們都認為女子內在地與人際的關係聯繫在一起,這些關係形成了女性特徵的基礎。這種觀點與邱德羅和吉利甘的觀點並無差異。所差異者只是關於發展和所導致的心理學價值。在其他理論中,女子的成長是一種變型,是未能按照理想的模式發展。吉利甘接受男女本質有別的假設,他認為女子特殊的地方也正是她們的弱點這是一個悖論(paradox)。

正是這種素質,傳統認為的女子之「德」,女子對別人的關心,正是標誌著女子道德成長不足之處。由於判斷中輸入了感情,這就使得女子未能發展成更獨立的、抽象的倫理概念,使她們對別人的關心來自正義的原則而不是憐憫之心(Gilligan, 1977, 484頁)

吉利甘認為這個以個人和個人成就為中心的社會使得女性的關心人和注重人際關係的作用受到了貶低。儘管與人親近、維持關係、關心人仍然有其價值,但卻被認為是「直覺的」或「本能的」,是解剖功能與天然的結合(Gilligan, 1977, 484頁)。

在吉利甘的理論中,這些差異構成了道德考慮的女性的,另外的、重要的一方面。

精確地說,吉利甘認為女性的主要道德導向是對特定道德情景

的關心而不是抽象原則；對別人的關心及避免傷害別人而不是維護別人的權利；維持和諧與愛的關係而不是道德規則。這些也就是女性的道德特徵。

吉利甘建議，我們在思想上對女子所畫的道德輪廓與對男子所畫的輪廓（如柯爾伯認爲的）不同。對於女子，道德問題是由於責任心的衝突，而不是權利的競爭，其解決需要背景內容和歸納性的思考而不是形式的和抽象的推理（reasoning）（Gilligan, 1979）。爲了描述道德導向的發展，吉利甘提出了關於對自身和別人道德關心的一種不斷複雜化、不斷分化的整體觀點的結構性模型。因此，對於傷害的衝突被認爲是超過公道的中心的道德關切。

吉利甘（1977）提出了關心倫理發展的三個階段和兩個過渡期。

第一階段　個體生存的導向。這時自身是唯一被關心的對象。自身生存最爲重要，只有當自己的需要有衝突時才出現道德的考慮。道德是對自身的一種制裁。

第一過渡期　從自私到責任。這一時期反映了把自身界定在戀結（attachments）和與別人聯繫的範圍之內。個人的意願與對別人的責任之間的衝突，可以看成是「意願做的」（would do）與「必須做的」（should do）之間的衝突。

第二階段　善是自我犧牲。這就是通常認爲女子是關心人和保護人的階段。道德判斷來自社會規範和公認。這個階段中，對別人的關心主要是對別人的感情和惟恐傷害別人。在這裡與自我犧牲或要求認可相當（典型的柯爾伯的第三階段）的善與想關心別人結合在一起。

第二過渡期　從善到眞理。在這個階段婦女開始懂得關心

的道德必須包括對自己與別人的關心。這時，行為的情景、意圖、後果是最重要的，而不是對別人的評價。女子「努力去滿足自己和別人的需求，對別人負責，因此而『善』，但因同時也對自己負責，因此而『誠實』和『現實』」（Gilligan, 1977, 500頁）。道德決定責任感的提高伴隨著對自己與別人的責任感的增加。。

第三階段 不傷害的道德（The Morality of Nonviolence）。在此階段自私與對自己負責之間的衝突通過不傷害（nonviolence）原則來解決。

自己與他人之間的道德平等性是通過平等地施用不許傷害的禁戒而達到的。

關心成了普遍的義務，即對於後習俗性判斷（post conventional judgment）倫理所作的自我選擇，這又構成了一種困境，以致有了選擇的責任（Gilligan, 1977, 504頁）

吉利甘描述了一種道德責任，其基礎是和諧和不傷害的概念，及承認對自己與別人關心和同情的需要。這與柯爾伯的道德正義是相對的。道德正義的基礎是相互性和公正，以及承認必須尊重自己和別人的權利。 吉利甘的道德責任理論的特點是強調戀結（attachment）、自我犧牲、自私以及以人際關係為主；而柯爾伯的權利道德的突出點是強調分離、規則和法律、以及以個體為主。在吉利甘的理論中，關心的倫理是通過對與別人相聯繫著的自己的感知而達到的；在柯爾伯的理論中，權利的倫理是通過自身（self）與其他人的分離過程和個體化過程而達到的。對於吉利甘來說，道德困境是個文化背境，並需通過歸納性思考來解決；對柯爾伯來說，道德原則是普遍性的，並通過抽象的和形式的思維應用於道德

表1　吉利甘的關心責任道德與柯爾伯的正義道德的比較

	吉利甘的關心與責任道德	柯爾伯的正義道德
主要道德命令	不傷害／關心	正義
道德成份	人際關係	個體神聖
	對自己和別人的責任	自己和別人的權利
	關心	公正
	和諧	相互性
	憐憫	尊重
	自私／自我犧牲	規則／法律
道德困境的性質	對和諧和關係的破壞	權利的衝突
道德義務的決定因素	關係	原則
解決困境的認知過程	歸納性思維	形成的／邏輯的演繹思維
對作為道德行為者的自我的看法	與人聯繫的，依附的	分離的，個體的
情感的作用	關心和憐憫的動力	不作為成份
哲學導向	現象學（文化背景的相對主義）	理性的：正義的普遍原則
階段	1.個體生存	1.懲罰與順從
	1˙A從自私至責任	2.器械性的交換
	2.自我犧牲及社會一致	3.人際間的一致性
	2˙A從善至真理	4.社會系統與覺悟的維持
		5.天生的權利和社會契約論
	3.不傷害的道德	6.普遍的倫理原則

＊星號示過渡期

困境。柯爾伯的原則性道德推理的發展是通過固定的階段順序、等級的以及普遍的階段進行的。吉利甘的道德責任原則的發展也是分階段的，並反映於女性的表述之中。（見上頁的比較表）

關心的倫理：經驗的基礎

與權利道德不同的吉利甘的道德責任理論在文獻中已有不少討論（ Gilligan, 1977；1979；1982a ），但支持吉利甘理論的經驗證據並不多。吉利甘的關心道德概念的基礎是考慮了其他道德成長學說所缺乏的東西。吉利甘的大多數文章主要是討論這些缺乏之處，而不是總結對其理論所作的經驗性觀察和檢驗。其理論研究也因缺乏一公開出版的交談標準而受到阻礙。

吉利甘最初的研究是與那些需要決定是否作流產的婦女進行談話。這一道德困境涉及吉利甘認爲的婦女的主要道德問題，即自己與別人，其中之一必須受到傷害的衝突。對交談的對象詢問她們的選擇、其他的選擇性考慮、對這些選擇的支持點與不支持點、所涉及的人的衝突以及決定對她們的對自己和別人責任感有什麼影響。另外，對受試婦女再給出三個柯爾伯的假設性的困境。

吉利甘還用兩項補充性的研究檢查了她的理論（ 1982a ）。在一項縱向的研究中，她對二十五名高年女大學生作了交談，然後五年以後再作交談。如在流產研究中那樣詢問，這些受試者在她們的經驗中是如何解決道德困境的。

在以上兩項研究的基礎上，吉利甘發展了第三項研究，稱爲「權利與責任」研究，對其理論作進一步的研究。吉利甘收集了6歲至60歲共分九個年齡組的男女受試者進行交談。但這三項研究均未作出定量性的報告。近來用以支持吉利甘理論的證據只是從交談中

摘出的材料以及吉利甘對這些摘出材料的解釋。

除了僅僅從女性案例的流產問題引出性別差異這個明顯的問題以外，吉利甘的研究在交談的技術上也有問題。儘管交談的資料可能富於探索性，但從小量N中得出普遍結論則是危險的，對各受試者的提問可能各不相同，吉利甘摘出的代表性材料更無確定性。然而，這些責難還可以通過將來的研究作出回答。現在的問題是，對於吉利甘提出的，女性發展關心的道德、男性發展權利道德，還必須從另一種角度得到證據。在這方面的研究中，第一個是柯爾伯的道德成長理論，該理論支持吉利甘的性別道德差異論點。其次，有關關心行為、利他主義和移情作用（empathy）的心理結構均應加以複習。

對道德性別差異的研究

道德成長研究除了受累於對道德定義缺乏一致的意見以外，還更因為性別差異研究的複雜性、矛盾性，以及在男女比較研究中常遇到的假象（Jacklin, 1981）。研究的主要目標往往並不直接對性別差異進行測定，所以有些分析是事後做的；當發現某些性別差異時，那些結果並不與任何理論解釋聯繫著。往往有些研究所支持的是零位假設，即沒有性別差異。這些材料則未發表出來。因此對研究發現的看法可能受到歪曲。另一個混淆人的因素，是支持性別差異傳統觀點的研究容易被接受，甚至觀察到男女性別相似之處多於差異之處時也會這樣，至少在早年的一些觀察中有這種情況（Maccoby & Jacklin, 1974；O'Leary, 1977；Tavris & Offir, 1977）。

有些研究雖然設計的是鑑定性別差異，但是卻難於進行比較。

因爲案例特點及多少均不一樣，就像用不同的測量工具來測量道德。柯爾伯用於研究其道德推理學說的交談程式就很難與他的許多積分圖式進行比較。

還有一個要小心的問題是需要對吉利甘學說與在他以後對其進行評論的文獻之間的關係有充分的瞭解。因爲某些有關吉利甘的關心倫理概念的結構研究可說明其性別差異理論，這裡摘取的研究材料並不是直接針對關心倫理研究的，因此不能用來作爲直接的證實或否證的證據，原則上的推理、移情作用（empathy）及利他主義均可能或也不可能是吉利甘所說的倫理成份，這些構件的性別差異分析可能與她所說的關心道德導向有關，但也可能無關。因此，需要有直接針對性的研究以證實或否證吉利甘的主張。

這裡將對男女在道德方面有別的一些間接證據摘要介紹。

道德推理方面的研究

就某些方面來說，吉利甘與柯爾伯之間的論辯只是方法學的問題。吉利甘宣稱柯爾伯對道德判斷的測量均來自男性對象的研究材料（柯爾伯的原始縱向研究只有男性受試者），而且任何對這個標準的偏離均被認爲是錯誤。

> 對於能較好地包括女性成長的另一套標準，所以全面的排
> 斥對之加以考慮，這指示不僅僅是因爲只以男性對象研究
> 或主要以男性和青少年爲對象構建和證實的理論的局限
> 性，而且也因爲女性中普遍的羞怯心理、不願吐露自己的
> 意見。這些正是因爲男女不平等強加給婦女的限制（Gil-
> ligan, 1977, 490頁）

根據吉利甘的理論，如柯爾伯所描述的在道德推理研究中的性別差異是可以預期的。如他們所假定的女性較關心人際關係和對人

關心，那末婦女的積分主要是第三階段，人際和諧階段。如他們所假定的男性有較大的獨立性和關心權利與正義，那末男性的積分主要是第四階段，法律與秩序階段或上一階段。

吉利甘認爲柯爾伯的圖式是性偏見。吉利甘的部分根據是霍爾斯坦（Holstein, 1976）的縱向研究。除了其他人對柯爾伯圖式的批判以外，霍爾斯坦認爲柯爾伯用的測量道德推理的積分標準就是一種性偏見，因爲柯爾伯的原始資料全爲男性案例，成人女子只在第三階段，人際和諧階段中稍佔比例，在第四階段，法律和秩序階級中又主要是男性案例。因爲柯爾伯的圖式是等級性的，所以等於說婦女在道德發展上低於男子。霍爾斯坦利用了杭恩（Haan），史密斯（Smith）與布洛克（Block, 1968）、赫金斯（Hudgins）與普連提斯（Prentice, 1973）、柯爾伯與柯拉馬（1969)以及都利爾（Turiel, 1972）的材料支持吉利甘的論點。但很難理解赫金斯與普連提斯的材料怎麼能支持吉利甘，因爲他們的材料只是分析了犯罪錯和未犯罪錯的母親與兒子的道德成熟度積分，並沒有做同年齡組的性別比較。都利爾1972年的研究並未發表，但1976年都利爾設計了一項交叉研究來測驗道德推理的性別差異。都利爾（1976）報導，在總體上並未發現道德推理不同性別積分在統計學上的明顯差異。10-11歲和12-14歲女孩組的積分比男孩高，而15-17歲組則男孩積分高於女孩的積分。在一個階段內的平均積分只爲0.14至0.29。這裡只有年齡和性別相互關係而並未報導效應分析。

杭恩等（1968）報導，在她的案例中41％的女性處於第三階段，39％處於第四階段，而男性22％在第三階段，43％在第四階段。雷斯特（Rest, 1979）指出，「很難說這就是第三階段是『女性』階段，第四階段是『男性』階段的證據（122頁）。」

霍爾斯坦（1976）自己對性別差異進行縱向研究的材料也不太

有說服力。她對一些男孩、女孩及他們的父母親進行了總時間爲三年的測量。第一期男孩與女孩的平均道德成熟積分（MMS）並無顯著差異，第二期也無明顯差異〔雖然霍爾斯坦報告男孩有積分稍高的傾向（p.＜20）（55頁）〕。在成人組中，第一期時父親組MMS顯著高於母親組（p.＜001），但在第二期時並無明顯差異。

　　瓦爾克（Walker, 1984）總結了七十九篇柯爾伯學派關於測定道德推理積分性別差異的研究材料。在二十九名兒童和早期青春期少年的案例中只有4例有顯著差異。其中有一篇資料瓦爾克有所馬虎，錯誤報導了 t 值有意義。所報導的差異中，通常均指示女性的成長更爲成熟。在32例晚期青春期和青年中，只有8例有顯著差異，指示男性的成長更爲成熟。有一項成人案例的較小例數的研究（14例）有較多例數（5例）有顯著差異，均指示男性更爲成熟。然而這些差異均是在不分教育和／或職業下得到的。瓦爾克結論說，沒有什麼證據支持第三階段是女性的模式和第四階段是男性的模式之說。他認爲記分操作的方法問題、道德階段開始的定義、道德成長的不同的條件（擔任角色的機會、社會經歷）等均可說明所報導的性別差異。

　　當道德判斷積分發現性別差異時，必需同時考慮年齡。可能女性成熟較早相對的男性這時還在青春晚期。弗利曼（Freeman）和吉賓克（Giebink, 1979）應用柯爾伯分期的客觀測量法進行研究，他們報導11歲和17歲組均無性別差異，只是14歲女孩組積分高於同齡男孩組（p.＜001）。所發現的道德判斷交談積分的性別差異，女性總是在早期積分較高（Turiel, 1976），青春晚期及成人以後則男子積分較高（Haan, Langer and Kohlberg, 1976, White, 1975）。然而，這些結果都不是結論性的，因爲一些以成人爲對象的研究（Weisbrodt, 1970）及以大學生爲對象的研究（Arbuthnot,

1975, Froming, 1978）未能顯示性別差異，另有一些研究（Blatt and Kohlberg, 1975）報導青春期的女性往往較男性處於更高的階段。

雷斯特（1979）複習了二十二份研究。這些研究都應用確定事件測驗（Defining Issue Test, DIT）這一柯爾伯發展階段的客觀測量法測定性別差異。在這些研究中只有兩份研究報告了有顯著性的相關（r=.25, p.03；r=.25, p.01）。在這兩份研究中，女性的積分高於男性的積分。雷斯特在總結其複習時說，「性別差異在初中高年學生、高中高年學生、大學生及大學畢業生或成人中均很少有意義。所以說在某一年齡時某一性別佔優勢而在另一年齡時另一性別佔優勢的說法，未必真實。」（1979, 120頁）。根據雷斯特（個人諮詢材料，1982年3月25日）1979年複習以後完成的一些研究結果也符合這一觀點。另外一些雷斯特未曾引證到的材料也支持這個主張（Connolly & McCarrey, 1978; Prawat, 1976）。夏梧德（Garwood），勒文尼（Levine）及艾文（Ewing, 1980）報告在第三階段時男性的積分高於女性，而在原則性階段女性的積分比男性的高。這項結果與杭恩（1968），霍爾斯坦（1976）及吉利甘（1977）的觀點是相對立的。他們認為柯爾伯的第三階段的性別差異偏向女性，而後面的階段則是男性導向。

應用皮亞傑（1932）的道德分期模型研究的結果同樣相互矛盾。這些研究均很難做比較，因為各人均用的是不同的工具來測量兒童的道德。有些研究報告說男性成長較快（Guttman, Ziv & Green, 1978;Lefurgy & Woloshin, 1969），有些報告女性成長較快（Roberts and Dunston, 1980；Sagi & Eisikovits, 1981）。其他一些則報導無性別差異（Simon & Ward, 1972, Lavoie, 1974）。霍夫曼（S. Hoffman, 1977）的一項相關的研究報告小學

的男生和女生對於道德義務的規定表現相同的理解，而對懲罰的理解則不一樣。

如果在道德推理測驗中存在性別差異的話，一個可能的原因是柯爾伯和雷斯特在虛構的道德困境中所用的人物都是男性的。當女性的積分低於男性時就可能出現這種情況，因爲她們不願意與男主角一樣。爲了測驗這種可能性，都利爾（1976）先後用男談話人女談話人，並同時用男性的和女性的道德判斷交談形式。無論是交談的形式或交談人的性別均未見與受試者的年齡和性別有什麼作用。

夏梧德等（1980）及歐秋斯基（Orchowsky）、堅金斯（Jenkins, 1979）分別研究了情景主角的性別對 DIT 積分的影響。弗利曼及吉賓克（1979）用另一種客觀測驗測量情景主角的性別對道德推理的作用。所做的研究均未能支持霍爾斯坦指責的性別差異是因爲測量道德推理的工具差異所致。當然，各人根據的原始道德定義就可能有差異，但如果確係如此，那末應該在從男女對象得來的積分上反映出差異。根據研究的結果來看，對道德判斷的性別差異有所誇大其詞。女性在道德導向上可能與男性有差異，但不是像柯爾伯交談或雷斯特（1975）對道德判斷所做的客觀測量那樣。有沒有表現道德的性別差異的其他方式呢？這就是下面要談的。

關心行為

在社會心理學文獻中，關心（care）的倫理常常轉譯爲移情作用（empathy）和利他主義（altruism）。最典型的是對這些有益社會的行爲進行實驗研究。研究方法包括請受試者分享酬勞、向値得贈予的原因饋贈，幫助遭受困難的人，回答某些感情方面問題的問卷以測定移情作用、或報告對另外的人的相似之感覺。

對浩若煙海的助社會的行爲的大量研究進行總結已超越本文範

圍。本節所要談的是說明心理學家企圖對利他主義和移情作用的心理結構作經驗性的研究。這些結構在邏輯上是與吉利甘的道德責任和關心的倫理有關的。因此，檢查一下在這類文獻中支持道德性別差異的心理結構是與本研究有關的。

慕森（Mussen）和埃森柏（Eisenberg-Berg, 1977）注意到在為數甚少的一些對有益社會的行為的研究中性別是一種調節因素。在所發現的有統計意義的性別差異中，女孩通常較男孩子更為助人、慷慨、有教益、關心人。他們評論這一差異說：

顯然女孩較男孩從母親那裡接受了更多的感情，而且更易接受引導性的教育，不易接受強力導向（power-oriented）的教育方法，或者說由於訓導的結果，女孩更易對別人的需要和痛苦產生同情。

況且，在許多文化中，人們認為助人為樂、有教益於人更適於女性，因此女孩子的這類行為更易得到父母或其他人的更大的獎勵（1977, 67頁）

漢普森（Hampson, 1981）認為兒童的助人行為最好是理解為人的情景的相互作用。他建議，進一步的研究應該檢查個體的差異，這樣有助於說明在相似的情況下發出幫助反應的差異。下一節我們將複習把性別差異在利他性和移情性反應中作為可能的調節因子的作用。

利他主義

對於利他主義中性別差異的研究結果甚不一致（Tavris and Offir, 1977）。柯雷布（Krebs, 1970）報導有十七份利他主義問題的研究，檢查了兒童在性別方面的差異，九份研究顯示傾向女孩，八份傾向男孩。但只有兩份傾向女孩的研究報導了有統計意義

（ p.＜10 ）。與其他報告類似，柯雷布報導在利他主義問題上大多數對成人的研究均未能發現性別差異。

在社會上女孩幫助人和關心人的名聲更高。有些研究者便試圖將社會名聲與實際的助人行為分開。希格多米（ Shigetomi ）、哈特曼（ Hartmann ）及結芳德（ Gelfand, 1981 ）重複了哈茨洪（ Hartshorne ）、梅依（ May ）及馬勒爾（ Maller, 1928 ）的經典研究。這項經典研究指出，儘管女孩在利他主義方面的名聲比男孩高得多，但研究資料顯示女孩在行為上只稍高於男孩。希格多米及其同事測驗了279例五六年級的兒童。他們發現儘管在6例利他主義的行為測量中只有2例女孩的積分顯著高於男孩，而在名聲方面女孩的利他主義顯著高於男孩（根據一般同事和教師的評分）。

對成人對象所作的利他主義研究往往因為將性特徵的行為作為行為測量，而弄得混亂起來。例如，男人們往往願意幫助汽車損壞了的婦女、幫助那怕是裝醉的同伙、給搭便車的人搭車（ Deaux, 1976 ）。結芳德和他的同事們最近正在研究兒童利他主義方面研究在項目內容上的性別差異，有否可能性來解釋廣泛流行的女性是利他主義較多的性別的觀點（ Gelfand，個人通訊，1982年2月5日）。他們還在利他主義的性別差異問題上作了廣泛的文獻複習。進一步的意見有待他們的研究結果。

類似的將性特徵的行為與性聯繫的任務相混淆的情況也見於公正學說（ equity theory ）的文獻。許多文獻報導的差異的方法是男性與女性分別向一起工作的人員分發獎酬（例如，Austin ＆ McGinn, 1977； Callahan-Levy ＆ Meese, 1979；Graziano, Brody ＆ Bernstein, 1980；Graziano, Musser, Rosen ＆ Shaffer, 1982 ）。這些研究報導男性傾向於公正地分配獎酬，即根據工作人員貢獻的多少來分配。相反，女性傾向於贊成一種平均的規

範，不顧各人貢獻的多少平均地分配獎酬。這些發現一直被用來論辯在社會相互作用中的總導向，男性是更爲情況決定性的（status-assertive），女性是更小團體性的（affiliative）（Reis & Jackson, 1981）。公平的分配有賴於對因各人的貢獻不同的情況的判斷。然而，「如果企圖中性情況的差異和代之以鼓勵人際間的和諧，工作的輸入便變得無關了。於是便有了平均主義的分配。」（Reis & Jackson, 1981, 466頁）。吉利甘的理論認爲婦女較爲人際關係導向並關心維持和諧，與上述觀點是一致的。然而，雷斯（Reis）及傑克森（Jackson, 1981）在這項公正研究的性別差異中鑑定了一個大問題，即這些研究者往往都是用的男性的任務或方案。

雷斯及傑克森（1981）設計了兩項研究，用大學生作爲對象研究與性別相聯繫的任務效應。他們報導，當任務是男性的，參加者也都是男性，前述的研究結果便得到支持；男性公正地分配，女性作平均的分配。然而，當任務是與性別相適應的，參加者也都是同一性別，那末男性和女性均贊成公正的分配方法。因此，以往把分配獎酬的性別差異歸因於對人際關係和和諧的導向差異的觀點（Kahn, Lamm, Krulewitz & O'Leary, 1980）應該根據雷斯及傑克森的意見重新審查。他們認爲「把結果過於簡單地歸因於在社會導向中的性別差異還不如更恰當地歸因於角色—任務之間的性別吻合情況」（1981, 476頁）。

助人行爲和平均地分配獎酬也可以與惟恐傷害別人、爲了保持和諧而維持關係或者從關心倫理的觀點所作的道德判斷等分開來考慮。移情作用，即對別人的痛苦的反應，可能與吉利甘的關心倫理關係更密。在有關移情作用的文獻中性別差異陽性的情況比較穩定。

移情作用

馬可比（Maccoby）和傑克林（Jacklin, 1974）在關於性別差異的研究概要呈示的證據提示在移情作用上並無恒定的性別差異，男性和女性同樣能很好地理解別人的情緒反應和需要。然而，霍夫曼（M. L. Hoffman, 1977）認為馬可比和傑克林的結論下得太早，並重新複習和進一步追查了更近期的關於移情作用的性別差異的文獻。霍夫曼對認知性移情作用或了解別人的感情與情感性移情作用作了區分。只有情緒反應的情感性移情作用才是傳統定義的移情作用，也正是這種移情作用，霍夫曼的文獻複習支持性別差異的論點，即女孩較男孩有更高的代替性情感激動積分（vicarious affective arousal score）。對於認知性移情作用，即對情感的觀點和承認，的研究結果則不恒定。這些發現提示男性與女性同樣的去知道別人的感覺和承認別人的看法，但女性卻易於對別人的感情產生情緒性反應。霍夫曼對這一性別差異提出了許多解釋。因為有不同的社會生活型式——男性的行動、女人的感情；女人更傾向於設身處地體驗別人的困難，或者說，如霍夫曼設想的，女人有先天的移情素質對別人傷害時有更大的罪疚感。

然而，霍夫曼關於移情作用的性別差異也並非無可非議。商茲（Shantz, 1983）在對社會認知的文獻作了廣泛複習後指出，傳統觀念認為女孩比男孩更有社會敏感性，但又說最近有關認知發育的文獻並不支持這種假設（72頁）。

總之，有關利他主義和移情作用的性別差異研究往往揭示性別間的相似性多於差異性。當有性別差異時，往往是女孩更有利他主義和移情作用，儘管研究者們常常提出差異的原因是方法學上的問

題和傳教中的可變因素（例如，過去的訓練、父母親管敎的方式）。這些硏究提示，對於有益社會的行爲的性別差異的感覺及硏究結果更爲流行。

　　就此，所有的經驗證據並不能充分地支持吉利甘的在道德導向上有性別差異的論點。經驗硏究是有局限性的。因爲它只能描述是什麼，在人的行爲方面能觀察到什麼，並由此推論人的思想。下一節我們將討論吉利甘學說的貢獻，以描繪出道德判斷必需具有那些概念。

走向正義與關心的結合

　　儘管吉利甘和邱德羅視不同品質的價值不同，但他們之間的爭論就像弗洛伊德、艾利克森和皮亞杰所爭論的那樣，認爲女性是更重情感的性別；感性的關切對女性有更大的影響；女性更關心在特定情景下的道德選擇而不是普遍的原則。對這些主張，人們有一種直覺的要求指向某種基本眞理，即使證據相互矛盾，眞理也仍然存在著。這是爲什麼？可能性別道德導向差異的眞理是一條神話式的眞理（ mythic truth ）而不是經驗性的眞理。

　　神話，就像宗教信仰，並不揭示經驗事實支持或否證科學理論。然而，神話可以啓發和引導注意，使對科學探究提出關鍵性的問題。巴秀芬（ Bachofen, 1967 ）寫道：

> 神話只不過是宗教信仰眼光下的全民經驗的圖像，不過即使否認傳說的歷史性也不會剝奪它的價值。儘管不會有那樣的事，然而卻是思想。外在的眞理被內在的眞理所取代（ 213-214頁 ）。

吉利甘經常反覆與心理學理論爭辯。（ Gilligan, 1977 ；1979 ；

1982a；1982b）的論點是認爲這些心理學理論均忽視或貶低了女性發育的事實與神話。她說：「他們（這些心理學家）的意思是採取男子的生活作爲規範，一直在用男人的服裝來打扮女性。」（1982a，第6頁）吉利甘的理論允許對「內在的眞理」（對於女性的神話式的信仰）進行檢查，通過細心的探究擴展道德眞理的知識。

傑尼維（Elizabeth Janeway, 1971）描述了關於女性的神話，女性是什麼樣的，爲什麼她們一直是這樣。她認爲，神話是對情緒需求的反應，是記錄下來的當今社會的需求。她對六〇年代和七〇年代進行了比較，他說：「我們曾經歡呼自由的地方，我們現在似乎覺得害怕，我們已經異化了。」（75頁）神話所以能永存這個眞理是說明要滿足一切我們所感到的需求。六〇年代的理論反映爲獨立的和自主的需求，我們現在的理論卻反映爲有關的聯繫著的需求。柯爾伯的理論及其對每個個體的正義的首先強調說明了第一位的神話性的需求。吉利甘的理論強調關係、關心和不傷害說明了第二位的需求。

在自主性和相互依賴性之間，在正義的需要和仁慈的要求之間，在理性與感情之間總是存在著必要的張力。在證據並不支持男女區分的情況下，用一半歸於男性及另一半歸於女性的辦法來解決這種張力實際上是降低了道德的複雜性、對兩種性別的能力作了不公正的處理，而且也喪失了修正道德理論的機會。正是在這個最後的機會上，吉利甘對如何更好地理解道德概念作出了貢獻，這將在本章的最後部份述及。

吉利甘和柯爾伯在他們的圖式中對相對性（relativism）的發展給予了不同的地位（Flanagan, 1982；Kohlberg，1982）。吉利甘與柯爾伯的不同也正在這個區別上，這也正是吉利甘對道德整體

理論所作的唯一貢獻。在柯爾伯理論中，相對性是對道德困境進行判斷的必要的步驟，其解決有賴於絕對的原則。相反，吉利甘的理論認爲相對性就是對道德選擇的解決。吉利甘引用小說家喬治·艾略特（George Eliot）的一些話說：

> 因爲「『我們生活的奇妙複雜』不能『固定爲一個公式』，道德判斷也不能束爲一些『普遍規則』，而必需賦予『生活的活力並且要有足夠的強度，建立起與一切人之間的廣闊的兄弟般的感情』」（1982a，130頁）。

吉利甘及墨爾菲（Murphy, 1929）注意到柯爾伯和柯拉馬（1969）所發現的20％的青少年在道德成熟積分上出現倒退，但到25歲又回復到原則性階段的事實後，爭辯說，相對性是青少年與人生經驗的不可避免的衝突的結果與反映。在人生經驗中好人並不總是獲得好報，正義並不盛行，而且似乎好人還參與壞事。這些震耳的洞見導致了人們拒斥以權威爲代表的普遍的、絕對的規則（和原則），而退至一個注意情景的相對的立場。吉利甘爭辯說，這種相對性並不是倒退，而是發展，她認爲（Gilligan & Murphy, 1979）是面對「事實的困境」的結果。這就是說，道德選擇不僅僅是口頭上應該做什麼，而且「應該」具體化爲實際的特定的行爲。這是理想與現實的區分，倫理原則與倫理行爲的區分。在吉利甘的理論中，道德是給予具體的特定的人的愛、關心、同情，而不是給予抽象的、普遍的原則的。「盲目的要人民爲眞理犧牲總是一種脫離生活的倫理學的危險」（Gilligan, 1982a, 104頁）。然而，這就是包括了人的眞理和感情的道德情感又重申了絕對的和普遍的在理性上理解的原則，正如巴斯卡（Pascal）指出的，有兩個極端：排除理性，和僅僅承認理性。

道德必需涉及應該做什麼，而這個「應該」必需是能用理性辯

護的（Rawls, 1971）。這就要求同時注意規定的原則和特定的情景。當吉利甘的研究中的婦女面臨要不要做流產的決定時，她們是在對特定的情景，即可能傷害確定的人的情況，作出個人的選擇。爲了在道德上關心所有這些受害者的權利和可能給予他們的傷害，整個情況以及每個婦女的特定的情景均應加以考慮。然而，對反映爲每一名婦女的個人判斷的道德之善所進行的理性辯護必需涉及個人經驗以外的原則或關於這些經驗的感覺。

因爲道德行爲的決定存在於特定的情況之中，道德選擇是與特定的和相對的情景連在一起的。然而，在各種情景中所存在的差異必需對人們的行動進行調節，而不是去改變道德之善的定義。因此，正如吉利甘所爭辯的，情況的相對性可以調節我們對於道德困境所作的道德行動和情緒反應；然而，絕對論者們，如柯爾伯卻說調節定義和道德之善的組成的合理性。

雷斯特（1983）一直企圖將這兩種相異而又相關的態度融合起來使成爲一種綜合性的道德理論。他描述了四種道德成份：(1)對情景作道德的解釋和適當的情緒反應（對錯誤行爲的忿怒，對受痛苦的悲哀）；(2)對道德理想成份或正義結果的判斷；(3)對行動的決定，(4)恰當的行爲反應。雷斯特認爲柯爾伯的理論是第(2)種成份，「對道德理想的判斷」。吉利甘可以說是述及了第(1)和(3)項成份。在她的理論中把關心的倫理描述爲是由經過思考的，特定的道德選擇的動力組成的。雷斯特的多種成份模型旣包括了指導道德思考關於應該做什麼的絕對的普遍原則，又包括了對在這些選擇中受到作用的特定的個人的情景的相對性反應。柯爾伯提出的正義的普遍原則調節前者，吉利甘提出的關心倫理和責任的道德調節後者。

諾爾士（Knowles）（見第十章）檢查了艾利克森的美德成長

理論並討論了正義與自主性的發展有關，而愛和關心則主要是在親
昵行爲發展中的。如艾利克森理論所做，這些美德的融合可導致道
德視野的擴大和道德的多面化。爲了研究這些問題需要從經驗科學
的角度探討道德成份的研究。吉利甘聽到的反映女性心聲的關心的
倫理也是人們對於女性的神秘想法之一，它擴大了我們的道德概
念，使之包括人間的相互聯繫，和諧和不傷害。研究的結果提示，
這種擴大了的道德概念性別特異性並不像吉利甘所說的那麼明顯。
吉利甘的主要貢獻就在於對道德概念的充份描述重新作出了定義。
如果把吉利甘和柯爾伯理論加以綜合，可以把有道德的人看成是他
的道德選擇反映了理性的和經過考慮的判斷，這一判斷使正義對每
個人都適合，即保持對每個個人的關心對其福利的關切。於是，正
義與關心結合起來了，對普遍原則的要求與特殊的道德選擇也聯繫
起來了，自主的要求與相互聯繫的要求也在擴大了的更充份的道德
概念下結合起來了。在本書的第三部份中，在諾爾士和哥爾
曼（Gorman）的文章中，提出了一種結合的觀點，把正義看作爲
基本的價值，在兒童時期就有其發展的根，而關心則是成人時期主
要的美德。

Boston College

Chestnut Hill. MA.

參 考 文 獻

Arbuthnot, J.（1975）. Modification of moral judgment through role playing. *Developmental Psychology, 11*, 319-324.

Austin, W., & McGinn, N. C.（1977）. Sex differences in the

choice of distribution rules. *Journal of Personality, 45,* 379-394.

Bachofen, J. J. (1967) . *Myth, religion and mother right.* New York：Bollingen Foundation.

Blatt, M. M. & Kohlberg, L., (1975) . The effects of classroom moral discussion upon children's level of moral judgment. *Journal of Moral Education, 4,* 129-161.

Callahan-Levy, C., & Meese, L. A. (1979) . Sex differences in the allocation of pay. *Journal of Personality and Social Psychology, 37,* 433-447.

Chodorow, N. (1974) . Family structure and feminine personality. In Lamphere, Rand & Lamphere, L. (Eds.) , *Woman,Culture and Society.* Stanford：Stanford University Press, 1974, 43-66.

Chodorow, N. (1978) . *The reproduction of mothering.* Berkeley：University of California Press, 1978.

Connolly, J. & McCarrey, M. (1978) . The relationship between levels of moral judgment maturity and locus of control. *Canadian Journal of Behavioral Science, 10,* 162-175.

Deaux, K. (1976) . *The behavior of men and women.* Monterey, Calif.：Brooks／Cole Pub. Co.,1976.

Fishkin, J., Keniston K., & MacKinnon, C. (1973) . Moral reasoning and political ideology. *Journal of Personality and Social Psychology, 27,* 109-119.

Flanagan, O. J. (1982) . Virtue, sex and gender：Some

philosophical reflections on the moral psychological debate. *Ethics, 92*, 499-512.

Freeman, S. & Giebink, J.（1979）. Moral judgment as a function of age, sex and stimulus. *Journal of Psychology, 102*, 43-47.

Freud, S.（1961）. Some psychical consequences of the anatomical distinction between the sexes. In J. Strachery（Ed.）, *The standard edition of the complete psychological works of Sigmund Freud, 19*. London：Hogarth Press.（Originally published, 1925）

Froming, W.（1978）. The relationship of moral judgment, self-awareness, and sex to compliance behavior. *Journal of Research in Personality, 12*, 396-409.

Garwood, S. G., Levine, D. W., & Ewing, L.（1980）. Effect of protagonist's sex on assessing gender differences in moral reasoning. *Developmental Psychology, 16*, 677-678.

Gilligan, C.（1977）. In a different voice：Women's conception of self and of morality. *Harvard Educational Review, 47*, 481-517

Gilligan, C.（1979）. Woman's place in man's life cycle. *Harvard Educational Review, 49*, 431-446.

Gilligan, C.（1982a）. *In a different voice*. Cambridge, MA：Harvard University Press.

Gilligan, C.（1982b）. Why should a woman be more like a man？ *Psychology Today, June*, 68-77.

Gilligan, C. & Murphy, J. M.（1979）. Development from

adolescence to adulthood : The philosopher and the "di-
lemma of the fact". In D. Kuhn, (Ed.), *Intellectual
Development Beyond Childhood. New Directions for Child
Development, 5*, San Francisco : Jossey-Bass.

Graziano, W. G., Brody, G. H., & Bernstein, S. (1980).
Effects of information about continuing interaction and
peer's motivation on peer reward allocation. *Develop-
mental Psychology, 16*, 475-482.

Graziano, W. G., Musser, L. M., Rosen, S., & Shaffer,
D.R. (1982). The development of fair-play standards in
same-race and mixed-race situations. *Child Development,
53*, 938-947.

Guttman, J., Ziv, A. & Green, D. (1978). Developmental
trends of the relativistic-realistic dimension of moral
judgment in adolescence. *Psychological Reports, 42,* 1279-
1284.

Haan, N., Langer, J. & Kohlberg, L. (1976). Family patterns
of moral reasoning. *Child Development, 47*, 1204-1206.

Haan, N., Smith, M. B., & Block, J. H. (1968). The moral
reasoning of young adults : political-social behavior,
family background, and personality correlates. *Journal
of Personality and Social Psychology, 10*, 183-201.

Hampson, R. B. (1981). Helping behavior in
children : Addressing the interaction of a Person-Sit-
uation Model. *Developmental Review*, 1, 93-112.

Hartshorne, H., May, M. A. & Maller, M. A. (1928). *Studies in the nature of character.* New York ： MacMillan, 1928.

Hoffman, M. L.（1977）. Sex differences in empathy and related behavior. *Psychological Bulletin, 84,* 712-722.

Hoffman, S.（1977）. Intelligence and development of moral judgment in children. *Journal of Genetic Psychology, 130,* 27-34.

Holstein, B.（1976）. Irreversible, stepwise sequence in the development of moral judgment ： A longitudinal study of males and females. *Child Development, 47,* 51-61.

Hudgins, W. & Prentice N.（1973）. Moral Judgment in delinquent and nondelinquent adolescents and their mothers. *Journal of Abnormal Psychology, 82,* 145-152.

Jacklin, C. N.（1981）. Methodological issues in the study of sexrelated differences. *Developmental Review, 1,* 266-273.

Janeway, E.（1971）. *Man's world woman's place.* New York ： Morrow, 1971.

Kahn, A., Lamm, H., Krulewitz, J. E., & O'Leary, V. E.（1980）. Equity and equality ： Male and female means to a just end. *Basic and Applied Social Psychology, 1,* 173-197.

Keasy, C. B.（1972）. The lack of sex differences in moral judgments of preadolescents. *The Journal of Social Psychology, 86,* 157-158.

Kohlberg, L.（1982）. A reply to Owen Flanagan and some comments on the Puka-Goodpaster exchange, *Ethics, 92,* 513-523.

Kohlberg, L. & Kramer, R. (1969) . Continuities and discontinuities in childhood and adult moral development. *Human Development, 12,* 93-120.

Krebs, D. L. (1970) . Altruism：An examination of the concept and a review of the literature. *Psychological Bulletin, 73,* 258-302.

Lavoie, C. (1974) . Cognitive determinants of resistance to deviation in seven-, nine-, and eleven-year old children of low and high maturity of moral judgment. *Developmental Psychology, 10,* 393-403.

Lefurgy, W. G. & Woloshin, G. W. (1969) . Immediate and long-term effects of experimentally induced social influence in the modification of adolescents' moral judgments. *Journal of Personality and Social Psychology, 12,* 104-110.

Maccoby, E. E. & Jacklin, J. C. (1974) . *The psychology of sex differences.* Stanford, Calif.：Stanford University Press.

Mussen P. & Eisenberg-Berg, N. (1977) . *Roots of caring, sharing and helping：The development of prosocial behavior in children.* San Francisco：Freeman.

O'Leary, V. E. (1977) . *Toward understanding women.* Belmont Calif：Wadsworth Press.

Orchowsky, S. J., & Jenkins, R. (1979) . Sex biases in the measurement of moral judgment. *Psychological Reports, 44.*

Piaget, J. (1932 / 1965). *The moral judgment of the child.* New York : Free Press.

Prawat, R. S. (1976). Mapping the affective domain in young adolescents. *Journal of Educational Psychology, 68*, 566-572.

Rawls, J. (1971). *A theory of justice.* Cambridge, MA : Harvard University Press.

Reis, H. T. & Jackson, L. A. (1981). Sex differences in reward allocation : Subjects, partners, and tasks. *Journal of Personality and Social Psychology, 40*, 465-478.

Rest, J. R. (1979). *Development in judging moral issues.* Minneapolis : University Press.

Rest, J. R. (1983). Morality. In J. Flavell and E. Markham (Eds.) *Cognitive development,* in P. Mussen (General Editor) *Carmichael's manual of child psychology* (4th ed.).

Roberts, A., & Dunston, P. J. (1980). Effect of a conflict manipulation on children's moral judgments. *Psychological Reports, 46*, 1305-1306.

Sagi, A. & Eisikovits, Z. (1981). Juvenile delinquency and moral development. *Criminal Justice and Behavior, 8*, 79-93.

Shantz, C. U. (1983). Social cognition. In J. Falvell and E. Markham (Eds.), *Cognitive development,* in P. H. Mussen (General Editor) *Carmichael's manual of child psychology* (4th ed.).

Shigetomi, C. C., Hartmann, D. P., & Gelfand, D.M.（1981）. Sex differences in children's altruistic behavior and reputations for helpfulness. *Developmental Psychology, 17*（4）, 434-437.

Simon, A., & Ward, L. O.（1972）. Age, sex, history grades and moral judgments in comprehensive school pupils. *Educational Research, 14*, 191-194.

Steward, J.（1979）. Modes of moral thought. *Journal of Moral Education, 8*, 124-134.

Tavris, C. & Offir, C.（1977）. *The longest war.* New York：Harcourt, Brace, Jovanovich, Inc.

Turiel, E. A.（1972）. A comparative analysis of moral knowledge and moral judgment in males and females. Unpublished manuscript, Harvard University.

Turiel, E. A.（1976）. A comparative analysis of moral knowledge and moral judgment in males and females. *Journal of Personality, 44*, 195-208.

Walker, L.（1984）. Sex differences in the development of moral reasoning：A critical review of the literature. *Child Development, 55*, 677-691.

Weisbrodt, S. P.（1970）. Moral judgment, sex, and parental identification in adults. *Developmental Psychology, 2*, 396-402.

White, C. B.（1975）. Moral development in Bahamian school children：A crosscultural examination of Kohlberg's stages of moral reasoning. *Developmental Psychology, 11*,

535-536.

Reference Notes

Note 1：Rest, J. Personal communication. March 25, 1982.

Note 2：Gelfand, D. Personal communication. February 5, 1982.

第五章　情　緒　與　道　德

布拉貝克與哥爾曼　合著
Mary Brabeck and Margaret Gorman

在《行爲和行爲者：道德教育與品性的成長的哲學基礎》（
Ellrod & McLean, 1986）這本書中，沙梅（Samay）和卡布
多（Caputo）爲提高道德敏銳性或道德情感提出了哲學辯護，他
們還爭辯說，如果僅僅強調理性，必然導致不完全的道德理論。他
們認爲道德的綜合理論必須注意到情緒或道德善的情感成份。然
而，至今尚無情緒教育的心理學研究，沒有將情緒與道德聯繫起來
的理論，也沒有關於情緒對道德思想和行爲的影響的研究。

然而，大部份人都有一種直覺，情緒必然影響著道德和道德行
爲，不論對行爲起促進作用如移情作用（empathy）或忿怒、抑制
作用如憂慮、或評價作用如羞怯和罪錯感。以惹德（Izard）（1977,
421頁）認爲「也許一切情緒總是直接地或間接地在意識和道德發
展中起著某種作用」。雷斯特（Rest, 1983）認爲，動機理論，
其中包括情緒理論，是道德心理學理論的必不可缺的成份。根據雷
斯特（1983）的意見，道德動機是指促使人選擇道德行爲，儘管這
種選擇可能要犧牲個人的利益或使人承受困難。反之，一個也可能
因動機的作用更改行爲方向，向非道德善的方向行動。是什麼掌管
著這種選擇？在文獻中，其答案至少部份是因爲情緒之故，而且，

情緒是如何作爲行爲的「點火花」的，即當進行認識時可作爲促進和維持道德反應的觸酶。正像道德善的知識和道德行爲的訓練同樣地重要，道德的整體理論必須包括情緒的發育。正如阿維利爾（Averill）（1982, 335頁）所說的，「兒童的社會生活良好的標誌不僅僅是行爲符合適當的規則，而且更重要的是感情的符合。」

情緒心理學介紹

對情緒與道德之間的關係的討論必須從對情緒問題的一般討論開始。這是個很成問題的任務，因爲情緒的心理學研究充滿著矛盾。各作者對情緒所下的定義也很不一樣（Plutchik, 1980）。有些作者（Scott, 1980；Weinrich, 1980）認爲情緒是與生理的狀態或生物的系統（Tomkins, 1980）是同義的，而且無需認知性的推理（Zajonc, 1980）。另一些作者認爲情緒的作用是驅動（Mandler, 1980），或作爲社會角色的功能（Averill, 1982）。究竟有多少種情緒，怎樣標識這些情緒，均有許多相互矛盾的意見，至於情緒是先天的還是後天通過學習習得的也有許多爭論。理論家們一直強調的是動機（例如Staats, 1981；Young, 1961）、認知（例如：Lazarus, 1982）或者兩者均強調（例如，Arnold, 1970；Mandler, 1980）。有些理論強調顯示情緒的生理狀態（如，Schachter & Singer, 1962）或者認爲這些生理狀態與情緒是類同的（例如，Lange, 1985）。

除了某些人例外（例如，Arnold, 1968, 1970； Averill, 1982；Lazarus, 1982），對情緒的研究一直很狹窄。正如最近在1980年普拉齊克（Plutchik）所說，「還沒有充份的情緒理論，指

導研究工作」（導言）。也許可以更確切地說，尚無共同一致的理論。心理學家對情緒所持的唯一共同信念是相信情緒的存在，及情緒對人類有一定的影響。然而，經常被談到的有三個重要的有關情緒的問題，我們可以把情緒和道德的討論集中到這些問題上來。這些問題是：生理的激起（內部器官與骨骼肌），認知（記憶和評價），環境中的暗示（外在刺激）。本章將從這三方面討論情緒對道德的影響。

生理的激起（ physiological arousal ） 情緒往往伴隨著生理上的由自律神經傳導的激起狀態。顯然，各人在生理改變體驗的類型上並無區別（ Arnold, 1960 ）。然而，人們所體驗到的激起類型的差別（ Lacey, 1950 ）是難以捉摸和難以測量的（ Ax, 1953 ）。例如，在生理指標基礎上很難區別忿怒與害怕（ Stotland, 1969 ）。儘管爲了鑑定情緒反應時軀體被涉及的情況作了許多努力，史考特（ Scott, 1980, 36頁 ）指出「 在提供令人滿意的理論框架和應用研究結果兩方面，結果都是令人失望的 」。

有許多理由可以說，對於人類情緒理論，僅僅用生理來解釋是不夠的。首先，軀體的激起在許多情況下是相似的，人們把激起列屬於各種各樣的情緒反應（ Averill, 1980, Stotland, 1969 ）。其次，人工引起的軀體反應所伴隨的情緒（ 例如，腎上腺素 ），並不引起相同的情緒反應（ Schachter & Singer, 1962)。最後，軀體的反應發生得很慢，而且內臟也極不敏感，不足以引起情緒的感覺（ Cannon, 1929 ）。

認知 研究者們即使對於認知與感情的關係有根本不同的看法〔 例如，拉匝祿（ Lazarus ）與查容克（ Zajonc ）〕，但均同意查容克所說的：「 幾乎在所有的情況下，感情不能與思想無關，思想也不能與感情無關。 」（ 1980, 154頁 ）。根據拉匝祿（ 1982 ）所

述，「情緒來自對人（或動物）與環境間的關係（現實的、想像的、或預感的）所作評價的知覺」（1023頁）。這個定義將反射排斥在外，而包括了心理的和生理的反應，而且將情感與認知聯繫了起來。

重要的是，在這裡認知並不需要理性或深思熟慮。如拉匝祿指出的：「評價性的知覺，就如評價，可在不同的複雜程度上進行，從最原始的生來俱有的直至在經驗基礎之上高度符號性的」（1982, 1023頁）。本章的後面幾節將討論認知與和道德有關的特殊的一些情感。

環境的引示 斯金納（Skinner）認為研究情緒是不會有成果的。他說，對內在狀態的研究和有關這些狀態的推論使研究者們不再注意對環境的前因及反應的後果進行嚴格的研究。然而，這種研究的優點是注意到環境因素和情緒之間的功能聯繫，但它未能解釋情緒在更廣泛的人類行為系統中契合的方式。例如，它不能確定情緒的目的是什麼（Averill, 1980）或每個人對情緒所賦予的意義（Lazarus, 1982）。

不同情緒的意義和行為反應可能部份來源於社會和變化的規範（norm）或「感情規則」（feeling rules）（Hochschild, 1979）。廣義而言，這些社會規則可以作為了解個體應如何感覺或反應的鑰匙（Averill, 1980；Kemper, 1978）。例如，如果人們違犯了公認的規範，便應該感到罪錯；面臨欺騙的誘惑應感憂慮。這些情緒反應是個體所處的文化所形成的（Lazarus, 1982）。對這些文化指徵和社會的「感覺規則」的評價需要知覺（Arnold, 1960）或認知，並且伴隨著生理性的激動。這三方面形成了關於情緒的相互作用的觀點，這種觀點也就是討論情緒或道德的基礎。

情緒和道德：一種相互作用的觀點

在一項試圖檢查軀體的激動與對環境指徵作認知性評價之間的相互作用的早期實驗中，夏胥特（Schachter）與辛格（Singer）（1962）給三組受試者注射腎上腺素。對於注射腎上腺素後預期出現的生理反應，對三組受試者告知以不同的情況。對照組則只接受生理鹽水注射。一些受過訓練的工作人員加入實驗並根據預先安排的方案假裝出「欣快」或「激怒」的反應。

該項研究的結果支持夏胥特（1966）關於情緒的認知—生理理論。他認爲生理性反應所引起的未分化的情感激動即稱之爲情緒。用以確定情緒的認知標記是由過去的信息（受試者對預期的反應的所給出的信息）和環境指徵的知覺（假裝成受試者的工作人員的情況）來決定的。當受試者缺乏足夠的信息對其軀體感覺進行解釋時，他們便按照周圍的同伴的行爲對他們的情緒給以標記。

儘管夏胥特的研究並非毫無批評性意見（例如，Averill, 1980；Marshall & Zimbardo, 1979 ； Reisenzein, 1983），但他的研究路線啓發了情緒研究的一個方面，對於情緒與道德的關係十分重要的一方面。也就是說，他強調了個體對生理性激動時的那些環境因素進行認知性解釋的重要性。他的相互作用觀點對於發展道德與情緒的理論特別重要。

如果僅僅把情緒看作是生理性激動的一種狀態，那末情緒是道德中性的。例如，手掌出汗、心跳加快、咽喉乾燥均是憂慮的生理信號。通過把這些信號歸因於不同的因素（如，對做錯事和被發現的害怕）和對這些標記的行爲反應便把情緒與道德聯繫起來了（例如，不受引誘、行爲得體）。正如以惹德（1977, 44頁）所說：

……情緒是行為的決定因素之一，一方面從強奸至非預謀的兇殺，另一方面從個人犧牲至勇敢行為，包括廣闊的行為差異。

在兒童，對情緒激起、認知和用不受引誘來界定的道德行為之間的關係進行了研究（Dienstbier, Lehnkoff, Hillman, & Valkenarr, 1975；見本書第七章）。根據丁斯比爾（Dienstbier）及其同事的研究，對於不受引誘情緒激起是必需條件，但並非充份條件。這幾位研究者認為，負性的情緒（害怕，罪錯感）與相聯繫的懲罰是比較穩定的。然而，引起激動的原因各不相同，而對於激動的認知性解釋又是決定是否受引誘的關鍵因素。丁斯比爾等（1975）認為如果兒童學會了分別情感激動與行為對錯的關係，那末在無控制因素的情況下較受外在因素控制時更能抵制引誘。慕塞爾（Musser）與列翁尼（Leone）證明（見本書第七章）這類自我導向的陳述是可以教育的，並能內化形成自我控制。有一種觀點認為生理性的激起受到認知性的解釋和環境提示的影響結果引起各種標記的情緒，由此而影響到不同的行為。丁斯比爾的研究支持這種觀點。從認知性的相互作用的觀點來看（Arnold, 1970；Averill, 1980；Izard, 1977；Lazarus, 1982; Mandler, 1980），情緒是心理的體驗，以生理和情景為前提，受到它們的作用。當我們從這個角度來看情緒時，對情緒與道德關係的研究也就開始了。

在道德理論中應考慮那些情緒？儘管目前尚無廣泛接受的客觀標準對情緒進行描述，但有人企圖編一本情緒辭典（Davitz, 1969, Russell & Mehrabian, 1977）。由於對任一特定情緒的性質均無一致的意見，因此在本章中將情緒的研究應用於道德問題也不無困難。以下的討論取材於阿維利爾（1982），霍夫曼（1981），普拉齊克（1980），羅素及梅拉比安（1977）及其他一些作者的著作，

選取與道德行爲有關的情緒。這些是：

1.憂慮和懼怕

2.羞怯與罪錯感

3.忿怒

4.愛與同情

本章的下幾節將從某一情景中的生理激起與認知評價的相互作用觀點來檢討這些情緒是如何影響道德的。

憂　　慮

理論觀點

有許多理論家將憂慮與道德相聯繫。一些強調選擇的存在本質的理論家（Heidegger, 1963；Kierkeggard, 1944）認爲憂慮是自由選擇－包括道德選擇－的必需的和不可缺少的部份。另一些理論家（Sullivan, 1948）認爲，憂慮是因爲對非難情況的瞭解所致，或者當原先存在著「有價値的條件」（Rogers, 1961）時才發生。憂慮與道德往往通過懲罰的介入而聯繫起來（Izard, 1977；Sarason, 1966）。按照弗洛伊德學說即通過對父親的制裁和威嚇的內化而實現了這種聯繫。按照行爲主義的理論這種聯繫的完成是通過刺激的聯繫作用（例如Estes & Skinner, 1941）或示範作用（modeling）（例如，Bandura, 1977）。這兩種觀點均認爲害怕或憂慮是對領悟到的威嚇所持的習得性的情緒反應。

精神分析派的觀點　弗洛伊德（Freud）（1949）認爲憂慮是一種信號，它對即將臨頭的危險向精神系統發出警告。他把憂慮區分爲：現實的憂慮（例如對現實危險的憂慮），神經性憂慮（如對不存在的危險的懼怕）及道德性憂慮（例如，害怕情緒釋放會觸犯

父母的禁令）。弗洛伊德對道德性憂慮的描述與我們討論的道德關係較密。典型的是，道德憂慮給出信號的臨近的危險是因為超我未能阻止本能衝動（性衝動和攻擊衝動）而產生的懲罰（罪錯）威脅。本章後面還要討論憂慮、罪錯感和道德之間的聯繫。

行為學派的觀點 儘管有些理論家（例如，Cattell 和 Bart-lett, 1971；Epstein, 1972）對懼怕和憂慮進行區別，但行為學派對憂慮的觀點傾向是認為兩者是同義的（見Epstein, 1972 對憂慮－懼怕區分的討論）。例如，毛勒（Mowrer, 1950）認為憂慮或懼怕是習得的情緒性反應，其作用是對潛在的或即將來臨的不利的事件作出警告。根據毛勒及其他條件聯繫學派的觀點，（例如，Dollard, Doob, Miller, Mowrer & Sears, 1939）懼怕或憂慮是經典的條件性反應，是通過有害的或中性刺激的多次結合而習得的。一旦習得之後，懼怕或憂慮便也像其他的驅力，如飢餓或渴，那樣驅動行為。使驅力趨向減小的行為便得到了負性地強化，因為這些行為的作用是減小有害的狀態。因此，通過這一雙因子的過程（Mowrer, 1950）懼怕便通過經典的條件作用習得了，並通過不斷強化得到維持。華生（Watson, 1928）在他的早期理論中認為懼怕、發怒和愛三種基本的情緒反應是先天的。他認為情緒有組織的行為的破裂，基本上不需學習。然而，這些先天的反應可以通過學習與原先是中性的刺激結合起來。通過經典的條件作用，害怕和憂慮（華生認為憂慮是泛化的懼怕）可與不道德的或無法接受的行為結合起來。於是，憂慮成了這些行為的抑制性刺激。例如，當受到引誘時引起的憂慮便可證明是對引誘的成功的抵制（Aronfreed, 1976；Solomon, 1964；Solomon, Turner, & Lessac, 1968）。

愛森克（Eysenck）（1976, 109頁）發展了華生的理論，他認為條件作用是對所謂「意識」的過於簡單化的解釋。「頑皮的行

爲」就是一種條件性刺激。懲罰（打屁股，巴掌，責罵）是非條件刺激，引起疼痛和憂慮。這個過程因將行爲標記爲「頑皮」，「惡劣」等等而受到易化（facilitation）。就像是一種意識，這些標記於是作用刺激物引起條件性的情緒反應，憂慮。有時這些刺激可與複雜的評價性的結構，例如道德原則結合起來，（ Eysenck, 1976）而與這些刺激相結合的條件性憂慮便可引起對行爲的抑制，甚至在不給以懲罰時也可引起（ Aronfreed, 1976 ）。

如果對憂慮和「意識」所作的經典條件作用性解釋是正確的，那末懲罰給予的時間在學習過程中應該相當重要。研究發現，如果在受到抑制的行爲之前的即刻給予懲罰，那末懲罰的效果最大（ Aronfreed & Reber, 1965；Walters, Parke and Cane, 1965），因此支持了巴甫洛夫學派的理論，即如在反應之前給予懲罰，懼怕與行爲的結合應抑制該反應。若懲罰在反應之後給予，那末懼怕便與行爲後的事件結合起來。在後面這種情況時，兒童可能對反應進行抑制，但以後覺得心煩意亂和憂慮。然而，當兒童發展了認識能力時，懲罰與憂慮之間的關係便變得更爲複雜了。

認知、懲罰和憂慮之間的複雜關係已經一系列實驗所證明。在這些實驗中給兒童一項理性的道理來抑制某種反應。例如，告訴兒童某個玩具不可觸摸，因爲容易破碎或是別人的。用理性的道理來抑制某種行爲比用懲罰有效得多，雖然講道理與懲罰結合起來是最有效的方法（ Cheyne, 1971；Lavoie, 1973, Parke, 1974 ）。派可（ Parke, 1974）還注意到一項有趣的情況，當兒童給予某項理性道理以抑制某種禁止的行爲時，即時停止懲罰是很重要的。因爲，這時懲罰會引起條件性的懼怕反應。然而，當認知參與作用時，單純的條件作用易被類似於自我控制的過程所代替（ Hoffman, 1970；Maurer, 1974 ）。而且，當體罰過重時，會引起高度的憂

慮，以致兒童不能分辨可接受的行為和不可接受的行為（Burton, 1976）。

　　為了減少懲罰的負性效應和增加兒童對倫理信息的內化，有些研究者（例如：Brody & Shaffer, 1982； Hoffman, 1970；Walters & Grusec, 1977）主張應用更為認知導向性的家長的措施，例如誘導和愛的戒斷。然而，使人懷疑的是這些認知性的方法也部份引起憂慮。例如，馬可比（Maccoby, 1980）認為以愛為導向的方法比施以強力和單純的懲罰對兒童道德發育的作用更有成效，因為對兒童施以愛的戒斷比體罰引起更大的憂慮（Maccoby, 1980）。可能因為語言譴責比打屁股的疼痛記憶的時間更長。另外，也可能因為家長的語言暗示建立了預期的懲罰，而這種預期又抑制了不想去進行的行為，於是減弱了不愉快的情緒，例如憂慮。對於這些解釋需進行研究加以檢驗。有證據表明，想像中的懲罰所引起的情緒反應與實際的懲罰經驗十分相似（Barber & Hahn, 1964；Clark, 1963）。兒童對預期的懲罰也會獲得條件性的懼怕（通過皮膚電流測量），即使並不跟隨著真正的懲罰。這項實驗提示，對懲罰的預期本身即可引起憂慮，並導致對引誘的抗拒。

同情性的憂慮

　　至此，憂慮被看作是對於指向自身的威脅所產生的情緒反應。個體可因為對後果的害怕或害怕來自內化的道德或超我的懲罰而抑制誘感，克服和減小與這類行為相聯繫的憂慮。然而，也觀察到因對別人受到威脅的感知而產生的憂慮。這時憂慮可易化為幫助人的反應。這一反應即通常所稱的同情心。這將於本章的另節中討論。這裡將簡短地討論憂慮在同情反應中的作用。

　　有些研究者（Batson & Coke, 1981；Coke, Batson &

McDavis, 1978；Piliavin, Piliavin & Rodin, 1975；Staub,
1978）認爲因看到別人處於困難所引起的情緒反應可以是同情性的
憂慮或是作爲觀察者的困惑。這種反應典型地定義爲觀察到受困惑
者時發生在觀察者的自動的反應（例如，Geer & Jarmecky,
1973；Krebs, 1975）。困難情況的模型既可以引起同情性的憂慮
又引起觀察者幫助模型的意願（Berger, 1962；Krebs, 1975；
Marks, Penner & Stone, 1982）。然而，究竟這一幫助人的動機
是出於利他主義的欲望幫助別人解脫困難，（Coke, et al., 1978；
Staub, 1978）還是出於觀察者爲了減輕因看到別人有困難而引起
的自身的憂慮（Marks, et al., 1982；Stotland, 1969）則還有爭
論。有一系列實驗（Batson, O'Quin, Fultz, Vanderplas & Isen,
1983）檢查受試者幫助別人的動機，他們自己報告的個人的困惑程
度（引起注意、傷感、激動、憂愁、不安、痛苦、騷擾、驚慌）以
及自己報告的同情程度（同情、感動、憐憫、激昂、慈悲、傷痛）
之間的關係。巴特森（Batson）及其同事報導，個人的痛苦感可
引起從自我出發的幫助人的動機。而同情感則在幫助人的代價不太
高的情況下引起利他主義的動機。巴特森等（1983）進一步報導，
若受試者報導的個人痛苦較大則較少幫助別人，他們易於免卻幫助
別人。而那些報導同情感較強烈的受試者則無論在情況難易不同時
均傾向於幫助別人。這些研究提示，對於不同的情緒反應有不同的
行爲結果。

結 論

在研究憂慮與道德的關係時，理論家或研究者傾向於只集中於
憂慮的原因或先行情況（Bandura, 1977；Eysenck, 1976；
Freud, 1949；Watson, 1928），其治癒的方法（Wolpe, 1958；

1973）或其與家長管教方法之間的聯繫（ Parke, 1974；Walters & Grusec 1977）。憂慮與道德反應之間的經驗性聯繫仍然不甚清楚。例如，憂慮的兒童可能將憂慮歸因於害怕受罰和將抗拒誘惑歸咎爲逃避測試。然而，若兒童將憂慮歸因於害怕失敗，那末，就會產生欺騙的動機。這個例子清楚地說明，認知性因素而不僅僅是情緒激動是道德反應的決定因素。

本節所述的研究支持如下觀點，即認知對於個人期望的結果、內化的道德標準或對別人的痛苦的感知是至關重要的。而且，這些認知因素對於道德行動來說要比單純的、原始的憂慮或害怕反應要重要得多。通過有關羞恥和罪錯感的文學描述憂慮更清楚地與道德聯繫著。

羞恥／罪錯感

傳統的觀念認爲羞恥和罪錯的情緒是與道德和意識相聯繫的（ Izard,1977）。這些情緒中的自我意識和自我評價的認知性成份，促使人們遍掩某些事或想把某些事變得更好，從而與道德聯繫起來，使人們關心正確和錯誤的評價和判斷（ Izard, 1977）。

理論觀點：羞恥和罪錯感的定義

在區別羞恥、害羞和罪錯感方面理論家們的觀點有所差異。例如，湯金斯（ Tomkins, 1963）認爲羞恥、害羞和罪錯感是同一種情緒，以同樣的神經生理機制爲基礎；達爾文（ 1872）與以惹德（ 1977）認爲羞恥和害羞是可以互相變用的術語。然而，歐蘇貝（ Ausubel, 1955）將羞恥與罪錯感進行區別。他認爲羞恥可來源於行爲，這些行爲並不與道德規範相聯繫。他把這種羞恥稱爲「非

道德」的羞恥，認為這種羞恥跟從其他人對行為的判斷，可能行為者本人並未想到行為是不道德的。

　　艾利克森（ Erikson, 1956 ）也認為羞恥與罪錯感是不同的情緒。根據他的看法，羞恥由於兒童發育時期的心理危機未能解除的結果。艾利克森認為如兒童解除了這些危機，就會發展驕傲和自主感，為發展「意志」這個品質奠定基礎（ 1964 ）。如果兒童未能解決這些危機，便發展出羞恥和懷疑感。他在1956年寫道：

　　從自我控制感和自尊發展出持久的自主和驕傲感；從肌肉
　　和肛門無力感，自我控制失脫感和父母管教過嚴發展出持
　　久的懷疑和羞恥感（ 156頁 ）。

在1964年他又寫到：

　　因此，「意志」是實施自由選擇和自我約束的毫不間斷的
　　決定，儘管在嬰幼時期有過難以避免的羞恥和懷疑的經驗
　　（ 119頁 ）。

另外，艾利克森（ 1964 ）將罪錯感歸入發育模式的另一階段，並將之與目的的品質相聯繫。

　　歐蘇貝（ 1955 ）與以惹德（ 1977 ）企圖澄清羞恥與罪錯感的區別，他們認為羞恥來自別人的評價，而罪錯感則主要是自我評價並包括對於自己的行為是否傷害了別人的自我責任意識。罪錯感是個人私自的評價，與別人的判斷無關，而羞恥可以認為是一種情緒反應，來自對公衆評價的感知（ Ausubel, 1955 ）。

　　吉利甘（ J. Gilligan, 1976 ）的新精神分析理論對羞恥和罪錯感的區別及兩者與道德的關係提出了相似的見解。如同本涅弟克特（ Benedict, 1946 ）所述，他首先將羞恥與罪錯感的文化進行區分。羞恥文化是指這樣一些社會環境，在這類社會環境中道德制裁來自其他人的嘲笑或批評。然而，罪錯感的文化則有一種內化了的

意識，一種有罪感和絕對的道德標準。

從這一區別出發，吉利甘（1976）發展了他的所謂「羞恥」和「罪錯感」的倫理學，根據對自己和別人的愛和恨的程度不同而作出區分。他把道德定義爲「以羞恥和罪錯感的道德情緒爲基礎的行爲動機，以及從道德概念來考慮的社會關係的認知結構（應該和必需）而不是從科學概念來考慮（心理學的理解）（145頁）。根據吉利甘的看法，羞恥的倫理學對於自身的愛、驕傲、自我中心（egoism）、侵略性和戰爭均給予高的正性價值。而罪錯感的倫理學則對愛別人比愛自身、對同情心、利他主義、懺悔、以苦爲樂的精神、甚至殉道給予更高的價值。因此，羞恥倫理學圍繞自我中心，而罪錯感的倫理學則圍繞著利他主義。吉利甘將他的關於羞恥和罪錯的觀點與柯爾伯（Kohlberg）道德判斷理論關於羞恥、罪錯的觀點進行了比較，他認爲在柯爾伯的發展模式中道德發展的趨勢是從前期以羞恥爲動機的道德向後期與罪錯有關的道德動機發展（154頁）。吉利甘的理論，主張用愛來取代這兩種道德形式，這些將於後面關於愛的章節中討論。

總結這些區別，害羞可以認爲是極度的自我意識（Zimbardo，Pilkonis & Norwood, 1974）；羞恥所包括的自我意識則是別人的判斷的結果（Lewis, 1971；Darwin, 1872； Ausubel, 1955）或者對於不調和性或不適合性的感知（Izard, 1977；Lynd, 1961）；罪錯感包括做了傷害別人的事以後對個人責任的自我覺察（Ausubel, 1955； Gilligan, 1976；Izard, 1977）。

羞恥的發育

羞恥的發育與覺察（awareness）的發育密切相關（Erikson, 1964; Lewis, 1971；Stipek, 1983），儘管對其出現的年齡尚有爭

議。例如,湯金斯(Tomkins, 1963)認爲,年齡大約在3至4個月時,與嬰兒能夠辨認母親的面容的同時即有羞恥的體驗。然而,史提皮克(Stipek, 1983)認爲,如果把臉紅和眼睛下視作爲羞恥的生理性反應的話,那末羞恥便是天生的,而「在滿兩足歲時才會出現認知性的羞恥情緒」(46頁)。

根據史提皮克(1983)的意見,兒童在能夠體驗羞恥之前,先要有某些類型的對別人的覺察。這些與同情心的發育需要的覺察相似(見對同情的討論,下述),即兒童對別人的覺察,以區別於他們自己,對自己的能力的覺察,能引起什麼效應以及當把自己作爲客體時的覺察(Stipek, 1983)。某些證據說明,很年幼的兒童往往誇大自己對事件的責任(Piaget, 1930),直到符號表示的能力發展後,這種自我評價還暫時保留著(Piaget, 1954)。這大約發生在兩歲時。但羞恥體驗所需的自我評估和自我價值感則只有當兒童能夠同化其他人的標準時才能發生(Lewis & Brooks, 1978)。兒童可能分不清父母對某些行爲的不同意和對他們的不喜歡。這種混淆爲羞恥和更原始的情緒:憂慮、害怕被遺棄(Rogers, 1951;Piers & Singer, 1953)或被孤立(Lynd, 1958; Stipek, 1983)提供某種聯繫。

在兒童成長時,不同的事件或人群均可使兒童發生羞恥。通常父母親是首先給兒童提供模範和訓練的人。通過模範作用和訓練兒童便發展了羞恥,當兒童不能達到父母的標準時羞恥便發生了(Piers & Singer, 1953)。

在兒童逐漸成熟時,他們便將其他人的標準內化,例如教師的、同伴的和社會的標準。而且,當兒童更長大後,當他們更加覺察到他們是什麼樣子和想要成爲什麼樣之間的距離之後,羞恥在頻度和強度上均有所增加(Jersild, Telford, Sawrey, 1975;Katz &

Zigler, 1967；Phillips & Zigler, 1980）。因爲青春期特別注意自我評估並且感覺到別人也像他們那樣處處關心，所以羞恥感最易發生也最強烈（Elkind, 1974）。如史提皮克（1983）所說：「青春期發展的對別人的思想進行概念化的認識能力，以及他們自己原先的思想與別人的思想之間的混淆便可能引起對評估的高度敏感性，其結果是較多的羞恥感和驕傲。」（第52頁）

然而，不同的情況在人們生活的不同時期引發羞恥，很難確定在兒童成長過程中羞恥的體驗有什麼眞正的改變，因爲對羞恥的唯一測量是自我的報告（Stipek, 1983）。

羞恥與道德

羞恥在道德成長中具有重要性的理由之一是，羞恥在自我完整和自尊的發展和維持中起著重要作用（Modigliani, 1971；Erikson, 1956）。反之，若羞恥過份，便會發展某種保衛機制，從而抑制了道德發展的成熟（Lewis, 1971）。

以惹德（1977, 400-1頁）對羞恥的心理社會功能進行總結。羞恥對道德人格的健康成長有密切的關係。

1.羞恥以評估的方式注意自我。

2.對自我的注意引起的自我形象感比罪錯感或其他情緒多得多。

3.因爲羞恥往往由別人的語言所引起，因此發展了對別人的意見和感情的敏感性。

4.羞恥能促使人們在外在方面與流行的形象標準保持一致。

5.通過使人們對別人的意見保持敏感，羞恥便成了一種使社會凝聚的力量，並保證社會群體中的個人對批評有所反應。避免羞恥便會促使人們在他們的國家處於戰爭時期時爲國服務

與否（Tomkins, 1963）。

6.羞恥可發展成無權威感，因此而順和。但是爲了克服羞恥感則要鼓勵自主性、同一性（identity）和親切的發展（Erikson, 1956；Lynd, 1958）。

兒童在發展成熟的自我評估感之前，先要有對別人的意見的覺察。因爲羞恥是由別人的意見所誘發的，所以可以認爲羞恥是意識發展的前階段。最後，兒童需要走出對別人的取笑或批評的害怕，進入以正確的原則和對於正確、別人的感情和需要爲基礎的道德決策（Gilligan, 1976），因爲眞正的道德不僅僅是對社會行爲規範的順從，儘管這在初始階段是十分需要的。

罪　　錯

罪錯這種情緒對於道德行爲的情感認知型式的發展十分重要（Izard, 421頁）。

理論觀點

弗洛伊德（1930）曾經說罪錯感是文明的最大問題，當代的一些心理學家（Izard, 1977；Hoffman, 1976, 1982）則認爲罪錯感的價值在於它能幫助社會責任感的發展並有助於心理的成熟。罪錯感被看作爲一種體驗。它像憂慮一樣，可與各種刺激聯繫在一起（例如，感到在學校裡不是高材生的罪錯感，欺騙了配偶的罪錯感，甚至因闖紅燈的罪錯感）。各種文化中的教導形成意識的認知性成份。因此，罪錯感的體驗是普遍性的（Eibl-Eibesfeldt, 1971；Ausubel, 1955），認知成份則隨文化與時代而不同。在道德成熟的成長上，罪錯是比憂慮更強的情緒（Izard, 1977）。憂慮

使人逃避感到要受懲罰的原因，而罪錯感則使人與這些原因聯繫在
一起：

> 而且在重新與社會和諧建立調和之前不會消退……避免害
> 怕的行為與罪錯－責任行動之間的平衡為意識和行為的成
> 熟提供了一個指標……責任感，意識中的以罪錯為中心的
> 認知導向均促使行為趨向於減少罪錯體驗的強度（Izard,
> 1977, 422頁）。

在人類社會的進化中罪錯感是相當重要的，它可以提高人格和
社會責任感，這樣外界的力量（父母，警察）便不必去監察每個人
的每一項行動。而且，罪錯感可以促使人們遵守正大光明的原
則（fair play），及助人的行為：

> 罪錯感使我們想像受害者受到傷害，受著痛苦，需要給予
> 恰當的語言和行動醫治創傷。罪錯感使我們感到責任，在
> 心理上更為成熟（Izard, 1977, p.427）。

精神分析的觀點

弗洛伊德（1930／1961）對罪錯感的起源、有害作用等均傾注
了大量的注意加以討論。他認為罪錯感的發生首先是對外在權
威（如父親）的害怕，或者害怕失去父愛。弗洛伊德認為罪錯感的
起源有二：害怕權威和害怕超我（superego），「前者在於放棄本能
性的滿足；後者及有關行為使人感到受罰，因為一直無法消除的來
自超我的抑制」（74頁）。

根據弗洛伊德的理論，超我出現於戀父（母）情結（Oedipus
Complex）消散時期，這時兒童將父母的道德命令內化。這種內化
了的力量是可能比父母強大得多的懲罰者。弗洛伊德還把罪錯感與
侵襲性聯繫起來，他提出有時罪錯感可通過超我轉變成侵襲性而攻

擊他人。「當一種本能傾向受到壓抑時，它的情慾成份便轉變成症狀，其侵襲性成份則轉變成罪錯感」（86頁）。然而，弗洛伊德將悔恨（ remorse ）與罪錯感區別開來。悔恨就是一般所說的罪錯感——對錯失或未能達到自己的標準而感到的傷感和後悔。從弗洛伊德學說來看，這種一般性的解釋意識程度太高。弗洛伊德認爲罪錯感是非意識性的對自我（ ego ）的譴責和攻擊。如果我們接受弗洛伊德關於罪錯的觀點，那末就不能認爲罪錯感是一種健康的情緒。弗洛伊德認爲的這種罪錯感使人們能作爲文明的人而生活在一起，然而卻得付出代價。「我們爲文明的發展所付出的代價即通過提高罪錯感和失去快樂」（ Freud, 1930 / 1961第81頁 ）。事實上，弗洛伊德提出，某些人因爲罪錯感太強而犯罪，以此求得懲罰以減輕罪錯感（ 1913 / 1950 ）。也許關鍵的問題是，健康的罪錯感是意識性的，是與特定的行爲相關的，其結果是作出行動的決定以便更符合自己的標準和自我觀念（ selfconcept ）（ Hoffman,1982 ）。然而，弗洛伊德的觀點認爲並不需要意識性的過失才引起罪錯感。因此，並不導致作出不同行爲的決定。艾利克森（ 1950；1964 ）也提出罪錯感的發展是在3至5歲戀母情結消散時期。艾利克森認爲這個時期的特徵是「主動性對罪錯感」，並認爲目的性可以抑制罪錯感，「因爲目的性鼓勵對價值目標的設想和追求，而幼稚幻想的受挫、罪錯感和害怕懲罰均抑制對目標的追求」，（ 1964, 122頁 ）。〔見本書諾爾士（ Knowles ）的章節〕。

　　吉利甘（ J. Gilligan ）早先曾強調對羞恥（ 害怕失去別人的尊敬 ）和罪錯（ 自我否定和自責 ）進行區別，後來（ 1976 ）也贊成弗洛伊德和艾利克森的觀點。他說：「臨床經驗提示避免自我否定和自責（ 罪錯感 ）的方法正是接受別人的懲罰和否定」（ 154頁 ）。事實上，吉利甘是在繼續提出蘇格拉底（ Socrates ）和基督是罪錯

倫理的典範，因爲他們均言傳身敎罪錯倫理的原則：「嚴於律己、輕於責人；愛人甚於愛己」（154-155頁）。

其他觀點

存在主義心理學家（如：May, 1958；Boss, 1963；Bugental, 1965）認爲罪錯感是人性的特徵，因爲人類才有選擇能力。行爲主義的觀點（如Mowrer, 1960, 1961；Maher, 1966）把罪錯感看作是學習、強化、懲罰和模仿的結果。霍夫曼（1976, 1982）也談到過存在主義意義上的罪錯感，他對這種罪錯感所下的定義是，並未做錯事，但因爲情況超出了他的控制，由此產生的負罪感。他例舉了六〇年代中期一些積極活動者的例子。當這些活動者得知他們經常得到的一些好處其他人得不到時，便產生了罪錯感。他指出，當人們意識到他們可以而且應該作某些努力使不幸的情況減輕而又未做時，儘管他們對不幸的情況並無責任，這時存在主義意義上的罪錯感便可轉變成「眞正的」罪錯感。未做努力本身便使他們對所不希望的情況得到繼續有了責任。如霍夫曼（1976；1982）所述，存在主義意義上的罪錯感是比僅僅因爲做了有害他人的事或未給人幫助而產生的個人罪錯感更強的向社會行爲的動力（Hoffman, 1976, 139頁）。「存在主義意義上的罪錯感可能要求繼續不斷的減輕他人困難的活動而不僅僅是以不連續的賠償行爲來奉獻連續意義的自我價值」（141頁）。霍夫曼（L. W. Hoffman, 1974）指出，存在主義意義上的罪錯感還使人們對自己的富有感到罪錯，以自我懲罰的形式放棄自己的特權；這種極端的存在主義意義的罪錯感可能阻礙個人的能力和成就（Hoffman, L. W., 1974）。

對罪錯感的另一種觀點：霍夫曼(Martin Hoffman)的觀點

根據霍夫曼（1982）的意見，罪錯感的情感成份是「因爲自己的有害行爲後果引起的對自己的一種痛苦的自卑感，極端形式是一種覺得自己是個無價值的人的感覺」（298頁）。霍夫曼還認爲（1982, 297-305頁）罪錯感中有一種認知性成份。人們必需覺察到別人，覺察到別人是獨立於自己的存在。人們還必需覺察到自己可能是一個有害的行爲者。因此，兒童在發展罪錯感之前先要有因果關係感。根據霍夫曼的意見，因爲未做什麼事而產生的對罪錯感認知性覺察，是在發展了對將來的行爲的罪錯感之後發展的。霍夫曼（1982）提出了一個罪錯感發展階段的框架。在第一年末，兒童覺察到其他人與自己的區別，並開始有了早期形式的罪錯感。這時的兒童因爲還沒有眞正的因果關係感，有時只因接近了困惑著的別人而感到自責。由於兒童的這種全方位感（ sense of omnipotence ）使得兒童覺得所有的事物均與自己有因果關係，兒童可能對完全不在他們控制之內的事物有罪錯感：「早年的不眞實的這種把自己作爲動因的感覺可能與同情性困惑結合起來而產生原始的罪錯感」（301頁）。後來，當兒童發展了更精確的因果關係觀念及更複雜的人際關係概念後，便可產生人間關係的罪錯感了。當兒童傷害了別人，從受傷害者那裡看出他們受到了傷害，便會引起暫時性的罪錯感。在2-3歲時，兒童覺察到別人不僅是物理的存在而且有感情，這時傷害了別人的感情和罪錯感就會同時發展一種因未行動，未做減輕別人痛苦的行爲而感到的罪錯。更大的兒童或青春早期，他們開始看到更遠，從而對他們的行爲和未做什麼的長期後果感到罪錯（302頁）。

霍夫曼認爲罪錯感與同情的關係非常密切。他把同情定義爲「一種代替性的情感反應」，即一種更適於別人的情景的情感反應（281頁）。對於一個無關的旁觀者也可以引起同情。當人們親

自使受害者痛苦時，這種單純的同情性痛苦便會轉變成自責。當同情的情緒反應與認識到自己的責任的認知性成份結合起來時，這種痛苦就會轉變成罪錯感。這便是情緒通過認知性評價與道德結合的另一個例證。同情心作爲向社會行爲的動力的問題將於本章的另節中討論。

發展健康的罪錯感的途徑

霍夫曼（1970）對兩種社會生活的方式作了闡明，這兩種社會生活方式可引起兩類罪錯感。第一種家長式的社會生活強調對衝動的控制和一致。第二種強調對不幸者關心、同情和無私援助。第一種社會生活方式下的兒童遵守規則和制度規範，往往抑制自己的感情。第二種社會生活下的兒童對衝動的表達有較大的忍耐性並有較大的同情心。霍夫曼把第一組兒童稱爲「慣例僵硬型」，他發現這一組兒童在很大的程度上符合佛洛伊德的理論，即罪錯感主要來自對他們自己的不可接受的衝動的覺察，其次才是對別人傷害的程度。他把第二組稱爲「人道靈活型」，他發現這組兒童「所體驗的罪錯感主要來自對他們的行爲給別人帶來什麼後果的覺察」（338頁）。從人道靈活型兒童對他們的行爲給別人帶來的後果更爲關心這一事實來看，因此可以說他們的同情心更大一些。霍夫曼（1970）發現那些有更多同情心的女孩，同時體驗著更多的罪錯感。這是毫不足奇的。這裡似乎與弗洛伊德理論有些矛盾。弗洛伊德認爲罪錯感主要是因爲回返到意識中的受抑制的衝動。那些對她們的衝動並未作很全面的抑制的女孩，只能體驗較輕的罪錯感和發展較弱的超我（superego）。但是，根據霍夫曼關於罪錯的觀點，人道靈活型女孩應體驗更多的罪錯感。最後霍夫曼的意思像布拉貝克（Brabeck）一樣（見本書第三章）認爲，研究指出兩種類型的

罪錯感均主要取決於父母的兒童教養技術或社會生活，而不是遺傳的性別差異。可以推測，較多同情心的男孩也有更多的罪錯體驗。

結　論

本節複習了各種心理學派對羞恥與罪錯感的看法。霍夫曼（1982）最近的研究強調情感與認知成份的相互作用。情感成份（同情性痛苦）與認知性成份（對於自己對痛苦的責任的覺察）雖然有不同的發展過程，然而卻是互相關聯的。

最後，霍夫曼的研究（1982；1970）指出，健康的罪錯感包括對做了傷害別人的事的覺察和責任感；那些強調罪錯感的認知方面，幫助孩子們覺察他們的行為對別人起什麼作用的父母親才是幫助孩子發展健康的罪錯感的家長。因此，發展健康的罪錯感，對認知成份與情感成份均給予注意將有助於孩子們成為道德成熟的人。

忿　怒

亞里斯多德（Aristotle）說：

任何人都會發怒——這是很容易的；……但是對適合的人，發到適當的程度，在恰當的時間，有正確的動機，以正確的方式發怒並非對每個人都那麼容易；因此忿怒得好，不僅很難得和值得稱讚，而且很可貴（Nichoma-chean Ethics, 1109a 25）。

近代社會中盛行的暴力和侵略是許多人均感到困惱的事。這並不是新的問題。對侵略行為的全面探討不僅涉及生物學和社會學，而且涉及歷史、文學及藝術。然而，侵襲性並不是情緒，只是行為的一種標誌。人們並沒有覺得自己在侵襲別人，而只是覺得忿怒、

沮喪和怨恨。

　　將行為標誌為侵略，在很大程度上依賴於社會規範和情景（Averill, 1982）。例如，直呼其名在某種場合下可以是一種侵襲行為，而在另一場合下則是同志式的或自己人之間的開玩笑。稱一種行為為侵襲性的，通常需有傷害別人的動機。這個定義將侵略與認知聯繫了起來。但問題是，情緒在侵襲性中起著什麼作用？特別是忿怒起著什麼作用？

對於忿怒和侵略性的理論觀點

　　忿怒是一種情緒，它有時與忿怒相似和可引發侵略行為。然而，忿怒的表現——怒容、咆哮或吼叫——則完全屬於情緒，尚未使人受到傷害。費斯巴哈（Feshbach）和維納（Weiner, 1982, 462頁）對之作了以下區分：「忿怒的表達可導致嚴重傷害，有時甚至殺害，但這些都是後果而不是行為的目的」。早年達爾文（1872）曾論證，忿怒的目的也是適應。動物與人類有共同的面部表情和發出聲響的共同語言。這種語言作為一種警告信號作用於對方，使之停止某種行為或離開。

　　社會生物學家和人種學學家強調忿怒或侵襲性的適應和進行性質。他們論辯說，目的性和認知過程對於侵襲性的充份解釋並不是必要的。他們認為，忿怒和侵略性均是非習得的反應，是按照預先程序好的安排發展的（Sackett, 1966；Suomi, 1977）並由較原始的腦結構管理，如下丘腦和邊緣系統（McLean, 1970）。

　　人種學研究證明，刺激可以作為動物先天侵襲性反應的「釋放者」（Lorenz, 1966；Tinbergen, 1968）。然而，這類侵襲行為很少引致殺害，而且主要是儀式上的（Vanlawick-Goodall, 1968）。這些原始的侵襲性反應（例如，站穩腳跟、握拳、咬牙切

齒）也見於盲童，他們不可能通過觀察學習這類行為（Eibl-Ei-besfeldt, 1977, 135頁）。然而，費斯巴哈和維納（1982, 461頁）提醒人們注意：「還沒有很好的例子說明單純的刺激在人類可自動地釋放侵襲性反應。即使一些可能的釋放性刺激副本，限制嬰兒活動、嚴重不適、有意地給予挫折、或對嬰兒所愛的家庭成員予以惡意的攻擊，也都是複雜的情緒認知交織的場合，而不僅僅是單純的物理刺激」。當個體的認知能力發展時，在忿怒的表達上對場景的認知性評價就起著較大的影響，這就使得忿怒與侵襲性之間的關係變得更為複雜。

古德納福（Goodenough, 1931）檢查了兒童由非直接的忿怒或無目標的情緒發作至直接的侵襲行為的轉變。她要求45名母親對她們的孩子（年齡由7個月至7歲）的情緒發作堅持記日記，記錄誘發的事件和父母親的反應。兒童的情緒發作頻率在兩歲以後明顯減少，而且忿怒變得更直接針對報復的對象。這些改變設想與兒童認知功能增加是直接相關的。

有些作者（如：Feshbach, 1970；Feshbach & Weiner, 1982；Hartup, 1974）將手段性的侵略與敵對性的或驅動挑起的侵襲進行區別。前者，侵襲性的反應指向某一目的或人的需求（如：權力、物品等）。後者，傷害對方本身就是目的。雖然，這兩類侵襲行為也有相互重疊之處（Maccoby, 1980）。哈杜普（Hartup, 1974）報導，手段性的侵略發生率隨年齡增長而下降，敵對性的侵襲則無隨年齡增長而下降，但隨兒童年齡增長敵對的表達方式有所改變。例如，年幼的兒童受到襲擊時立即同樣的還擊過去，較年長的兒童只是給以還擊。這些改變很可能與兒童的認知力增長對自己和對方的行為更能判斷有關。

與忿怒和侵襲行為相聯繫的因素

挫折、應激、生理異常（激素失衡、腦損傷）、侵襲性暗示和對自尊的威脅均會影響忿怒的表現（Averill, 1982）。然而，這些忿怒之源並非忿怒本身。這些因素只有「隱隱約約的和大多不大恒定的作用」（Averill, 1982, 143頁）。一項對挫折和侵襲性的研究可說明這一點。

根據精神分析理論（Freud, 1920；McDougall, 1923）及稍近多拉德（Dollard）、都柏（Doob）、米勒（Miller）、毛勒（Mowrer）及色爾斯（Sears, 1939）所提出的挫折－侵襲性假說，侵襲性是對受挫折的不可避免的自然的反應。人們相信因爲對達到某種目的受挫而引起的紛擾是侵襲行爲的動因。貝可維茲（Berkowitz, 1962；1965）將忿怒概念補充修改爲挫折－侵襲性假說（Frustration-aggression hypothesis）並爭辯說，「挫折造成了引起忿怒反應成爲敵對的前置因素」（33頁）。挫折是與忿怒和侵襲性相聯繫的。然而，還有各種原因的與挫折無關的生理性激發因素也影響忿怒和侵襲反應（Berkowitz, 1974；Zillman, 1979）。況且，有許多研究並不能證明挫折會引起侵襲（Buss, 1966；Taylor & Pisano, 1971；S. Worchel, 1974），而且在某些情況下還發現挫折可抑制侵略性（Gentry, 1970; Rule & Hewitt, 1971）。巴隆（Baron, 1977）認爲，挫折並不是與忿怒和侵略相關聯的最普通或最重要的因素，可能與普遍認爲的正相反，是較不重要的因素（92頁）。

挫折似乎並不能「釋放」忿怒。挫折是否引起忿怒，有賴於許多認知方面的因素，主要的是個體的行爲是否被別人評價爲不正當或應該避免（Burnstein & Worchel, 1962；Cohen, 1955；Zillman & Cantor, 1976）。如果忿怒激發的水平與情景並不協調並不增加侵襲性（Berkowitz, Lepinski & Angulo, 1969；Berkowitz and Turner, 1974）。因此，認爲社會公認的規則和規範被破壞是人類忿怒和侵襲性的主要原因。阿維利爾（1982）認爲，忿怒是對錯誤的評價和糾正，「忿怒並不單純是使對方痛苦或傷害，像在殘暴或施虐行爲時那樣。不是發生在忿怒時的侵襲行爲更是爲了某種目的的手段而不是目的本身」（321頁）。因此，可以把忿怒當作一種情緒，與侵襲性區分開來加以研究。忿怒與道德性間的關係將於下章研究。

阿維利爾對於忿怒的社會建構主義觀

阿維利爾強調忿怒的認知方面，並提出社會給予的「忿怒規則」進行研究。他從歷史上柏拉圖（Plato）、亞里斯多德（Aristotle）、色內加（Seneca）、拉克當修（Lactantius）、阿奎那（Aquinas）和笛卡爾（Descartes）的古訓得出結論認爲忿怒是認知性的，儘管有時是非理性的，人與人之間與道德判斷有關的情緒。他寫道：「忿怒的挑起與社會公認的行爲標準受破壞有關，無論是有意的還是由於疏忽。而忿怒的目的（動機）則是報復或懲罰，這些均與忿怒的激起程度成比例，而且公開的也不找什麼託辭就行動」（Averill, 1982, 101頁）。阿維利爾認爲，只有人類才能忿怒，因爲「只有人類才有認知能力去判斷挑動是否爲非正義的、故意的、無意的等等」（第95頁）。因此，根據阿維利爾的觀點，判斷和選擇是人類忿怒的確定的特徵。當從一些社會認可的掌握忿怒的規矩（如：不要對你的上司發脾氣，對孩子、下屬或配偶發怒則是可以接受的）來看忿怒時，有需要研究一下這些規矩。塔弗利斯（Tavris, 1982）作出了類似的論點：「美國生活的個體主義，

給我們光榮也給我們失望，只要有可能，要怒便怒，要發便發，最討厭就是加以限制。當自我的欲求放在第一位，別人的要求便受到困擾。當我們想，我們對之一切都是應該的，實際也只是激怒的一個部份」（第65頁）。

阿維利爾指出，對忿怒加以限定的一些社會規矩，大多在法律條文和哲學先哲的教誨中說得很明白。「一方面這些規矩，包括禁戒對設想的非正義和錯誤行為採取強力的報復；另一方面，用寬容和理智的方式來解決爭端」（ Averill, 1982，第319頁 ）。正義也要求塔弗利斯所說的「為正義而發怒」。這就是說，忿怒可以用來也應該用來影響社會變化，對抗非正義，支持糾正錯誤的行動。因此，忿怒情緒可以用於理性達到道德之善。這要求對兒童施以忿怒社會規矩或規範的報導。正如阿維利爾（ 1982 ）所指出的，「忿怒的發育與侵襲行為的發育相反，這個問題尚未得到充份地討論」（第333頁 ）。語言習得和概念的發育可能對學習行為規範及適當的情緒反應規範至關重要。阿維利爾提出，角色遊戲和講故事在這一社會生活過程中可能甚為重要（見本書第八章關於講故事在道德成長中的作用 ）。

阿維利爾強調了忿怒的積極方面，並提出若沒有家長的教導，忿怒便會錯誤發作。可能發生的一種情況是，假定一個人未能發展適當的忿怒規範。例如，某人認為自己有「權」支配別人，他總認為自己是注意的中心，想獲得想得到的一切物品，當他的這種「權利」受到破壞時，可能大為忿怒。然而，受到破壞的他的「權利」並不是值得保衛的「權利」。他可能將「權利」的受破壞錯誤地歸罪於他人（如，孩子和配偶）而不恰當的行動跟隨而至。

阿維利爾寫道：

當這些組成基本素質的規範被不恰當地內化時，最大的紊

亂便發生了，以致於忿怒的對象被極為錯誤地推論著。不適當的反應便作出了（無論是過度忿怒或不發怒）；或者激昂的情緒成份受到強調（產生歇斯底里似的行動，粗暴的或不粗暴的，並對其發怒時的行為不肯承擔一點責任）（1982，第336頁）。

使情緒發作或「錯誤發作的忿怒」得到控制往往涉及衝動抑制的獲得。

情緒區別能力的發展及獲得控制情緒的能力是與年齡相關的（ Sroufe, 1979 ）。嬰兒對不適的反應是哭和手擊足蹬。兩歲的兒童則對很小的誘因發脾氣。學齡前兒童情緒發作顯著減少，這時兒童獲得了對衝動的控制（ Goodenough, 1931；VanLeishout, 1975 ）。然而，兒童是怎樣獲得控制情緒發作的尚不清楚。馬可比（ Maccoby, 1980 ）提出，兒童可自己學會控制情緒激起，或者學會「掩蓋」感情，更好地掌握所獲得的印象（ Schlenker, 1980 ）。已經有些研究者通過訓練受試者以與忿怒不符合的反應方式來控制自己的侵襲行為。例如，多納斯坦（ Donnerstein and Donnerstein, 1977 ）應用反覆強化和模仿法成功地使受試者作出與忿怒程度不符合的反應。諾伐可（ Novaco, 1975 ）訓練受試者在受到激怒時進行放鬆，和應用預先演習好的陳詞。齊爾曼（ Zillman ）及坎多爾（ Cantor, 1976 ）用教導受試者將其「脾氣糟糕」的狀態歸因於試驗者粗莽和歸罪於一個最可惡的對象，成功地減輕了受試者的忿怒（ 測量血壓 ）及侵襲性（ 根據侵襲性的語言表述 ）。這些研究均提示、忿怒情緒可通過改變環境誘發物的方法被控制。還可以通過教導個體用有助於社會的表達方式以控制忿怒，用教導個體想到別人、同情別人的處境的方法有助於社會的反應可得到加強、忿怒的侵襲性反應則減弱（ N. Feshbach, 1979；Pitkanen-Pulkinnen, 1979 ）。

結　　論

　　忿怒是包括生理激起和認知過程的複雜的情緒。認知可將忿怒引向社會需要的目的或使忿怒過度而有害。將忿怒作爲社會構建來看，忿怒的功能是維持被接受的行爲標準（ Averill, 1982, 321頁 ）。忿怒可爲道德成長提供一個重要的注意點。它把注意引向培養在適當情緒水平上反應的能力，糾正錯誤，糾正非正義以及維持自身和他人的權利。

愛／同情心

　　在行爲和動因方面，一些哲學家，特別是沙梅和卡布多強調在討論道德時需要考慮情感或愛。的確，不同文化的一些主要倫理學理論均強調愛在動機、引起和鼓勵道德行爲方面的作用。晚近，吉利甘（ 1982 ）提出，除了權利的道德外，還有關心和責任的道德。在愛的關心和責任方面，她是第一個提出愛是道德的必需成份的心理學家。然而，即使她也沒有用「 愛 」這個字。事實上，大多數心理學文獻均沒有把愛當作一種普通的情緒來對待。以惹德（ 1977 ）指出，儘管愛在人類生活中十分重要，但愛受到心理學家的注意遠不及憂慮與抑鬱。以惹德注意到已經開始有了一些對羅曼蒂克愛的研究。然而，最近一項對「 心理學文摘 」作電腦搜尋「 愛 」字（「 愛不是性 」）並未找到有關文獻。對於父母之愛和性愛，在作心理學來研究愛與道德的關係時則必需應用「 同情心 」、「 利他主義 」、「 有利於社會的行爲（ 向社會行爲 ）」等術語。在介紹愛與道德關係的各種理論觀點後，還將探討依戀（ attachment ）問題。因

爲依戀這個術語用於描述早期的情感聯結，因此可以作爲愛的關係
的先驅物加以研究。首先將介紹依戀。其次將討論對同情的研究，
因爲同情是助於社會行爲的先驅情感。然而，在愛和道德的關係上
還有許多心理研究需要去做。

理論的觀點

關於愛的性質、重要性以及類型學有許多理論。例如，弗洛伊
德（1930／1961）認爲，愛鄰舍如同愛自己這樣的訓戒是不可能完
全實現的。

> 「愛鄰舍如愛己」這個戒條是強烈反對人類的侵襲性的，
> 而且是文化超我（cultural superego）的非心理方式的
> 極好的例子。這種訓戒是不可能完全實現的（第90頁）。

弗洛伊德認爲像St. Francis of Assisi的給予一切人的愛，其
目的是受抑制的，其他一些研究者對不同種類的愛進行了研究。哈
洛（Harlow and Harlow, 1972）提出了五種情感系統：母愛、嬰
兒的愛、同齡人之間的愛、異性間的愛和對父愛。弗洛
姆（Fromm, 1956）在其名著《愛的藝術》中，也討論了五種愛的
類型：手足之愛、母愛、性愛、對上帝之愛和自愛。梅依（Rollo
May, 1969）在《愛和意志》一書中批評弗洛伊德的愛的觀點，弗
洛伊德僅僅把愛限於性愛，並提出了經典的愛的類型：性愛、性慾
愛、愛好、宗教之愛（agape）。

坎培爾（Kemper, 1978）討論了愛的關係的一些早期觀點，
「一方面，至少是一個行爲者將一種極高尙的境界給予（或準備給
予）其他的行爲者」（285頁）。可見其關係是給予和接受情意和
權力，而對內在的個體人的價值並不承認。例如，根據涂爾
幹（Durkheim, 1933／1951）的著作，在早期的社會中，個人浸

沒在集體之中，缺乏對個人的價值給予認可的基礎。只是當個體主義（individualism）出現之後，才有了承認個體固有的價值，不管其功能和其集體成員如何的條件。涂爾幹進一步爭辯說，儘管在原始社會中有些個人發展了對價值的讚賞和描述能力，但只是極少數人。坎培爾（1978）在結束他對愛所作的進化觀點的討論時希望，文化的發展將發展出「關於愛的高度倫理的觀念，以及與這些觀念相適應的更完善的人。」（344頁）。坎培爾（1978）反對愛的交換模型，認為愛是存在（being）：

> 包含著兩種情感：一種是無傾向性的類似審美的內在的對
> 於客體所發的愉悅，第二種是對於動因和高興發動者的感
> 謝和報償的意願（307頁）。

這種無傾向性的內在的愉悅與馬斯洛（Maslow, 1971）描述的「存在的愛」（Being love）十分相似，這時被愛者因其品質而無傾向性地被愛。而補缺性愛（Deficiency love）則是因為被愛者滿足了愛者的需要。與此同源的，亞里斯多德（Aristotle）早就將友愛分為三種類型：以別人的優點為基礎的友愛，以及互相因愉悅或利用的需要的友愛。

吉利甘（J. Gilligan, 1976）認為，愛和道德之間是有區別的，「道德關係是包括利己主義和利他主義衝突的關係」（158頁）。吉利甘覺得道德要求犧牲，無論是因罪錯感而犧牲自己或羞恥感而犧牲別人。他認為，愛的關係可以克服這種衝突或超越衝突，因為人們通過幫助別人而滿足自己的需求。所謂健康的情感意味著通過滿足別人而滿足自己，而這「只能通過愛，而不是通過道德」（158頁）。這是因為把愛看作是在利己主義和利他主義兩者衝突之上的超驗物，這也是他對於道德的精神分析觀的特徵。根據吉利甘的觀點，要通過幫助別人來滿足自己，不可能以道德訓戒作

爲動機，只能通過愛而自發地產生。

　　在諾爾士所示的模型中（見本書第十章），愛被視爲一種美
德，在青年期表現得最明顯。艾利克森（Erikson, 1964）把愛定
義爲：「持續地相互奉獻以克服天生的相互分離的對抗」（129
頁）。作爲自我不斷加強的美德，它不能被定量地研究，因爲自我
（self）本身是不能作定量研究的。因此，如果認爲愛是道德人格
的必需成份，就不必進一步在這裡討論了。需要進行研究的是，與
道德有關的一些愛的問題，主要是與認知成份有關的如依戀（at-
tachment）與同情心。事實上，在本章所討論的情感中，同情心
具有最高的認知，因此也是父母或教師最常教導的。

愛的研究：依戀

　　上節對愛的結構作了理論上的審查。本節將在與道德和道德行
爲有關的方面對愛作心理學的研究。也許，與我們通常所理解的愛
關係最密切的心理學名詞是依戀（attachment）。依戀在形成感
情聯繫的能力和向兒童所遇到的挑戰進行鬥爭的能力的成長中被認
爲是非常重要的（Maccoby, 1980）。雖然對依戀與道德的關係未
見直接的研究，這裡對依戀的研究作簡要敍述。這將有助於對感情
聯繫的發展作一般性的理解。珀烏比（Bowlby, 1969, 1973）及其
他一些研究者認爲依戀與感情得到保證和耐受分離的能力之間有密
切的關係。珀烏比（1969）描述了兒童依戀發展的四個期時，無區
別的依戀（年齡8至12週），有區別的對一個或一些人的依戀（3至
6個月），通過語言與運動對某些人親近（6月至2歲），有目標的
伙伴（3歲左右）。

　　馬爾文（Marvin, 1977）提出了依戀關係的進一步轉變。他指
出，在第一年末兒童企圖影響他們的照料者按照他們的行爲去做。

在第二和三年時，兒童可調整他們的計劃去適應照料者的計劃。然而，在這個時期，兒童並不是從人的角度來看待照料者，他們只是關心照料者怎麼做。到四歲左右時兒童才把照料者看作有感情、有動機的獨立的人。對於道德人格的成長有意義的依戀關係的轉變是這樣一個時期，即軀體的親近不更是最重要的，相互的人格活動交流，在活動上相互適應。馬爾文（ 1977 ）認爲，爲了發展相互適應，兒童必需能夠了解別人，能設身處地。因爲道德包含著對別人的尊敬，包括著了解別人的成熟的依戀在道德發展中是重要的。

馬可比（ 1980 ）對有關穩定的依戀和不穩定的依戀的研究作了總結，然而他建議要小心解釋這些研究。他指出，不穩定的依戀也不是不可逆的，近來父母－孩子關係比過去更顯重要。不穩定的反應是可以改變的，如果父母反應有所改變的話。

母親對孩子們的反應促進穩定的依戀。敏感性、接受性、與兒童正在進行的行爲合作、社會性的行爲、及表達正性情緒的能力最有幫助，儘管可能還有某些重要的素質因素。

因此，對依戀研究的重要不僅僅因爲依戀可能是傳統所稱的愛的前成物，而且因爲穩定依戀當發展成爲更平衡的夥伴關係後將有助於兒童自我導向及領會別人的感情和關切（ Marvin, 1977 ）。

正像對依戀和父母愛的研究所指出的它們對於道德人格的成長十分重要，最重要的關於愛與道德關係的研究是關於同情心的成長。

愛的研究：同情心

對於道德的早期研究和理論主要集中於如何控制破壞性的行爲，如何將侵襲性引渡成可接受的行爲。甚至柯爾伯（ 1981 ）更是從負性方面進行研究，在他的研究中，道德被視爲不侵犯別人的權

利。最近才在理論和研究上注意正面的道德行爲，即是什麼使人們想去幫助和照顧那些有困苦的人。吉利甘（Gilligan, 1982）提出了關於道德的理論觀點，即關於照料和責任的道德（見本書，Brabeck）。其他一些研究者對照料行爲、助社會行爲或利他主義的前驅行爲進行了研究。

霍夫曼（1970, 1982）、埃森柏（Eisenberg, 1982）及其他研究者的研究指出，同情心是在助人行爲之前的情感。同情心被定義爲「代替性的情感反應，即更針對自己的處境而不是自己的情況的一種情感反應」（Hoffman, 1982, 281頁）。可以是愉快的同感（對別人的快樂的反應），也可以是不愉快的同情（對別人的困苦的反應）。

本文著重討論對同情的最新研究以及這些研究對道德理論的意義。然而，許多關於同情心的理論和研究仍集中於同情心與向社會行爲之間的關係，而不是同情心的情感問題。而這些情感問題正是影響向社會行爲的強力因素（Mussen and Eisenberg-Berg, 1977, 138頁）。

根據多依（Toi）及巴特森（Batson, 1982）的同情—利他主義假說，同情情緒可導致利他主義的動機而幫助別人。助人行爲的最終目的是給受害者增加利益，而不是給行爲者。這方面的證據正在增加。這些證據反對自1920年以來在心理學文獻中強調唯我主義爲動機的助人行爲。早期的觀點認爲助人只是工具性的唯我主義的反應，其目的是最終增進行爲者的利益，無論是減輕助人者因目睹受苦者的痛苦而產生的痛苦，還是通過得到物質的、社會的或自己的報償而使助人者得到愉快（Batson and Coke, 1981）。

如何區別助人者的唯我動機和同情心或利他主義動機呢？巴特森和柯克（1981）曾企圖作出某些區分。他們認爲，目睹別人的痛

苦可以引起兩種功能不同的感情狀態：同情性的關切，由同情、關切、熱心、心地慈軟等情感構成；及個人的痛苦，由震驚、擔心、難受、羞愧和害怕等情感構成。個人痛苦的感情將引起唯我的動機以減輕自己的痛苦，而同情性關切的情感則引起利他主義的動機以減輕別人的痛苦（第179頁）。

多依及巴特森（ 1982 ）證明若助人者只有較少的同情心，那末當容易解除其痛苦時便較難解除痛苦時給人幫助少，這提示他們是以唯我的目的爲動機以減輕個人的痛苦。然而，若助人者有高度的同情心時表現爲高度的助人行爲，即使是個人痛苦易於解脫時也是這樣，這提示他們是利他主義的動機。因此，並不是所有的助人行爲都出於同情，而是出於解除個人痛苦，相當多的證據證明許多助人行爲出於同情的動機。

同情心的成長

霍夫曼（ Martin Hoffman, 1975；1976；1982 ）可能是對同情心的成長研究得最多的研究者。他強調同情心的情感方面，他企圖將同情的認知性成份與情感成份聯繫起來。霍夫曼的中心論點是充分發展的同情性反應必需在很大的程度上依賴行爲者對別人的，區別於自我的，認知感。他對對別人的感覺的發育與個體同情反應的發育之間的相互作用方式進行了研究，以建立利他主義動機或助人行爲的基礎。霍夫曼對認知性覺察和同情性反應的發育的描述將於表2中摘要介紹。

隨著認知的進一步發展，人們便能夠理解整個人群的困境。同情性痛苦與對不幸人群的痛苦的感知，這兩方面的結合便可能導致同情性痛苦在發育上的最高形式。「並可能提供動機的基礎，特別是爲青少年發展以減輕不幸人群的痛苦爲中心的社會、政治意識」

（Hoffman, 1982, 289頁）。霍夫曼目前並不完全肯定這一理論：兒童怎樣從一開始的以自我爲動機的痛苦轉化爲感覺到受害者而且利他主義地願意幫助受害者。該理論似與認知發展有關。

　　至今的證據仍是間接的。如已經指出的，（a）兒童似乎不斷發展著從最初只是見到他人痛苦反應爲尋求減輕自己的痛苦，到後來力圖幫助受難者而不是爲自己。（b）似乎存在著中間階段，這時兒童感到憂傷並尋求減輕自己與受難者的痛苦，這大約發生於兒童獲得持久人格的同時（290頁）

最後霍夫曼提出同情、利他主義動機和行動之間的下列關係：

1.別人的痛苦表現引發了觀察者的同情性痛苦反應；

2.最初的傾向是行動；

3.若無行動，觀察者便會繼續經受同情的痛苦或通過認知作用重新認識情況，使不行動成爲合理（319頁）。

同情與助社會性推理（Prosocial Reasoning）

　　在一篇討論同情情感的文章中包括一節向社會的道德推理似乎有些奇怪。所以包括這節是因爲在同情心的成長中假設有情感與認知的相互作用。埃森柏（1982）的研究證明，通常年幼兒童的向社會方面的觀念和道德判斷（相對於柯爾伯的不侵犯別人的權利的困境）比關於道德禁忌的判斷發展得更高。埃森柏提出的助社會的道德推理的一些階段強調同情的情感方面，由同情便可引發道德推理。例如，她對同情性取向的描述是：

　　個人的判斷包括以下方面的證據，同情和／或罪錯感或與後果「她關心別人」，「因爲他正在痛苦，如我未能幫助他，我會覺得難過」有關的正性情感（第234頁）。

4a階段稱爲「同情導向」（empathic orientation），4b階段也是感情：「指的是內化的感情、自尊、及提高自身價值是這個階段的表現，儘管陳述得還不強烈」。例如，「這正是我感覺到的」。在第五階段的例子中，感情仍然是重要的，例如，「她覺得有責任對需要幫助的人給以幫助」或「如果不幫助別人，我會覺得難過，因爲，我知道，我未能提高我的自身價值。（第234頁）」

表2　霍夫曼的認知性覺察和同情反應發展階段

年　齡	認　　知	情　　感
0－1歲	Ⅰ.整體的同情 自己和別人融爲一體	
1－2歲	Ⅱ.自我中心性同情 有能力認識別人是分別的實體	假定別人的內心與自己的相同，首次經驗到對別人的關切，區別於自己
2－3歲	Ⅲ.對別人的感情的同情 很原始地覺察到別人的內心狀態與己不同	注意力由自己轉向別人；力圖找到痛苦的眞正原因；解除痛苦的動機，自我中心成份減少
6－9歲	Ⅳ.對別人的普遍痛苦的同情 把別人看作與外在現存事件一致，而且是連續的	同情性痛苦及別人的普遍痛苦的精神表象，每日痛苦的程度，將來的狀態的綜合

促進同情心的發展

假定認爲在大多數文化中均有同情心和責任性罪錯感的發展，因爲對於別人的痛苦似乎有一種自然的反應傾向。但是許多理論家，尤其是弗洛伊德（ Freud, 1930 / 1961 ），認爲同情心的傾向受到了強烈的自我主義需要的平衡。有時同情心和自我主義的需要會發生衝突。有沒有可能促進對別人的關心，由此導致助人行爲？

本書的第四章中，布拉貝克總結了同情心的性別差異。儘管普遍相信女孩子比男孩子更有同情心，因此更利他主義，但研究結果並不一致。當發現男女差異時，均是輕微的差異且通常歸因爲社會生活不同所致（ Hoffman, 1982 ）。如果的確如此；而且同情心又是兒童所需要的品質，也許人們相信可促進女孩同情心反應的某些社會生活技術也可應用於所有的兒童，特別是如果社會作用對女性是促進情感表現，對男性是抑制感情的過度表現。費斯巴哈（ 1982 ）的研究指出，女孩的同情心與母親的容忍、寬宏正性相關，與母親的心情矛盾、狹窄、好懲罰、和管理過嚴負性相關。對於男孩子，同情心和父親對競爭性行爲的鼓勵呈反比的關係。某些有痛苦經驗的男孩，如家庭中有病人或死亡，因爲對長期病痛的同情性反應而更有助人的動機。

有一句話需要提醒注意的。費斯巴哈（ 1982 ）提出警告：儘管同情心可以增加慷慨大度、同甘共苦、助人爲樂及其他助社會反應的可能性，但並不是自動地引起這些行爲，反之亦然。助社會行爲並不一定指示同情心。同情心與助社會行爲的關係是十分複雜的，需作深入的研究。

霍夫曼（ 1982 ）根據他的關於同情心成長的理論模型提出如何促進同情心成長的一些設想：

1. 情緒的直接經驗。對於那些人，他們的情感是兒童親自
   經歷過的，更容易同情。因爲我們的社會在過去一直使
   男子在社會生活中不表露感情，這種實踐可能能解釋有
   時男子同情反應較低。

2. 引起對受難者的感覺的注意。引起對受難者的感覺的注
   意或鼓勵兒童設身處地於受難者的處境的誘導技術，能
   幫助將別人的感覺置入兒童的意識中去，並因此提高兒
   童的同情心。

3. 當角色的機會有助於敏銳兒童對別人的認知性感覺，但
   必需在正性的社會環境之中而不是在競爭性的環境。後
   一種環境有助於發展操作性的技術而不是幫助人的技
   術。

4. 給予更多的感情。給兒童更多的感情可保持他們對別人
   的需要開放和同情心，而不是只顧自己的需要。

5. 讓他們接近利他主義行爲的模範並表達他們的同情感。
   這將使兒童的行爲有同情心，而不是批評受難者。

　　霍夫曼（1982）總結性的指出「較良好的而不是懲罰性的社會
生活經驗可促進同情心和助人行爲」（第306頁）。他認爲同情心
是自然發展的，在幼年時便已存在。他論辯說「同情心可以作爲兒
童與父母間及與其他爲社會而愛護兒童的人之間的強力聯繫──有
些東西應該鼓勵和培養而不是懲罰，像自我中心主義動機的必須和
有時必須如何」（Hoffman, 1982, 306頁）。

結　　論

　　儘管愛的觀念在許多偉大的道德教導中都有，但對愛與道德關
係的研究，或如諾爾士（見本書第十章）所述以愛的品質作爲基礎

來研究的目前尚很少。關於依戀與同情心的研究已於本文敍述，這可作爲愛的一個可能成份。然而，直接關於愛和道德論題的研究尚少，不是說它們之間沒有什麼關係，而是說這是心理學研究中的一個嚴重缺陷。對於依戀和同情的研究是個良好的開端，但還需要更多的研究。

摘　要

本章對某些情感與道德關係的心理學文獻作了複習。在包括憂慮或害怕、罪錯感、羞恥、忿怒、同情與愛的綜合道德理論中，認知起著關鍵性的作用。對於惡行人們可能感到憂慮或罪錯感，對於非正義之行感到忿怒。這些感情可能有助於發展對別人的同情，這樣便增加了人們的利他主義行爲。然而，這些反應，無論是行爲的或情緒的，均需要認知性的評估，即使該評估是「非思考性的」（Arnold，1968；Lazarus，1982）。這一主張與許多情感研究理論家的觀點是一致的（例如，Arnold，1970；Averill，1982；Lazarus，1982；Mandler，1980）而且也與本系列叢書中卡布多（Caputo）及沙梅（Samay）的哲學卷中的哲學論點一致。至於情感在發動、評價和抑制道德行爲時要以認知性評估作爲中介在本章中也作了論辯。

Boston College

Chestnut Hill, MA

參考文獻

Arnold, M. B.（1960）. *Emotion and personality*（Vol. 1）.

New York : Columbia University Press.

Arnold, M. B. (Ed.). (1968) *The nature of emotion.* Hardmondsworth : Penguin Books.

Arnold, M. B. (1970). Perennial problems in the field of emotions. In M. B. Arnold (Ed.). *Feelings and emotions : The Loyola Symposium.* New York : Academic Press.

Aronfreed, J. (1976). Moral development from the standpoint of a general psychological theory. In T. Lickona (Ed.), *Moral development and behavior.* New York : Holt, Rinehart & Winston.

Aronfreed, J. & Reber, A. (1965). Internalized behavioral suppression and the timing of social punishment. *Journal of Personality and Social Psychology, 1,* 3-16.

Ausubel, D. P. (1955). Relationships between shame and guilt in the socializing process. *Psychological Review, 62,* 378-390.

Averill, J. R. (1980). The emotions. In E. Staub (Ed.), *Personality : Basic aspects and current research.* Englewood Cliffs, New Jersey : Prentice-Hall, Inc., 1980.

Averill, J. R. (1982). *Anger and aggression : An essay on emotion.* New York : Springer-Verlag.

Ax, A. F. (1953). The physiological differentiation between fear and anger in humans. *Psychosomatic Medicine,* 15, 433-442.

Bandura, A. (1973). *Aggression.* New York : Holt, Rinehart and Winston.

Bandura, A.（1977）. *Social learning theory.* Englewood Cliffs, NJ：Prentice-Hall.

Barker, T. X. & Hahn, Jr., K. W.（1964）. Experimental studies in " hypnotic " behavior：Physiologic and subjective effects of imagined pain. *Journal of Nervous and Mental Disease, 139,* 416-425.

Baron, R. A.（1977）. *Human aggression.* New York：Plenum Press.

Batson, C. D., O'Quin, K., Fultz, J., Vanderplas, M. & Isen（1983）. Influence of self-reported distress and empathy on egoistic versus altruistic motivation to help. *Journal of Personality and Social Psychology, 45,* 706-718.

Batson, C. D., & Coke, J. S.（1981）. Empathy：A source of altruistic motivation for helping？ In J. P. Ruston & R. M. Sorrentino（Eds.）, *Altruism and helping behavior：Social, personality and developmental perspectives.* Hillsdale, NJ：Lawrence Erlbaum.

Benedict, R.（1946）. *The chrysanthemum and the sword.* Boston：Houghton Mifflin.

Berger, S. M.（1962）. Conditioning through vicarious instigation. *Psychological Review, 69,* 450-466.

Berkowitz, L.（1962）. *Aggression：A social psychological analysis.* New York：McGraw Hill.

Berkowitz, L.（1965）. The concept of aggressive drive：Some additional considerations. In L. Berkowitz（Ed.）,

Advances in experimental social psychology.（Vol. 2）. New York：Academic Press.

Berkowitz, L.（1974）. Some determinants of impulsive aggression：Role of mediated associations with reinforcements for aggression. *Psychological Review, 81*, 165-176.

Berkowitz, L., Lepinski, J. P. & Angulo, E. J.（1969）. Awareness of own anger level and subsequent aggression. *Journal of Personality and Social Psychology, 11*, 293-300.

Berkowitz, L. & Turner, C.（1974）. Perceived anger level, instigating agent and aggression. In H. S. London & R. E. Nisbett（Eds.） *Thought and feeling.* Chicago：Aldine.

Boss, M.（1963）. *Psychoanalysis and Dasein analysis*（L. R. Lefebre, Trans.）New York：Basic Books.

Bowlby, J.（1969）. *Attachment.* New York：Basic Books.

Bowlby, J.（1973）. *Separation.* New York： Basic Books.

Brody, G. H. & Shaffer, D. R.（1982）. Contributions of parents and peers to children's moral socialization. *Developmental Review, 2*, 31-75.

Bugental, J.（1965）. *The search for authenticity.* New York：Holt, Rinehart & Winston.

Burnstein, E., & Worchel, P.（1962）. Arbitrariness of frustration and its consequences for aggression in a social situation. *Journal of Personality, 30*, 528-540.

Burton, R. V. Honesty and dishonesty.（1976）. In T.

Lickona (Ed.), *Moral development and behavior*, New York：Holt, Rinehart & Winston.

Buss, A. H. (1966). Instrumentality of aggression, feedback and frustration as determinants of physical aggression. *Journal of Personality and Social Psychology, 3*, 153-162.

Cannon, W. B. (1929). *Bodily changes in pain, hunger, fear and rage.* New York： Appleton-Century-Crofts.

Cattell, R. B. & Bartlett, H. W. (1971). An R-dR-technique operational distinction of the states of anxiety, stress, fear, etc. *Australian Journal of Psychology, 23*, 105-123.

Cheyne, J. A. (1971). Some parameters of punishment affecting resistance to deviation and generalization of a prohibition. *Child Development, 42*, 1249-1261.

Clark, D. F. (1963). The treatment of monosymptomatic phobia by systematic desensitization. *Behavior Research and Therapy, 1*, 63-68.

Cohen, A. (1955). Social norms, arbitrariness of frustration, and status of the agent of frustration in the frustration-aggression hypothesis. *Journal of Abnormal and Social Psychology, 51*, 222-226.

Coke, J., Batson, D., & McDavis, K. (1978). Empathic mediation of helping：A two-stage model. *Journal of Personality and Social Psychology, 38*, 752-766.

Coopersmith, S. (1967). *The antecedents of self-esteem.* San Francisco：Freeman.

Darwin, C. (1872 / 1965). *The expression of the emotions in man and animals.* Chicago：University Press.

Davitz, J. R.（1969）. *The language of emotions.* New York：McGraw-Hill.

Dienstbier, R. A., Hillman, D., Lehnkoff, J., Hillman, J. & Valkenaar, M. F.（1975）. An emotion-attribution approach to moral behavior：Interfacing cognitive and avoidance theories of moral development. *Psychological Review, 82,* 299-315.

Dollard, J., Doob, L., Miller, N., Mowrer, O. & Sears, R.（1939）. *Frustration and aggression.* New Haven：Yale University Press.

Donnerstein, M., & Donnerstein, E.（1977）. Modeling in the control of interracial aggression：The problem of generality. *Journal of Personality, 45,* 100-116.

Durkheim, E.（1933／1951）. *The division of labor in society.*（G. Simpson, trans.）Glencoe, IL：Free Press.

Eibl-Eibesfeldt, I.（1971）. *Love and hate：The natural history of behavior patterns.* New York：Holt, Rinehart & Winston.

Eibl-Eibesfeldt, I.（1977）. Evolution of destructive aggression. *Aggressive Behavior, 3,* 127-144.

Eisenberg, N.（Ed.）.（1982）. *The development of prosocial behavior.* New York：Academic Press.

Elkind, D.（1974）. *Children and adolescents：Interpretive essays on Jean Piaget.* New York：Oxford University Press.

Ellrod, F. E., McLean, G. F., Schindler, D. & Mann, J.（1986）. *Act and agent : Philosophical foundations for moral education and character development.* Washington : University Press of America.

Epstein, S.（1972）. The nature of anxiety with emphasis upon its relationship to expectancy. In C. D. Spielberger（Ed.）. *Anxiety*（Vol. II）, New York : Academic Press.

Erikson, E.（1950）. *Childhood and society*, New York : Norton.

Erikson, E. H.（1956）. Growth and crises of the healthy personality. In C. Kleechholn, H. A. Murray & D. M. Schneider（Eds.）, *Personality in nature, society and culture*, New York : Knopf.

Erikson, E. H.（1964）. *Insight and responsibility.* New York : Norton.

Estes, W. K., & Skinner, B. F.（1941）. Some quantitative properties of anxiety. *Journal of Experimental Psychology, 29*, 39-400.

Eysenck, H. J.（1976）. The biology of morality. In T. Lickona（Ed.）, *Moral development and behavior*, New York : Holt, Rinehart & Winston, 108-123.

Feshbach, N. D.（1982）. Sex differences in empathy and social behavior in children. In N. Eisenberg（Ed.）, *The development of prosocial behavior.* New York : Academic Press.

Feshbach, N.（1982）. Empathy training : A field study in

affective education. In S. Feshbach and A. Fraczek (Eds.) , *Aggression and behavior change : Biological and social processes.* New York : Praeger.

Feshbach, S. (1970) . Aggression. In P. H. Mussen (Ed.) , *Carmichael's manual of child psychology* (3rd. ed.) . New York : John Wiley.

Feshbach, S., & Weiner, B. (1982) . *Personality.* Lexington, MA : D. C. Heath and Co.

Freud, S. (1913-1950) . *Totem and taboo.* New York : Norton.

Freud, S. (1920) . *A general introduction to psychoanalysis.* (G. S. Hall, trans.) . New York : Boni and Liverright.

Freud, S. (1930 / 1961) . *Civilization and its discontents.* New York : Norton.

Freud, S. (1949) . Repression. In S. Freud, *Collected papers* (Vol. IV) . London : Hogarth Press.

Fromm, E. (1956) . *The art of loving.* New York : Harper.

Geer, J. H. & Jarmecky, L. (1973) . The effect of being responsible for reducing another's pain on subject's response and arousal. *Journal of Personality and Social Psychology, 26,* 232-237.

Gentry, W. P. (1970) . Effects of frustration, Attack and prioraggressive training on overt aggression and vascular processes. *Journal of Personality and Social Psychology, 16,* 718-725.

Gilligan, C. (1982) . *In a different voice.* Cambridge, MA :

Harvard University Press.

Gilligan, J. (1976). Beyond Morality : Psychoanalytic reflections on shame, guilt and love. In T. Lickona (Ed.), *Moral development and behavior : Theory, research and social issues*. New York : Holt, Rinehart and Winston.

Goodenough, F. L. (1931). *Anger in young children*, Minneapolis : Minnesota Press.

Harlow, H. F., & Harlow, M.K. (1972). The language of love. In T. Alloway, L. Krames & P. Pliner (Eds.), *Communication and affect*. New York : Academic.

Hartup, W. W. (1974). Aggression in childhood : Developmental perspectives. *American Psychologist, 29*, 336-341.

Heidegger, M. (1963). *Being and time*. New York : Harper & Row, Pub.

Hochschild, A. R. (1979). Emotion work, feeling rules, and social Structure. *American Journal of sociology, 85*, 551-575.

Hoffman, L. W. (1974). Fear of success in males and females : 1965 and 1971. *Journal of Consulting and Clinical Psychology, 42*, 353-358.

Hoffman, M. L. (1970). Moral Development. In P. H. Mussen (Ed.), *Carmichael's manual of child psychology (3rd ed.)*. New York : John Wiley.

Hoffman, M. L. (1975). Developmental synthesis of affect and cognition and its implication for altruistic movement. *Developmental Psychology, 11 (5)*, 607-622.

Hoffman, M. L. (1976). Empathy, role-taking, guilt and the development of altruistic motive, In T. Lickona (Ed.), *Moral development and behavior : Theory, research and social issues.* New York : Holt, Rinehart & Winston.

Hoffman, M. L. (1979). Development of moral thought, feeling and behavior. *American Psychologist, 34* (10), 958-966.

Hoffman, M. L. (1981). The development of empathy. In J. P. Rushton & R. M. Sorrentino (Eds.), *Altruism and helping behavior : Social personality and developmental perspectives.* Hillsdale, NJ : Lawrence Erlbaum.

Hoffman, M. L. (1982). Development of prosocial motivation : Empathy and guilt. In N. Eisenberg (Ed.), *The development of prosocial behavior.* New York : Academic Press.

Holstein, C. F. (1972). The relation of children's moral judgment level to that of their parents and to communication patterns in the family. In R. C. Smart & M. S. Smart (Eds.), *Readings in child development and relationships.* New York : Macmillan.

Izard, C. E. (1977). *Human emotions.* New York : Plenum Press.

Janis, I. L. (1969). Stress and frustration. In I. L. Janis, G. F. Mahl, J. Kagan & R. R. Holt (Eds.), *Personality : Dynamics, development and assessment.* New York : Harcourt, Brace & World.

Jersild, A., Telford, C., & Sawrey, J. (1975). *Child psychology*. Englewood Cliffs, NJ ﹕Prentice-Hall.

Katz, P. & Zigler, E. (1967). Self-Image Disparity. A developmental approach. *Journal of Personality and Social Psychology, 5*, 186-195.

Kemper, T. A. (1978). *A social interaction theory of emotions*. New York ﹕Wiley.

Kierkegaard, S. (1944). *The concept of dread. Princeton ﹕* Princeton University Press.

Kohlberg, L. (1981). *The philosophy of moral development*. New York ﹕Harper & Row.

Krebs, D. (1975). Empathy and altruism. *Journal of Personality and Social Psychology, 32*, 1134-1146.

Lacey, J. J. (1950). Individual differences in somatic responsepatterns. *Journal of Comparative Physiological Psychology, 43*, 338-350.

Lange, C. (1885 / 1922). The emotions. In C. G. Lange & W. James, *The emotions*. Baltimore ﹕Williams & Wilkins.

Lavoie, J. C. (1973). The effects of an aversive stimulus, a rationale, and sex of child on punishment effectiveness and generalization. *Child Development*, 44, 505-510.

Lazarus, R. S. (1982). Thoughts on the relations between emotion and cognition. *American Psychologist, 37*, 1019-1024.

Lewis, H. (1971). *Shame and guilt in neurosis*. New York ﹕International Universities Press.

Lewis, M., & Brooks, J. (1978) . Self-knowledge and emotion-al development. in M. Lewis & L. Rosenbloom, *The development of affect.* New York：Plenum.

Lorenz, C. (1966) . *On aggression.* New York：Bantom.

Lynd, H. M. (1958) . *On shame and the search for identity.* New York：Harcourt Brace.

Maccoby, E. (1980) . *Social development：Psychological growth and the parent-child relationship.* New York：Harcourt Brace Jovanovich.

MacLean, P. D. (1970) . The limbic brain in relation to psychoses. In P. Black (Ed.) , *Physiological correlates of emotion.* New York：Academic Press.

Maher, B. A. (1966) . *Principles of psychopathology.* New York：McGraw-Hill.

Mandler, G. (1980) . The generation of emotion：A psycho-logical theory. In R. Plutchik & H. Kellerman (Eds.) , *Emotion* (Vol. 1) . New York：Academic Press.

Marks, E. L., Penner, L. A., & Stone, A. V. W. (1982) Helping as a function of empathic responses and sociopathy. *Journal of Research in Personality, 16,* 1-20.

Marshall, G. P. & Zimbardo, P. G. (1979) . Affective con-sequences of inadequately explained physiological arousal. *Journal of Personality and Social Psychology, 37,* 970-988.

Marvin, R. S. (1977) . An ethological-cognitive model for the attenuation of mother-child attachment behavior. In T.

Alloway, P. Pliner & L. Krames (Eds.). New York : Plenum.

Maslow, A. (1971). *The farther reaches of human nature.* New York : The Viking Press.

Maurer, A. (1974). Corporal punishment. *American Psychologist. 29,* 614-626.

May, R. (1958). Contributions of existential psychotherapy. In R. May, E. Angel & H. F. Ellenberger (Eds.), *Existence.* New York : Basic Books.

May, R. (1969). *Love and will.* New York : Norton.

McDougall, W. (1923). *Outline of psychology.* New York : Scribner's.

Modigliani, A. (1971). Embarrassment, facework and eye contact : Testing a theory of embarrassment. *Journal of Personality and Social Psychology, 17,* 15-24.

Mowrer, O. H. (1950). *Learning theory and personality dynamics.* New York : Ronald Press.

Mowrer, O. H. (1960). Psychotherapy, and the problem of guilt, confession and expiration. In W. Dennis (Ed.), *Current trends in psychology,* (*Vol. X*). Pittsburgh : University of Pittsburgh Press.

Mowrer, O. H. (1961). *The crisis in psychiatry and religion.* Princeton, NJ : VanNostrand.

Mussen, P. & Eisenberg-Berg, N. (1977). *Roots of caring sharing and helping : The development of prosocial behavior in children.* San Francisco : Freeman.

Novaco, R. W. (1975). *Anger control；The development and evaluation of an experimental treatment.* Lexington, MA：Lexington Books.

Parke, R. D. (1974). Rules, roles and resistance to deviation：Recent advances in punishment, discipline and self-control. In A. D. Pick (Ed.), *Minnesota Symposium on Child Psychology* (Vol.8). Minneapolis：University of Minnesota Press.

Phillips, D. A. & Zigler, E. (1980). Children's self-image disparity：Effects of age, socioeconomic status, ethnicity and gender. *Journal of Personality and Social Psychology, 39,* 689-700.

Piaget, J. (1930). *The child's conception of physical causality.* London：Routledge & Kegan Paul.

Piaget, J. (1954). *The construction of reality and the child.* New York：Basic Books.

Piers, G. & Singer, M. (1953). *Shame and guilt.* Springfield：Thomas.

Piliavin, I. M., Piliavin, J. A., & Rodin, J. (1975). Costs, diffusion, and the stigmatized victim. *Journal of Personality and Social Psychology, 32,* 429-438.

Pitkanen-Pulkkinnen, L. (1979). Self-control as a prerequisite for constructive behavior. In S. Feshbach and A. Fraczek (Eds.), *Aggression and behavior change：Biological and social processes.* New York：Praeger.

Plutchek, R. (1980). *Emotion：A psychoevolutionary syn-*

thesis. New York：Harper & Row.

Reisenzein, R.（1983）. The Schachter theory of emotion：Two decades later. *Psychological Bulletin, 94*, 239-264.

Rest, J.（1983）. Morality. In J. H. Flavell and E. M. Markham（Eds.）, *Cognitive Development*, P. H. Mussen（Ed.）*Carmichael's Manual of Child Psychology*, 4th Edition. New York：Wiley.

Rogers, C. R.（1951）. *Client-centered therapy.* Boston：Houghton-Mifflin.

Rogers, C. R.（1961）. *On becoming a person.* Boston：Houghton-Mifflin Co.

Rule, B. G. & Hewitt, L. S.（1971）. Effects of thwarting on cardiac response and physical aggression. *Journal of Personality and Social Psychology, 19*, 181-187.

Russell, J. A. & Mehrabian, A.（1977）. Evidence for a three-factor theory of emotions. *Journal of Research in Personality, 11*, 273-294.

Sackett, G. P.（1966）. Monkeys reared in visual isolation with pictures as visual input：Evidence for an innate releasing mechanism. *Science, 154*, 1468-1472.

Sarason, S. B.（1966）. The measurement of anxiety in children：Some questions and problems. In C. D. Spielberger（Ed.）, *Anxiety and Behavior.* New York：Academic Press.

Schachter, S.（1966）. The interaction of cognitive and physiological determinants of emotional state. In C. D.

Spielberger（Ed.）, *Anxiety and Behavior.* New York：Academic Press, 193-224.

Schachter, S. & Singer, J. E.（1962）. Cognitive, social and physiological determinants of emotional state. *Psychological Review, 69*, 379-399.

Scheler, M.（1954）. *The nature of sympathy.* New Haven, CT：Yale University Press.

Schlenker, B.（1980）. *Impression management.* Belmont, CA：Brooks Cole.

Scott, J. P.（1980）. The function of emotions in behavioral systems：A systems theory analysis. In R. Plutchik & H. Kellerman（Eds.）, *Emotion*（Vol.1）. New York：Academic Press.

Skinner, B. F.（1974）. *About behaviorism.* New York：Knopf.

Solomon, R. L.（1964）. Punishment. *American Psychologist, 19*, 239-253.

Solomon, R. L., Turner, L. H., Lessac, M. S.（1968）. Some effects of delay of punishment on resistance to temptation in dogs. *Journal of Personality and Social Psychology, 8*, 233-238.

Sroufe, L. A.（1979）. Socio-emotional development. In J. Osofsky（Ed.）, *Handbook of infant development.* New York：Wiley.

Staats, A. W.（1981）. Paradigmatic behaviorism, unified theory, unified theory construction methods, and the zeitgeist of separatism. *American Psychologist, 36,* 239-256.

Staub, E. (1978). *Positive social behavior and morality.* (Vol.1). New York﹕Academic Press.

Stipek, D. J. (1983) A developmental analysis of pride and shame. *Human Development, 26,* 42-54.

Stotland, E. (1969). Exploratory investigations of empathy. in L. Berkowitz (Ed.), *Advances in Experimental Social Psychology,* (Vol. 4). New York﹕Academic Press.

Sullivan, H. S. (1948). The meaning of anxiety in psychiatry and life. *Psychiatry,* 2, 1-15.

Suomi, S. J. (1977). Development of attachment and other social behaviors in rhesus monkeys. In T. Alloway, P. Pliner & L. Krames (Eds.), *Attachment behavior.* New York﹕Plenum.

Tavris, C. (1982). *Anger.* New York﹕Simon and Schuster.

Taylor, S. P. & Pisano, R. (1971). Physical aggression as a function of frustration and physical attack. *Journal of Social Psychology, 84,* 261-267.

Tinbergen, N. (1968). On war and peace in animals and man. *Science, 160,* 1411-1418.

Toi, M., & Batson, C. D. (1982). More evidence that empathy is a source of altruistic motivation. *Journal of Personality and Social Psychology, 43,* (2), 281-292.

Tomkins, S. S. (1980). Affect as amplification﹕Some modifications in theory. In R. Plutchik & H. Kellerman (

Eds.), *Emotion* (Vol. 1). New York :Academic Press.

Tomkins, S. S. (1963) . *Affect, imagery, consciousness. Vol. II. The negative affects.* New York : Springer.

VanLawick-Goodall, J. (1968) . Tool-using bird : The Egyptian vulture. *National Geographic, 133,* 631-641.

VanLeishout, C. F. M. (1975) . Young children's reactions to barriers placed by their mothers. *Child Development, 46,* 879-886.

Walters, R. H., Parke, R. D. & Cane, V. A. (1965) . Timing of punishment and the observation of consequences to others as determinants of response inhibition. *Journal of Experimental Child Psychology, 2,* 10-30.

Walters, G. C. & Grusec, J. E. (1977) . *Punishment.* San Francisco : W. H. Freeman and Co.

Watson, J. B. (1928) . *Psychological care of infant and child.* New York : W. W. Norton Co.

Weinrich, J. D. (1980) . Toward a sociobiological theory of emotions. In R. Plutchik & H. Kellerman (Eds.) , *Emotion,* Vol. 1. New York : Academic Press.

Wolpe, J. (1958) . *Psychotherapy by reciprocal inhibition.* Stanford : Stanford University Press.

Wolpe, J. (1973) . *The practice of behavior therapy.* Elmsford, NY : Pergamon Press, Inc.

Worchel, S. (1974) . The effects of three types of arbitrary-thwarting on the instigation to aggression.

Journal of personality, 42, 301-318.

Young, P. T.（1961）. *Motivation and emotion.* New York：Wiley.

Zajonc, R. B.（1980）. Feeling and thinking：Preferences need no inferences. *American Psychologist, 35*, 151-175.

Zillman, D.（1979）. *Hostility and aggression.* Hillsdale, NJ：Erlbaum.

Zillman, D., & Cantor, J. R.（1976）. Effect of timing of information about mitigating circumstances on emotionalresponses to provocation and retaliatory behavior. *Journal of Experimental Social Psychology, 12*, 38-55.

Zimbardo, P., Pilkonis, P. & Norwood, R.（1974）. *The silent prison of shyness.* Glenview,IL：Scott, Foresman.

第六章　道　德　選　擇

心 理 學 的 觀 點

蓋　文　著
Eiléen A. Gavin

　　本章力圖將道德選擇的心理學與哲學的智慧和規範聯繫起來。
這樣做是希望有助於教育工作者在他們的工作中將心理學對於道
德選擇的理解應用於人類生活中去。爲此，本文將採用《行爲和行
爲者》〔 *Act and Agent：The Philosophical Foundations of
Moral Education and Character Development*（Ellrod and
McLean, 1986 ）〕中的規範。本文計劃首先是對道德選擇的確
定、說明、和解釋提供基礎。其次，將轉向道德選擇的心理證據和
解釋並聯繫其哲學基礎。然後將對道德選擇作詳細的心理學討論。
最後，將對道德選擇對於人與人的世界的作用予以強調，但我們還
得承認最終的迷將永遠遮掩或阻礙著人們對道德活動作出確定的解
釋。

道德選擇的哲學規範

　　《行爲和行爲者》這本書的撰稿者，哲學家們，均支持關於人
們在作出道德選擇時是有理智、負責任的假設，無論選擇的是高貴
的、極好的行爲乃至最低的惡行。哲學家們認爲「道德選擇」與語

言修辭或說話的方式不同，後者「好像」既是反應性的又是理智性的。根據這些哲學文章，人們在做出道德選擇時不是受到人們控制之外的外力的驅動或受到限制而單純地照著做。實際上可以說人們做出道德選擇時是傾向於某種選擇而在天平上為那一方加碼。

　　道德選擇有種類的不同（善行、惡行）及好和惡的程度區別。這些哲學家們在描述善的道德活動時很注意不把頭與心分離開。卡布多（ J. Caputo ）（《行為和行為者》，第七章）把「道德感」（ moral sensibility ）定為對那些進入自己生活中的人所給予的真心的關切和幫助。這可能最特異地表述了善的道德活動的整體性質。道德選擇如果源於社會次序的觀念，則該社會次序必需能體現人的價值與尊嚴，滿足人們的責任心，改善人們的生活，才合乎善行。法勒利（ J. Farrelly ）（《行為和行為者》，第八章）表述的「構成性人類之善」（ constitutive human good ）最好地陳述了道德選擇的試金石：好的道德選擇應該促進人類生活內部的價值。用同樣的語言，缺乏道德感和背離構成性人類的選擇可定為道德之惡。惡的選擇可從微小的失誤至極大的惡行，如使用核戰。

　　對於特定的某人，道德決定的合適性也有助於確定道德選擇的好或壞，或好壞的程度。格言「此人之食、彼人之毒」道出了這個規範的精神。導向對某人或其他人的真正價值的選擇，在這個意義上的合適，才合乎道德之善。道德選擇，其性質不適合於某人者，為惡。

　　馬克林（ G. McLean ）（《行為和行為者》，第十二章）提出好的道德選擇的有意義的一項收穫，能促進自己與別人的善行的選擇也改變著選擇者的視野，擴大選擇者的道德領域。通過作出善的道德選擇，選擇者會變得更熱心。引導人們選擇對自己和對與自己生活有關的別人的真正價值便會逐漸與對宗教的要求結合起來。

宗教要求並不能還原成哲學的或心理的要求和說教而是與人們的奉獻一致的。事實上，對上帝的反應作爲向無限開放正是人類發展的最終領域（《行爲和行爲者》，第八章）。以這種方式作出的道德選擇，通過對無限的上帝作出的選擇，會更勇敢。

道德選擇的心理學研究

　　道德選擇的心理學研究的基礎假設是哲學。對道德選擇提出證據與解釋的有三個主要假說：決定論、自我決定和非決定論。決定論排除個人自由。自我決定視個人爲某些心理活動，包括道德選擇，的部份原因。非決定論指任意性並提示人類的活動無規律可尋。不幸的是，有時將非決定論錯誤地與自我決定等同起來。例如，斯金納（B. F. Skinner, 1971）就錯誤地認爲心理學家如果承認個人在選擇時有自由的話（即支持自我決定），那末便會相信無原因的活動或完全自主活動，對選擇沒有一點限制。

　　在本章中，將只考慮各種無個人自由的學說（即決定論）及某些程度的個人自由學說（自我決定），因爲是否還有許多，如果有的話，當代的心理學家在認眞地作非決定論假設。無論是決定論還是非決定論均不能僅僅由心理學的證據來證明或否證，因爲這項假設的眞理性來自哲學而不是來自心理學。然而，可用的心理學證據可以在這一假設與另一些假設之間做出支持或不支持。

　　可能因爲心理學通常假設決定論對於科學是普遍必需的，對於道德選擇心理學的大量心理學證據均是以決定論爲基礎的。按照決定論的觀點，一個人不可能眞正地說選這個不選那個。按照決定論，一個人不論做什麼，都是受到遺傳的或環境推動的和阻止的影響而作出的反應。這些影響決定著道德選擇，即使還可以這樣稱

呼,因爲沒有更好的術語。因爲很難瞭解對推動性的或阻止性的決定因素的反應能在什麼意義上決定真正的選擇,所以毫不奇怪,一個善思考的決定論心理學家(Immergluck, 1964)對「選擇」這個術語對心理學的適合性提出了疑問。他建議用「行爲的多樣性」來取代「選擇」。

然而,改換名詞並不能決定道德選擇是實在的還是虛幻的。對某些關於決定論心理學立場對「道德選擇」所提供的證據作一番檢查將會有所教益。某些對道德選擇和行爲所作的決定論觀點的心理學研究主要集中於環境(但也承認遺傳),另有些人主要集中於遺傳(但也承認環境的相互作用)。

強調環境的決定論

自從哈茨洪(Hartshorne)和梅依(May)的經典研究(1930a, 1930b)報導學校兒童在某一情景中表現誠實,可能在另一情景中不誠實以後,心理學家一直在注意情景影響對道德行爲的顯著作用。當代心理學中,社會心理學家往往研究以下一些現象,例如對在困痛中的人的幫助、不服從對別人有害的命令、爲了有價值的目標與人合作。有些人格心理學家(Mischel & Mischel, 1976)也強調情景因素。可能用環境決定作用來解釋道德選擇的主要人物是斯金納。

當代一些心理學家認爲那怕部份走斯金納的路也有困難,恐怕未必如此。對環境影響以及對活動,包括道德選擇,的制約因素的確定和說明是普遍承認其重要的。

因爲斯金納強調環境決定作用並經常表示對建設一個以利他主義和其他建設性活動爲特徵的社會的關心,所以他建議的怎樣能實

行及他的規劃與道德選擇有怎樣的關係需作嚴肅的考慮。斯金納主張，好的道德行為來自對環境中的偶然因素的適當安排（1969）。對於斯金納來說，情景因素「提供了最終的控制」（1953，第240頁）。斯金納把選擇看作是受環境控制而不是受人的控制的潛在的行為。當人們說好像人是自己作出選擇的（包括道德選擇）時候，個人過去的和現在的環境因素實際上控制著他。

事實上，斯金納所考慮的觀念是，人是行動的破壞者，這些行動不管怎麼說也不是預先可知的和不是無規矩可循的。斯金納錯誤地把人與精靈（homunculus）或「自主人」（autonomous man）（1971）混為一談，因為後者是參與「無原因行為」的。對於斯金納來說，「人」只是以精確和可預測的方式對環境中的特定可變因素作出反應的場所，儘管科學家因為不完全知道有控制力的偶然因素而不能作出預測。沒有一種行動，包括道德選擇，意味著責任或自由。根據斯金納的觀點，科學的心理學已經清除了這種虛幻並且把心理學置於人是「無自由和尊嚴」的這個非神秘不可知的信仰之上（1971）。人們可能仍然對人有所偏愛並對人類社會可能發生的事表現熱情的關切，如斯金納就是這樣。然而，承認人是任何行為的部份原因（如道德選擇）這就是一種科學前時期的思考。假如人是個精靈或自主人的話，也很難說任何一個善於思考的心理都會為其未考慮到而悔恨。然而，未能把人考慮為至少對某些選擇負責的人這完全是另一回事。在這樣做時，斯金納發現他自己處於困難之中，因為他企圖把自我控制解釋為道德選擇的一個成份。

談到自我控制時，斯金納說：「作用因子在自我控制中起強化作用的地點尚不清楚。」（1953，第237頁）。如同解釋一個難解的問題，斯金納承認「個體必須進入打破反應與強化之間的聯繫」

（1953，第238頁）。但是，如果「個體必須進入」，那末環境因素又如何能「給以最後的控制」呢？斯金納的回答是，個體顯然通過對因素的操作精確地控制著自己，就像控制別人的行爲那樣……。（1953,第228頁）。然而，除非不可想像地越過人情化的環境因素，人或有人格的人，作爲因素的操作者，即使在斯金納所解釋的自我控制中也是不可少的。

事實上，根據斯金納的理論，參與進行自我控制的個體，其確切意義如《行爲和行爲者》一書中的哲學家們所說的即對此而不是其他進行選擇的人。當代的社會習得派的研究者們在研究自我效力（self-efficacy）時（Bandura, 1982），在某些行動中也需要人作爲行爲破壞者，這便以另一種方式承認自我決定。以行爲主義爲基礎的心理學家更經常需要將人作爲某些行動的部份原因，如果要對自我控制進行解釋則更需要，這正是道德選擇的一個方面。行爲主義心理學的重要技術一直用於培養習慣，促進建設性的行動。每種心理學的解釋均少不了包括環境因素。這兩方面爲道德選擇的全面的心理學研究繼續提供著有價值的成份。但是一個自願和負責地作道德選擇的人也是所需的。

強調遺傳的決定論

正統精神分析和社會生物學是相信生物學影響是道德決定和道德行動的主要決定者的代表。儘管兩者的方式有某些差異。兩者的觀點均涉及進化生物學。弗洛伊德精神分析學派的當代繼承者比弗洛伊德更注意文化和社會因素在道德決定中的作用。然而，弗洛伊德並未排除環境因素；事實上他堅持把人包括在幼兒的環境之內，並指出人的因素在兒童成長中的重要作用。社會生物學也承認環境

因素，因爲這些因素與遺傳相互作用。認爲社會生物學和精神分析完全忽視環境的批評是無根據的。

正統的或弗洛伊德精神分析認爲道德選擇是超我的工作。超我的任務是強化「應該」和「不應該」的標準。這些標準是兒童一般採納的並在5～6歲之前內化了的。在嬰幼兒時期，受現實引導的自我（ego）及起道德抑制性監督的超我（superego）由原始的本我（id）發展出來。本我是人格的最古老、原始、全無意識的本能性驅力和衝動支配者。根據經典精神分析理論，超我和自我均由本我產生，超我的最初出現較自我稍晚。超我仍保持著經常爲本我服務，甚至有時可暫時抑制其自身的命令以滿足本能的需要。超我往往對行動起刹車作用，根據兒童由保姆教導的和流行的標準「應該」和「不應該」。然而，其目標仍指向生物根源的本我。本我在一生中總是吵著要「得到能得到的東西」，即儘量得到滿足。

弗洛伊德精神分析認爲無意識的力量繼續控制著超我的活動。因此，道德選擇作爲意識控制的活動在這個意義上是毫無問題的。如正統精神分析經常做的，把超我與意識等同只是使這種手法不能掩過以下問題：對行動負責的意識是怎樣從完全無意識的，受本能驅動的發源地產生的？

經典精神分析思想堅持認爲內在的，有時也有外來的力量決定著一切選擇，包括道德選擇。這種理論並不能說明人的選擇是道德選擇的基本。對於精神分析學者來說，與超我的標準一致的選擇，在事實上，可能背叛僵硬的和過於強力的超我。在這種情況時，精神分析療法便力圖鬆弛超我的標準，於是缺少靈活性的人便能夠生活得靈活些。經典精神分析儘管有這些困難，它所包含的心理活動的生物學基礎，承認人的行爲的複雜性，以及承認心理過程是實在的而不是「精神的虛構」，這些都是精神分析爲道德選擇的心理學

解釋所作的實在貢獻。

第二種生物學傾向的決定論思想宣稱道德選擇是社會生物學。與精神分析學一樣，社會生物學也以進化生物學爲基礎。社會生物學的主要代表人物，維爾松（E. O. Wilson）給社會生物學下的定義是：「……對一切生物，包括人類，的社會行爲的一切形式的生物基礎所作的科學研究」（1978，第222頁）。

後來追隨維爾松（1975）的社會生物學家認爲一切人類活動（包括道德選擇）均源於天擇原理（principle of natural selection）。這一原理據說用於解釋某些基因的連續性、基因型式和某些基因的逐漸消夫。那些在各自的環境中能良好地保護自己的個體得到了生存，並將它們的基因傳給下一代，那些未能良好地保護自己的個體便消亡了。因此，那些不適應環境的個體所擁有的基因便在後代中逐漸地被篩除。按照社會生物學家們的意見，天擇原理適用於一切物種。

社會生物學家注意到物種的差異，正確地承認人類活動最不固定，較其他物種的活動更爲多樣。然而，在人類以外的其他許多物種中，他們也報導有如他們所定義的利他主義、合作甚至犧牲行動。然而，這類行動不是一個有責任心的生物所做，而是出於「基因機器」（Dawkins, 1978），這一基因機器在成功地與各自的環境相互作用。成功的基因機器存活下來將它們的許多基因傳至下一代，無論通過繁殖還是間接地通過活動而有利於其近親種族的生存，將與它們類似的基因傳遞下去。社會生物學家認爲諸如贈與、自我犧牲和衆多利他主義表現的行爲是保存和消除某些基因的天然方式。基因機器的活動如果是增進其種族繁衍的則稱之爲適應性的。

坎貝爾（Donald Campbell, 1975）在他的就任美國心理學會

主席的致詞中提請人們注意社會生物學的觀點及其與道德的關係。
按照坎貝爾的意見，文明的偉大道德和宗教教義均是人類與環境成
功地相互作用的證據。那些為這些學說作出貢獻的個體的基因，作
為天擇的適應性結果而繼續生存。從人類社會的不同過程中也得到
了證明，即通過文化的進化，道德學說不斷地幫助人類在其有生之
年選擇建設性的方式使人類免於毀滅。

　　當某些民族擁有著毀滅地球上人類的技術力量的時代，坎貝爾
對道德選擇、文化進化，和生物進化與道德和宗教學說的關係的解
釋是既引人注意又現實的事。當然，社會生物學家所指的控制選擇
的生物學結構可屬於任何一種對道德選擇所作的全面解釋。進化生
物學一直在提供有價值的洞見，包括人們的組織形式及生物結構和
功能為心理活動，包括道德選擇，所作貢獻的方式。坎貝爾的文化
進化內涵有助於解釋人類的累積性的智慧。然而，社會生物學作為
進化生物學的一個分枝，在解釋道德選擇時也有明顯的缺點。

　　其一，社會生物的觀點把人看作基因機器，按照基因命令的方
式行動以保證人類生存，這就給人為其道德選擇負責未留一點餘
地。況且，即使最簡單的行為中也無人知道是那一個或是否特定的
基因組或多基因參與，因此如果不能指出那一個基因或基因如何進
行控制，堅持道德選擇是基因控制的結果則似乎太遠不可及。維爾
松的結論和解釋主要根據來自「社會性」昆蟲，特別是螞蟻，的研
究，昆蟲的行動與人的行動有很大的距離。以社會生物學的證據為
基礎外推至人類，在很多方面均有問題。

　　儘管進化生物學在很多方面對心理學都甚重要，但在道德選擇
問題上對社會生物學最集中的批評是它仍然是以決定論為假設的，
即相信人和生物的一切活動完全是由遺傳和環境因素決定的。儘管
人們均覺得他們能夠作出道德選擇，但社會生物學卻否認人們有實

在的「說話的權力」。社會生物學認爲，對於基因機制與環境相互作用的最終瞭解便抓住了所謂「道德選擇」的鑰匙。

自我決定：人作爲某些活動（包括道德選擇）的部份原因

心理學並不能最後確定道德選擇（指由負責任的人作出的選擇）確實發生（自我決定）或不發生（決定論）。然而，認爲人有時可作出眞正的道德選擇的假設卻能找到心理學證據的支持和以上考慮的解釋（儘管這些解釋的基礎仍然是決定論）。人們能夠作出實在的道德選擇的假設不僅與《行爲和行爲者》（Ellrod and McLean）這本書的哲學論文提出的哲學洞見相交織，而且也與普通的常識是一致的。因此，本文將繼續假定道德選擇是眞正的實在，而不是虛幻。

儘管承認自我決定的心理學家也不盡相同，但在「遺傳和環境提供紙牌，而人是玩牌者」這個陳述上卻是一致的。有時人們認爲這項陳述的提出者是涅魯。當然，只是某些選擇包含著個人責任，其中一些才稱得上道德選擇。

某些承認道德選擇是眞實的思想家屬於心理學中的「第三種力量」的思潮。許多學者屬於這一思潮，他們可稱爲人文主義、或存在主義、或新精神分析論。馬斯洛（Maslow）、梅依（May）、羅傑士（Rogers）及艾利克森（Erikson）均屬於這一思潮，精神病學家中則有福蘭克（Frankl）、貝投海姆（Bettelheim）、門寧格（Menninger）及阿莎吉歐利（Assagioli）。

認知心理學家，他們研究意識活動是如何發生的，心理功能如何屬於意識活動的，也往往接受「人能夠選擇」的假設。儘管他們

認爲不是完全的選擇，只是在可以選擇時，在一些中選擇一個。接受這一假說的認知心理學家，歐洲的代表人物有米秀特（Michotte），努丁（Nuttin），美國的如阿諾德（Arnold），里曲拉克（Rychlak）及毛勒（Mowrer）（約自1960年）。

　　十九世紀末，哲學家兼心理學家的詹姆士（William James），他的影響後來在他去世後長期影響著心理學界，他以雄辯與內容深奧的文筆描述了人作某些自由選擇的能力。他通過強調習慣的重要性，不需要對生活中的小事進行選擇，而將「選擇」放到了正確的地位。

　　　　如果一個人要爲……點燃每一枝雪茄、喝每一杯水、每天
　　　　起身和睡眠的時間，做每一件小事表達意志性的思考的
　　　　話，再沒有人比他更可憐了。這樣一個人就要把一半的時
　　　　間用於對一些習以爲常，無需在意識中存在的事進行決定
　　　　或爲之悔恨。（ James, 1890, Vol. 1，第122頁 ）。

　　詹姆士在闡述習慣的章節中指出了存在著對往事的決定，「假若年輕人對他們將要經歷的許許多多習慣均要知道需要多少時間的話，他們就會在尙未決定之前更多地注意他們的行爲。我們便盤旋於命運、善或惡和未做的事（ James, 1890, Vol. 1, 第127頁 ），他還進一步評述習慣甚至如何改變著人的生理：

　　　　每一件極小的過錯均留下不小的傷痕。醉漢 Rip Van
　　　　Winkle * ……原諒自己每一件疏忽時說：「這次不算！
　　　　好吧！他可以不算，但是仁慈不能不算；但是一點也不少
　　　　算。他的神經細胞、纖維、分子都在算，記錄下來，儲存
　　　　起來，每當作下次嘗試時，都在找他算帳（第127頁）。」

　　非決定論心理學家，如詹姆士，承認成爲習慣的經驗的影響，

---

* Washington Irving 小說中的主人公。他整天悔恨自己做錯了事。——譯註

正像決定論心理學家那樣認爲習慣限制著人們進行選擇的範圍。無論是決定論的或非決定論的心理學家均知道，例如未治療的遺傳疾病（如苯丙酮尿症）的情況會阻礙作思考選擇所要求的最起碼的結構條件。然而，非決定論的心理學家與決定論的心理學家相比，發現遺傳和環境不足以解釋所有時間的一切人類活動。他們認爲道德選擇，作爲一種行動，要求並不止於遺傳和環境。

道德選擇的心理學

僅僅心理學並不能完全深究道德選擇。它仍然將某些人類活動和命運之謎留給無限的上帝，上帝是不能還原成人的範疇和思想的。然而，心理學爲道德選擇的理解作出最合適的貢獻。

自我決定的假設認爲一個人的理解、判斷、意志和選擇以及反應性和責性心在一起均屬於道德選擇。按照自我決定的假設，道德選擇既不是依變因素也不僅僅是反應。然而，一般均認爲各種選擇均只是其他因素效應的測量（Brigham, 1979, 第131頁）。

只有較少的心理學家強調人的意志和人生觀對於道德選擇至關重要。然而，本章前面所引的證據和解釋正證明了歐波特（Gordon Allport）的格言：

要瞭解人，我們必需知道他想做什麼、想成爲什麼人，而不僅僅是「他怎麼會這樣」……命令習慣、思想、素質成一功能整體的力量是長期的意志（1950,第148頁）。

意志並不取消決定所依賴的其他條件。例如，布拉西（Blasi）證明在抽象的層次上仁慈總是比不仁慈好；但在「具體方面，並不一定總是助人比不助人好、同甘共苦比不同甘共苦好。這些決定有賴於許多因素」（1980，第26頁）。因此，父母會痛苦地但又

願意地拒絕幫助孩子，拒絕爲孩子還債，如果他們相信這樣做孩子便因他們的繼續扶持而不能成熟。這類以執愛爲特徵的選擇可能暫時對父母和孩子均是一種嚴酷，但如果在長遠方面對孩子有利，在道德上是好的。選擇的內容是很重要的。好的道德選擇，有利個人、人群、或公衆利益，當然部份地取決於內容。對於兒童來說，其父母並不明顯地給予立即的好幫助是以兒童的長期利益爲目標的。父母的關心、照顧和同情並不立即現給孩子。

布拉西在一篇企圖溝通道德認知和道德行動的評論性文章中提出，在道德行爲的當前研究中常常被忽視和省卻的是，「心理學的整體性……即與使人的生活有意義的能力有關的心理過程和技能。所謂意義是人們能夠理解、接受並能按照人的正常見解所作的行動」（1980，第40-41頁）。當然，這些過程和技能的成長要受到個人經驗的限制。例如，從未見過給人關心照料的兒童，其情感反應和道德敏感性的成長均較困難。卡布多在《行爲和行爲者》這本書的致詞中對此有強烈的令人信服的敍述。道德敏感往往與早年的經驗有關，道德情感出現在思考性的道德選擇之前（Biehler, 1981）。

甚至有人提出，當代科學一般代表著「一次感情的航班」（Allport, 1950，第10頁）。因爲道德敏感性在善的道德選擇中起著重要作用，故其發展的根源，它與人格完善的關係需要認眞地研究。僅僅行爲符合規範並不能對完善作充份解釋。一個缺乏社會意識的人（sociopath）缺乏感情，但行爲並不犯規。他很快地，缺乏思考地但可靠地選擇「唯我第一」的事。如果某人的錢包在無人的情況下遺忘了，無社會意識的人正需要錢，他便會無疑地選擇偷取這個錢包。

心理學研究清楚地證明，道德選擇並非發生於眞空之中。道德選擇有賴於一個人以其自己的選擇目的與意志對付他的情況和財產

給他的許多限制的方式。在我們考慮一個人所選擇的生活取向是如何形成他的進一步選擇和他自己的這個問題之前，讓我們先看看阿諾德（ Magda B. Arnold, 1960, Vol. 2 第200-201頁 ）所提供的對於選擇所作的現象學分析。

對於阿諾德來說，一項故意選擇的行動，無論從道德的觀點來看是好、是壞、還是無關痛癢，均與整個人有關，並不僅僅與頭腦和心有關。要去作選擇的人要去想像情景和回憶類似情景下的經驗。他會直覺地、不加思考地以及立刻地對情景作出評價，是喜歡、不喜歡，有利和不利。人類的認知水平發展到了允許作思考性判斷的程度，於是人將進一步對情景作出好與壞的評估，對自己、對別人和自己生活的準則有什麼影響。一個準備作思考性選擇的人將參與在當時的場景之中，想要知道得更多的情況，並從好壞的考慮中回憶類似的情景。一準備作思考性選擇的人也將設想在作出特定的選擇之後將發生的情況和行動。一個人想做某一件事的決定便促進著意願的衝動和相應行動的傾向。根據阿諾德的觀點，集中於某一行動的傾向便是選擇行動。只有當選擇被評價爲善時，才繼之意願的行動（ 1960, Vol. 2，第201頁 ）。

當選擇成爲習慣後，新的思考和評價便更爲困難，儘管仍然可能發生。習慣性的選擇結果是按照原先選定的方式選擇，頗似詹姆士（ James ）所提出的衣袖上的皺紋總是在原皺褶處打褶（ 1890, Vol. 1 第121頁 ）。至於特殊的道德選擇，一個人習慣性地選擇內在價值或有利於己和於人的事物，可以說是在顯示他的德性。如果一個人選擇有害於己、於人的事則可以說顯示了劣性。

道德選擇與自我理想和與選擇者
自我改變的關係

　　阿諾德對於人格和對於作為人格的道德選擇的研究揭示了人們是如何因他們的選擇而受到改變的，以及當人的觀點受到改變時選擇是如何改變的。研究證明有目的選擇與行動如何聯繫，以及人格如何整合或缺乏時的可能結果。研究還進一步顯示選擇如何有可能超越內容，或形成改變人的選擇。這項研究與布拉西的主張是吻合的。布拉西認為「如果把行動與行為者聯繫起來，幾乎任何行動均與道德有關，又如果行為者不知道道德意義的話，就不會有適合的行動」（1980，第8頁）。

　　有目的的選擇包括一種理性的要求，一種向被考慮評估為善（愉快、有用或有價值）的傾向。因為作選擇行動的人是一個整體，所以也包括人的情感。作為理性要求的選擇要麼落實情感要麼相反（1960, Vol. 2，第279頁）。最後，屬於思考性選擇的理性行動趨向可在自我理想的引導下組織人格（1960, Vol. 2，第279頁）。

　　自我理想應被視為自我選擇和價值基礎，和與個人的價值系統相交合的組織個人生活的方式。人與動物不同，動物沒有思想……只能在遺傳和環境的許可下成為同類中的優良者……而人類必需思想，他們按照大自然給予的藍圖行動（1960, Vol.第284-285頁）。即使在環境和遺傳條件並不完善時，人類也有能力去做，如許多成功的重建常常顯示的那樣（Arnold, Vol. 2，第285頁）。

　　一個人的自我理想可能實現或不實現。無論是在真的或道德善良的進程中還是在矛盾衝突的進程中，人們都在以不同的程度向自

我理想接近。客觀有效的自我理想反映爲最佳的情況，即由具有特殊天賦、財產、和負擔的個人所能達到的。有效的自我理想滿足特定個人的最深層的需求。它指引人去達到他所知和能夠選擇的最高的和最合適的目標。客觀而又有效的自我理想與合適的遠期意願相配合引導有效又有價值的選擇，其中有些選擇明顯爲道德選擇。好的道德選擇與自我理想是一致的，其結果既利己又利人，因爲別人的生活與自己的感情相通；而壞的道德選擇則不是這樣。當人們通過好的道德選擇便逐漸得到了和諧的生活並向獲得有效的自我理想進展。然而，這不能一蹴即至，和像由高中畢業升入大學那樣。而是，像歌德（ Goethe ）曾經說的，「生活的和諧……並不因達到目的而得到，而是屬於那些不斷奮鬥著的人們」（ Allport, 1950，第148頁 ）。對於有效的自我理想也是這樣。

有效的自我理想不應與植根於完美主義標準的僵化的、理想化的、神經質的自我幻想相混淆（ Horney, 1937 ）。因爲它既不僵化也不自我陶醉，而是與生命的最深層需求相和諧。反之，一種長遠意願的選擇，如果與個人的天賦、財產和負擔不能相一致，則標誌著無效的自我理想。作爲神經質的和／或惡的無效的自我理想將會帶來一系列有害的，有時是道德壞的選擇和行動。

有效的自我理想有助於以善良的道德選擇爲特徵的完美生活的實現。有效的自我理想是怎樣發展的？在兒童時期，自我理想與價值選擇同時出現。當人們對他們怎樣生活進行反思，並將他們現時的行動與他們的價值指導他們應該怎樣做進行比較，這時自我理想便繼續發展著。有效的自我理想是逐漸發展的，從不停頓。在一生中所崇拜的人，文化和其他人均幫助自我理想的形成。

根據阿諾德的意見，對兒童選擇自我理想的解釋並不需要分別的認同（ identification ）過程。感知、評估、情緒和行動的結果

可揭示在選擇自我理想時和選擇後心理活動的進行情況（1960,
Vol. 2，第281頁）。

最初，幼兒觀察別人（感知）並發現別人的不同品性是自己不
具備的。某些品性被幼兒讚賞爲好的品性。兒童便想自己也能像他
崇尚好品性的人那樣，於是開始模仿和使自己具備這些品性（情感
與行動）。起先，兒童對他崇拜的人的品性的評估只是直覺性的或
非反思性的。在做出感覺性判斷時，兒童看到他所崇拜的人做什麼
便直覺地進行評估。後來，當兒童能夠作出反思性判斷時，兒童對
崇拜的人的評估是有價值而不僅僅是令人愉快或有用（Arnold,
Vol. 2，第281頁）。以後，兒童逐漸變得能堅持一貫地選擇反思
性判斷所提示的價值，而不是單純地被引誘。

青春期時，同伴的壓力會對所選擇的自我理想作重大考驗。如
果一個少年不是在實行有效的自我理想而是隨著同伴或整個同夥所
建議的去做。然而，同伴們是「明瞭他們所崇敬的人們的準則的」
（Arnold, 1960, Vol. 2，第288頁）。我們可以成功地不去注意所
覺察到的「對這一準則的違犯，但覺察所留下的痛苦卻難以消弭。」
（1960，第288頁）

當一個人處於這種困境時便遇到決策問題的挑戰，究竟人生的
取向是否值得。不管怎樣，要麼重新肯定自我理想，要麼放棄。實
際上，保持對有效的自我理想的信念成了個人成熟度的試金石。繼
續按照自己所知的和能夠願望的取得最佳結局的指向生活，標誌著
實現有效的自我理想。有效的自我理想並不是孤立的，它以包容別
人，以社會極性的跨域爲特徵。它並不是已經完全獲得了的東西、
而是不斷招引著人們前進。它是「自我理想的形成和實現」（Ar-
nold, Vol. 2，第286頁）。

道德選擇和人們繼續向法勒利（*Act and Agent*, 第八章）所稱

的人類發展的最終領域的發展在最終的宗教探問的意義上所指向的「遠遠超出了（僅僅）以自我利益和社會合作爲基礎的自我理想」（Arnold, Vol. 2 第286頁）。對於一個「不斷奮發的人」，他的自我理想遠不是僵硬如木的，而是向無限（infinite）開放著。

相反，選擇無效自我理想的人則走的完全不同的道路。這種人的道德選擇可以確實是有控制的、集中的、果斷的、堅持的、勇敢的和組織得很好的，但是缺乏整體完美。這種人選擇的特徵是不能針對自己、社會、與其他生命作出反應。因爲從無效自我理想作出的選擇不考慮實質上的善的價值，「人的本質受到損害，不能達到眞正的人的完美」（Arnold, Vol. 2，第293頁）。然而，在某些方面，不好的結果和以好爲標誌的結果都是不能用實證科學充分解釋的。

人類在窮盡道德選擇問題上的限制，有時在解釋有爭議的人物或先哲賢聖的活動時表現出來。嚴格地看一看拿撒勒耶穌（Jesus of Nazareth）＊的誤會的選擇和行爲正是這樣的例子。耶穌在安息日復活，與有罪的人們在一起，有時被作爲這種例子。對那些缺乏反應性和遠見的許多人來說，耶穌似乎是個危險人物和犯法的人。然而，耶穌爲聖靈而生、包含著愛的法律、法律之外的法律。耶穌的選擇不是普通的選擇，這些選擇是非尋常的善。

與耶穌不同，我們大多數人不會用聖賢之德來激勵世人。好只不過是「社會的安全只因大多數人守法……安全之道即守法之道，但是一切道德進步均來自超越法律的人。」（1965，第118頁）

然而，不斷地按照與有效的自我理想一致的方面進行選擇，就會逐漸有更大的反應性，就會使人從衝動的束縛、害怕冒險和粗野的慾望的負擔中解脫出來。按照有效的自我理想負責地、積極反應

＊即耶穌基督（Jesus Christ）。

地作出選擇的人就會逐漸地作出減低痛苦和內心困苦的選擇，就會
作出有利於己也有利於人的選擇。這樣，一個人就會被善的道德選
擇塑造成向絕對的善或上帝接近的人。這是一種動態的接近，儘管
永遠也不可能完全達到。

College of St. Catherine

St. Paul. Minnesota

參 考 文 獻

Allport, G. W. (1950). *The Individual and His Religion.*
New York：The MacMillan Company.

Arnold, M. B. (1966). *Emotion and Personality* (Vol. 2).
New York：Columbia University Press.

Bandura, A. (1982). Self-efficacy Mechanism in Human
Agency. *American Psychologist, 37,* (2), 122-147.

Biehler, R. F. (1981). *Child Development：An Introduction*
(2nd ed). Boston：Houghton Mifflin Company.

Blasi, A. (1980). Bridging Moral Cognition and Moral
Action：A Critical Review of the Literature. *Psycholog-
ical Bulletin, 88,* (*1*), 1-45.

Brigham, T. A. (1979). Some effects of choice as academic
performance. In L. C. Perlmuter, R. A. Monty (eds.),
Choice and Perceived Control. Hillsdale, NJ：Lawrence
Erlbaum Assoc.

Campbell, D. T. On the conflicts between biological and

social evolution and between psychology and moral tradition. *American Psychologist*, 1975, *30*, 1103-1126.

Dawkins, R. (1978). *The Selfish Gene*. New York : Oxford Univ.

Ellrod, F. E., McLean, G. F., Schindler, D. & Mann, J. (1986). *Act and agent :Philosophical foundations for moral education and character development*. Washington : University Press of America.

Goodenough, E. R. (1965). *The Psychology of Religious Experience*. New York : Basic Books.

Hartshorne, H. & May, M. A. (1930a). *Studies in Deceit*. New York : MacMillan.

Hartshorne, H. & May, M. A. (1930b). *Studies in the Organization of Character*. New York : MacMillan.

Horney, K. (1937). *The Neurotic Personality of Our Time*. New York : Norton.

Immergluck, L. (1964). Determinism-Freedom in Contemporary Psychology : An Ancient Problem Revisited. *American Psychologist, 19*, 270-281.

James, W. (1890). *The Principles of Psychology* (Vol. 1). New York : Henry, Holt and Company.

Mischel, W. & Mischel, H. N. (1976). A Cognitive social-learning approach to morality and self-regulation. In T. Lickona (ed.), *Moral Development and Behavior*. New York : Holt, Rinehard & Winston.

Skinner, B. F. (1953). *Science and Human Behavior*. New

York：Knopf.

Skinner, B. F.（1969）. *Contingencies of Reinforcement.* New York：Appleton.

Skinner, B. F.（1971）. *Beyond Freedom and Dignity.* New York：Knopf.

Wilson, E. O.（1975）. *Sociobiology：The New Synthesis.* Cambridge, MA：Harvard University Press.

Wilson, E. O.（1978）. *On Human Nature.* Cambridge, MA：Harvard University Press.

第七章 道 德 品 質

社 會 習 得 的 觀 點

慕塞爾 列翁尼 合著

Lynn Mather Musser

Christopher Leone

在社會生活中，兒童學會了成爲社會功能成員。這一社會生活包括學習社會的價值和標準及各種適合於社會規範的行爲。學習的內容可因文化不同而不同，甚至因家庭而不同，但最終的目標均是將兒童所處的社會人群所遵從的規則和價值體系內化。通過對這些內化了的規則和價值的習得，對道德行動的控制便從兒童的環境（例如，父母親）轉移到兒童自身。有些學者認爲對行動（例如，道德品質）的控制能力和動機的成長是道德的必要條件（見 *Act and Agent：Philosophical Foundations of Moral Education and Character Development*, Ellrod & McLean, 1986，第五章）。

本章將討論道德戒律、價值和行動在社會生活中的心理歷程。我們要談的某些歷程（例如：模範作用、期望）均將以社會習得理論（Social-learning theory）爲框架。社會習得理論爲社會功能，包括道德品質，的習得方式提供了比較綜合的解釋。另外，社會習得理論爲人們在控制自己的行爲，包括道德行爲，中的作用提

供了解釋。而在企圖用其他觀點對道德功能（例如，道德推理的發展）的某些方面作解釋時，社會習得理論也不僅僅描述了道德功能的各種成份（例如，戒律和價值）是如何開始習得的，而且還描述了這些成份與道德行為的關係。

　　本章第一節將對社會習得理論對道德戒律、價值、和行為所作的解釋給以總的鳥瞰。為說明社會習得對於道德社會生活的研究，我們選了三個現象：助社會行為（prosocial　behavior），拒誘惑，滿足延遲。第二節將對用社會習得理論解釋人們對自己的道德行為進行控制的機制給予描述。這裡選擇了米塞爾（Mischel, 1973;1977)對人在社會行為中的作用的研究及邦杜拉（Albert Bandura, 1977, 1982）的自我效力理論來說明社會習得觀點對個人在道德行為中的責任的解釋。本文企圖對用於敘述自我控制的社會習得構建與其他社會思想家和實踐家所用的道德品質概念進行吻合。最後，將討論社會習得在解釋道德功能中的某些局限性。

社會習得理論

　　如邦杜拉（1977）的研究所述，當前的社會習得理論致力於社會行為的習得和個人生活中的維持。按照社會習得理論，大多數社會行為都是通過觀察他人的行為和本身行為的結果而習得的。這稱之為觀察性學習，它有許多優點。首先，這是學習新行為的有效方法。學習者在學習每一種新行為時不必通過試錯法，而只是在試驗之前觀察一項行為和它的後果。其次，有許多行為如果通過試錯法來學習會有危險。例如，從觀察父母親過馬路時的小心態度而知道許多開汽車的人不遵守靠右走的規則比走到馬路當中看汽車停不停要好得多。其三，因為行為的範圍在擴大，新的行為並不都需要行

爲者重頭建立。

觀察性學習包括四個相互聯繫著的過程：注意，記憶，動作複製，動機。學習開始於觀察者對別人的注意。若無注意也無觀察性學習。注意受到模範人物（行爲者）和觀察者本身的特性兩方面的影響。影響注意程度的特性包括模範者行爲的特殊性和複雜性以及模範者的權威、身份和吸引力。觀察者方面影響注意的一些特性有被激動的水平，對情景的專心程度，強化史。

觀察性學習的第二過程是記憶儲留（retention）。如果觀察者要在稍過之後重做觀察到的行爲就必需有記憶。行爲是以語言或視覺符號的形式編碼儲存在長時記憶中的。當某一行爲重複操作時，符號表象便用來指導動作。

行爲的複做或操演（reproduction or performance）是觀察性學習的第三過程，這不僅僅是長時記憶中選出行爲和演習該行爲，而且包括對反應的評價和在評價的基礎上改善行爲。如觀察者以前一直在做相似的行爲，演習便相對簡單，然而，若爲以前從未做過的行爲，則需要不斷改善才能使行爲完美。

觀察性學習的第四過程是動機（motivation）。在社會習得理論中行爲的習得和實踐是相區別的。這就是說，一個人可學得某一行爲，但可以抉擇不去實踐，也可以後再實踐。去實行某一行爲的動機要受到預計的行爲後果的影響。後果的得知可通過直接的語言指示（「如果你再把自行車放到大馬路上，就停止你使用一週」），或通過直接的報償和懲罰（自行車因放置在大馬路上而被扣留一週），或者通過對別人行爲後果的觀察（兄弟的自行車因爲放在大馬路上而被扣留）。另外，後果除了提供動機，還能提供關於行爲合適性的信息，以及行爲被強化或受懲罰的信息。的確，任何一種後果均有多種功能。

根據社會習得理論，社會行爲的習得並不是靜態的過程，兒童吸收並模仿別人的行爲。儘管許多行爲可以是對範式行爲的幾乎相同的動作複製，行爲還可以根據由以往的範式行爲的抽象和一般規則而作出。

簡言之，社會習得理論認爲我們的許多社會行爲是通過觀察其他人的行爲而學得的。這一學習過程無需強化，而是受到注意和記憶儲留的控制。行爲的操演受到對於模範者和／或觀察者的反應後果（例如，強化）的影響。

讓我們現在檢查一下，社會習得理論是如何解釋三種行爲類型的習得和與道德的關係的：助社會行爲，拒誘惑和滿足延遲。助社會行爲將用於說明，示範作用和教導是怎樣導致特定行爲的習得的。拒誘惑將用於說明負性的後果是怎樣對行爲進行抑制的，以及自我控制是怎樣能通過運用規則和語言解釋得以加強的。最後，將討論滿足延遲來說明個人對於後果的預期是如何影響行爲的。

助社會行爲（ Prosocial behavior ）

指向別人使人得利或愉快的行爲稱爲助社會行爲。與人共享甘苦、幫助人、合作和給人讚譽都是助社會行爲的例子。「利他主義」行爲也屬於助社會行爲。這是指犧牲自己自願地給別人利益的行爲（ Bryan & London, 1970；Krebs, 1970 ）。助社會行爲可以認爲是一種道德行爲的形式，因爲它包括對自我沉淪的控制和抑制以利他人（ Perry & Bussey, 1984 ）。本節將以助社會行爲爲例討論通過直接教導和示範的行爲習得，並用正性強化來幫助建立所需欲的行爲。

通過直接教導的助社會行爲的習得 兒童獲得助社會行爲的一

種方式是直接教導。兒童「遵照」適當行爲的語言解釋去做,而不是觀察模範。有證據指出,父母如向他們的孩子清楚的教導助社會行爲並要求孩子們做助社會行爲,他們孩子的行爲便有更多的助社會性(Bryant & Crockenberg, 1980；Olejnik & McKinney, 1973)。例如,張瓦斯勒(Zahn-Waxler),拉克─雅洛(Radke-Yarrow),及金恩(King, 1979)要求一些有 18~30 月齡兒童的母親記錄她們的孩子對別人的自然發生的困苦的反應。那些經常對孩子解釋的母親,她們的孩子最可能爲受苦者作出某些補償性的行動。即使孩子們並不是引起他人困苦的原因,他們也最可能試圖幫助別人或給以安慰。直接教導法也用於實驗室研究,也得到了類似的結果(Israel & Brown, 1979；White, 1972；White & Burnam, 1975)。另外,有一些研究用訓練法來促進助社會行爲(Freidrick & Stein, 1975, Skarin & Moely, 1976； Staub, 1971)。

正性強化法增加助社會行爲　對助社會行爲進行強化是增加助社會行爲的有效方法(Fischer, 1963)。有些研究用社會強化法,如獎勵或尊重,來增加助社會行爲(Gelfand, Hartmann, Cromer, Smith & Page, 1975；Grusec & Redler, 1980；Slaby & Crowley, 1977)。如果社會性強化是由熱情而誨人不倦的人給予的,也就是說由本身富有助社會行爲的人給予的,則最有效(Yarrow, Scott & Waxler, 1973)。相反,如由一個毫無利人之心的人給予強化,則不能增加助社會行爲(Midlarsky, Bryan & Brickman, 1973)。

　　強化作用在某種程度上有效,因爲它告訴兒童說他的行爲是正確的(Perry & Bussey, 1984)。強化作用的有效也因爲它幫助兒童認識自己是個有利於人的人,尤其當助社會的意願出自兒童本身

（ Smith, Gelfand, Hartmann & Parlow, 1979 ）。對於反社會行為的懲罰與教導和強化結合是使兒童具有高度助社會行為的有效聯合措施（ Zahn-Waxler, et al., 1979 ）。

通過示範作用習得助社會行為 對於父母及其孩子的自然史研究法提示父母本身是富助社會行為的，其子女也表現助社會行為（ Hoffman, 1963; Hoffman & Saltzstein, 1967；Rosenhan, 1970；Yarrow, 1973 ）。對助社會行為的實驗研究也提示示範作用是教導兒童助社會行為的有效方法。例如，呂胥頓（ Rushton, 1975 ）讓兒童們觀察成人模範者，該成人向貧困兒童基金捐款或不捐款，那些觀察到慷慨的模範者的兒童比觀察自利的模範者或無示範的兒童要慷慨得多。這一效應即使在兩個月後仍繼續存在。

在模範者在場時若有機會演習其行為，可增進示範作用的效果。懷特（ White, 1972 ）讓模範者要求或無直接要求的情況下，讓兒童「實施」與人分享。直接的重新演作可大大促進立即的分享行為。然而，在幾天之後，未進行直接要求的兒童，他們表現的分享行為與那些受到要求的兒童表現的差不多。羅森漢（ Rosenhan ）和懷特（ White, 1967 ）也得到了類似的結果。

語言的示範作用（ 用語言描述行為 ）也是增加共享行為的有效方法。萊斯（ Rice ）及格魯塞（ Grusec, 1975 ）讓示範者作利人的行為或敘述想怎樣做。語言的利他主義與行為示範對於促進助社會行為同樣有效，其效力可持續四個月以上。萊斯及格魯塞推測語言敘述所以有效是因為它給出了怎樣才是慷慨的清楚的說明而不僅僅是關於什麼是好和正確。然而，行為示範和語言示範一齊應用時，兩者之間必需一致才能對助社會行為有正性的效應（ Bryan & Walbek, 1970 ）。

這些研究的結果為社會行為的習得的社會習得解釋提供了支

持。這些結果指出新行為的習得可通過直接教導、對他人行為的觀察或傾聽對行為的語言描述。而且,一旦行為已經習得,正性的強化可增加行為的可能性。

拒　誘　惑

抗拒誘惑涉及拒棄一項立即的想得到的選擇以避免將來的不良後果 (Karniol & Miller, 1981)。例如,從餅乾罐內拿取禁拿的餅乾給了吃餅乾的立即滿足。然而,若提示偷竊的餅乾屑被人發現竊者便要受行為不端的後果之苦,例如受斥或其他懲罰。抗拒拿餅乾的誘惑便使兒童免卻了負性的後果。除了避免了負性的後果外,拒誘惑還給出獎賞,儘管可能是自我獎賞,因為別人可能未能注意到這個可能的過錯並沒有犯。不幸的是,自我獎勵很少能與屈服於誘惑所得到的報酬相匹配 (Walters & Demkow, 1963)。因為在學習拒誘惑中別人所能給予的強化作用很小,所以大多數研究者都注意懲罰在兒童獲得抗誘惑能力中的效用。本節將用拒誘惑作用可取行為的一個例子,檢查懲罰對於行為的作用。

懲罰:負性後果在學習中的作用　儘管有些心理學家認為懲罰並不是改變行為的有效手段 (例如Sears, Maccoby & Levin, 1957),但另一些心理學家 (例如,Aronfreed,1968) 卻注意到在「現實世界」懲罰是起作用的。阿隆弗利 (Aronfreed) 認為懲罰抑制了兒童最初主導著的不可取的行為,因此可取的行為便顯現了。可取行為的出現可受到父母的強化,因此增加了再度出現的可能性。如果沒有懲罰的抑制作用,可取的行為可能一直沒有機會出現。

因為在自然生態中影響懲罰作用的變數太複雜,所以研究者們

轉向實驗室的研究以分別檢查懲罰的參數。許多這些研究均應用所謂「禁止的玩具方案」（例如；Cheyne ＆ Walters, 1969；Walters, Parks, ＆ Cane, 1965）。在這個方案中，給兒童看兩個玩具並要求他選擇一件。在某些選擇中兒童因「錯誤」選擇而受罰。懲罰包括：大聲喧噪、蜂音器聲、或語言申斥。經過多次呈現之後便留下兒童與禁止的（但通常是誘惑人的）玩具一起。然後悄悄地觀察兒童是否接觸或玩所禁止的玩具，偏差的時間長短，屈從於誘惑的潛伏時間，並加以記錄。

對於懲罰的一些參數如時間間隔、強度、一致性等均曾予以研究。另外，對於懲罰者與兒童的關係，語言說理增強懲罰的效果等效應也有研究。

懲罰時間　有許多研究檢查了懲罰給予的時間對拒誘惑的作用（Aronfreed, 1968；Aronfreed ＆ Reber, 1965；Cheyne ＆ Walters, 1969；Parke ＆ Walters, 1967；Walters, Parke ＆ Cane, 1965）。這些研究在懲罰時間問題上得到了相同的結論：行為開始與懲罰給予之間的時間越長，懲罰所引起的抑制反應越小。根據阿隆弗利（1968）的研究，若懲罰在行為開始時給予，懲罰引起的憂慮與兒童的意圖及行為前的動作準備相聯繫。以後，當兒童想到禁止的行為時和一開始作被禁的行為時便感到了憂慮。若抑制行為便可減輕憂慮，而且因憂慮減輕得到強化，這便對今後的行為更加抑制。反之，若在行為結束後懲罰兒童，憂慮便與行為的結束聯繫起來。因為以前受的懲罰，兒童在行為之後感到憂慮，故對今後的行為無更多的抑制。

懲罰的強度　動物實驗提示懲罰的強度與抑制反應呈正性相關（Appel, 1963；Azrin, 1960；Karsh, 1962）。用兒童所作的實驗室研究也得到了類似的結果（Cheyne ＆ Walters, 1969；Parke ＆

Walters, 1967）。然而，對這些結果還需要作某些審訂。雖然各研究者所用的懲罰程度各不相同，但有人認爲高聲的蜂鳴音也算是眞正的懲罰是有疑問的。

第二要考慮的是用於研究的任務的性質。在多數情況下，研究中的任務均包括選擇，要選擇的正確和不正確行爲是易於區別的。阿隆弗利（1968）注意到，在容易區別正確和不正確的情況下「強度」的懲罰會更有效。然而，當兒童不能區別正確和錯誤時，對於錯誤選擇可能給予的懲罰及相伴隨的憂慮變得如此之矛盾，這時的懲罰因爲減輕憂慮實際上反成了獎賞。這種情況下兒童可能不加區別地亂行動以減輕憂慮，因此而不能學到合適的行爲。

最後一項考慮來自父母教養兒童的自然研究。許多研究報導了父母給的懲罰與兒童的一些負性品性，如敵對性、依賴性和侵略性之間的正性關係（例如，Sears, Maccoby & Levin, 1957）。另外，父母所用的懲罰，尤其是體罰，作爲教育的技術是侵襲性的示範是無教養性的行爲。

懲罰者與兒童的關係 派可（Parke）及瓦特爾斯（Walters）（1967）實驗研究了懲罰者給予的教育與拒誘惑之間的關係。他們發現與那些僅僅和實驗設備打交道的兒童相比，由教養他們的人做實驗的兒童偏差行爲發生得比較少，時間也較短。教養者給予的懲罰較爲有效的理由之一可能是懲罰不僅僅是不良的刺激而且包括撤消了獎賞的相互作用（Bandura & Walters, 1963；Hill, 1960）。派可（1972）對此假設進行了研究，他發現一直與一個給兒童溫暖與教養的成人打交道，後來這些又都遭到了戒斷的那些兒童最少出現行爲偏差。這些實驗結果與父母的紀律性措施與兒童行爲之間的相關性研究是一致的。這提示由溫暖熱情的、給兒童教養的父母給出的懲罰比由冷酷的、敵意的或不喜歡孩子的父母給出的

懲罰要更有效（Sears, et al., 1957）。

語言說理作爲懲罰的緩衝　在懲罰時間節中曾提到如果懲罰是在行爲剛進行時給予的則最有效。在實驗室裡這是完全可行的，然而兒童剛一開始行爲偏差便被父母抓到的機會是很低的。幸好，對懲罰運用語言說理使得晚給的懲罰也同樣的有效（Cheyne & Walters, 1969）。對行爲給予語言的修正使得與懲罰聯繫著的憂慮成了開始行動的條件，而不是行爲結束的條件。如果懲罰者將談話集中到兒童行爲的意圖上，例如說「你就不應該這樣想……」，就更是如此（Aronfreed, 1976）。

對懲罰所作的說理也可包括行爲的一般規則，這些兒童可以用於評估日後的行爲。這樣的規則便可幫助兒童避免與禁止的行爲類似的行爲（例如，不要自己拿炸土豆片吃，儘管你已經因拿餅乾受了處罰）（Aronfreed, 1968）。這也可以幫助兒童將規則推廣到新的情況中去（例如，當去看望外婆時，沒得到允許也不要拿餅乾）（Parke, 1970）。語言說理的最後一個優點是說理把懲罰與兒童的行爲聯繫起來，而不是與給予懲罰的人聯繫。當然，應用語言說理意味著兒童已有足夠的年齡理解和記憶這些規則。顯然，對還不懂語言的兒童應用本法沒有什麼可得益的，甚至學齡前兒童也需要用較簡單的規則對他們才有效。

對懲罰的看法　儘管實驗研究提示懲罰是灌注自我控制的一項有效方法，但這些結果可能會引起誤導。首先，如上所述，懲罰往往很輕微，事實上只能起到引起兒童注意的功用。其次，若應用語言說理，能使在行爲結束時給予的輕度懲罰變得與早給予的重度懲罰同樣有效（Cheyne & Walters, 1969）。其三，若懲罰是由給予溫暖和教養的人給予的，其效果要比由有敵意的不是責任教養的人給予要更爲有效。這些差別被認爲部份是由於在前一情況下兒童

因失去懲罰者的愛而痛苦的緣故。如果兒童的痛苦來自害怕失去
愛，那末只要簡單地陳述出父母感到失望便已足夠。最後，有證據
說明，應用懲罰時行為受憂慮的控制，當應用語言說理時，行為受
到認知控制（Cheyne & Walters, 1969）。若自我控制是教養的
最終目的，那末旣表示出父母的不同意及給兒童將來能用的規則的
技術比更為懲罰性的技術可取。

滿足延遲

　　在觀念上延遲滿足的能力與抗誘惑是相似的，當事人必需收起
立即得到滿足的衝動。然而，在滿足延遲時，動力來自今後的得到
更為欲求的報償的期望，而在拒誘惑時動力來自希望避免懲罰。滿
足延遲的例子幾乎每時每日俯拾皆是：學生放棄目前工作的收入，
為的是得到學位以便日後得到更高的收入。男孩子省了一年的錢為
的是買一輛拾變速的自行車，而省六個月只能買單速的。這對夫婦
這個月一直吃通心麵和乳酪或砂鍋金槍魚，為的是到結婚紀念日可
到餐館裡吃一頓價格昂貴的晚餐。這種能力是怎樣延遲滿足發展的
呢？

　　對於強調將來、成就和努力工作的清教徒來說，儘管延遲滿足
的能力被看作是「清教徒品性結構」的關鍵性成份，但直到六○年
代後期之前一直沒有系統性的研究（Karniol & Miller,
1983；Mischel, 1974）。由米塞爾（Walter Mischel）及其同事
們所作的早期工作是將社會習得理論與認知原理結合起來。這項研
究強調在兒童延遲滿足的能力上期望所起的作用。他們認為，如果
當事人對所指望的報償的落實有相當的信心，延遲滿足便容易一
些。然而，如某人並不能期望報償的實現，則選取立即可得的比等

待不可能出現的東西更容易也更合理。與這項理由一致，米塞爾（1966, 1971）發現滿足延遲與社會經濟狀況和成就取向呈正性相關。

另外一些研究指出，對報償的期望是可操作的，滿足延遲可因觀察模範人物的延遲滿足的榜樣而得到增進（Bandura ＆ Mischel, 1965）。因此，無論是過去曾接受過預期的報償或是看到過別人經過等待得到較大的報償，均使人更願延遲他自己的滿足（Mischel, 1974）。

為了深入研究延遲滿足的認知過程，設計了一種可用於年幼兒童的實驗方案。該方案包括兩個關鍵成份（Karniol ＆ Miller, 1981）：(1)兒童同意等待更好的報償，(2)兒童可在任何時候終止延遲並接受稍差一點的報償。例如，呈給兒童兩個糖果棒，大的是最想要的，小的是次一些想要的。若兒童等夠特定的時間便給予大糖果棒，但在任何時候兒童均可給出信號終止等待而得到次選的小糖果棒。

米塞爾和埃比森（Ebbesen, 1970）應用這個方案對所假設的，如果期待的報償是可見的（因此容易得到），則較易等待，進行了測試。與所預期的相反，當沒有什麼報償時，兒童反而等待的時間最長。從兒童在等待時的言詞中看出，當報償物可見時反而使他們想起正在不愉快地等待。於是，兒童很快就叫實驗人員回來，要求終止等待，取得次選的報償物。

第二項研究（Mischel, Ebbesen & Zeiss, 1972）研究了分散注意力能否有助於延遲的可能性。在這項研究中教導兒童去想「有趣的事」。這一策略可幫助兒童延遲滿足。相反的是，如果不呈現報償物，但教導兒童想報償物，這可使延遲時間縮短。這兩項研究強烈地提示，僅僅注意結局並無助於延遲滿足。相反，無論是在思

想上移除期待物（分散注意力）或將當事人與期待物分開〔見本書第九章，列翁尼（Leone）與葛拉齊亞諾（Graziano）關於自我選擇環境的討論〕似乎是延遲滿足的較好策略。

已經證明分散注意是延遲滿足的有效技術，然而，當等待期過後，兒童想起了他們等待的東西便迅速要求報償。這一情況使得米塞爾及其同事們設想，即使兒童被其他活動吸引開，他們所期待的報償仍然在認知上起作用。有一些研究研究了期待報償的符號或抽象表象能夠有助於延遲滿足的可能性（Mischel & Baker, 1973；Mischel & Moore, 1973a；Mischel & Moore 1973b；Moore & Mischel, 1973）。這些研究的結果提示，當報償以抽象形式起作用時，可促進滿足延遲。然而，當報償以「可消費」性質的形式起作用時，延遲滿足受到減弱。另外，米勒（Miller）和卡尼歐（Karniol）最近的研究提示，當報償呈現著時期望的報償會發生貶值，因此，享用次選的報償便成了「合乎邏輯的」選擇。

這些發現與社會習得觀點認為的報償有信息和動機兩種功能是一致的（Mischel, 1974）。實際報償的存在為兒童提供了享用的動機，因此延遲時間縮短。然而，當報償僅僅以抽象的形式存在時，僅僅給兒童一個暗示，等待是有理由的及報償將會給予，因此可以增進延遲的能力。這些結果提示，年長的兒童有較好的延遲滿足能力，因為他們能更好的產生一些想法分散注意，並能更好地抽象思考未來的報償。儘管對延遲滿足的成長一直少有研究，但至少有一項研究（Miller, Weinstein & Karniol, 1978）的結果與這項假設是一致的。

道德品質

在本章的前面幾節中，我們力圖說明社會習得理論是如何解釋各種道德行爲的。我們的焦點必需限制在少數行爲類型上。對各種或許許多多的正式的道德行爲作完全的社會習得理論的解釋則超出了本書的範圍。爲了對某些道德行爲的社會習得理論研究提供一個較詳細的討論，我們希望給讀者們這樣一種感覺，社會習得研究可對道德行爲如何獲得和保持給出一般性的解釋。現在，讓我們把注意力轉向另一個，但相關的論題，即用社會習得理論來解釋個人的道德品質和道德行爲之間的關係。

道德品質（ moral character ）這個術語，尤其是與社會習得理論在一起時，可能會在最年輕一代的心理學家的讀者中產生某些混淆不清的情況。晚近的文獻中品質這個術語已很少應用，但在過去卻曾是許多理論和經驗研究的焦點（ Roback, 1973 ）。的確，心理學的一個重要刊物的名字就叫做《 品質與人格 》（ *Character and Personality* ）（ 現名爲 *The Journal of Personality* ）。鑑於品質這個概念曾在心理學界的某些學者中如此普及，本文也不能完全不去注意這個概念。

對道德品質這個術語進行考慮的一個更重要的，尤其是在本章中的，理由是這個概念和與其相似的概念在發展社會習得理論中所起的作用。專而言之，正是因爲由經驗性研究所開始的對道德品質的研究，部份地提供了社會習得理論發展的動力。另外，對品質所作的這些研究所提出的某些論題（例如，個人對其行爲所負的因果性責任的範圍）對社會習得理論的當代研究也有意義。在考慮這些意義之前，首先需要複習一下與一般品質聯繫在一起的一些概念意義及對於道德品質的特定意義。

什麼是品質？這個概念得到了社會思想家的相當多的注意，儘管哲學家比心理學家考慮得更多（比較，Prelinger & Zimet,

1964；Roback, 1973）。因爲對於品質定義的哲學研究已在《行爲和行爲者》（Ellrod & McLean 1985）一書的第五章中討論，此處不再贅述。然而，對於這些研究有兩個方面需特別提出。

第一，許多社會思想家均一致認爲，品質是人的一個方面，它對人的行爲起著指導性的動態的影響。這就是說品質被認爲是由下列成份組成的，但並不等同於這些成份。它們是素質、性格、習慣、傾向性。所有這些均是成份，它們確定著個人的特性。更重要的是，人們認爲個人的品質對行爲有決定性的關係，無論是影響個人對目標的選擇或是影響達到該目標的行動。

第二，似乎哲學家們一致的共識認爲品質使社會行爲有連續性和一致性。組成品質的元素（素質、性格、習慣、傾向性）對於個體來說均是相對持久和穩定的。它們與行爲有因果的關係，品質一定要表現爲相對持久和穩定的行爲。在心理學方面對品質的本質所作的概念性研究較少，然而有趣的是對品質的心理學概念和哲學概念卻有平行的關係。首先，許多心理學家均從品質對行爲的指導性和動力的影響來定義品質。例如，弗洛伊德（Freud, 1923）就認爲品質是與自我（ego）相關的，即品質與行爲的調節、抑制和引導有關。在一項較近的研究中，佩克（Peck, 1960）就是從參與某些行爲的動機和意圖，尤其是從助社會和反社會的後果，來定義品質。特別是佩克把品質看作控制系統的一個類型，它控制行爲的動機和意圖，無論是助社會的還是反社會的。其他一些心理學理論家給品質所下的概念相似於掌管行爲的意志和抑制的方面（如，Fenichel, 1945；Prelinger & Zimet, 1964；Roback, 1973）。

其次，許多心理學家認爲，行爲的連續性和穩定性便是品質的功能。許多理論家均認爲品質的結果是具有「特徵」形式的行爲（例如，Fenichel, 1945；Prelinger & Zimet, 1964；Prince,

1921）。事實上，有些人認爲行爲的超越時間和安排的穩定性就是品質的存在和影響的明顯證據（比較，Hartshorne ＆ May, 1928；Peck, 1960；Roback, 1973）。

因此，儘管心理學家未能像哲學家那樣對品質的概念給予那麼多的注意，但卻似乎一致認爲品質是一種相對穩定的特性，它決定著（至少是部份決定著）個人的超越時間和地點的行爲。如果說心理學家對道德品質的注意甚少，那麼更容易從一般品質推論特殊的道德品質。道德品質可以定義爲個人的一種相對穩定的特徵，它決定道德行爲的意願和抑制，使道德行爲表現出超越場景和時間的穩定性。道德品質的這些屬性指出被人們認爲的品質正是當代心理學家，尤其是社會習得論的心理學家通常給出的人格（personality）概念。當用這個觀點來看時，忽視道德品質或人格的原因因其與道德的關係正被其自身所提示。

在心理學的現在看來是經典的研究中，哈茨洪（Hartshorne）及梅依（May, 1928）曾企圖測定道德行爲與道德品質關係的範圍。他們根據大量的證據作出解釋說，道德行爲是情景特異性的，故不是道德品質的產物。這項研究及其他類似的研究好像是催化劑，引起了對人格結構進行廣泛的批判性的研究。在這些批判性的研究中，也許最著名的是米塞爾（Walter Mischel, 1968）的研究。在分析文獻後，米塞爾指出，並沒有證據說明人格性情對行爲的預示力，或說明行爲有超越場景的穩定性。這些均要求作出以下結論：人格結構對於了解人類行爲所助有限。此後，強調人類行爲主要受情景的控制而不是人格的控制的研究在心理學中日有所增，並對後來的經驗性研究，包括道德行爲的研究，有很大影響。這並非偶然的巧合。由於這些研究發展，對人格變數所作的一般性理論和經驗性研究便不太多了。

晚近，對人格結構的興趣在理論上和實驗研究上又重新復活。這種重新復活的興趣在對人類行爲的社會習得研究的晚近的理論發展中也有所表現。儘管這些理論發展是專門關於人格變數和個人差異在社會行爲方面的決定性作用的，但可直接推測道德品質對道德行爲的決定作用。因此，我們不妨注意關於人格變數和個人差異在社會習得理論當前發展中的兩個例子；米塞爾（1973, 1977）的人格新概念的社會習得理論及邦杜拉（1977, 1982）的自我效率理論（self-efficacy theory）。

人格：社會習得理論的新概念

儘管在米塞爾（1968, 1969）早年的理論中，米塞爾摒棄了人格和個人差異的概念，但近年來他卻接受了這兩個因素對社會行爲的影響（比較：Mischel, 1973, 1977,並見Mischel, 1984）。爲了取代傳統的以性情（trait）爲導向來理解個人素質在決定其社會行爲中的作用，米塞爾提出「以人爲中心」（person-centered focus）概念，認爲人格與個人的差異只是社會情況的影響和個人的社會行爲之間的中介。在這個意義上，人格與個人差異通過個人對社會影響的解釋及由此作出的反應的方式對社會行爲施以因果性的影響。如果以這個方式來定義人格和個人差異，那末某些類型的因素可用於預測和解釋個人對各種社會情況的反應。米塞爾（1973, 1977）提出五類個人因素：能力（competencies），編碼與分類能力（encoding and categorization strategies），預測力（expectancies about outcomes），主觀價值（subjective values）以及自我控制系統和計劃（self-regulatory system and plans）。

米塞爾指的能力是對於給定情景或一類情景產生各種不同認識

和行為反應的能力。不妨認為，個人能掌握的反應範圍越大，在他對多種社會條件中的反應中他個人所起的決定作用也越大。例如，一個有廣泛經驗處理各種情況，包括分擔責任分享利益和進行妥協，的人較別人更能處理各種新的情況，擬定各種新的對付策略。

編碼與分類能力是指個人在接收到社會環境的信息後，對信息進行分類、解釋和有選擇地注意的不同方式。因為個人對社會信息輸入的接受方式不同，這就改變著或調節著社會環境對他的影響。編碼與分類能力包括在延遲滿足時一些人所有的認知性的轉換。利用對所需求的對象或活動給與選擇性的注意、集中於某些方面，某些個人才比其他人更能控制自己的滿足。

預測力與能力和編碼／分類能力有重要的差異。後兩種能力指個體行動的能力。預測力是指對實際的行動，在某種程度上進行決定的個人因素。根據米塞爾的分析，預測力只是個人的預期，而不是在一定社會條件下客觀偶然性導致的某種結果，預測力是對個人的許多實際的反應所作的一項選擇。特別重要的兩種預測是：行為與結果關係的預測，以及刺激與結果關係的預測。

行為－結果關係（偶然律）指個人對某一特定行為將繼之某種結果的估價。當對某些行為繼之以某些欲求的結果的估計的現實可能越大時，個人便有更大的可能去選擇從事該項行為。例如，當如此行動得到更大的報償的可能性增加時，個體便更願意對其滿足予以延遲（Mischel & Staub, 1965）。刺激－結果關係（刺激間的聯合）指對在某一給定條件下某種事件發生的估價。這些條件作為徵象或線索讓人們預測在特定的行動後欲求的結果發生或不發生。例如，在某些條件下人們選擇延遲滿足而在另一些情況下則不選擇，因為前一些情形時延遲滿足曾經得到過報償，而在後一項情況下則未得到報償（例如，Mischel & Staub, 1975）。

　　米塞爾還討論了另一種個人因素，即主觀價值。主觀價值是個人對某種結果所給予的價值（例如，對某種結果主觀的給予更高的價值）。對某種結果所給予的價值不僅因人而異而且同一個人也因情況不同而異。個人對某些結果所給予的價值是社會行為的重要決定因素。儘管兩個人均相信某一給定的行動會導致一定的結果，一個人可能施以行動，因為他對結果給予價值，而另一個人不行動，因為他對結果不給予價值。

　　自我控制系統和計劃也是各人均不相同的個人因素。米塞爾（1973）認為，「在相當的程度上行為是受外在的行為結果的控制的，但個人也通過自我設置的目標（標準）和自我產生的結局來控制其行為」（273頁）。這些自我設置的目標和自我產生的結局便是個人的自我控制系統的一部份。說得更正式一些，自我控制系統是個人所採用的用以指導或控制行動的偶然律（contingency rule）。

　　偶然律有三種作用：(1)確定那些行動是所期望的，對社會條件提問，(2)決定行動必須達到的目標或標準，以考慮可接受性，(3)說明自我產生的正性的和負性的結局（例如，自我滿足和自我批判）以達到或不能達到目標或標準。

　　例如，年幼的兒童可能應用別人的行為以決定他們自己的行為所可以預期的標準，然而一旦這種標準被採納，兒童便會努力去達到某些目標，這樣兒童便可得到預期的報償，和抗拒滿足，等待達到標準後的滿足（例如，Bandura & Whalen, 1966；Bandura & Perloff, 1967；Mischel & Liebert, 1966）。儘管這些偶然律在開始時只是個人社會習得史的產物，但一旦被採用便是相對自主的。

　　以上是從社會習得理論對米塞爾的「人格」概念所作的總觀。儘管很簡短，它卻傳遞了信息，米塞爾及其他社會習得學派是如何

看待個人導向、調節和控制自己的社會行為的。

　　簡括上述，米塞爾和其他學者注意到不同的個體對同樣的社會環境有差異相當大的反應。這種個體差異用人格因素與社會行為的因果關係的個體差異的概念表示。特別是提出了五種人格因素：建設的能力（即，能付諸於行的差別，不管其動機如何），編碼與分類的能力（即，對社會條件和其他人如何進行解釋的差別），對結果的預測力（即在一定條件下，對一定的行動的結果所作預測的差別），主觀的價值（即，與特定的結果聯繫在一起的價值，不管結果實現的預期如何）以及自我控制系統和計劃（即用於選擇，界定和決定社會行為的偶然律的不同）。這些人格因素所致的全部或部份個人差異被認為是人們的社會習得的經驗和訓練的結果。然而，這些人格因素一經獲得就能在與當前情景影響無關或甚至相反的情況下影響社會行為。

自我效率理論（ Theory of Self Efficacy ）

　　晚近邦杜拉（ 1977, 1982 ）提出了自我效率理論以解釋社會行為的廣泛性。儘管這項研究繼續著社會習得理論的傳統，強調經驗對於行為的決定作用，但它也代表了對原有理論的突破。在早期的社會習得理論派別中（例如，Bandura, 1969, 1973, 1977）較少將個人行為的控制歸於個人本身。例如，個人對自己行為的決定作用只是行為技能的個人差異這個概念。即使這類差別也是被看作個人社會習得史差異的產物，而不是個人內在過程的結果。比較而言，自我效率理論強調個人通過對效率的自我印象在其思想、感覺和行動的決定中起中心的作用。這種對於效率的自我印象不能認為是靜態的或傳統的素質結構，經過長時期的功能過程得到的印象在當前

的矛盾著的經歷前是不易改變的（ Bandura, 1977 ）。

　　對自我效率的印象（例如，對自己能夠成功的實行某一行動的估計）是與經驗有關的。自我效率的印象來自知識之源，而這是直接的或間接的經驗。預測力與人們能夠有效的從事某項活動有關。它以四個主要來源爲基礎：行動的成果或行爲所得，代替性的經驗（如，對別人的觀察），語言的勸說，以及情緒的或生理的狀態。影響自我效率印象的知識源對預測力並不具有同等的影響。在理論假說上，從實際掌握的經驗中來的知識（例如，行爲的成果）比其他來源的知識，例如語言的勸說，更有影響力（例如，Leone, Minor & Baltimore, 1983 ）。然而，效率預測本身並不等同於過去的行爲或成果，而是個人對影響自我效率印象的有關知識的印象或估價。

　　自我效率的印象一經形成，便作爲個人所選擇的活動和社會環境，個人在所選的環境中進行活動所盡的努力，以及持續活動的範圍的重要決定因素。然而，效率預測並不是個人的社會反應的唯一決定因素。個人是否選擇某種方式對其社會環境作出反應尚有賴於個人作出必要反應的技能、以及或者這樣做的積極性。然而，如果個人擁有的行爲能力並對有關的行爲給予價值，那末自我效率的印象仍然是個人思想、感情和行動的主要決定因素（ Bandura, 1977, 1982 ）。

　　精確的說，關於自我效率的預測是如何影響社會性反應的呢？儘管有多種可能的影響途徑，但對於道德行爲和道德品質有意義的有兩種影響方式：自我動機（ self-motivation ）和自我控制（ self-regulation ）。根據自我效率理論，維持社會行爲的一項重要的動機來源是以認知爲基礎的。尤其，確立目標和自我評估是自我動機系統的重要成份。至少在部份上，自我動機需要一種「內部比較機

制」，這包括使個人的標準適應於個人行動，根據個人標準的水平對行動作條件性自我強化，對行動的自我強化加以調控使符合個人的標準。確立目標和自我評估之間的交錯關係是由自我效率印象進行中介的。個人所採選的目標在某種程度上有賴於自我效率的預測（即對能成功地達到目標所需實施行動的估計）。反之，某一目標的成功的成果也促進著自我效率的印象。先確定與欲求的結果聯繫並提出較清楚的行為要求的次級目標。通過採選次級目標才有可能加強自我效率的印象，使之成為向更遠的目標行動的鼓動力。

效率預測不僅僅影響自我動機，而且也影響密切相關的自我控制機制。根據邦杜拉（1982）的意見，「對自己的行為施以影響並不是通過意志力的手段達到的」（129頁）。相反，自我控制有賴於兩項因素：「個人行為的工具」（tools of personal agency）和「自我確信」（self-assurance）。為了使個人能夠實施自我控制，必需具有必要的技能以應付環境的要求。然而，僅僅有這些技能還是不夠的。

除了有良好的應付技能以外，個人還必須能感知到自己能成功地應用這些技能，不能很有效的感知往往削弱著對行為的自我控制。例如，人們可能具有促進延遲滿足的認識能力和策略，但因為他們不相信自己能成功地運用這些能力和策略，所以不能對自我滿足施行控制，當然，僅僅有效地感知對於成功的自我控制也還是不夠的。錯誤地相信自己能夠對付環境條件的影響的人，他們會發現自己因不具備專門對付手頭任務的適當的行為技能而不能對付環境。

儘管邦杜拉並未專門討論道德行為和道德品質，但他提出的自我效率結構有廣泛意義，該理論對道德領域的意義是很清楚的。顯然，自我效率理論認為人們通過他們的自我效率印象對自己的思

想、感情和行為施以相當的影響。這些自我效率結構的印象或預測是個人所選擇的行動、個人決定進入的環境、個人能成功應付的所遇的問題的程度的一項重要的決定因素。因此,個人並不是被動地對社會環境作出反應,而是環境對思想、感情和行為的影響要在很大的程度上依賴於個人。在很大的程度上,效率預測已包含在個人的行為動機和控制之中。

結　　論

在本文的前幾節中,我們力圖闡明將個人對其自己的行為所起的作用納入社會習得理論框架中的途徑。為完成這個目的,我們選擇了兩個社會習得理論的例子:米塞爾的(1973,1977)關於人格的社會習得概念,及邦杜拉的(1977,1982)自我效率理論。儘管這兩種理論均不是專門針對道德品質的,但這兩種理論分析確實可適用於道德結構。

如哲學和心理學文獻中所用的道德品質結構似乎是指個人對其道德行為進行調節和控制的那些特徵。這就是說,道德品質是能力和動機,用以評價某種目標或為完成這項目標所進行的必要行動。用這個方式來下定義,在社會習得理論中道德品質可以認為是更廣泛的概念,即個人因素中的特例。這些個人因素,無論是先天的能力,信息機制的能力,預測力,主觀價值或自我控制系統在理論上都是操縱一切社會行為的。道德行為只是社會行為的一個類別,那些可能影響社會行為的個人特徵(如主觀價值)也適用於道德行為。

社會習得理論對道德行為與有道德的人之間的關係提供了一種有趣和洞察性的解釋。尤其是,社會習得理論提供了一種工具讓我

們瞭解，各種行爲能力，預測力，和價值通過與個人的社會習得史的聯繫是如何在最初被習得的。前面我們綱領性地列出了一些與道德行爲的控制有關的現象（如，拒誘惑、延遲滿足）是如何與社會活動的經驗相關的。儘管社會習得理論在這方面和其他方面的應用，但它對道德行爲和道德品質的解釋並未能針對許多重要的和基本的問題。我們想對某些問題列出一個簡明的綱要，作爲對用社會習得理論解釋道德品質和道德行爲的當前情況作的總結，並用以指示進一步研究的方向。

晚近對社會習得理論作爲對行爲發展的充分解釋理論不斷提出了問題（例如，Hartup, 1973；Perry & Bussey, 1984；Yando, Seitz & Zigler, 1978）。社會習得論者一直傾向於採用一種過程導向機制(process orientation)來解釋社會行爲，包括道德行爲。這種過程導向機制曾引發了確定習得原理的興趣，這些原理是指可適用於各種人的廣泛的社會行爲的普遍原理。因此，社會習得的解釋一直普遍地忽視了發育的影響（例如，與年齡相關的擔任角色的技能，社會知識及認知能力的差異）。在某些方面社會習得論學派對這些影響的缺乏注意甚至令人驚訝。因爲社會習得理論強調認知能力是社會行爲的決定因素之一，至少與認知有關的發育的影響確實可用社會習得研究進行分析（Yando, et al.,1978）。

社會習得理論的學者對發育性的因素所給予的有限的理論和經驗研究的注意對道德行爲和品質的研究不無影響。對各種道德行爲的習得，例如在道德行爲之下的延遲滿足和認知過程，社會習得理論還是提供了較詳盡的解釋。然而，對這些行爲和機制的發育過程仍然幾無所知。在多大年齡時我們才能作出道德行爲？是否作出這些道德行爲，至少要部份依賴於某些與年齡有關的認知能力的獲得？在什麼時候對這些道德行爲的控制由社會環境（例如，父母，

同伴）轉移給個人自己？遺憾的是，社會習得理論對這些和其他一些重要問題均令人失望地沉默。

社會習得研究的一項比較薄弱的方面是關於社會行為的控制，與對社會行為的其他學習性理論解釋不同的是，社會習得理論強調自我施予的偶然律（ self-imposed contingency rules ）和自我強化（ self-reinforcement ）為形式的個人對行為的控制（ Perry & Bussey, 1984 ）。儘管有所強調，然而行為的自我控制最初獲得的方式和以後的發展仍未作深入的研究。似乎一致的意見是，在早期成長階段行為受外在控制系統（ 如，父母親）的影響；當成長和成熟後行為便更多的受自我控制。然而，由外部控制系統轉移到內部定位的控制機制尚未得到社會習得理論的明確的注意，儘管應該注意。

另外，社會習得研究的這一忽視與道德行為和道德品質卻有重要關係。儘管社會環境可以是塑型道德行為的強大力量，社會條件也可對自我印象（ self-perception ）和以後的行為發生潛在的、無意向的影響。這提示如果外在力量是能夠以這種方式影響我們的行為的話，我們便常常將行為的動機歸因於外在力量；但在無足夠的外在力量時，我們便往往把行為的動機歸咎為我們自己（ Bem, 1972 ）。自我印象的意義之一是某些外在的控制系統可妨礙那些獲得和維持自我控制所必需的經驗。

例如，如果作出誘導兒童從事助社會行為（ 如，合作、貢獻）的安排，使兒童感覺到從事這些活動的內在動機，那末兒童就不僅將保持某些自我印象（ 如，合作性、慈善心），而且會在將來也按照與自我印象一致的方式行動。（ 例如，Grusec, Kuczynski, Rushton & Simutis, 1978；Grusec & Redler, 1980；Jensen & Moore 1977；Smith et al., 1979 ）。這些類型的自我印象可以是

與成人道德品質有關的這些「個人因素」發展的基礎。然而，自我控制的獲得和發展的這種或那種可能的方式並未能結合到對行爲的社會習得解釋中去。

也許，對各種人類行爲作社會習得理論解釋的最大的限制是關於情感（affect）的概念。在許多心理功能中情感似乎是一種普遍存在的基本的成份（比較，Lazarus, 1984；Zajonc, 1982；1984）。奇怪的是，在心理功能中，與其他的基本成份相比（認知、行爲），情感一直在心理學中受到忽視（Isen ＆ Hastorf, 1982）。對於社會習得理論來說，也同樣是這樣和有問題（Cairns, 1972）。例如，米塞爾（1973, 1977）所談到的價值在社會行爲中的作用。同樣，邦杜拉（1977, 1982）認爲，社會行爲不僅有賴於效率預測，也有賴於對有關行爲所給予的積極性的價值。因此，兩種社會習得論者均承認以價值、感覺、自我設置的目標及自我強化爲形式的情感確實對行爲有影響。然而，這些與情感有關的概念尚未很好的結合到社會習得理論的法理內容中去。

另外，對於這些情感有關的概念所作的描述也不太令人置信。這些概念似仍屬於元素論的觀點，即有許多元素將環境的影響導介給後來的行爲。這種觀點大大的低估了情感可促動或影響人們對社會環境的選擇（見Leone ＆ Graziano，本書）。如果社會習得論對行爲進行解釋的一個特徵是強調環境影響的認知性中介作用（mediation）（Perry ＆ Bussey, 1984），那末社會習得研究的另一個同等的顯著特徵便是未能對情感的動力性質作出詳細的解釋。

社會習得理論對情感的忽視在道德行爲和道德品質方面最成問題。人們認爲情感是對有道德的人進行充份瞭解的中心。（見Brabeck ＆ Gorman，本書第五章及 *Act and Agent*, Ellrod ＆ McLean, 1986 書中Samay的文章）。如果對於情感與行爲之間的

直接關係缺乏較完全和充份的概念，社會習得理論對道德行爲和品質的解釋便總是不完全的。

社會習得理論的這一忽視（其實是整個心理學的忽視）由於以下兩項理由而多少令人吃驚。第一，社會習得理論的基本假設是人與環境間的相互影響（Bandura, 1977b）。如果說在這兩者之間是什麼在起著動態的斡旋作用的，情感似乎是操縱這個動態機制的必要因素。例如，在理論上可以證明社會習得理論在研究載有情感的一些成份（例如，目標、價值、態度）及人們選擇進入和進行活動的社會環境之間的關係上是有成果的。

第二，情感概念並不一定與大多數社會習得模型的信息導向機制（information processing orientation）不一致。近來對於認知的研究已開始闡明認知情感（cognition affect）與行爲之間的相互聯繫（Bower, 1981；Clark & Isen, 1982；Lang, 1979, Leventhal, 1980）。基本上，這些研究均提示，情感〔例如，情態（mood），情緒（emotion）〕能夠通過聯合性網絡系統（associative network system）激發某些想法和特定的行爲。作爲這些研究的基礎的信息機制模型能夠很好地與社會習得理論結合。

總之，社會習得理論在解釋行爲獲得的方式上能提供最多的解釋。然而，社會習得理論在解釋行爲的發育和自我控制系統方面不太有用。這一忽視給道德行爲和道德品質的社會習得理論闡述帶來了重要影響。當前的社會習得論述似乎把人描述爲「無生命」的信息處理機。即使當談到與情感有關的結構時，這些論述也對思想和行爲給予「冷的」而不是「熱的」概念。這種特徵不能把握道德功能中情感的豐富而動態的特性。同樣，人的因素（例如，自我控制系統）只是體現了人是行爲的決定者這個概念。儘管這個概念與道德品質明顯相關，但它尚未明晰而充份地與其他結構（例如，道德

品質）聯繫起來，也未對其發育作出充份的解釋並與社會生活實踐
清晰地聯繫起來。除非這些不足均得到專門論述，我們對道德行為
和道德品質的瞭解便不會完全。

Lynn Mather Musser

Oregon State University, Corvallis

Christopher Leone

Institute of Child Development

Univ. of Minnesota, Minneapolis

參 考 文 獻

Aronfreed J.（1968）. Aversive control of internalization. In W. J. Arnold（Ed.）, *Nebraska Symposium on Motivation*（Vol. 16, pp. 271-320）. Lincoln： University of Nebraska Press.

Aronfreed J.（1976）. Moral development from the standpoint of a general psychological theory. In T. Lickona（Ed.）, *Moral development and behavior*（pp. 54-69）. New York：Holt, Rinehart, & Winston.

Aronfreed J., & Reber, A.（1965）. Internalized behavioral suppression and the timing of social punishment. *Journal of personality and Social Psychology, 1*, 3-16.

Bandura, A.（1969）. *Principles of behavior modification.* New York：Holt, Rinehart, & Winston.

Bandura, A.（1977a）. Self-efficacy：Toward a unifying theory of behavioral change, *Psychological Review, 84,* 191-215.

Bandura, A.(1977b). *Social learning theory,* Englewood Cliffs, N. J: Prentice-Hall, Inc.

Bandura, A.(1982). Self-efficacy mechanism in human agency. *American Psychologist, 37,* 122-147.

Bandura, A., & Mischel, W.(1965). Modification of self-imposed delay of reward through exposure to live and symbolic models. *Journal of Personality and Social Psychology, 2,* 698-705.

Bandura, A., & Perloff, B.(1967). Relative efficacy of selfmonitored and externally imposed reinforcement systems. *Journal of Personality and Social Psychology, 7,* 111-116.

Bandura, A., & Walters, R. H.(1963). *Social learning and personality development.* New York：Holt, Rinehart, & Winston.

Bandura, A., & Whalen, C. K.(1966). The influence of antecedent reinforcement and divergent modeling cues on patterns of self-reward. *Journal of Personality and Social Psychology, 3,* 373-382.

Bem, D. J(1972). Self-perception. In L. Berkowitz(Ed.), *Advances in experimental social psychology*(Vol. 6, pp. 2-62). New York：Academic Press.

Bower, G.(1981). Mood and memory. *American Psycholo-*

  gist, 36, 129-148.

Bryan, J. H., & London, P.（1970）. Altruistic behavior by children. *Psychological Bulletin, 73,* 200-211.

Bryan, J. H., & Walbek, N. H.（1970）. Preaching and practicing generosity：Children's actions and reactions. *Child Development, 41,* 329-353.

Bryant, B. K., & Crockenberg, S. B.（1980）. Correlates and dimensions of prosocial behavior：A study of female siblings with their mothers. *Child Development, 51,* 529-544.

Cairns, R. B.（1982）. Attachment and dependency：A psychological and social learning synthesis. In J. L. Gewirtz（Ed.）, *Attachment and dependency*（pp. 29-80）. New York：John Wiley and Sons.

Cheyne, J. A., & Walters, R. H.（1969）. Intensity of punishment, timing of punishment, and cognitive structure as determinants of response inhibition. *Journal of Experimental Child Psychology, 7,* 231-244.

Clark, M. S., & Isen, A. M.（1982）. Toward understanding the relationship between feeling states and social behavior. In A. H. Hastorf, & A. M. Isen（Eds.）, *Cognitive social psychology*（pp. 73-108）. New York：Elsevier.

Ellrod, F. E., McLean, G. F., Schindler, D. & Mann, J.（1986）. *Act and agent：Philosophical foundations for moral education and character development.* Washington：University Press of America.

Fenichel, O.（1945）. *The Psychoanalytic theory of neurosis.* New York: W. W. Norton.

Fischer, W. F.（1963）. Sharing in preschool children as a function of amount and type of reinforcement. *Genetic Psychology Monographs, 68,* 215-245.

Friedrich L. K. & Stein, A. H.（1975）. Prosocial television and young children：The effects of verbal labeling and roleplaying on learning and behavior. *Child Development, 46,* 27-38.

Freud, S.（1923）. *The ego and the id.* New York：Norton.

Gelfand, M., Hartmann, D. P., Cromer, C. C., Smith, C. L., & Page, B. C.（1975）. The effects of instructional prompts and praise on children's donation rates. *Child Development, 46,* 980-983.

Grusec, J. E., Kuczynski, L., Rushton, J. P., & Simutis, Z. M.（1978）. Modeling, direct instruction, and attributions：Effects on altruism. *Developmental Psychology, 14,* 51-57.

Grusec, J. E. & Redler, E.（1980）. Attribution, reinforcement, and altruism：A developmental analysis. *Developmental Psychology, 16,* 525-534.

Hartshorne, H., & May, M. S.（1928）. *Studies in the nature of character, Vol. 1：Studies in deceit.* New York：Macmillan.

Hartup, W. W.（1973）. Social learning, social interaction, and social development. In P. Elich（Ed.）, *The fourth western symposium on learning : Social learning.* Belling-ham, Washington : Western Washington State College.

Hastorf, A. H., & Isen, A. M. (1982). *Cognitive social psychology.* New York : Elsevier.

Hill, W. F. (1960). Learning theory and the acquisition of values. *Psychological Review, 67,* 317-331.

Hoffman, M. L. (1963). Parent discipline and the child's consideration for others. *Child Development, 34,* 573-588.

Hoffman M. L., & Saltzstein, H. D. (1967). Parent discipline and the child's moral development. *Journal of Personality and Social Psychology, 5,* 45-57.

Israel, A. C., & Brown, M. S. (1979). Effects of directiveness of instructions and surveillance on the production and persistance of children's donations. *Journal of Experimental Child Psychology, 27,* 250-261.

Jensen, R. E., & Moore, S. G. (1977). The effect of attribute statements on cooperativeness and competitiveness in school-age boys. *Child Development, 48,* 305-307.

Karniol, R., & Miller, D. T. (1981). The development of self-control in children. In S. S. Brehm, S. M. Kassin, & F. K. Gibbons (Eds.), *Developmental social psychology* (pp. 32-50). New York : Oxford University Press.

Krebs, D. (1970). Empathy and altruism. *Psychological Bulletin, 73,* 258-302.

Lang, P. J. (1979). A bio-informational theory of emotional imagery. *Psychophysiology, 16,* 495-512.

Lazarus, R. S. (1984). On the primacy of cognition. *American Psychologist, 16*, 124-129.

Leone, C., Minor, S. W., & Baltimore, M. (1983). Self-generated attitude change and self-efficacy theories : A comparison of cognition versus performance based treatment analogies. *Cognitive Therapy and Research, 7*, 445-454.

Leventhal, H. (1980). Toward a comprehensive theory of emotion. In L. Berkowitz (Ed.), *Advances in experimental social psychology* (Vol. 13, pp. 140-208). New York : Academic Press.

Midlarsky E., Bryan, J. H., & Brickman, P. (1973). Aversive approval : Interactive effects of modeling and reinforcement on altruistic behavior. *Child Development, 44*, 321-328.

Miller, D. T., Weinstein, S., & Karniol, R. (1978). The effects of age and self-verbalization on children's ability to delay gratification. *Developmental Psychology, 14*, 321-328.

Mischel, W. (1966). Theory and research on the antecedents of self-imposed delay of reward. In B. A. Maher (Ed.), *Progress in experimental personality research* (Vol. 3, pp. 85-132). New York : Academic Press.

Mischel, W. (1968). *Personality and assessment.* New York : Wiley.

Mischel, W. (1969). Continuity and change in personality.

American Psychologist, 24, 1012-1018.

Mischel, W.（1973）. Toward a cognitive social learning reconceptualization of personality. *Psychological Review, 80*, 252-283.

Mischel, W.（1974）. Processes in the delay of gratification. In L. Berkowitz（Ed.）, *Advances in experimental social psychology*（Vol. 7, pp. 249-292）. New York：Academic Press.

Mischel, W.（1977）. The interaction of person and situation. In D. Magnusson & N. Endler（Eds.）, *Personality at the crossroads：Current issues in interactional psychology*（pp. 333-352）. Hillsdale, N. J.: Erlbaum.

Mischel, W.（1984）. Convergences and challenges in the search for consistency. *American Psychologist, 39*, 351-364.

Mischel, W., & Baker, N.（1975）. Cognitive appraisals and transformations in delay behavior. *Journal of Personality and Social Psychology, 31*, 254-261.

Mischel, W., & Ebbesen, E. B.,（1970）. Attention in delay of gratification. *Journal of Personality and Social Psychology, 16*, 329-337.

Mischel, W., Ebbesen, E. B., & Zeiss, A.（1972）. Cognitive and attentional mechanisms in the delay of gratification. *Journal of Personality and Social Psychology, 21*, 204-218.

Mischel, W., & Liebert, R. H.（1966）. Effects of discrepancies between observed and imposed reward criteria on their acquisition and transmission. *Journal of Personality and Social Psychology, 3*, 45-53.

Mischel, W., & Moore, B. (1973). Effects of attention to symbolically presented rewards upon self-control. *Journal of Personality and Social Psychology, 28*, 172-179.

Mischel, W., & Staub, E. (1965). Effects of expectancy on working and waiting for larger rewards. *Journal of Personality and Social Psychology, 2*, 625-633.

Olejnik, A. B., & McKinney, J. P. (1973). Parental value orientation and generosity in children. *Developmental Psychology, 8*, 311.

Parke, R. D. (1970). The role of punishment in the socialization process. In R. A. Hoppe, G. A. Milton, & E. C. Simmel (Eds.), *Early experiences and the processes of socialization* (pp. 81-108). New York：Academic Press.

Parke, R. D. (1972). Some effects of punishment on children's behavior. In W. W. Hartup (Ed.), *The young child* (Vol. 2, pp. 264-283). Washington, D. C.: National Association for the Education of Young Children.

Parke, R. D., & Walters, R. H. (1967). Some factors determining the efficacy of punishment for inducing response inhibition. *Monographs of the Society for Research in Child Development, 32*, (1, Serial No. 109).

Peck, R. F. (1960). *The psychology of character development.* New York：John Wiley & Sons.

Perry, D. G., & Bussey, K. (1984). *Social development.* Englewood Cliffs, N. J. ﹕ Prentice-Hall, Inc.

Prelinger, E., Zimet, C. N. (1964). *An ego-psychological approach to character assessment.* London ﹕ The Free Press of Glencoe.

Prince, M. (1921). *The unconscious: The fundamentals of human personality, normal and abnormal.* New York ﹕ Macmillan.

Rice, M. E., & Grusec, J. E. (1975). Saying and doing ﹕ Effects on observer performance. *Journal of Personality and Social Psychology, 32*, 584-593.

Roback, A. A. (1973). *The Psychology of character.* New York ﹕ Arno Press.

Rosenhan, D. L. (1970). The natural socialization of altruistic autonomy. In J. Macaulay & L. Berkowitz (Eds.), *Altruism and helping behavior* (pp. 251-268). New York ﹕ Academic Press.

Rosenhan, D. L., & White, G. M. (1967). Observation and rehearsal as determinants of prosocial behavior. *Journal of Personality and Social Psychology, 5*, 424-431.

Rushton, J. P. (1975). Generosity in children ﹕ Immediate and long-term effects of modeling, preaching, and moral judgment. *Journal of Personality and Social Psychology, 31*, 459-466.

Rushton, J. P., Brainerd, C. J., & Pressley, M. (1983). Behavioral development and construct validity ﹕ The principle of aggregation. *Psychological Bulletin, 94,* 18-38.

Sears, R. R., Maccoby, E. E., & Levin, H.（1957）. *Patterns of child rearing.* Evanston, Illinois ： Row-Peterson.

Skarin, K., & Moely, B. E.（1976）. Altruistic behavior ： An analysis of age and sex differences. *Child Development, 47,* 1159-1165.

Slaby, R. G., & Crowley, C. G.（1977）. Modification of cooperation and aggression through teacher attention to children's speech. *Journal of Experimental Child Psychology, 23,* 442-458.

Smith, C. L., Gelfand, D. M., Hartmann, D. P., & Partlow, M. E. Y.（1979）. Children's causal attributions regarding help giving. *Child Development, 50,* 203-210.

Staub, E.（1971）. The use of role-playing and induction in children's learning of helping and sharing behavior. *Child Development, 42,* 805-816.

Walters, R. H., & Demkow, L.（1963）. Timing of punishment as a determinant of response inhibition. *Child Development, 34,* 207-214.

Walters, R. H., Parke, R. D., & Cane, V. A.（1968）. Timing of punishment and the observation of consequences to others as determinants of response inhibition. *Journal of Experimental Child Psychology, 2,* 10-30.

White, G. M.（1972）. Immediate and deferred effects of model observation and guided and unguided rehearsal on donation and stealing *Journal of Personality and Social Psychology, 21*, 139-148.

White, G. M. & Burnam, M. A.（1975）. Socially cued altruism：Effects of modeling, instructions, and age on public and private donations. *Child Development, 46*, 559-563.

Yando, R., Seitz, V., & Zigler, E.（1978）. *Imitation：A developmental perspective.* Hillsdale, N. J.：Lawrence Erlbaum.

Yarrow, M. R., Scott, P. M., & Waxler, C. Z.（1973）. Learning concern for others. *Developmental Psychology, 8*, 240-260.

Zahn-Waxler C., Radke-Yarrow, M., & King, R. A.（1969）. Childrearing and children's prosocial initiations toward victims of distress. *Child Development, 50*, 319-330.

Zajonc, R. B.（1984）. On the primacy of affect. *American Psychologist, 39*, 117-123.

第八章　道　德　品　質

講 故 事 和 品 德

奇帕翠克　著

William Kirk Kilpatrick

　　麥金泰（Alasdair MacIntyre）在《德行之後》（*After Vir-ture*）一書中注意到，在一切歷史上值得紀念的英雄的社會中「道德教育的主要手段都是講故事」（MacIntyre, 1981，第114頁）。實際上，《依利亞德》（*The Iliad*）和《奧德賽》（*The Ody-ssey*）中的英雄們便是古希臘的道德教師，同樣。依內亞斯（Aeneas）是教育羅馬帝國青年的忠誠愛國英雄模範。冰島和愛爾蘭的兒童則從北歐英雄傳說《沙加》（*Saga*）中吸收教益。基督教則繼承了古代的和英雄的社會的傳統，用聖經故事繼續著道德教育傳統，這些故事有聖賢的生活和騎士的故事。完全的教育包括先學習阿奇里斯（Achilles）和奧德秀斯（Odysseus），韓克多（Hector）和依內亞斯的故事，然後學貝伍福（Beowulf），亞瑟王（Arthur）和貝西華（Percival）及基督復活的故事。

道德困境與故事

在當代的道德教育中講故事似乎已不能保持那末重要的地位。與講故事最接近的是給出一個道德困境；例如，企圖爲病得快死的妻子偷藥的丈夫；在一艘超重下沉的救生艇上的旅客決定是否和將誰扔下海去；核塵掩庇所下的幸存者爭論讓不讓外面的人進來躱避。

熟悉這些近代故事情況的人，顯然能立即看出這些新故事與古代故事的重要區別。反之，這些區別也啓示我們進行不同的思考，促使現代人不贊成經典的/基督教會的道德教育法。

第一個區別是，在道德困境中無意刻劃道德品質，而在英雄故事中品質卻是必不可缺的。在北歐英雄傳說或詩史中一切的事均以英雄的品質爲中心，一切決定於英雄是否實行他的美德。漢思（Heinz）（偷藥困境中的丈夫）和優里西斯（Ulysses）都是爲了救妻子，但他們之間卻無法相比。漢思不是優里西斯，只是個平民百姓。這就是漢思的情況，因爲對於他來說就是給他一個困境。我們對漢思並無興趣，有興趣的只是他這個案例。我們也難以想像父母親能向孩子傳授漢思的傳說和偷藥的行爲。

第二個區別是，困境中的行爲者並不與任何社會性的特殊事物相聯繫，例如，傳統、忠誠、地點或歷史。的確，漢思是與他的妻子聯繫在一起的，但這裡並沒有指出他爲什麼特別要這樣。我們知道優里西斯爲什麼忠於貝內洛培（Penelope）。她的美德也被仔細地羅列。在所有古老的故事中，英雄的行爲均植根於某種局限的忠誠──對土地、祖國、家族或家庭。

可能會有人提出異議，近代的道德困境並不是想講故事，而是體現一些原則，或者更確的說，道德原則的衝突：例如，固有的權利對人生價值，可能最後服從於更普遍的價值。這正是我想說的問題，這個方式的意義是構成動聽的故事的那些特殊的愛和忠誠與道德並無很大的關係。不論如何，我們可以免去那些特殊道德的老

套,直接進入普遍的原則。這項假設是說,好的道德判斷的核心是抽象地對抽象原則的信仰。人們必需撇開父親和母親,丈夫和妻子,甚至將正義(Justice)這個原則也劈開成剩下一個大寫的「J」(例如,在柯爾伯的模式中,正義便是個主導的原則)。這項區別在性質上與第一項區別是相似的。

古典故事與新的困境的第三個區別是,正確的說,新故事是沒有結局的。新故事的結局是開放性的。無論是核塵掩庇所的困境或漢思的困境均無終極答案而是等待你的判斷。需要你決定,掩庇所內的幸存者下一步應該怎麼做?需要你決定,漢思偷藥對不對。總之,不能說故事已經完全了或確定無疑了。而是供人爭論,可以放到明年或另一個班中去繼續爭論。對於這些故事,你可以按你自己想做的去做,而對於《奧德賽》這個故事,則不能。這裡也無意說生活已很充實或使命已經完成。所有要說的只是這些畢竟都不是真正的故事。道德教育所用的講故事的方法正在被一些新的方法所代替。

在新的方法中完全沒有品質或美德這種概念。用這個觀點來看,生活並不能看作是個人的歷史,習慣和行為在生活歷史中積纍,最終凝固為美德並反過來作用,而是一個不連續的道德與困境的系列,而所有這些均要靠理性來解決。

如果我們回頭看看古典的/英雄的/基督的故事,我們就會發現這種對比是多麼鮮明,以及新的方法從根本上那麼新鮮。儘管當前的道德教育技術大體上均是心理學家的作品,但我們可以注意到古人們更能抓住道德教育深層的心理學。

與給予一個開放的困境相反,講故事首先意味著成人必須傳遞什麼給孩子,傳遞孩子們自己不能得到的有價值的傳統。這個情況從其他文化來看是易於接受的。歐登奎斯(Andrew Oldenquist)寫道:「如果我們是對家族進行觀察的人類學家。這可能是世界上

最合乎自然的事，去設想他們給他們的孩子教導道德和文化，而且，我們還可以進一步想，他們也完全應該這樣做……」（Oldenquist, 1981，第81頁）。歐登奎斯繼續寫道，如果我們觀察一個社會若不這樣做的話，我們就會結論說，他們「墮落了，沉淪了，從他們的價值上異化了，正在偏離出去」。正像我所說的，對於其他文化中也很容易看到這個情況，但當接觸到我們自己，就會有某種反文化傳遞的抑制機制。統治著我們的一種普遍的，雖不是指令性的，心理是，我們並沒有給孩子們強加某種價值的權利。因此，我們不得不去建立某種虛構， 每個孩子都是個小蘇格拉底 （Socrates），他自己就是個道德哲學家（柯爾伯稱兒童爲道德哲學家）。

傳統的觀點認爲，成人確實有個道德庫，但如果剝奪了兒童的道德庫，那麼這本身就是缺德。打個粗糙的類比來說，我們並不等待兒童到完全懂道理的年齡才建議他們刷牙。這只是個十分粗糙的類比，因爲遲早兒童會想出來，刷牙是件可取的行爲。道德行爲並不一定是這樣。只有依靠一定的方式才能擁有道德寶庫，而且，如果不以這種方式就一點也不會擁有。這就是爲什麼亞里斯多德（Aristotle）說：那些經良好的撫養長大的人才能有效的學習倫理學，以及爲什麼柏拉圖（Plato）認爲良好教養的青年要靠從小教育愛善、愛美。這也就是說，「所以，當理性最後來到之時，只有接受過教養的他才會伸出手來歡迎和承認理性，因爲他具有對理性的親和力」（Republic，Ⅲ）。

對於一個未習得這一系列情感和適當的情趣的人，就像個孩子，很少可能使他能充份理解這些情感。簡單地說，他的知識總將有限。一個人所能知道的決定於他的情趣：在兒童時期所習得的素質和愛好。沙梅（Sebastian Samay）的觀察得到了類似的論點：

「一個人所能應用的知識與他所能探取的態度有直接的關係」（
Ellrod ＆ McLean, 1986，第79頁）。一個缺乏習慣性的美德的
人，雖然可以達到某些基本的倫理原則，但不可能完全掌握這些原
則。這裡的達到是指如同人類學家遇到一些部落的生活習俗。他可
以描述這種生活習俗，寫點什麼和進行分析，但他不可能像從頭學
起的人那樣了解這種習俗。他只是從外往裡看，即使他所觀察和記
錄的也是他自己文化中的價值。

　　有些東西是只有從內部才能充份了解的。麥金泰（ Alasdair
MacIntyre, 1981, 176頁）指出，在某些實踐中攜帶著一些固有的
東西。只有在進行這些實踐時，才能獲得這些東西，他說：「在奕
棋內部還有某些東西，只有在奕棋本身或與此同類的其他競奕中才
能得到這些東西，而一切其他方法均不能得到」。的確，對於一個
不會下棋的人這種對奕似乎微不足道或毫無意義。道德實踐似乎也
是這樣。只有在開始實行道德行為之後，才能了解道德。因此，當
代的理想的道德探尋者不是站在客觀的立場上去評價美德的實踐，
而是親自去實行。沙投（ Bruce B. Suttle, 1981，第156頁）在寫
到「道德並非教條的必然性和需要」時說：

　　　　如果對一個缺乏道德意識和感受的人提供道德推理和事

　　　　例，讓他知道為什麼應該有道德意識和感受力，這並不能

　　　　糾正其缺乏狀態。如果沒有一般的道德觀點，沒有各種道

　　　　德意識和感受力，為了支持某種道德觀點所作的道德論辯

　　　　也不會令人信服或被認為是道德論辯（ Suttle, 1981 ）。

或如孔子所說：「道不同，不相為謀」。（論語·衛靈公）

　　那末，什麼是道德教育的最合適的形式呢？這種形式必需是啟
發性的，如同勒維斯（ C. S. Lewis, 1947，第33頁）所說：「人將
人性傳與別人」。要做到這一點，最好的方式不是直接的道德說

教，而是間接的通過示範、啓發、實踐。我們不能辦一種道德課，而是近似於師傅帶徒弟的性質。梅蘭德（Gilbert Meilander，1978，第212頁）寫道：「勒維斯與亞里斯多德（Aristotle）相似，他們都認爲道德原則只能間接地向周圍的人學習，以周圍的人作爲實例。與亞里斯多德一樣，勒維斯認爲如果脫離道德高尙的社會，道德高尙的個人的成長是極爲困難的」。

　　然而，即使在最有道德的社會中，成人們在承認自己的缺點的同時，也認爲達到道德智慧、道德勇氣的需要不是切身的事。因此對英雄故事的依賴成了文化理想的體現。在我們這樣的社會中，由於道德的沉淪，對於美德的、勇敢的男人、婦女、兒童的故事的需要，當然，變得更爲迫切。基於這一認識，勒維斯在《納妮亞故事集》（*The Chronicles of Narnia*）中編寫了一系列美德事例的文學可作爲道德教育的範例或材料。《納妮亞故事集》顯然體現了亞里斯多德（Aristotle）的教導：教育的目標是使學生對他應該去做的事有喜惡之情。

美德的故事

　　但是，如果這些故事或與其類似的故事提供了範例的話，我們還需要問「是什麼樣的範例？」正像把這些傳說中的英雄視爲禁欲主義戒律的遵守者一樣，把他們視爲自動的道德行爲者或新道德的創建者的範例，這些看法可能都是錯誤的。這類故事中的英雄旣不是道德哲學家，也不是禁欲主義者。他們只是些有美德的人或力圖成爲有美德的人們。對於這些古代的和英雄的社會，以及對於繼承那些傳統的人們，道德並不是供人們遵從的法規和需去建立的法規，而是與美德的獲得有關的。引起我們注意的阿奇里思所表現的

美德並不是他自己所能說明的行爲準則。他所表現的是他對朋友的忠誠，而不是對有關原則的忠誠。美德表現於行爲之中，而不是在口頭上。英雄並不是制定新道德法規的道德先驅，而只是做了他應該做的事，和別人需要他做的事。即使福音故事，英雄事蹟的主題也很明顯。我曾在其他著作中（1983）寫過：「在基督的態度中沒有一點提示基督自己視自己爲教師的地方。所有的強烈的提示只是，基督把自己看成需去做工作的一員。而且這些工作的性質也不同於希臘或羅馬英雄的追求」。基督做人們要求他做的事，按照送他來世的主的意願去做。他爲朋友們獻出生命，而不是爲原則獻出生命。

的確，在這些英雄的文學作品中，通常很少有必需做什麼的問題（在福音書中大部份道德困境都是法利賽人引起的），問題只是英雄能夠抗拒誘惑和按照他應該做的去做。英雄在美德方面的訓練能否幫助他度過難關？

這樣一種態度所揭示的是對在行動有危險的情況下或必須付出代價時，對戰鬥中的行爲給以充份的現實評價。當疲累無力、寡不敵衆、孤軍無援時，當彈盡糧絕時，或誘惑過份強大時，依賴訓練比依賴道德哲學的隨機應變更爲高明。在《行爲和行爲者》（ *Act and Agent* ）這本書中，愛洛德（F. E. Ellrod）指出，「長期實踐的習慣即使在疲乏和無力做出道德的努力時」也有助於保證「我仍然按照我該做的去做」（Ellrod ＆ McLean, 1986，第155頁）。

這裡有兩點要注意的。第一，美德的獲得永遠也不僅僅是個人的事。美德的獲得要通過我們自己的行爲，也要通過其他人的行爲。美德，至少是一部份，總是一種天賦。因此，「除了作爲傳統的部份之外，再沒有別的方法得到美德了」（MacIntyre, 1981，

第19頁）。由此，美德的獲得不僅需要道德自主性的實踐，而且需要某種程度的謙遜屈從。美德的獲得需要接受其他人設立的一系列規範，甚至要服從堅苦的訓練。德行生活的開始是繼承傳統，對那些在其出生前就繼承著傳統的人們的尊敬。因此，美德植根於特殊之中，例如某種傳統、社會人群、家庭之中，以此作爲起點才能走向更普遍的道德。但是，如麥金泰所提出的，完完全全地生活在普遍的境界之中的想法只是一種危險的幻想，因爲這樣做並不是走向美德，而是走向思想意識的固執。

第二點是美德的訓練是一種「情感教育」（education sentimentale）。麥金泰（1981，第140頁）對美德下的定義是「美德是一種素質，不僅以特定的方式行動，而且以特定的方式感受」。善男善女是這樣一些人，他們幾乎是本能地嫉惡如仇，以正義爲親。這就提示爲什麼講故事是道德教育的特別好的方法，因爲故事有激發情感的力量，正規的教育則無這種能力。限於篇幅，我們無法細談爲什麼故事具有這種力量的理由，也無需討論是否因特殊需要作此細述，因爲普遍認爲故事有這種力量。當然，僅僅故事本身尙嫌不足。史坦納（George Steiner, 1967，第5頁）提醒我們說：有一種文學型的人，他們爲書中人物流淚，但對大街上的哭聲卻充耳不聞。當然，其他形式的道德訓練也是需要的。但若美德訓練是「情感教育」的一個部份，顯然講故事是這種訓練中的重要部份。

一項邏輯的推論是，客觀無倚，不動情感地討論價值，如柯爾伯（Kohlberg）和西蒙（Simon）所主張的那樣，會貶低道德情感。這些討論使學生習慣於這樣的概念，即道德問題僅僅是理論問題，而不是人的問題，後者自然要求強烈的情感。有一種思想認爲，一切事物均是可以討論的，以及一切價值都應給予平等的尊重。正是這種觀點悄悄地損害著美德的本能。這種本能本來使有良

好教養的人對某些事自然地感到厭惡和卑視。因此，缺乏判斷性的方法會使可能已經進行的針對性格特徵的訓練失去特徵。這種方法對於造就站在社會之外的人類學家是個好方法，但作爲道德教育這種形式值得懷疑。歐登奎斯（1981，第90頁）根據他的認識作了很好的說明：

> 「客觀的」，對我們自己的道德原則所進行的無責任性的
> 討論，就像討論我們本不關心的某一離我們很遠的部落的
> 道德風尙。會使年輕人感覺到討論的不是道德，或者使他
> 們把自己的道德行爲的人群看成與他們無關的部落。

歐登奎斯接著說（第87頁）：「那些我們純樸地認爲是不道德的事，也就是我們確實不希望發生的事，因此，當這些事發生時我們便忿怒，這是完全自然的」。

歐登奎斯說，這種對不道德行爲的天然的忿怒被兩種情況之一佔了上風，即中性的社會學的／人類學的反應或與道德無關的忿怒。例如，教師對破壞性的行爲發怒，但並不想把發怒歸爲個人喜惡以外的理由。當然，這種態度認爲道德最終只是個人的喜好，因此，我的喜好對你並無束縛力。當引起忿怒的只是認爲「這是可鄙的」信念，那末，忿怒永遠也不會超過個人喜好的水平。簡單地說，這是一種主觀的忿怒，而且正因如此，不具備義憤塡膺的力量。

若美德是一種習慣，那末惡行也是習慣。事實上，上面提到的道德中性的價值討論容易使按照善惡的思考弱化。人們不再根據正確、需要、欲求來考慮，而是成爲習慣。這種缺乏判斷性的氣氛不僅僅局限於道德教育而且蔓延至一切方面，便爲弱化準備了更濃的條件。這種氣氛以其中性的態度專好討論各種問題進入新聞媒體顯示出節目主持人的客觀態度，進入廣告宣傳者便成年累月地悄悄地

打進原先賺不到錢的隱私的重要的領域，侵入社會學家和心理學家使他們為犯罪行為作解釋和諒解，進入屏幕上免費的暴力畫面，進入黃色影視……。人們變得對一切司空見慣，忍受閱越來越高，對任何事均毫無阻擋。孩提時期所獲得的道德感受性——如果曾經獲得的話——逐漸被蝕去。

「害臊吧，害臊，你這個令人作嘔的小丑」，這是Anne太太向理查三世（Richard Ⅲ）叫喊著說的一句話。就像莎士比亞筆下的查理，我們的許多人早已失去了害臊的能力。那些美德習慣不多的地方，當然一定是形成其他習慣的地方。要著重指出的是，我們這裡所談的主要是習慣性的反應，並不一定關於習慣性的行為。事實情況是，我們可以因各種理由繼續抑制惡行，但並不能防止固有的道德情感並侵蝕。那些道德感情受到了侵蝕而又保持著道德生活的人，他們也提供了允許黃色影視、販毒及強姦犯發展的環境。

的確，無論是現代還是亞里斯多德時代，習慣的養成均是生活的事實。也許不同的是僅僅做廣告的人，新聞節目主持人，和推銷商還承認上述事實。當然，這就使他們對虔誠地相信價值以不知不覺的方式自我建立起來的樸實的大多數人佔了上風。事實上大多數人的價值成了這些使人們失去道德感受性的人的玩物。失去道德感受性是當前道德紊亂的主要原因。三十年前勒維斯（1947）曾經設想過通過改變人的本質，去除人的道德本性以「廢除人性」的現實可能性。第一步是改變狀態機制：「窒息所有深層的憎恨感情」（Lewis, 1946，第203頁）。也許這種道德感受性喪失的最糟糕的問題是越是道德感受性喪失，受害者便越覺察不到所發生的情況。那些曾給以反覆條件刺激的人通常最遲知道感受性喪失。這一種分析提示，不論人們如何缺乏世事的磨練，那些強調道德的人們比代表柯爾伯學派思想的人要有更敏銳的道德眼光。

　　現在回到本章的論題，對所有這些情況，故事該有什麼可做的呢？正是因爲這個情況，美德、勇敢和正義的故事應該在良好習慣的形成，即品性的形成，方面起中心作用。（故事爲兒童形成美德習慣提供了一條途徑。故事可幫助激起眞正的情感，間接地對家庭的、教堂的和學校的更直接的教育起加強作用。故事還能防止現代社會中無情的道德感受性喪失過程。美德、禮儀及英雄主義的故事比一個讓人們遵守的法規所提供的多得多。故事還提供了一種標準，按照這個標準便可對腐蝕進行估量。

　　況且，這類故事與兒童的正常需要一致。這不是像許多現代兒童文學錯誤認爲的要發現別人與自己相同點的需要，而是發現別人比自己強的地方，這便是當兒童努力學好時也會成爲的那樣。因此，一致作用是以做作爲基礎的，但卻是一種好的做作。勒維斯（1955，第192-193頁）在描寫他自己的成長時說，當他與一位有很高的覺悟的軍人朋友一起時便採取了某種做作。勒維斯接著說：「把自己裝做成比自己強的人與實際變化之間的差別，要比那些用探查的眼光尋找差別的倫理學家們所想像的要小得多。

　　然而，並不是隨便什麼故事都會起到同樣的作用。與兒童本身的情況差不多的現實的兒童故事雖不會有害，但不會像英雄故事那樣抓得兒童的想像。但是，我們還必須弄淸楚，英雄意味著什麼。英雄故事是從美德出發表現力量、機智、或果斷的故事。葛拉哈德（Galahad）具有十倍於人的力量，是因爲他的心地純淨。貝伍福有三十倍於人的握力，但同時以「世界上最仁慈的皇帝」著稱於世。優里西斯的機智乃用於對他的弟兄們的忠誠。所以，如果僅僅是個超級的英雄，自始至終表現爲粗野的力的品質則不足爲取。然而，這卻似乎是當前的一種趨勢。系列電視及取材於此的滑稽書刊中的同名人物哈克（Hulk）就很難說是個人，而更像一種自然的

力量，在很多地方哈克並不表現道德品質。

需要補充說明的是，並非所有的道德文學均需要有英雄傳奇故事。待人接物的態度、義務、禮貌、和平安祥、忠誠、友誼的故事也同樣的需要。這些故事均有效地告訴人們，「無論如何人們是通過行爲相互作用的，這也是人們應該如何行爲的根據」。《草原小屋》（*The Little House on the Prairie*），《柳林風聲》（*The Wind in the Willow*），《洞中矮人》（*The Hobbit*）這些書均是英雄氣概與兒女情長的結合，都是上述的這類文學的例子。然而，對於年幼的兒童需要短小易於講述的類似故事。

而且，我敢說給兒童填鴨似的充塞過多的故事，這是一種錯誤。當然，一些特別有意義的故事要反覆的講，直到兒童幾乎熟記，這是很重要的。如果不斷的反覆不是一種有效的教育技術的話，可以肯定那些廣告商們便早就放棄應用這種方法了。

生活如同故事

這裡不免有個問題。講故事是否僅僅是一種條件作用的形式；的確，當設想一切道德教育均是品德的形成過程難道不僅僅是條件作用嗎？如果是這樣的話，那末道德教育不是成了任意性的了嗎，因爲由誰的任意的意志來決定教什麼和讀什麼呢？

目　的

答案是不存道德教育的任意性，就像數學公理不存在任意性一樣。數學公理只是個「是什麼」的簡單陳述。這沒有什麼可爭辯的，因爲它只是一種前提（premise）而不是結論。儘管可以由它引出結論。同樣，美德和道德公理也不過是「是什麼」的簡單陳述，是定義

性的陳述。它對作爲人意味著什麼給出界定。美德和道德公理不是任意性的發明，而是關於人的本質的基本眞理的陳述。友誼、忠誠、勇敢、正義等美德只不過是在良好的社會中構成善良的人的成份；不可能是別的什麼。但是，我們卻又很難具體捉摸。不管人們是否明瞭，只有當人們生活在其中，或者說充份參與到人的生活之中，才能了解美德。數學公理是普遍性的眞理，但數學家對數學公理的掌握卻比無數學訓練的人容易得多。

關於人或事物的目的和功能的知識使我們避免了作出僅僅是任意性的判斷。如果一個人對火警作出很迅速的反應，幫助撤空著火的房屋並在操作水龍頭或天梯的行動中找到自己的位置，我們便說他是個「好的救火員」，這並不是任意性的判斷。在陳述中內示了一個救火員的特殊功能和目的。這便是定義性和公理性，這些便是救火員做的事情。因此，如果一個人對火警反應遲緩，對救助人的義務畏縮不前，丟掉水龍頭而逃，我們便判斷說，他是個「壞救火員」。

用道德的術語來說，諸如「好」和「壞」，「正」與「誤」均包含著某種本質或功能的知識：即如果是事物，它們充份實現其功能時，應該運行的方式；如果是人，他們充份實現其目的時，應該行爲的方式；這些運行和行爲方式的知識。因此，任何一種道德評價的判斷均離不開終極目的（telos）或人的目的的概念。

在古典和基督教對美德的理解中均包含了上述概念。對於「本來就是那樣的人」和「如果他實現他的本性，他便會成爲那樣的人」，亞里斯多德曾加以區別。人的目的由此轉移至彼，由無敎養的狀態至理性的愉快的水平。這種存在狀態既需要實行美德又部份是由美德構成的。在基督精神中除了保留了經典的美德外，又增添了信仰、希望和慈善三項，因爲基督敎義認爲人的終極目的不僅在於現世而且在於來世。無論在經典的或基督的框架中人均有一個本

質性的目的。

　　然而——這裡我根據麥金泰（1981，第57頁）的分析——隨著
啓蒙時代的來臨，「本質性的人的目的或功能概念便從道德中消失
了」。當這種情況發生後，「把道德判斷作爲事實陳述開始變得難
以置信」。麥金泰接著說，如果沒有一點終極目的的概念，道德要
麼降爲苦行主義（stoicism），這符合爲原則而原則，要麼成爲情
緒至上（emotivism），這樣道德判斷便成了任意性的個人喜好。
其後果之一是現代道德爭論的無休無止永無盡頭，因爲這種爭論是
建築在任意性的基礎上的：我的需要對你的需要。於是，其結果是
許多道德爭論便採取了揭露對方論辯中的任意性，而又掩飾了自己
也是以任意性爲基礎的（MacIntyre, 1981，第6，11-12, 69頁）。
這提示爲什麼道德困境（Kohlberg技術）及根據個人喜好作出斷
言（西蒙價值闡明技術）已爲慣例的做法。柯爾伯的拒絕目的性是
比較清楚的（我們不作關於人類最終目的和好的生活——的直接論
斷），而西蒙則從來也未掩飾過價值只不過是個人喜好的主張。美
德發出聲音說：「我必須很好地起我的作用」，換成了個人主義至
上的聲音：「我必須得到我的權利」，或者更簡單地說：「我必須
得到我所要的」。

　　這一段對於終極目的（telos）的討論，有助於我們瞭解爲什
麼在古代和中世紀時代對於道德傳統的傳遞是至關重要的。終極目
的的概念強迫我們發問，「生活的目的是什麼？」這也同樣是我們
對故事所發的問題，「故事到底是說什麼？」契斯特頓（G. K.
Chesterton）（1923，第121頁）寫道：「你講的故事不可能沒有
追隨某一目的和某一主題的思想。」的確，如果你開始離題，你的
聽衆也會立即提醒你，「不要扯遠」。我們只能在忍耐不住和好奇
心之限度之前離題，之後我們便會要求：「接著往下講」。古代和

中世紀有一項至今還有影響的信念：生活應該像故事一樣；的確，生活就是故事。正像講故事不能不盯住一個主題，如果不盯定一個目標，便不會有好的生活。儘管可因誘惑而像詩的幻想那樣脫離目標，但可以有理由不去行動。生活有如故事這也在當代的心理學中找到了證明。事實上，對於人的特定性（identity）本質的確定性描述，艾利克森（Erik Erikson）提出的生活週期理論與生活就像故事的思想在許多方面都是相應的。

如果把「生活週期」稱爲「生活故事」也並不改變艾利克森的中心思想。首先，故事是在社會環境中講述的。正像故事是在家庭中或社會人群中學到的，並一代一代傳下去一樣，一個人的生活故事首先也是從其他人開始的。我們生活的故事是在其他人的故事中開始的，是與其他人的故事連在一起的，並僱用其他故事中的人物。儘管故事的一部份是由我們的生活構成的，但我們不是整個故事的創造者。我們發現自己只是故事的一部份，故事是早已開始了的；就像希臘神話中的英雄，我們發現自己只是在「扮演已經被設計好了的一些角色」（麥金泰語）。因爲命運給了我們某些責任，固繫和指導著我們，「我只能回答『我要去做什麼？』的問題。如果我們能夠回答先一步的問題『我們自己在個（或一些）什麼故事之中？』的話」（MacIntyre, 1981，第201頁）。

與英雄一樣，我們既是被決定著的，又是自由的。我們是被出生的特定時間和地點所決定的，這一點艾利克森說得十分清楚。在傳說中我們有多種可能發展的自由，但不是任何可能性的自由。自我與別人的自我和其他的故事是分不開的，如果完全切斷聯繫也便不再有自我存在。脫離社會特殊性、停止扮演角色也便是停止了在故事中作爲人物。而且，也就是不再有品格特性。

我們可以看到艾利克森的與當代其他心理學理論，而且事實上

有點怪的自我概念。他的關於健康自我的思想與流行的自我創建自主模式有很大的不同。他的思想回到了更古老的傳統。我們很難說艾利克森是怎樣避免當今的徹底個人主義思想的，雖然他對一些傳統社會作的大量實地研究可能有某些作用。然而，雖然如此，他的研究似乎並不是從古老的傳統出發的。在艾利克森的理論中，道德成長有賴於美德的獲得，如同希臘傳統的那樣。「美德」（Virtue）是艾利克森所用的一個專門術語，他是在古希臘傳統的意義上自覺地應用這個術語的，指的是非常佳良的力量或人品。在艾利克森的理論框架中，美德既是先天繼承的又是自身成長的，如同古希臘社會認為的那樣。人們並不發明自己的美德，人們學習而獲得美德的傳統，經別人幫助而獲得美德。在艾利克森的理論中，在成長的每一階段均有固有的美德。如何能成功地獲得美德不僅僅依賴我們自己的願望和技能，而且有賴於別人的幫助。美德的成長是社會人群的事。

同 一 性

我一直在努力論述的主題是說，生活就像故事，也只有這樣才能完全理解生活。我想，對於艾利克森的同一性（identity）概念的介紹會有助於使我的論點更為清晰。「連續性」（continuity）這個詞可以串聯艾利克森對健康的同一性的論述。同一性是個人的歷史，連續性是講故事的線索，將歷史聯結起來。艾利克森（1963，第11頁）說到同一性如同「相同感和個人現在感到並被別人確認的，在時間上一致的，作為不可逆轉的歷史事實的人格的統一」。這裡我們再一次看到，同一性不是一種孤立的獲得物，而必需得到「別人的確認」。我們的故事不可能與別人的故事割裂開來，然而，更確切的說，「人格統一」的概念本身就提示不僅僅是

內在的和諧，而且是整個時間上的統一。一個人必需能夠向後看到
自己年輕時的自我，並看到聯繫到現在的自我的線索，而且要向前
看到要成為的自我，這就是目的性。健康的自我是與其他人的自我
並且與過去的及將來的自我相聯繫的。我們不妨說，這種同一性是
艾利克森大綱中在同一性之後的親密性（intimacy）和生成
性（generativity）兩階段的必要的基礎。保持親密性和生成性所
需的責任要求人的可靠，而正是連續性才使我們可靠。別人所以信
任我們是因為我們在一些重要的方面保持不變，我們有「整個時間
上的一致性」。我們的生活有一條講故事的線索。我們的品格特徵
可以發展，但可以這樣說，我們不會變成不同的品格特徵。別人信
賴我們不會放棄我們的故事或他們的故事。儘管有可能或多或少地
放棄一個人已經開始的故事，但普遍認為這是不好的。就像在文學
作品中，如果角色老是像飄球那樣跑到其他故事中去，這是生活的
很壞的形式。如果哈克·費恩＊（Huck Finn）突然出現在《悲慘
世界》這本小說中，我們會無可非議地覺得他應該回到他自己的故
事中去，並讓讓·法讓（Jean Valjean）與其故事一起出場。而且
更因為需要哈克返回到他的木筏上去。

　　故事和生活所要求的這種可靠性與預見性不同。它也不是我們
通常所說的，例如「哈羅德相當可靠，但就是太遲鈍」那樣一種可
靠性。後一種可靠性提示某種預見，可以說，這並不是希臘英雄所
具有品性特徵。這個英雄是可靠的，其意義是說他會起他應起的作
用、去做需要去做的事；但是誰也不能預言他將要怎樣去做，只能
說他將會去做。可靠性與自由或個體性是一致的。

　　然而，認為自我是一種流動性的過程，與過去和將來，與地點

＊哈克·費恩是馬克吐溫（Mark Twain）的小說 *Huckleberry Finn* 中的主人
翁。讓·法讓是雨果（Hugo）小說 *Les Miserables* 中的主角。——譯註

或其他人均無特殊的聯繫的觀點與可靠性是不一致的。這裡連續性或「整個時間的一致性」也無意義，因它們都是限定性的概念，而這種特殊自我卻要求無限定性。這裡我們所說的自我不是設想為故事中的角色，而是在更大範圍中的一名角色〔如惠特曼（Walt Whitman）考慮他自己那樣〕可以隨時承當任何或一切角色或不當角色。困難是人們不可能有這樣的故事。那些對演戲的要求與波頓（Bottom）＊相同的人們的確想演所有的角色。然而，你可以完全拋棄故事形式——或者企圖這樣做。現代文學中的某些發展似乎適應於這種變化了的自我概念。如果生活確實沒有一根敍述故事的線索，那末為什麼故事還要線索呢？這也是沙特（Satre）和巴特（Barth）小說以及貝克特（Beckett）戲劇背後的理由。這些作者傾向於將生活描繪成一系列隨機的、不連貫的，不知由何處至何處的事件。

真　實　性

　　然而，一個不連續的同一並不能為美德提供基礎，缺乏連續性的同一是不可靠的。伴隨同一性一齊發展的美德是「真實性」（fidelity）。也許艾利克森用這個詞所指的不僅僅是忠於別人，而且是忠於從整個時間來考慮的自我。即意味著忠於自己的角色，並願意按將來的要求演這個角色。毫無疑問，人們會儘量忠實而又靈活地扮演自己這個角色，然而這個角色仍然不會像我們所想要扮演的那樣，也不會完全被拋棄。這裡我們可以看到美德的故事與美德本身之間的平行關係。契斯特頓（1923，第121頁）寫道：「文學必須忠誠，對於最基本的心理學，這也是講故事的本質。講故事不可能不追隨某一目的或盯住某一點。」這是英雄故事生來俱有的特

＊波頓：莎士比亞劇本《仲夏夜之夢》中的人物。在為公爵演出的戲中扮演皮拉慕思（Pyramus）。——譯註

徵，在這類故事中一切的美德總是與勇敢、忠誠、友誼連在一起的。故事中某人的朋友或妻子如也可認爲是英雄的話，則是因爲他們的勇敢，而他們的勇敢實際只是他們的眞實性的一部份。他們的眞實性則來自他們的同一性或品德特徵。

同一性似乎是指品質，如堅持性、一貫性和持久性。這幾個詞沒有「忠誠」、「勇敢」和「友誼」那樣高貴的光環，但卻是它們所依賴的品質。人們所以信任你，是因爲你過去對他們的所作所爲。人們常說勇敢是各種美德受到考驗時的形式。然而，阿奎那（Thomas Aquinas）認爲勇敢的本質在於持久性和耐心。這就是爲什麼持久力而不是力量總是英雄的更重要的品質。尤里希斯（Ulysses）對自己說：「堅持呀，我的心。」

正像生活就是故事那樣，愛情或友誼完全可以理解爲人們共享的故事。這裡持久性仍然是中心的成份。在愛情中其形式爲專注，可以看到，專注也是莎士比亞的十四行詩的中心主題和奧斯汀（Jane Austen）小說中女英雄們的主要美德。麥金泰（MacIntyre）（1981，第225頁）在評論奧斯汀時寫道「如果沒有專注性，其他的美德也會在一某種程度上失去意義」。況且，如無專注性，也就無共享的故事，也無法向後看和向前看。

有人曾經說過，愛情的百分之九十是記憶。我不能肯定這個百分數，但可以肯定，當你給別人講故事時，如果聽者像你一樣瞭解與喜歡這個故事，你會有雙倍的愉快。使愛情變得強烈和持久的一個原因是共同的記憶，是能夠說，「記得什麼時候？」「記得週末在小屋裡？記得那時我們在 Bronx 迷路嗎？記得那時我們在山野裡嗎？」現在假設你已進入中年或老年，已無人和你共享這個故事，那時週末你與A君同在小屋內，但A君已在數年前從你的生活中離去。那時你與B君同在紐約，但B君已成家遠去他處。那時你

與C君共於山野土中，但現在C君已不知去蹤。於是，只留下了你與一系列的前言，或許有許多剛開始的章節。你可能已經有了一個故事。（見Kilpatrick, 1983，第十五章）。

生活和故事中的必不可少的成份是連續性。生活的敘述線像故事的線索一樣起着同樣的功能。故事的線索給故事以方向、目的及固有的意義。所以，終極目的（ telos ）的概念對故事和生活均是必要的成份。艾利克森告訴我們，在年幼時就應該發展的一項美德便是「目的」美德。若未能形成這項美德，生活就變得莫名奇妙。當人們失去了描敘生活的線，生活也就不再有目的。

不幸的是，過去一直被認為不能成立和無人支持的個人徹底自由不受故事約束的觀點，現在卻有些流行。然而，這是無法實行的概念。麥金泰（ 1981，第203頁 ）寫道：「一切想闡明個人同一性概念是與敘述故事、可理解性、可說明性概念無關的企圖都是注定要失敗的」。「因此，個人的同一性正是以品德的統一為前提的同一性，而這也是敘述故事所要求的統一性。若無這種統一性，也就無故事可述的人物了。」如果麥金泰是正確的，那末當前的大多數關於道德教育的文章便是錯誤的，因為這些文章均不承認生活的故事敘述性。以錯誤的自我概念為基礎，並缺乏美德概念，這些文章只能給出很貧乏的故事。故事要求其中的人物有友誼、忠誠和始終如一的品德，「道德經紀人」和冷漠無情的「人」是不行的。故事也需求緊張，障礙必須克服，要有真正的危險。但當把道德判斷降為個人喜好時，便沒有了緊張因為消除了犯錯誤的可能性。也失去了嚴重性，因沒有了轉錯彎的危險。故事必需引向一個結論，英雄必有其命運，但若生活中毫無目的，那末便只剩下無限的困境和無休止的是非爭論。我們需要記住，真正的道德主要是做得對，而並不那麼關心得到正確的評價。美德並不存在於理性的論辯之末，而

是追求之的，同時也在追求途中。

Boston College

Chestnut Hill，MA

參 考 文 獻

Chesterton, G. K.（1923）. The boredom of butterflies. In *Fancies versus fads.* New York：Dodd, Mead and Company.

Ellrod, F. E., McLean, G. F., Schindler, D. & Mann, J.（1986）. *Act and agent：Philosophical foundations for moral education and character development.* Washington：University Press of America.

Erikson, Erik.（1963）. *Youth, change and challenge.* New York：Basic Books.

Kilpatrick,William K.（1983）. *Psychological education.* Nashville：Thomas Nelson Publishers.

Lewis, C. S.（1946）. *That hideous strength.* New York：Macmillan Publishing Company.

Lewis, C. S.（1947）. *The Abolition of Man.* New York：Macmillan Publishing Company.

Lewis, C. S.（1955）. *Surprised by Joy.* New York:Harcourt,Brace and World.

MacIntyre, Alasdair.（1981）. *After virtue.* Notre Dame：University of Notre Dame Press.

Meilander, Gilbert.（1978）. *The taste for the other*：*The social and ethical thought of C. S. Lewis.* Grand Rapids：Eerdmans Publishing Company.

Oldenquist, Andrew.（1981）. " Indoctrination " and societal suicide. *The Public Interest*, Spring.

Steiner, George. （1967）. *Language and silence.* New York：Athenaeum.

Suttle, Bruce B.（1981）. The need for and inevitability of moral indoctrination. *Educational Studies,12.*

第九章　社會環境與道德行爲

列翁尼與葛拉齊亞諾 合著
Christopher Leone and William Graziano

引　言

　　迄今，心理學家們常在下列兩種典型的途徑中採取其一來研究和理解道德現象。較傳統的途徑，以道德推理的理論分析或用精神分析的觀點來理解道德的成長爲例，主要把個人當作道德思想、情緒和行爲之源。因此，由這種途徑的支持者所作的道德現象的各種理論分析均利用素質、能力和良知這些成份作爲解釋的工具。另一種以各種社會心理學研究爲實例的途徑主要認爲情境和人際因素是道德思想、情緒和行動之源。因此，由這種途徑的支持者對道德現象所作的各種理論分析均利用規範（ norm ）、社會比較和模型化（ modeling ）作爲解釋的工具。

　　儘管這兩類方法可以代表一個連續體（ continuum ）的對立的兩極，但並不一定是互相排斥的。這兩類途徑所得到的各種解釋，與其說是各不相同，毋寧說是相互競爭的。強調在道德反應中個人爲決定因素的各種理論分析，力圖確定和瞭解形式的、物質性的原因。強調情境和人際因素爲決定因素的各種理論分析，力圖確定和

瞭解各種動因（ efficient causes ），這兩種途徑並傾向於用不同
的標準作爲目標。那些提示道德現象爲內在原因的各種解釋往往指
向個人範圍所發生的事件（ 例如，道德推理 ）。那些假設道德現象
爲外在原因的各種解釋，典型地集中於在公共範圍內所發生的事件
（ 例如，利他主義行爲 ）。

　　本文的指導觀點認爲，上述兩種途徑是相互結合的，而不是相
背離的。首先，一項企圖是爲本書的其他各章的觀點提供補充。爲
此，對代表情境研究和其相關研究的三種社會——心理學範式將作
簡短的複習。其次的企圖是探索個體研究與情景研究的兩種可能的
結合。特別有提示性的是，通過考慮人與情景以及自我選擇的社會
環境之間的相互作用能夠獲得對道德現象的更完全的心理學理解。

　　在我們考慮道德行爲的情景研究之前，先提出三項說明許是適
宜的。第一，被選擇進行複習的三種社會心理學範式決不代表全部
的種類。對社會心理學文獻所作的因果性的研讀揭示出對道德現象
所作的各種觀點的重要的理論和經驗性研究。進行選擇的標準是該
範式應有代表該領域特徵的有關論題和理論分析的寬度。第二，繼
之對這些範式所作的處理只代表總體的複習而不是詳盡的複習。詳
盡的複習並非本文的範圍，希望有興趣的讀者去查閱對這些範式的
更詳盡的闡述。第三，與個體研究企圖對有道德的人進行界定相
比。本章討論的社會心理學範式則無這個企圖。

　　對環境中各種因素給予確定道德性的企圖缺乏的確切理由尙不
太清楚。然而，我們可以設想，這種特徵性描述的明顯擬人性可說
明這種企圖爲什麼缺乏。的確，不僅僅針對社會心理學家（ 比較
Allport, 1924；McDougall, 1920 ）而且也針對哲學家（ 見Ellrod
and Nicgorski 於 *Act and Agent：Philosophical Foundations
of Moral Education and Character Development*, Ellrod &

McLean編，1986，第142-164頁的文章）對社會環境給以明顯的人的屬性在歷史上一直存在著阻力。為了繼續這個傳統精神，我們轉向研究個體道德行為的三種社會心理學範式：史道伯（Staub, 1974）對助人行為的研究；米爾格蘭（Milgram, 1974）關於服從權威的研究；及琴巴多（Zimbardo, 1969）對於去個體作用（de-individuation）效果的分析。

社會影響對道德行為的作用

幫助別人

直至最近，心理學家一直對助社會行為的決定因素的性質幾乎沒有系統研究的興趣。然而，在過去的幾年中對各種形式的助社會行為，特別是助人行為有了實質性的理論與經驗性研究。（例如：Berkowitz, 1972；Latane & Darley, 1970；Schwartz, 1977; Staub, 1974）。史道伯（1974）對個人在某些情況下願意幫助受難者的情況研究也許是動機性研究的代表作，也是這篇文獻的特點。

根據史道伯的研究，個人是否選擇去幫助受難者取決於對於多種往往是互為背離的動機的解決。助社會性的規範，諸如社會責任規範，促動個人去幫助別人。當個人先有正性的結論（如，承認、同意）便會去符合規範，當先有負性的結論（如，貶低性估價、批評）便離開規範。這些規範的影響及伴隨的助人行為可受許多因素的緩衝。首先，多種規範和社會規則可在同一給定情況下作用（如，Darley & Batson, 1973；Graziano, Brody, & Bern-stein, 1980；Greenwald, 1975-b），每一種規範或規則所指示的行動可不符合助人行為。第二，其他人對於我們助人義務的期望

過於特異以致規範的期望反變得不確切（例如，Latane & Darley, 1970）。其結果是，不能明確地指令一種反應，包括助人行為，去壓倒其他反應。第三，許多人際間相互作用的性質也十分模糊，因此需要對情景有一個社會性的界定（Goffman, 1959）。根據語言描述、對別人的指示、及現場人物的行為反應，社會情況可用許多方式來界定，從而對助社會性規範所引起的動機起促進或抑制作用（例如Danheiser & Graziano, 1982）。

如史道伯（1974）所指出，社會的報償和代價構成了另一種動機源，可以促進或抑制助人行為。幫助別人可帶來物質的和情緒的代價，在某些情況下可相當可觀（例如，Piliavin & Piliavin, 1972）。由這些預估的代價引起的動機與由因符合助人規範，例如互相規範，而預期的社會的和非社會的報償所引起的動機，兩種動機會相衝突（Gouldner, 1960）。

其他的動機策源，如情緒狀態和內在的價值或規範則提供附加的影響，個人在選擇幫助或不幫助別人之前必須加以考慮（Staub, 1974）。例如，移情情緒狀態的經驗可促進助人行為，使人們能夠代替性的體驗別人的痛苦，和預期在幫助別人後這種移情痛苦狀態能得到的代替性減輕（Aronfreed, 1970）。然而，移情狀態的體驗並不一定能保證助社會行為。許多行為（例如，逃避）均可是移情體驗的結果（Stotland, 1969）。同樣，個人也可以因為助人行為符合於他們的個人價值和規範而幫助別人（Schwartz, 1977）。符合個人價值和規範可得到自我掌握的報償，而不符合可得到自我的懲罰。然而，個人可能按照不同的內在標準及由此提供的行為規則來認識和行動。某些這類行為引導可促進自我服務的行為而不是真正的助人行為（例如，Danheiser & Graziano, 1982；Graziano, Brody, & Bernstein, 1980）。

由此簡短敍述應能明顯看出，史道伯（1974）提出的觀點是，助人行爲是多因素決定的，而且並不是對別人的痛苦所產生的固定的反應。因此，所激起的動機促進或妨礙助人行爲的程度部份地取決於人際的環境。史道伯曾經對可能影響助人行爲的情景的和人際的許多因素進行研究，包括受痛苦者的特徵，引起助人行爲的環境，合適的行爲規則，人際的影響企圖。以下是對史道伯研究的概述。

受痛苦者的特徵　一項很可能的人際間的決定助人行爲的因素是需要幫助的人的特徵（Staub, 1974）。人們更願意給那些明顯表現出強烈需要援助的人以幫助，而較少給予需要明顯較輕或表達模稜的人以幫助。與這一預期一致的是，越痛苦殘傷嚴重的人（例如，心臟病發作與膝關節痛相比）越易得到幫助。同樣，困痛越嚴重（例如，不能活動者與可活動者比較），也越容易得到幫助（Staub & Baer, 1974）。然而，對那些能清楚表達受援需要的人給予幫助的傾向不是很普遍的。幫助人的動機會很容易地被受困痛者的其他特徵所減弱，例如全身的健康，這可使人對痛苦的程度和性質產生疑問。另外，助人行爲所要求的情景特徵（例如，容易免卻）也減弱旁觀者對明顯表示需要援助者給予援助的意願（Staub & Baer, 1974）。似乎人們更願意幫助需求更大者，但也只當情景表明這種需要是不模稜不清的和限制著給援人的選擇時才行。

環境因素　有人提出給受痛苦者幫助的可能性是挿手此事要求的相對代價的函數（Piliavin & Piliavin, 1972）。如果環境對不給人幫助的代價（如，爲難或責任）是使之減少，那末可能的助人者可能不去幫助別人。如果情景對不給人幫助的代價是使之增大的（如，增加爲難或責任），可能的助人者可能給人幫助。與這一理

由相一致的是，史道伯和貝爾（Baer, 1974）發現，當人們難避免與受痛苦者接觸時，人們可能對受難者給予幫助；而當人們易於離開場景時，給受難者的幫助便會減弱。這項發現支持了史道伯（1974）的論斷，對於給予幫助和不給予幫助所設想的報酬和代價決定著在給定情景下許多動機中那一種被激發。

　　合適行為的規則　另一項可限制可能的助人行為的情景因素是調節相互作用的適當形式的各種社會規則（Staub, 1972）。許多這類規則都是一些禁戒（例如，尊重別人的隱私），這些規則可因激發相競爭的其他行為（如，避免接觸）而無意中抑制助人行為。如果是這樣的話，給別人幫助便會因情景因素而受到阻抑，但這也使偏離社會規則成了可允許的事。例如，當人們被允許進入受痛苦者所在地區時，人們便會幫助受痛苦的人。反之，若禁止進入受痛苦者的所在地，便無人對受痛苦者予以幫助。許可性的社會規則與禁戒性的社會規則的不同效應似乎同樣適用於兒童和成人（Staub, 1971b）。因此，給予或不給予幫助的相對動機強度受到在某種情景下界定適合於社會的反應的社會規則的影響。

　　社會影響　除了那些正受著痛苦的人以外，人們可有意地去影響別人給予或不給予幫助的動機。例如，有意的影響可採取語言勸說的形式。其他人可通過使人們自覺地接受為他人謀福利的責任（例如，Staub, 1970a）或通過促使人們效仿助人行為（Staub, 1971c）而促進人們幫助受痛苦的人。反之，其他人可通過把環境界定為「非急需」的情況，也就是說在這種情況下不是真正的需要幫助，而減弱人們給受痛苦者幫助的可能性（例如，Staub, 1974）。

　　除了那些正在受痛苦的人以外，人們也可無意地促進或抑制別人去幫助人的動機。無意的影響可有多種方式，例如示範作用或僅

僅因爲物理性的存在。觀察別人給人直接的幫助（例如，慰問意外事件的受害者），或間接的幫助（例如，尋求其他人幫助）均可增加觀察者企圖直接幫助人的可能性（Staub, 1971a；1974）。然而，有時僅僅因爲別人的物理性存在就降低了人們幫助人的可能性。例如，由於對於某一緊急情況的旁觀者增加，就會減少人們參與幫助的意願（Staub, 1970b）。因此，其他人對人們的助人意願的影響是很不恆定和複雜的。

總結 史道伯聲稱，助人行爲是多因素決定的，助人決定的作出往往有賴於一系列不相關聯的動機的相互作用。前述的研究復習符合上述觀點。一個人面對決定幫助或不幫助別人時，要受到大量影響因素的挑戰。有些影響因素促進助人的各種動機，這樣便有意識地作出了助人行爲，另一些影響加強某些導致不給幫助的動機。史道伯的研究的意義在於提示助人行爲既不是需要幫助者的想像也不是給予幫助的動機的必然結果。這一總結似乎是合理的。個人究竟傾向於那一邊，要受到許多情景的和人際間的影響的調節。

服從權威

對於日常的社會性相互作用的因果性觀察提示許多接受影響的例子是因爲影響者的權威。商業的總裁、軍官、警察、教師、父母和實驗主持者只是權威的少數例子，他們在其影響範圍內特徵性地強迫與他們相互作用的人們順從他們。如果我們考慮一下人們認爲維持組織性的社會組織的和制度的方法對於社會人群的生活是必要的，那末對於權威的無所不及的作用便不足爲奇了（Rokeach, 1960）。

然而，使人驚訝的是權威在任何要求下可得到順從而不顧順從的後果。這種順從性引起了米爾格蘭（1963;1974）的考慮。特別

引起米爾格蘭的興趣的當一個人順從另一個人的命令而又對第三者有所傷害時的條件。爲了瞭解這一現象，米爾格蘭（ 1974 ）發展了一種服從權威的控制性模式。

在這種模式中，個人被認爲在兩種運作方式中只能取一種進行活動。在自主模式中，人們以個體行爲爲他們自己的「局部」或個人需要服務。在系統模式中，人們作爲社會組織的一個部份爲組織的需要服務。從一種模式向另一種模式的轉換涉及態度的轉變。模式轉換發生於當個人不再把自己看作爲自己而行動者，而把自己看作是爲了實現別人的目標而行動者。這種觀點稱爲「代理人狀態」，是具有破壞性後果的服從權威的根本。

什麼條件提供了從自我控制狀態向代理人狀態轉換的動力呢？許多社會生活的經驗，諸如家庭，組織（如學校），組織性的獎勵結構（例如，組織內的提升）提供了服從權威地位者的一般安排或設置。在特殊情況下，這種安排受到起動，各種前置因素誘導了向代理人狀態的轉變。這些前置因素是感到權威者是社會設置的合法代表和有關人物（例如，士兵感到軍官是負責者），所理解的權威者的作用和權威者所要求的之間的協調（例如，教師向學生安排與課程有關的作業），「控制意識」（即權威者爲了社團的目標所作行爲的組織合理性）。社會生活經驗與前置條件的結合便爲個人採取「代理人狀態」和運作的系統模式提供強力的動機（ Milgram, 1974 ）。

一旦採取以後，代理人狀態便促進著多種心理機制，促使服從權威。這時，發生一種「調諧機制」使行爲者在感知和認知上更能接受權威者，並對周圍的其他情況不敏感。行爲者接受權威者對「情景的界定」（ Goffman, 1959 ），並因此而變得傾向於參與適合該情景的行動。於是，行動者行爲的責任便取消了，並歸交給權威

者。自我評價也付厥如，因爲責任不歸於己的行爲也與行爲者的自我概念無關。這些心理機制均促進權威者的命令轉譯成行爲者的行動（ Milgram, 1974 ）。

如果這裡的鼓勵代理人狀態的條件和心理機制是有關行爲的唯一動機因素，那末對權威的有害的服從進行分析便相對容易了。然而，另外的動機性力量引起的反應與服從性行爲反應進行競爭。米爾格蘭（ 1974 ）提出理論假設認爲對抗服從的動機力量來自內化的道德和社會價值以抑制對別人的傷害，有害的服從行爲接受者可能報復的威脅、對作爲道德責任心的自我形象的威脅、有害的服從行爲的「受害者」的痛苦（語言的或非語言的提示）。不論其來源如何，這種對傷害別人進行抑制的動機與服從有害的權威命令是相衝突的，因此便在心理系統中建立了一種「緊張」（ strain ）狀態。緊張有可能促進向運作的自主模式轉化，並促進減少或避免傷害別人的行爲（例如，對權威不服從）。

因此，似乎當個人面對權威的命令去傷害第三者時，會遇到「混合動機」的情況。存在著建立服從動機的力量也存在著產生不服從動機的力量。米爾格蘭（ 1974 ）研究的問題便是解決這種動機困境的因素及最終的張力。

第三者的特徵　因爲第三者（即服從行爲的受害者）對於可能的順從者變得越益重要，後者的避免傷害別人的動機變得更有影響力，對權威者的服從便會減弱。當第三者變得更爲重要時，在服從行爲中隱含的對自我形象的威脅會變得更強，報復的威脅變得更爲可能，語言的和非語言的對痛苦的提示可能甚強烈而不能忽視，或內化的道德和社會價值被激起。由於任一種或全部這些理由，因爲第三者與可能的順從者越來越接近（聽覺的、地理的、視覺的、感觸的），順從行爲必然降低（ Milgram, 1965b ）。

　　然而，僅僅增加有害性順從行為受害者的重要性並不總能降低服從行為。事實上，可以預期某些第三者的特徵可增加針對他們的有害的順從行為。如果第三者表示願意接受有害的順從行為的後果，可能的順從者的避免傷害別人的動機便會減弱。然而，針對這種可能性尚無直接的證據，值得注意的是，第三者願意接受有害的後果並不足以抵消一個善良的權威者的影響（ Milgram, 1974 ）。顯然，受害者願意接受傷害不僅僅能減低不去傷害別人的動機，而且同時促進對權威者服從的動機。在這些條件下，我們可以設想，一個惡的權威者可能引起對有害性的服從行為提高。

　　權威者的特性　權威者的特徵與行為也可影響個人服從命令的動機。若權威者不在服從行為的現場，可以預期順從性會降低。也許，物理性的遠離使權威者在被感知上和被認知上均不太重要，其結果便使個人較少尊重權威者的指令。另一方面，當權威者不在時，權威者對服從行為的後果便難以負責，在「心理上」也不可行，於是個人就得對自己的行為負責，這便使對抗傷害別人的內化了的禁戒變得重要。這兩種可能性均符合米爾格蘭（ 1965b ）觀察到的下列情況：當權威者物理性地不在場時與在場時比較，個人更可能公開的不服從或最少的隱蔽其不順從性。

　　權威者可能減弱順從動機的另一方面是既得權力的來源。現場中的「控制意識」可促進服從性，任何可破壞服從的組織合理性的情況均可減弱對權威順從的動機。與這一論點相一致的是人們發現對於權威者權力的組織環境缺乏可靠性時，對權威的服從便減弱（ Milgram, 1965b ）。因此，在某些情況下，除非個人接受產生權威的組織結構，否則便不會服從權威。

　　特定的權威者的性質也預期會影響服從性。若權威者的權威被認為是不合法的或不相干的，對其命令的服從將會最小。事實上，

當權威者的合格性與該任務無關或權威者的合法性受到多數權威的相互矛盾的命令的損害時，對權威的服從便減弱（ Milgram, 1974 ）。顯然，這些條件尚不足以促成「代理者」狀態及相伴的服從權威的動機。當一個有權勢的人本身是服從行為的承受者時，可能的服從命令者所面臨的動機困境會特別尖銳。個人將如何解決這個矛盾似有賴於其他在場的人。如果命令是由一個暫時發佈命令的普通人發出的，服從行為給權威者帶來的危害後果將為最小。然而，若命令是由合法的權威者發出的，服從行為便不減弱（ Milgram, 1974 ）。前一種情況下，服從的動機可能因認為普通人是不相干或不合法的權威者之故。後一情況下，權威者的相關性和合理性顯然足以引起服從者的代理人狀態，使服從者的注意集中於命令發佈者，並從承受者身上分散出去。

人際的影響 個人服從或不服從權威的動機可受到周圍在場者的情況的影響。例如，旁觀者對權威者的違抗可大大增加可能的服從者也不服從的可能性（ Milgram, 1974 ）。反抗行為的示範可損毀權威者的合法性，因此減弱其他人的服從動機。反抗示範也可使惹人注目的這些人更有價值，由於他們是抑制傷害其他人的，故因此增加人們約束自己傷害別人的動機。

人際的影響對服從的作用並不總是有益性的。當個人服從權威的動機並不太強時，看到旁觀者的順從便可增強順從的動機和行為，尤其是當個人只是被要求作一些輔助性的行為時（ Milgram, 1965a；1974 ）。服從的模範可增加權威的合法性，從而增加個人的服從動機。另一個理由是，一個服從的榜樣可作為個人對其有害的服從後果的推托，而取消責任是人們所認為的增加對權威服從的一項機制。

順從的旁觀者也由於建立了規範性的社會影響而增加個人服從

權威的動機。儘管服從行為有有害的後果，旁觀者可通過鼓吹權威的服從傳輸服從是合規範的反應的思想，並可引起人們對偏離規範的社會代價作出預估（Asch, 1952）。因此，即使有些人原先並不必需順應服從權威的意見，但在旁觀者傾向於權威者的意見促進下而使這些人服從權威。對此不必為奇（Milgram, 1964）。

總結 米爾格蘭（1963；1974）所收集的關於情緒反應的補充資料充實了下列觀點：當人們遇到權威者指令他們去傷害別人時，均經歷著真正的張力。張力如何解決及採取什麼行動依賴於互為競爭的兩方面影響；一方面是服從權威的動機，另一方是以助社會行為的方式傾向於其他人的動機。對於影響解決張力的因素的研究進行了複習。

對於許多人來說也許令人驚訝的是，這種動機衝突並不是很順利就解決的，而且往往以不服從權威作為解決（Ross, 1977）。然而，不服從只是減輕衝突的一種方式。衝突也可通過對服從行為的後果採取感知的或認知的迴避（如，將注意力從受害者身上分散開），尋找托辭既逃避不順從又免卻給別人造成痛苦（例如，隱瞞不順從性），取消個人對結果、不同意見、或軀體性張力轉換（如，使張力轉為軀體發洩）的責任等得到減輕（Milgram, 1974）。另外，有許多「限制因素」，諸如行動後果的性質，憂慮，及情況所逼均使得服從是阻力最小的道路。有了這些複雜的限制因素，顯然較低的不服從率便易於理解了，儘管令人遺憾。

失個體作用（deindividuation）

儘管失個體作用近來受到了許多社會科學家（如，Deiner, 1980；Dipboye, 1977；Ziller, 1976）的注意，在琴巴多（1969）的模式

中已領先對失個體作用對人類行爲的有害作用作了許多理論的與經驗的分析。在琴巴多的模式中,「失個體作用是一個複雜的、假設性的機制,在這個過程中一系列先決的社會條件導致對自我和別人的感知改變,因此導致正常受控行爲的低閾值」(第251頁)。換言之,由於暴露於特殊類型的事件結果使個體產生一種心理狀態,使個體對自己的行爲進行控制和調節的動力減弱。於是,應被認爲不合適的並因此應加抑制的行爲現在失去了抑制。其結果的行爲可能具有反社會的性質(如,自我中心主義,侵略行爲、貪婪、淫慾)或其他平時不表現的行爲(如,表現強烈的情緒、公開表現情愛動作)。不論這些釋放行爲的特點如何,推論總是因爲先決的條件降低了自我控制的個人和社會的條件,所以發出這種行爲。

那種事件可促進衝動性的、失控的反應呢?琴巴多對大量的這類事件或「輸入變量」進行了確定。混水摸魚情況,例如人員不易分辨、黑暗、人群衆多這些情況均促進失約束行爲發生的可能性。混同狀態使人際間的評價變得更爲困難,因此減低了自我控制動力的一個來源。有些使個人對其行爲的責任變得分散、減弱或不清楚的情況(例如,同時有其他人、假定由權威者擔責任)也將增加去抑制行爲的發生率。除了降低個人對其行爲的責任外,這些情況也減低另一自我控制的動力源,即對自我評價的關心。一般性激奮的重度狀態可通過激動「總體的,激動行爲」或通過減弱對人際間的或自身的控制激動行爲的暗示的感受性而引發衝動性的失控的行爲。不論這些輸入變量採取吸收到行動中的形式、改變了的時間視景形式、改變了的意識狀態的形式、新的未進入結構的情景形式或琴巴多(1969)提及的許多其他形式之一,這些事件的關鍵性的特徵則是促進自發的、不受約束的行爲的能力。

上述的能力是通過心理功能中的兩個「主體改變」來傳遞的。

這兩個主體改變是，對社會評價的關心減弱和減弱自我評價。琴巴多（1969）認為許多內在動機的行為未能實施是因為這類行為與個人的或社會的標準不符於是受到了「內化的控制」（例如，良心）或「規範性的控制」（normative control）的阻止。影響這些抑制系統功能活動的事件減弱意志性控制，並因此增加原來受到約束的行為得到表現的可能性。例如，良莠混雜的情況使得社會判斷和懲罰均發生困難或不可能。因此，對由別人作出評價的關心便減弱。任何因顧慮受評價檢查而制止著的行為均將失抑制，如果該行為是生來使人愉悅的更是如此。

當個人經歷失個體狀態時將會發生什麼行為或「輸出行為」呢？根據琴巴多（1969）的意見，失個體行為是對社會的和人際的評價的關切受到減弱作出的複雜的反應型式。這種行為是非常強的，高幅度的反應，即「在給定情況下對於行為者是情緒衝動的、非理性的、退化性的、非典型性的行為」（第259頁）。該行為與在某些緊急情況下的旁觀者作出的被動的、謹慎的、及有時經過算計的反應形成鮮明的對照（Latane & Darley, 1970）。另外，專門控制行為的對情況作鑑別的提示已不再起作用；失個體行為對通常的自身的（例如，價值），和人際的（例如，相互間的規範）影響不發生反應。根據定義，失個體行為也是一種「生來具有的愉快」行為（例如，對令人失望的事物發怒）。因此，其引起需稍加挑動。因為失個體行為是很強的，不受一般控制的和自我增強的，故一旦激起不易終止。一旦失個體行為被挑起，便進入螺旋效應以致行為不斷增強並反覆發作。通常需要從環境中得到意外的干涉（如，警察驅散作亂者）或者個體失控者本身有了顯著的變化（如，體力衰竭）才會終止。

失個體行為可伴隨認知性效應，如關於行為的記憶喪失和對當

時的社會環境感受不敏感。當其他人群在場時，失個體狀態者極易受到行爲的感染，並極易合群，因爲人群是與回償性失個體行爲相聯繫的。這時若有關人群不在現場，失個體行爲者將相對不受人群的影響。

也許失個體行爲的最重要的特徵是往往具有反社會性。可能這正是其特徵，因爲大多數（儘管不是全部）個人和社會企圖控制的行爲是那些具有反社會後果的行爲。當人們處於個體失控時，最可能釋放出來的行爲是破壞性和令人討厭的。代表傳統秩序和個性的個人（如，父母親）和組織（如，家庭）特別可能成爲失個體行爲的目標。

上述的描述只是琴巴多（1969）的失個體行爲模式的粗描的特徵。希望這一特徵能夠把握行爲模式的複雜性。下面是一個研究的例子可用於琴巴多對失個體行爲的分析（見Dipboye, 1977的文獻複習）。

代表性研究 雖然琴巴多（1969）模式的系統理論是從失個體作用的最初研究（例如，Festinger, Pepitone, & Newcomb, 1952；Singer, Brush & Lubin 1965）發展的，然而這些研究不過是提及和作爲失個體機制的示例。在一項基礎性的研究中（Festinger, Pepitone, & Newcomb, 1952），論證說個人成員與人群集體關係的結果之一是該成員的個人個性變得「模糊」，這就是失個體作用。當群體成員越來越融合到集體及集體活動之中，個人成員的個性及個人對非規範行爲的約束和堅持標準便越不重要，因此對行爲的控制也越無力。正如所預期的那樣，人們發現當失個體程度增加時（即，集體成員對個人行爲的同一作用越益困難），非規範行爲的發生率便增加（如，對父母親的敵對性語言）。另外，有報導說當敵對態度和失個體行爲發生率增加時，集體的經驗反更有意

思和更令人愉快。雖然這只是相關性研究所示的結果，而且並不能提供因果推斷的基礎，但這些發現與琴巴多（1969）的失個體行為模式和對失個體行為的有關假設是一致的（比較 White & Zimbardo, 1980）。

緊接的一項研究是實驗性操縱失個體行為並觀察其對社會不適宜行為的影響（Singer, Brush, & Lubin, 1965）。無論在個人的特徵明顯時（個體突出，individuation）或模糊時（失個體作用，deindividuation），女學生們均參加關於色情作品的小組討論。其情況達到這樣的程度，即你我難分的情況加強了對別人和自己所作評價較少關心的程度，也預期對典型的受抑行為（例如，說下流話）發生脫抑制。如所預期的那樣，在失個體性者中比在個性突出者中說下流話更為普遍。失個體性者覺得說下流話更有趣。

琴巴多（1969）假設，與低密度的人群情況相比，在人群密度很高的地區往往使個人處於大的人群中，不易分辨誰是誰的情況及其他情況的輸入均助長著失個體過程。如果這項假設是正確的，大城市中的失個體性行為要比小的城郊多。實際調查的結果支持這項預期。如果故意的置棄一輛汽車於紐約，汽車受到破壞的發生率要比西岸小城鎮中（例如，加里福尼亞州的Palo, Alto）高得多。毫無疑問，儘管這些情況可在其他許多方面有所區別（例如，社會經濟水平），並可對結果作出其他可接受的解釋，然而觀察結果符合於失個體性作用對有關行為所作的各種預期效果。其他一些學者也對失個體性作用對社會上不歡迎的行為的作用進行了自然主義的觀察（Diener, Fraser, Beaman, & Kelem, 1976）。人們預示，當萬聖節孩子們玩「不給禮物就搗蛋」時，若處於失個體性情況則較個體突出情況時更易發生偷竊行為。如所預期的那樣，當孩子們處於人群之中或不易被分辨時較單獨時或易被辨認時更多發生偷

竊（比較，Beaman, Klentz, Diener, & Svanum, 1979）。

根據琴巴多（1969）的意見，新的及／或無結構性社會環境可助長失個體過程。在這類情況下，關於適宜行爲的規範對當事人不起作用。當這些情況也與人群性活動和助長良莠混雜的條件有關時，當事者特別容易失個體化。在一項監獄中的模擬研究結果也與上述論述一致（Haney, Banks & Zimbardo, 1973）。這項研究中，正常男性青少年奉命於一模擬監獄環境中當警衛人員或囚犯，該環境構成了新的和無結構性的條件。結果警衛人員在行爲和語言上均表現侵略性，而囚犯則被動地接受這種濫用行爲。

人際間的／情景的暗示作用 前節所總結的研究證明各種促使失個體過程的作用條件（例如，良莠不分的情況、作爲集體成員、人群密集、新環境和無結構的環境）均與典型受約束的反社會行爲（如，偷竊、說下流話、敵對的語言、破壞行爲、侵襲行爲）相關。如果這些行爲是如人們所定義的（Zimbardo, 1969）失個體性行爲的形式，那末一旦失個體性行爲被激發，這些行爲將相對不受刺激控制的影響，也不受「偶然刺激」或其他人的行爲的影響。琴巴多（1696）的實驗性研究結果支持上述論述。人們處於低識別的條件下（失個體作用）比在高識別條件下（個體性突出）更可能表現侵略性。更重要的是，相對於個體性突出的人來說，失個體性的人的侵略行爲不受行爲接受者特徵的影響，而通常這是一個引起不同反應的因素。個體性突出者對態度愉快的人較少攻擊性，而失個體性者對所有的人持同樣的侵略性。顯然，失個體化的狀態引起了某種感覺變形由此損傷了對失個體性行爲的判別性控制。

然而，最近的一些研究提示失個體性者並非總是對控制行爲的情景的或人際間的暗示毫無感受（比較，Gergen, Gergen, & Barton, 1973；Johnson & Downing, 1979）。如果失個體性者比個

體性突出者不易受影響，那末不論是反社會的（如，侵襲行為）或助社會的暗示（如，幫助人）均不會有什麼作用。相對於個體突出作用，失個體作用能增加反社會性行為，但只有當反社會性的暗示起作用時才行。反之，當助社會性的暗示起作用時，失個體作用也促進助社會行為（Johnson & Downing, 1973）。這些結果提示，事實上，失個體性者可能很容易受當時的情景或人際的刺激的影響（見Johnson & Downing, 1979的更詳細的討論）。

　　總結　在可定為促使失個體過程的各種條件和各種形式的失個體性行為之間的假設性和聯繫方面，存在著相當多的證據。根據琴巴多（1969），作為人群集體的成員，誰與誰難以分辨，人群密集，以及新的或無結構的環境均是在理論上將引起失個體性心理狀態的施予條件，並因此解除了對非規範行為的抑制。與這個觀點一致的是，人們發現上述情況常與敵意語言、侵襲行為、說下流話、破壞行為和偷竊聯繫在一起。顯然，用於研究失個體性過程的這些情景的和人際的環境通常均不能促進道德行為。

　　被人們選用來說明引起失個體性的施予條件和失個體行為之間關係的心理機制（對評價的關心減弱，對非規範行為的控制減弱）尚相對缺乏可用來支持的證據。其他的心理機制，例如缺乏自身覺察（absence of self-awareness）（Diener, 1980），受到威脅的自我個性（threatened self-identity）（Dipboye, 1977）均曾被提出作為可接受的與上述機制競爭的心理機制來解釋誰與誰難以分辨及作為集體成員這類情況時引起非規範行為（如侵襲行為）的傾向。另外，還有一個問題，即是否失個體性的狀態均伴有對控制行為的社會性暗示的感受性降低。這是個重要的問題，因為對控制性的社會暗示的感受性可決定失個體作用的結果是助社會的還是反社會的。

儘管有這些考慮，現有的發現仍然提示那些被認爲引起失個體機制的情況往往有損道德行爲。

魔鬼驅使我這樣做

關於助人行爲，服從權威，和失個體機制的社會心理學文獻說明了情景的和人際的各種因素對道德行爲的強力影響。事實上，有時在這些文獻中的戲劇似的表現往往可以這樣解釋，即個人以他們自己的道德認識、情感和行爲對他們所扮演的角色建立了錯誤的印象。情景的和人際的力量所引起的顯然十分深刻和強力的後果似乎建立一個幻像使人以不自主的、反射性的或甚至無意識的方式對幻像作出反應（比較，McArthur, 1981；Taylor & Fiske, 1978）。可以簡易但並不正確地說，把道德行爲者看作受到社會力量的暴風雨任意襲擊者，而且他也自認似乎這些力量難以控制（即「魔鬼驅使我這樣做」）。這樣的幻像不僅與本文所複習的情景觀點的模式不符，而且也使個人對他們自己的道德行爲所施的動力影響變得模糊。

怎樣才能構建一個更有代表性的觀點表述個人的、人際的和情景的因素之間的對道德反應所起的因果性的相互作用？一項答案可得到前述的個體觀點和情景觀點的考慮。這些研究途徑代表了科學事業的亞里斯多德類型，以個體的差異或對情景及人際影響的分類的分類學（taxonomy）爲最終目的（Lewin, 1935）。然而，還要科學探詢的伽利略方式（Lewin, 1935）。這種方式在心理學上強調多方面的和相互間的動力學的相互作用和因果影響。這種科學探詢方式的兩個例子是相互作用論（interactionism）與自我選擇論（self-selection）。

相互作用論：部份來自人的因素，部份來自時景

　　儘管對相互作用論的大部份興趣在心理學中是當代的偏好，然而這種觀點遠來自晚近的發展之前。在心理學方面，人們常常認爲相互作用論的原始思想來自勒文（Kurt Lewin, 1936）。勒文認爲人與其社會環境不是互不相關的對思想、感情和行爲的因果性影響，而是動態性的關係。對於社會環境的現象學體驗，在部份上，便是人的參與功能。這就是說，對於事件如何解釋和體驗，在廣義上，要依賴於當事人的人格特徵。同樣，人們又是社會環境的組成元素之一，社會事件的每一參加者，在某種程度上，決定著當時情景的社會特徵。因此，人和他們的社會環境天生不可動搖地相互依賴著。正是這種相互依賴性促使了勒文提出他的觀點：在廣義上，行爲是人與現象學情景的共同函項。

　　勒文的基本假設成了晚近相互作用論理論的概念基礎（End-ler ＆ Magnusson, 1976）。按照相互作用論，人的因素和情景因素均不是人類活動的原始決定因素。而是假設人和其社會環境相互作用並共同決定著人的認知、情感和行爲反應（Bowers, 1973；Mischel, 1973；Wachtel, 1973）。人們發現，人與情景的相互作用較僅僅從人和情景因素更能解釋人的反應的多樣性（Argyle ＆ Little, 1972；Bowers, 1973；Fiedler, 1978）。例如，菲德勒（Fiedler）發現在各種情況下領導的有效性並不能從領導方式或社會的和環境的任務特徵順利地作出預測。然而，領導的有效性卻可從這兩方面信息的結合作出良好的預測。

　　是否人與情景的相互作用也較僅僅用個體差異和情景影響更能

對個人的道德行爲進行解釋呢？對這個問題的確切的經驗性答案需要安全面地複習文獻，但這不是本文的範圍。然而，某些研究發現可說明相互作用論可較傳統的途徑對道德行爲者的行動提供更完全的解釋。對有關研究的大致性的複習也會對道德行爲者與社會環境關係的現實的總景象作出貢獻。

助人行為

在幫助遭受痛苦的人方面，許多研究證明，個人的或人格的因素確實與情景因素相互作用並影響助人行爲。史道伯和他的同事證明，當一般規範阻止去參與別人的事而特定情景下行爲合適的規範又允許偏離一般規範時，旁觀者最可能去幫助受痛苦的人（ Ekrut, Jacquette, & Staub, 1981 ）。然而，這並不是所有可能的旁觀者的情況。那些按照慣例道德思考（即，遵守社會秩序）的人，即使表示允許他們偏離阻止他們干涉的規範性禁忌，他們也不大會去幫助受痛苦者。相反，那些不按慣例作道德思考的人（即，遵守個人原則），當「局部」的規則使得干涉是合適的時，可能去幫助受痛苦者。同樣，具有強助社會趨向者（即，有對別人的福利覺得個人有責的傾向）比弱助社會趨向者更可能去幫助受痛苦者，但只有當社會環境解除禁忌性規範，否則這些規範阻止人們進行干涉時才行（ Staub, 1974 ）。因此，似乎對促進助人行爲的情景條件的反應並不是固定不變的，而是在某種程度上有賴於可能的助人者的素質。這項結論也受到了其他發現的支持，某些人口統計學的因素，例如個人成長的社區大小，也調節著社會影響對助人行爲的作用（ Latane & Darley, 1970 ）。

然而，並不是所有有關的研究均支持這項結論。例如，拉坦尼及達雷（ Darley, 1970 ）發現，人們是否給受痛苦者幫助並不受個

人的和人格的大量差異的影響，例如年齡、教育、出生排行、命令、陰謀詭計、認可的需要、社會責任等。至少，這些因素中的某一些（例如，社會責任）在理論上應該是與社會環境對助人行爲的促進性或抑制性作用是有關的。

我們該如何對待這些非支持性的結果呢？對單純的結果進行解釋就是相當複雜的事（ Greenwald, 1975a ）而且對結果作解釋時必須小心謹愼：在本節的後面，我們還要討論對助人行爲的研究發現的複雜性以及服從權威和失個體性行爲的複雜性。這裡讓我們說，文獻材料指示，至少在某些案例，對受痛苦者提供援助是由情景的，人際的及個人的影響聯合起來決定的。

服從權威

在服從權威方面，社會力量對個人服從於權位者的意願的作用似乎也受到某些個人的和人格的差異的影響。例如，愛姆斯（ Elms ）及米爾格蘭（ Milgram, 1966 ）發現，對於破壞性指令的權威的服從顯然受到與受害者的親近度和服從者的臣服程度的共同決定。順民性的人們即使在情景條件促進不服從性時（即，個人看到和接觸到其行爲的可能受害者）也可能服從權威者的指令。相反，不肯臣服的人即使在周圍環境促進順從性時（即，個人既未看到也未接觸到其行爲的可能受害者）也可能不服從權威。其他的研究也證明，順民性的人容易接受所感受到的權位者的影響（ Roberts & Jessor, 1958, Steiner & Johnson, 1963 ）。至少在某些情況下，可能順從者本身的特徵可左右情景的和人際的影響，無論這些影響是促進還是減弱對權威的服從。

儘管某些個人特徵，如順民性，似乎以可預知的方式與社會環境結合起來共同決定對破壞性權威指令的服從，但並不是所有的個

人和人格因素都是這樣。婦女在社會生活中特別關心別人的福利，並將她們的道德指向照料別人（見前述第四章布拉貝克的文章），人們估計婦女能抵制惡意的權威者的影響。然而，米爾格蘭（1974）報導，婦女與男子一樣服從傷害他人的權威者的命令。另外，情景的和人際的影響對服從權威的作用顯然是普遍性的，不論年齡、社會經濟和職業水平如何（Milgram, 1965）。

這些研究結果所顯示的情況與在助人行爲中的發現相似。人們發現了社會行爲的相互作用論的某些支持證據，儘管其量有限。這就是說，通過不僅僅是對社會環境而且對接受可能的權威影響的個人進行考慮，有時可得到關於服從和抗拒權威的基本動力學的更綜合性的觀點。如上述研究所示，情況並非總是如此。在我們考慮了相互作用論觀點在失個體機制中的應用後，讓我們再回過頭來討論這個問題。

失個體性機制

據我們所知，關於失個體性機制時人與情景相互作用的結論性的經驗證明尚屬缺乏。如果說有些人格的或個人的差異變項在理論上作爲可能的某些社會環境中令人失個體化影響的調節者是合適的，那末研究發現的缺乏眞令人吃驚。例如，自尊心可以調節對各種使人失個體性的施予條件所作的主觀經驗和行爲反應（Dipboye, 1977）。自尊心較低的人可發現較少關心自我評價。這是在失個體性機制中發生的一種情感性的愉快狀態。否則，自我評價將在各種受阻抑的行動中起重要作用。自尊心高的人可體驗到較低的自我覺察（self-awareness）。這是伴隨失個體性機制的一種負性的情感狀態。因此，自尊心高者尋求對其個性的重新肯定（即，確立其個體性）。同樣，與失個體性過程相伴隨的情景與人際因素的影響可

與個人自我意識的經常性水平相互作用（Fenigstein, Scheier, & Buss, 1975）。具有高自我意識的個人一般被認爲特別內向（introspective），這就是說，他們容易成爲自己思考的焦點，對自己的情感狀態負責，並對自己的行爲覺察敏銳。這種人可能對引起失個體性的各種條件的影響有較大的抵制力。

儘管這些及其他個人的差異與情景的和人際間的致失個體性過程的原因之間相互作用的觀點似乎尙有前途，但現有研究的發現並不太令人鼓舞。與直覺所感的情況相反，許多研究結果提示，對引起失個體性過程的事件的反應性並不限於偏離常態的人群。兒童（例如，Diener et al., 1976），青春期少女（例如，Zimbardo, 1969），心理正常的男子（Haney, Banks & Zimbardo, 1969），及成人（例如，Zimbardo, 1969）當他們失個體性時均比個體性突出時更容易參與反社會行爲。這些研究所指出的在人群中的普遍性程度提示失個體性機制的影響可能是相當普遍的（比較，Diener, 1977）。

概言之，關於失個體性機制的現有文獻尙不足以確定個人因素對社會環境的致失個體性效應所能調節的程度。根據文獻的總情況，對相互作用論作爲更充份瞭解失個體性機制的途徑的有效性下任何結論均爲時過早。

總　　結

關於人與情景相互作用對道德行爲的作用情況，文獻所示顯然甚不一致。一方面，經驗證據證明，情景的與人際的因素對道德行爲的作用不是固定不變的。這些作用往往受到個體的或人格的在理論上有意義的差異的調節。這些證據提示，至少在某些情況下，除非對個人和情景對道德行爲的影響均加以考慮，否則對道德行爲者

的完全瞭解是不可能的。

　　假定相互作用論模式對分析道德行爲是適用的，那末該模式對我們觀察個體和其社會環境的關係方面具有某些重要意義。有些人可能更容易接受情景和人際因素對道德行爲的有害影響，有些人則較不易接受。例如，可以預期順民性的人特別容易服從於惡意權威者，而非順民性的人則可以預期容易拒絕權威者傷害他人的指令。有些人可能易於接受情景和人際因素對道德行爲的促進性影響，有些人則可能不易接受。例如，一些擔負著「弟弟保護人」的人們（即對其他人的福利負有責任的人），當社會環境促進助人反應時，他們比那些不善於抓住助人機會的人更可能幫助別人。這些考慮所描繪的道德行爲者與道德行爲圖象比單純的個體差異論和情景論所描繪的要複雜得多。

　　另一方面，有關研究似乎還提示，因爲社會環境對道德行爲的強大影響，以致有時掩蓋了個體素質所起的作用。然而，這個看法有許多理由可導致錯誤。這些理由在其他著作中有令人信服和長篇的討論（例如，Blass, 1977；Bowers, 1973；Staub, 1978；Wachtel, 1973），這裡至少有兩條理由值得注意。第一，因爲列一個清單是比較容易的，所以許多個人的差異和人格變項只是被用作了「霰彈式的研究」（Blass, 1977）。這就是說，研究者往往不加區分地將素質因素納入他們的研究，而沒有在素質與有關的反應之間建立有理論意義的聯繫。因此，毫不足奇，這些研究往往未能證明素質因素（無論是單獨的還是與情景因素一起）對受測反應有何作用。例如，並無什麼先驗的理由去預期教育或順民性可調節在緊急情況下情景和人際因素對旁觀者干涉行爲的影響。同樣，也無明顯的理論基礎去假定影響服從權威的社會因素會受到社會經濟的和年齡差異的影響。若已知道這些缺點，那末便可理解研究者未能

證明這些變項與有關行為之間的聯繫了。

第二，研究者用來操作情景的和人際間因素的特殊程序可能並不適合於激發個人因素。這就是說，即使在理論上素質因素與某些反應有關，也只有充份激起這些因素後才會對反應有所影響（Staub, 1978）。例如，因為在社會中婦女的傳統社會生活是哺養與照料別人，人們預期她們會特別易於被促動不去傷害別人，即使權威者要求她們去做。然而，所發展的研究服從權威的種種條件是設計了引起服從動機而不是助社會行為動機的。在這種條件下，對於大多數人一般均可預期服從權威，而不論其個人的和人格的差異。事實上，這正是典型的情況（Milgram, 1974）。

總之，這些評論的意思是，關於道德行為的相互作用論研究所得到的不一致可能比實在的情況要明顯一些。從前述的情況和其他一些考慮來看，似乎有理由提出，對道德行為作較充份的評判的一種可行的研究方法是檢查個人素質與社會力量之間的相互作用。

自我選擇的環境：迴避罪孽場合

關於用相互作用論觀點對道德行為所作的簡短闡述，使用傳統的個體差異論和情景論研究所作解釋的局限性更明顯了。這些解釋的局限性從對個體系統選擇他們的社會環境的考慮中得到了進一步的闡明。史尼德（Snyder）和依克斯（Ickes, 1985）提出，個人的動機是支持和促使個人按照自己的人格特性（如，心態，素質、人格特徵，和自我觀念）來行動的。因此，至少有些人力圖在有利於表現個人特性的社會環境中去進入社會環境與之相互作用，與之同一（Snyder & Kendzierski, 1982）。因此，不僅僅個人的和人格的差異調節著個人的道德行為如何和在何種程度上受到情景和人

際力量的影響，而且這些差異也決定著社會環境如何被界定或者甚至可以說，個人只向特定的社會環境暴露。

選擇社會環境

在大多數情況下，可以預期人們是在選擇性的尋求與自己的特性相融洽的情景的和人際的條件，避免與自己的特性不能融洽的環境。例如，利他主義的人可能有意地參加集體和組織（例如，志願者救火會），因爲這種社會條件提供了參與行動的機會，並與利他主義的素質相符合。利他主義者可能積極地迴避另一些集體和組織（例如，有組織的犯罪家族，摩托飛團），因爲這些社會條件所要求的行爲不符合利他主義的素質。自我選擇進入或脫離某些環境可能能滿足穩定和預感的需要。這就是說，通過小心地選擇進入僅僅促進個人有關行爲表現的情景，個人便可在其行爲中維持一種跨情景的一致性，這便能促進自我觀念（ self-concept ）和對別的反應預感的穩定。

然而，在另一些情況下，可以預期人們會選擇性地尋求與他們的心態、人格、素質或自我觀念不一致的情景或人際條件。選擇不融洽環境的動機可能是個人預期到自己的改變。如果這樣的話，人們會尋求可能引起他們需要的那種改變的情景和人際影響。例如，怕羞的人可參加舞會或社會性聚會以獲得和練習社會技能以克服怕羞之心。選擇不融洽環境的動機也可以是預見到別人或情況的改變。如果是這樣的話，人們會尋求最終可以改變成與自己的素質、人格、特徵、心態或自我觀念相符合的情景或人際條件。例如，傳教士可能在敵視宗教的環境下工作以便轉變人們的態度並使社會氣候向有利方面轉變。在這些情況下，個人選擇進入暫時與其個人的態度不合的社會環境，爲的是得到將來人格特性與環境的融洽。

　　這些對社會環境作自我選擇的各種表現怎樣才能比個體差異論或環境論更能有助於對道德行為的全面瞭解呢？儘管以前的研究工作未設計個人選擇社會條件的研究，對於道德行為問題的自我選擇概念還是有些令人感興趣的材料。例如，愛姆斯（ Elms ）和米爾格蘭（ Milgram, 1966 ）觀察到，順民性的人容易服從權威的有害性指示，而反叛性的人則往往反抗惡意的權威者。知道各種社會環境的可能作用並對自己的素質傾向有自知之明的人（ 見Snyder & Ickes 1985對這個問題的討論 ），在自然的大環境中可以預期會有不同的自我選擇，他們向怎樣的特定社會環境開放不是由其他條件預先決定的。假定大多數人均有內化了的價值以禁止對其他人作出非正義的傷害，順民性的人可能有意地避開權力關係的環境，以便能夠在他們的行為和自我的某一方面維持一致。非順民性的人可能不去避免甚至實際上尋求權力關係的環境以便干擾或破壞權威者的必需傷害別人的要求。

　　前述的情況僅僅包括了個人尋求融洽的和避免不融洽的環境的例子，不難想像個人尋求與其個人特徵不一致的環境的情況。例如，關於失個體性機制的文獻指出，當適合的暗示存在時，減弱自我評價的環境條件可增加助社會行為，如表現為關心或愛護別人（ 例如，Johnson & Downing, 1979 ）。如果這種信息是大眾的社會知識部份，自我意識強的人便會尋求在促使失個體機制的條件下自我表現的社會環境，以便減輕他們對別人表現助社會行為的抑制。同樣，對於向受痛苦者給以幫助行為的研究提示，許多規範可能與人們去幫助別人的傾向相反（ Staub, 1972 ）。易受這種規範影響的人會力圖越過這種影響，尋找出緊急情況為由作出特殊的努力對受痛苦者給予幫助。

使人受影響的社會環境

　　個人不僅僅是對他們所處的特定社會條件施以相當的影響，而且也影響社會條件本身的性質。由於人們的選擇或其他理由，不管人們是否瞭解他們所處的特定社會環境，人們都能利用許多方法來影響，至少是部份地影響，所發生的社會事件。史尼德和依克斯（Ickes, 1985）討論了可能的五種方法：認知性的改變結構、對環境特徵作選擇性的評價、通過比較達到一致、選擇性的暴露和相互作用，及引發相融洽的特徵。每種方式的作用均是維持或導致個人特徵（如，心態、人格特徵），對自己有關行為的解釋，及對環境的有關方面所作的解釋，這三方面的融洽。

　　認知性的改變結構可採取對社會環境中的元素給予選擇性的錯誤感知的形式，以得到與個人特徵相合的所需的意義。例如，對於受痛苦的人可錯誤地感知他實際上不需要幫助（Staub, 1974）。這種感知可達到這種程度，即為制止幫助提供正當理由。運用這種方法的人可越過情景的影響，維持信念認為制止住給人援助並無違反道德之處。認知性改變結構也可採取對行為作錯誤解釋的形式，使行為對個體自己的特徵具有價值意義。例如，服從權威者的指示並因此傷害了其他人的人往往標誌自己的行為只是服從（「僅僅服從命令」）而不是反社會（Milgram, 1974）。這種對標誌的選擇可能代表對行為的錯誤解釋，以允許個人既服從權威又同時相信他們是道德正直的人。

　　融洽性也可以通過對社會環境的某些方面給予選擇性的評價而得到保存或建立。與個人自我觀念的某些方面相融洽的社會環境特徵會得到有利的評價，而不融洽的特徵會得到不利的評價。個人對他們自己及他們所相信的在米爾格蘭（1974）研究中的合作是有相當科學重要性的，這可能是對融洽的環境特徵所作的正性評價的例

子；對已受傷害的人加以貶低的傾向（Lerner, 1980）可能是對不融洽的環境特徵所作的負性評價的例子。無論那一種情況，對社會環境的選擇性評價可允許運用這種方法者用一種使其行為得到許可而不必疑問道德品質的方式來看待其行為。

另一種方法是通過比較達到融洽，這時不融洽的評價被接受，但通過把不融洽性歸咎於另外的人或環境情況而使對個人的不融性達到最小。米爾格蘭（1973）的研究中所觀察的某些人在口頭上的推卸責任可能是這種方法的例子。行為者接受對於行為的不好的評價（即，服從引起了對別人的傷害）但在道德意義的判斷方面卻因把行為的責任推給別人（即，權威者）或環境（即，實驗的需要）而減小。這種推諉意味著其他人在同樣情況下作出相似的行為，而且，通過比較，實際上服從權威的人與其他人一樣有道德。

人們也可以通過選擇性的向其他人暴露和相互作用而對環境施予影響。除了有判斷地進入和參與一定的社會環境外，也可以應用其他的方式以保證選擇性地向別人暴露和相互作用。首先，在社會性的相互作用範圍內，就有許多角色可供選擇，人們會選擇與他們的心態、素質、人格品性、或自我觀念能融洽的角色。例如，在哈內（Haney）等人（1973）的監獄模擬實驗中囚犯角色者所表示的選擇反映的願望是排除參加者覺得道德上不能接受的行為，因為代表囚犯的囚犯們比警衛人員受處罰的可能性小。其次，在社會群集中，有許多人很可能相互作用，但人們只選擇在特徵上與自己能融洽的人相互作用。在米爾格蘭（Milgram, 1965a）的研究中，那些與不馴服的夥伴模範一起的人們所表現的反抗可能反映了與那些夥伴（即，不傷害他人的夥伴們）相似的感知。在受約束較少的情況下，這種與夥伴之間的同一性可能是選擇性相互作用的結果。

另一種影響環境的方法是引發相融洽的特徵，當選擇性暴露和

相互作用不可能時，這種方法很可能應用。對於原先可能以與個人
的特徵不融洽的方式作出反應的人，人們可以應用社會性影響的方
法來誘發相互作用。例如，同夥們可能決定順從權威是合適的並服
從權威者的命令。於是他們可能應用訂立協定的方法形成規範性的
壓力引發那些否則會反抗順從的人們的順從性（ Milgram,
1964 ）。人們也可以對環境進行操作以引發與他所感知的特徵相融
洽的反應。有些人掩飾自己對權威者要求的不順從可作為這種方法
的說明（ Milgram, 1965b ）。在掩飾著不順從性下，人們總希望
引發所相信的權威者的好的反應並同時免去某種與他們的道德標準
不符的行為（即，傷害別人）。

　　某些方法，如認知性改變結構和選擇性評價，通過影響認識、
感知和評價、達到對相互作用的間接控制。其他一些方法，如選擇
性相互作用和激發相融洽的特徵，對社會性的相互作用有更直接的
影響。任何這些方法和這裡未曾提及的其他方法均可用來對人們的
社會環境進行控制。

總　　結

　　自我選擇環境概念（即，選擇或影響環境）對由環境論者對道
德行為研究的經驗性發現所作的推論和普遍性概括進行修飾甚至限
制。這些發現指出，儘管許多情景的和人際的因素增加人們從事道
德活動的可能性，但也有許多這類因素減低人們從事道德價值活動
的可能性。從這些文獻中可引出的一項推論是，當後一類影響在自
然環境中流行時，道德活動就相對較低。這項推論也許根據不足。
某些社會環境可能對正性的道德行為有有害的作用，人們可能不進
入這種環境或在這種環境中化費時間。相反，人們可有選擇地進入
促進道德行為的環境。因此，情景和人際的影響並不是像可能想像

的那樣總是起作用的。

　　從環境論對道德活動的研究結果可推出的另一項推論是，向某些環境和人際事件的有害影響暴露可典型地降低道德行為的可能性，至少在某些類型的人是這樣。這項推論承認了個人差異的重要，但忽視了即使這些人在自然生態中也力圖影響他們的社會條件以克服這些環境條件可能給於他們的不希望得到的影響，這樣一種可能性。

　　上述情況不應該被誤解為，社會環境對道德活動沒有多大作用。自我選擇環境的概念與環境條件影響人的思想並不是互不相合的。而是說，自我選擇環境的概念強調，除非對個人的、人際的和情景的相互動態關係進行考慮，要想完全瞭解道德行為是不可能的。

道德行為者作為天生的心理學家

　　前述情況提示，儘管心理學家典型地採用兩種途徑之一來瞭解道德現象，但個體差異論和環境論兩種途徑是相互補的而不是互相排斥的。本文的目的之一是對代表性的環境論範式和經驗發現進行複習，從而說明這兩種途徑的互補性。為了這一目的選用了有關助人行為（ Staub, 1974 ）、服從權威（ Milgram, 1974 ）及失個體性機制（ Zimbardo, 1969 ）的社會心理學研究。

　　儘管這三條探究路線是瞭解道德行為的不同方面的互相獨立的企圖，而這三種範式卻有某些共同的相似性。首先，如所預料的，這些範式的經驗性研究均集中到了共同的發現：情景的和人際的影響是人們道德反應的強大決定因素。況且，這些影響的作用是很複雜的。有些情景和人際影響的作用是增加人們參與道德價值活動的

可能性，而另一些則降低人們進行道德價值反應的可能性。其次，
在個體的一些方面還有某些共同性。所有三種範式均隱約地提示，
個體是決策者，他在進行行動之前先主動地同化和整合各種動機性
的施予條件。這種構想與被動的自動機體作用是一種絕然的對照。
後者在完全環境論研究中被視爲原型的個體。更重要的是，把個體
當作主動的、有認識力的機體對多種的動機力作出反應的概念具有
明顯的自然眞實性的直覺吸引力。

除了其吸引力以外，這種描述也有某些固有的缺點。首先，這
種描述意味著情景的和人際因素的各種作用均是不變的。這項推論
也與某些相互作用論的文獻相衝突，因爲這些文獻指出這些因素的
影響受到個體差異的調節。在某些情景和人際影響下，有些人更易
受到影響。事實上，對於不同的個人這些影響有時相互頡抗。其
次，儘管前一種描述認爲個人對有關道德行爲的決策負責，但可能
低估了個體對社會環境所施的控制作用。根據自我選擇環境觀點的
文獻推論，可以論辯，個體在自然生態情況下所暴露的情景與人際
影響對道德行爲的作用，在相當程度上反映了有關人員的有目的的
選擇。如前所提及的，個體不僅選擇性地進入一定社會環境並在其
中進行活動，而且也對他們所暴露的環境進行修改使之適合於自己
的素質、人格、心態或自我觀念。

前述的評論對於個體及其對道德行動的控制具有某些重要的意
義。相互作用論與自我選擇論觀點均意味著道德行爲者應該如同天
生的心理學家那樣行爲。在那些個人對社會環境具有某些控制的情
況下，人們認識自己的環境、有些像社會心理學家那樣，做自己該
做的行動。這就是，他們需要仔細地瞭解環境中的線索，瞭解有關
的情景和人際力是否促進助社會的和反社會的行爲。另外，在部份
方面，個體需要像有個性差異的和人格的心理學家那樣去行動。這

就是說，他們需要仔細地評價自己的素質品性並決定對他們所面對的社會環境中的促進性的和抑制性的影響作出或多或少的反應。只有這樣做，個體才能選擇自己進入促進道德行爲的環境，還是脫離影響或有害道德行爲的環境。

對於人們所認識的自己所處的社會環境，當人們對之無所控制時，人們仍然能對可能對他們起作用的影響施以某些作用。在這種情況下，如果人們像社會心理學家那樣行動，對人們便會是有利的。這就是，他們需要正確地瞭解環境中的線索，以提示現有的情景和人際力量究竟是引起助社會行爲還是反社會行爲。在對社會環境進行了評價之後，人們便可運用一種或多種社會影響的方法去改變社會條件，使引導有價值的行爲。只有這樣做，個人才能構建促進道德行爲和抑制非道德行爲的社會環境。

Christopher Leone

Institute for Child Development
University of Minnesota, Minneapolis

William G. Graziano

Department of Psychology
University of Georgia, Atheus

參 考 文 獻

Allport, F. H. (1924). *Social psychology*. Boston：Houghton Mifflin.

Argyle, M., & Little, B. R. (1972). Do personality traits apply to social behavior？ *Journal for the Theory of*

Social Behaviour, 2, 1-35.

Aronfreed, J. (1970). The socialization of altruistic and sympathetic behavior : Some theoretical and experimental analyses. In J. Macaulay & L. Berkowitz (Eds.), *Altruism and helping behavior.* New York : Academic Press.

Asch, S. E. (1952). *Social psychology.* Englewood Cliffs, N. J. : Prentice-Hall.

Beaman, A. L., Klentz, B., Diener, E., & Svanum, S. (1979). Objective self-awareness and transgression in children : A field study. *Journal of Personality and Social Psychology, 37,* 1835-1846.

Berkowitz, L. (1972). Social norms, feelings, and other factors affecting helping behavior and altruism. In L. Berkowitz (Ed.), *Advances in experimental social psychology,* (Vol. 6). New York : Academic Press.

Blass, T. (1977). On personality variables, situations, and social behavior. In T. Blass (Ed.), *Personality variables in social behavior.* Hillsdale, N. J. : Erlbaum Associates.

Bowers, K. S. (1973). Situationism in psychology : An analysis and a critique, *Psychological Review, 80,* 307-336.

Brabeck, M. (1983). Gender differences in moral orientations. Unpublished manuscript, Boston College, Boston, MA.

Danheiser, P. R., & Graziano, W. G. (1982). Self-monitoring and cooperation as a self-presentational strategy. *Journal of Personality and Social Psychology, 42*, 497-505.

Darley, J. M. & Batson, C. D.（1973）. " From Jerusalem to Jericho " : A study of situational and dispositional variables in helping behavior. *Journal of Personality and Social Psychology, 27*, 100-108.

Diener, E.（1977）. Deindividuation : Causes and consequences. *Social Behavior and Personality, 5*, 143-155.

Diener, E.（1980）. Deindividuation : The absence of self-awareness and self-regulation in group members. In P. Paulus（Ed.）, *The psychology of group influence.* Hillsdale, N. J. : Erlbaum Associates.

Diener, E., Fraser, S. C., Beaman, A. L., & Kelem, R. T.（1976）. Effects of deindividuating variables on stealing by Halloween trick-or-treaters. *Journal of Personality and Social Psychology, 33*, 178-183.

Dipboye, R. L.（1977）. Alternative approaches to deindividuation. *Psychological Bulletin, 84*, 1057-1075.

Ekrut, S., Jacquette, D. S., & Staub, E.（1981）. Moral judgment-situation interaction as a basis for predicting prosocial behavior. *Journal of Personality, 49*, 1-14.

Ellrod, F. E., McLean, G. F., Schindler, D. & Mann, J. (196). *Act and agent :Philosophical foundations for moral education and character development.* Washington : University Press of America.

Elms, A. C., & Milgram, S.（1966）. Personality characteristics associated with obedience and defiance toward authoritative command. *Journal of Experimental Research in Personality, 1*, 282-289.

Endler, N. S., & Magnusson, D.（Eds.）,（1976）. *Interactional psychology and personality.* New York：Wiley & Sons.

Fenigstein, A., Scheier, M. F., & Buss, A. H.（1975）. Public and private self-consciousness：Assessment and theory. *Journal of Consulting and Clinical Psychology, 43*, 522-527.

Festinger, L., Pepitone, A., & Newcomb, T（1952）. Some consequences of deindividuation in a group. *Journal of Abnormal and Social Psychology, 47*, 382-389.

Fiedler, F. E.（1978）. The contingency model and the dynamics of the leadership process. In L. Berkowitz,（Ed.）, *Advances in experimental social psychology*（*Vol. 11*）. New York：Academic Press.

Gergen, K. J., Gergen, M. M., & Barton, W. H.（1973）. Deviance in the dark. *Psychology Today, 7*, 129-130.

Goffman, E.（1959）. *The presentation of self in everyday life.* Garden City, N. Y.：Doubleday.

Gouldner, A.（1960）.The norm of reciprocity：A preliminary statement. *American Sociological Review, 25*, 161-178.

Graziano, W. G., Brody, G. H., & Bernstein, S.(1980). Effects of information about future interaction and peer's motivation on peer reward allocations. *Developmental Psychology, 16*, 475-482.

Greenwald, A. G. (1975a). Consequences of prejudice against the null hypothesis. *Psychological Bulletin, 82*, 1-20.

Greenwald, A. G. (1975b). Does the Good Samaritan parable increase helping? A comment on Darley and Batson's no effect conclusion. *Journal of Personality and Social Psychology, 32*, 578-583.

Haney, C., Banks, W., & Zimbardo, P. (1973). Interpersonal dynamics in a simulated prison. *International Journal of Criminology and Penology, 1*, 69-97.

Johnson, R. O., & Downing, L. L. (1979). Deindividuation and valence of cues : Effects on prosocial and antisocial behavior. *Journal of Personality and Social Psychology, 37*, 1532-1538.

Latane, B., & Darley, J. M. (1970). *The unresponsive bystander : Why doesn't he help*. New York : Appleton.

Lerner, M. J. (1980). *The belief in a just world* : A fundamental delusion. New York : Plenum Press.

Lewin, K. (1935). *A dynamic theory of personality*. New York : McGraw-Hill.

Lewin, K. (1936). *Principles of topological psychology*. New York : McGraw-Hill.

McArthur, L. Z. (1981). What grabs you? The role of attention in impression formation and causal attribution. In E. T. Higgins, C. P. Herman, & M. P. Zanna (Eds.), *Social cognition : The Ontario symposium*

(Vol. 1). Hillsdale, N. J. : Erlbaum Associates.

McDougall, W. (1920). *The group mind*. Cambridge, England : Cambridge University Press.

Milgram, S. (1963). Behavioral study of obedience. *Journal of Abnormal and Social Psychology, 67*, 371-378.

Milgram, S. (1964). Group pressure and action against a person. *Journal of Abnormal and Social Psychology, 69*, 137-143.

Milgram, S. (1965a). Liberating effects of group pressure. *Journal of Personality and Social Psychology, 1*, 127-134.

Milgram, S. (1965b). Some conditions of obedience and disobedience to authority. *Human Relations, 18*, 57-76.

Milgram, S. (1974). *Obedience to authority*. New York : Harper.

Mischel, W. (1973). Toward a cognitive social learning reconceptualization of personality. *Psychological Review, 80*, 252-283.

Nicgorski, W. (1986). The moral environment. In G. McLean, F. E. Ellrod, D. Schindler, & J. A. Mann (Eds.), *Act and agent : Philosophical foundations of moral education and character development*. Washington : University Press of America.

Piliavin, J. A., & Piliavin, I. M. (1972). Effect of blood on reactions to a victim. *Journal of Personality and Social Psychology, 23*, 353-361.

Roberts, A. H., & Jessor, R. (1958). Authoritarianism,

punitiveness, and perceived social status. *Journal of Abnormal and Social Psychology, 56*, 311-314.

Rokeach, M.（Ed.）,（1960）. *The open and closed mind.* New York：Basic Books.

Ross, L.（1977）. The intuitive psychologist and his short-comings：Distortions in the attribution process. In L. Berkowitz（Ed.）, *Advances in experimental social psychology*（Vol. 10）. New York：Academic Press.

Schwartz, S. H. Normative influences on altruism. In L. Berkowitz（Ed.）, *Advances in experimental social psychology*（Vol. 10）. New York：Academic Press.

Singer, J. E., Brush, C. A., & Lubin, S. C.（1965）. Some aspects of deindividuation：Identification and conformity. *Journal of Experimental Social Psychology, 1*, 356-378.

Snyder, M.,& Ickes, W.（1985）. Personality and social behavior. In G. Lindzey & E. Aronson（Eds.）, *Handbook of social psychology*（3rd ed.）Reading, Mass：Addison-Wesley.

Snyder, M., & Kendzierski, D.（1982）. Choosing social situations：Investigating the origins of correspondence between attitudes and behavior. *Journal of Personality.*

Staub, E.（1970a）. A child in distress：The effect of focusing responsibility on childern on their attempts to help. *Developmental Psychology, 2*, 152-153.

Staub, E.（1970b）A child in distress：The influence of age

and number of witnesses on children's attempts to help. *Journal of Personality and Social Psychology, 14,* 130-140.

Staub, E.（1971a）. A child in distress：The influence of nuturance and modeling on children's attempts to help. *Developmental Psychology, 5,* 124-132.

Staub, E.（1971b）. Helping a person in distress：The influence of implicit and explicit "rules" of conduct on children and adults. *Journal of Personality and Social Psychology, 17,* 137-144.

Staub, E.（1971c.） The use of role playing and induction in children's learning of helping and sharing behavior. *Child Development, 42,* 805-816.

Staub, E.（1972）. Instigation to goodness：The role of social norms and interpersonal influence. *Journal of Social Issues, 28,* 131-150.

Staub, E.（1974）. Helping a distressed person：Social, personality, and stimulus determinants. In L. Berkowitz（Ed.）, *Advances in experimental social psychology*（Vol. 7）. New York：Academic Press.

Staub, E.（1978）. Predicting prosocial behavior：A model for specifying the nature of personality-situation interaction. In L. A. Pervin & M. Lewis（Eds.）, *Perspectives in interactional psychology.* New York：Plenum Press.

Staub, E., & Baer, R. S.（1974）. Stimulus characteristics of a sufferer and difficulty of escape as determinants of helping. *Journal of personality and Social Psychology, 30,*

279-284.

Steiner, I. D., & Johnson, H. H.（1963）. Authoritarianism and conformity. *Sociometry, 26*, 21-34.

Stotland, E.（1969）. Exploratory investigations of empathy. In L. Berkowitz,（Ed.）, *Advances in experimental social psychology*（Vol. 4）. New York：Academic Press.

Taylor, S. E., & Fiske, S. T.（1978）. Salience, attention, and attribution：Top of the head phenomena. In L. Berkowitz,（Ed.）, *Advances in experimental social psychology*（Vol. 11）. New York：Academic Press.

Wachtel, P.（1973）. Psychodynamics, behavior therapy and the implacable experimenter：An inquiry into the consistency of personality. *Journal of Abnormal Psychology, 82*, 324-334.

Ziller, R. C.（1964）. Individuation and socialization, *Human Relations, 17*, 341-360.

Zimbardo, P. G.（1969）. The human choice：Individuation, reason, and order versus deindividuation, impulse, and chaos. In W. J. Arnold & D. Levine（Eds.）, *Nebraska symposium on motivation*. Lincoln：University of Nebraska Press.

White, G. L., & Zimbardo, P. G.（1980）. The effects of threat of surveillance and actual surveillance on expressed opinions toward marijuana. *Journal of Social Psychology, 111*, 49-61.

第三部份

行動的人——綜合的作用點

第十章 行動的人作爲道德行爲者

以艾利克森的研究爲起點的道德 發展之綜合心理學理論

諾 爾 士 著
Richard T. Knowles

在構建初步的道德成長整體心理學理論之前，最好先把這個任務委託給本計劃的前卷：*Philosophical Foundations of Moral Education and Character Development*（ Ellrod and McLean, 1968 ）。在該卷的第一部份中討論了道德教育的現代哲學及與今後發展有關的北美和歐洲哲學。第二部份專門討論了道德行爲情景的主要問題，這是任何道德成長理論均必需討論的。第三部份勾畫了一些原則。在這些原則之下各種觀點才能統一和綜合成一種圓滿的道德成長理論。這一統一原則集中於道德行爲者的統一上。在該卷前部的一篇文章中；沙梅（ Samay ）確定，人類生活的時間延伸性特徵（ protensive character ）比道德成長的其他方面更爲基本，而且他論述了這一關於情感的寬泛概念是如何能作爲道德成長的綜合理論的基礎的。在該卷的最後一篇文章中；馬克林（ McLean ）分析了人就是統一的根本或道德行爲者，並對人們對自我的認識的歷史發展作了追踪。本文將以這兩篇文章爲基礎，以繼續忠實於時間延伸性的道德行爲者的統一哲學原則爲開始提出一種道德成長的

整體性心理學理論。本文還將努力以更加接近以心理學爲代表的經驗生活的道德情景，而在思考方面則以前述的哲學基礎爲根據。

爲了更進一步示出本文意圖的來源，將引用本卷前面所用的參考文獻。本卷的第一部份討論了道德教育的現代心理學並敍述了道德成長心理學方面的當前情況。第二部份指出了道德成長的任何一種心理學理論均應包括的各個方面。在該部份裡道德成長的特殊研究途徑，其對道德情景的闡明作用得到了肯定，但也因缺乏所需的廣度受到了批評。例如，柯爾伯（Kohlberg）的研究方法被認爲對瞭解道德成長的理性和認知作出了許多貢獻，但因忽略了情感方面而受到批評，因此也要求一種綜合性的理解。本文企圖將人及情景的各方面綜合起來，爲建立道德成長的心理學理論作一個起步。

當前的心理學對道德成長有許多專門的研究途徑。某些只在狹窄的學派觀點，如行爲主義或認知心理學，內運作，有些集中在道德環境的一兩個方面。我們的任務是在所有這些專門的研究途徑中找出一個建立整體性理論的合適的起點。人們可以選擇通過對各種專門研究得到的已知知識進行分類構成完全新的起點，可以從對生活的道德情景作自然描述開始，或者從某一比較寬的專門研究開始並進一步拓寬。儘管從長遠看需要第一種選擇，但對於目前計劃的目的則需第二種選擇。我們的努力將從道德成長的某一專門研究途徑開始，使這種研究途徑適合於根據上述的哲學基礎所作的拓寬，適合於一種綜合性理論所需包括的各方面。

艾利克森（Erikson）的研究作爲起點

選擇可以有許多。我們可以從以柯爾伯爲代表的關於道德成長的當前最流行的理論開始，也可從人文心理學開始，或從前面各文

章中的任何一種專門研究途徑開始。這裡選擇艾利克森（Erik
Erikson）的研究作為起點有三點理由。首先，艾利克森的研究能
在哲學基礎上適應更寬廣的要求。如前所述，沙梅提出了一種更廣
泛的情感概念作為綜合的或統一的原則。他把這種新的情感概念與
狹義的心理學概念作出區別。然而，至少對於所選的研究途徑來
說，在此起點上需對人類生活和道德行為的時間延伸性特徵作某些
承認。在艾利克森的途徑中，這種延伸性特徵包含於性慾（利比
多，libido）或性能（libidinal energy）的精神分析概念之中，儘
管性慾概念狹隘地局限於性和攻擊性這兩個論題，但至少它承認
沙梅所指的情感性（affectivity），「這是基本的定向、脾性、
專注性或傾向，依靠這些使活生生的個體與環境聯繫起來……」。
在其他的許多研究途徑中，包括柯爾伯的研究均缺乏這種基本的生
活中的和道德成長中的特徵。儘管利比多的概念應該擴充，但我們
可以從這裡開始，並可以在這兩種途徑中看出某些相似性。例如，
正如艾利克森把愛和關懷視為成人的美德，沙梅也把情感性過程視
為下述結論所說的：

> 同樣，在這個提供意義過程的最後，我們發現愛，這個最
> 高貴的情感表現及最珍貴的知識的根本，它讓我們得以瞭
> 解其他人的最珍貴的方面，對一個分離著的旁觀者永遠也
> 不可能接近的方面。（1986，第86頁）

所以，儘管其狹隘性，利比多概念還是能為更寬廣和更統一的途徑
提供一個起點。

選擇艾利克森研究的第二個理由是，他已經在他的研究工作中
綜合了三個重要的方面，使其研究比大多數其他研究均為寬廣。這
一三叉式的方法貫穿著艾利克森的研究，並且是其著作《兒童與社
會》（*Childhood and Society*）全書的指導原則。如其在書中所

述（ Erikson, 1963 ）：

因此，人在任何時刻都是一個機體，一個自我（ ego ）和
社會的一員，並參與組織化的所有三個過程………我們所
說的三過程是，軀體過程、自我過程和社會過程（ 第 36
頁 ）。

重複地說，因爲艾利克森的研究所具有的精神分析法特徵，這
三方面均應拓寬。軀體過程應在沙梅的基本定向意義上作理解得更
寬，而不僅僅是狹隘的性追求和侵略性追求的精神分析學概念。自
我概念應拓寬，包括馬克林所描述的自我意識和自由道德行爲者概
念。即使社會的概念也應理解得更寬廣。作爲一個起點，艾利克森
理論的三個方面仍然是基本的和能夠拓展的。

第三，選擇艾利克森研究的最必需的理由是，艾利克森給我們
提供了一個明晰的心理學的「美德表」與哲學傳統非常一致。在一
篇可能爲人所知不多的文章，《德性之根》（ *The Roots of Vir-
tue* ）（ 1961 ）中，他提出了德性成長圖式（ scheme ）的心理學基
礎：

因此，我要說到「希望」、「意志」、「目的」，及「技
能」是兒童德性成長的原基；「忠實」是青少年的美德；
「愛」、「關懷」及「智慧」是成人的主要美德。這些美
德似乎像是不連貫的，然而它們卻是互相依賴的：意志要
在希望穩定之後才能訓練，只有忠實可靠之後才會有相互
之間的愛。而且，每一種美德及其在美德程序表中的位置
與人身發育的其他階段又是戚戚相關的，例如與性心理發
展階段，心理社會危機階段，和認知成熟步驟等等。（ 第
151-153頁 ）

爲了提出道德成長的整體理論，而忽視艾利克森在道德美德發

展圖式中將軀體的，認知的及社會的方面整合起來所做的工作，則是一種錯誤。艾利克森對美德的理解不僅繼續了舊的，傳統性的基礎，而且作出了新的科學貢獻：

> 況且；精神分析思想的發展及其在最近吸引著人們全部注意力的「自我力量」（ego-strength）提示人類德性問題應受到重新考慮。當然，這不僅是因為目前廣泛流行的道德高貴與正義觀，而且因為古老的、較單純的一種「生來俱有的力量」，一種「活躍的本質」的意義。（Erikson, 1961，第147頁）

因此，在艾利克森的著作中已經有了道德成長的綜合理論的起點，這個起點至少部份地迎合了如何在人們中誘導美德的需要（見前卷中沙梅的文章）。這種理論唯一的問題是仍然束縛於哲學框架或精神分析的元心理學之中。因此，著手的方式將首先是提出一個道德成長的更廣泛的範式，然後證明艾利克森研究途徑是如何能夠在這個範式中受到理解的。這裡將對艾利克森的美德程序表有很強的信任，但應在更廣的背景中來理解美德。必須指出的是，對該範式的檢驗並不主要是理論設計的完美，而是反映生活經驗的程度。主要的論點是，該範式與通行的更專門的心理學研究，包括艾利克森的研究，能更充份地把握活生生的道德情景中的經驗情況。

道德行動的廣袤範式

我們有興趣的是道德行為的理論而不是道德思想，讓我們就從這一最決定性的點開始。與這個意圖一致的是，該範式的最基本層次是與這個世界或其他人相互作用的人。這種相互作用可以稱為期遇（encounter）、捲入（involvement）或對話（dialogue），

道德生活的社會方面也可歸在這裡。在最好的相互作用中，如道德行爲，既有感受性，其中世界和他人塑造著人，又有被人所塑造的世界和其他人（見第九章列翁尼與葛拉齊亞諾的文章關於人對環境的影響的必要性）。這種相互的塑造及其最高形式，「和諧塑形」（harmonic　shaping）是在價值和評價的範圍內發生的。正如「對話」這個術語所提示的，這是一種開端的相互作用，我們不能將其還原成可預言的和可控制的模式，而是進行著的，不斷增長和豐富的過程。在相互作用的世界這一極，在世界以及與人相互作用的其他人之間是根本的分離，世界及其獨立的法則和根本異己的人們。從世界這一極的觀點來看，可以看到在道德行爲時生命、世界、其他人或價值均有增進，對於一具體情況而言，人或價值得到了一定的實現。從人的這一邊來看，可以看到在道德行爲時也有自我增進、自我實現或自我表現，這就是所謂「美德」。價值的實現與自我實現便在同時發生了。

　　讓我們先稍停一下，並具體看一下至今談了些什麼。如果用友誼往來作爲例子，可以看到在兩個人之間進行著的對話，在對話之中每個人均受到塑造，而又同時塑造著對方。面對他們的根本分離，這裡有了捲入，得到友誼的人便有了某種可能性的增進或實現，這時平時不會發生的。另外，愛的價值也得到了實現。或者，如果以物理學家以一種關愛的態度進行研究以瞭解某一特定的問題爲例，可以見到在物理學家與他所遇到的物理世界的某一方面進行著不斷進行和展開的相互作用。物理學家受到了研究對象的有限可能的塑造，他同時也在塑造研究客體。在物理學家的意圖和自然的無人性的法則之間的分離狀態之前，客體得到了一定程度的實現並因此表現了其可能性。客體與眞理的價值均得到了實現。

　　在這兩個例子及其他可提供出來的例子中，被人們關愛的客體

顯然得到了增進和實現。然而，可能不如主體在實行美德時所達到的自我增進，自我實現或自我表現那麼明顯。因為某些歷史性的和社會性的不明確，我們往往把實踐美德看作對主體的限制或約束。沙梅談到主體方面在對話中所發生的情況是這樣說的：「通過這種實現，某種力量，某種超餘的存在或完美在道德行為者身上得到了增長。傳統哲學便把這種實在性的增加稱為美德」（1986，第72頁）。艾利克森甚至更明確地把美德看作是自我的表現；他認為人的基本同一性是與實踐美德聯繫在一起的。例如，他認為希望並不單純是一種無聯繫性的行為，而是本人是什麼樣的人的表現，「我就是我所希望和能給予希望的人」（Erikson, 1968，第107頁）。艾利克森對意願也作出了類似的觀察；「我就是我所能自由意願的人」（第114頁）；並對目的進行了觀察：「我就是我所能想像的我將要成為的人」（第122頁）。他所討論的每一種美德均與個體表現自己的個性緊密聯繫著。因此道德生活和道德行為涉及一場對話，在這場對話中道德行為者和客體均得到了充份的實現。

　　通過在價值層次上對道德行為者和世界和／或其他人之間的必要關係進行討論，對提出一個整體的道德行為理論作了開端。當我們轉向這個關係的主體端時，首先是總體的關係，其次是結合在道德行為中的主體方面，這時我仍需時時考慮到客體的一些因素。人們往往有一種強烈的傾向，用自己的認識或理性去確定主體或人。折服於認知心理學，柯爾伯把道德視為推理（reasoning）或認識。為了糾正狹隘性，沙梅寧可推薦說軀體的主體並用「感情」（affectivity）一詞來指示主體在軀體方面的擴伸性特徵。精神分析學派一直堅持人的生命的（vital）或軀體方面的重要性，儘管也很狹義。例如，他們均會認為希望應該被經驗為一種軀體的鬆弛，否則就不是希望，而且不論當事者抱過多少次「希望的」或樂

觀的想法都無關。他們也會對人類行爲中引起情感的力量基礎或激動因素有一致的看法。然而，沙梅對情感的理解比弗洛伊德學派把利比多（libido）的概念限於性和侵略性的努力要寬得多，也比軀體性的主體向世界擴伸的概念廣得多。在廣義上，這是一種意識性（intentionality）通向可能並止於愛心。儘管這兩者之間有些差別，但兩方面均認爲認知是人類道德行爲的一個方面而不是原發的決定因素。對於沙梅來說，情感的更廣義的概念是一種原發的決定因素，而且從主體方面看還是道德行爲理論的整合要素。

　　然而，當討論對話的主體方面時，還要注意一下人的其他方面，時常想到這些方面均以特殊的方式結合在道德行爲之中。在本範式中所提到的三個方面是：軀體的或生命的方面、認知的方面和最中心的自身方面也就是美德〔這三方面相當於第二章克拉夫特的文章中所述的前理性（prerational），理性（rational）和超驗理性（transrational）方面〕。傳統的精神分析認爲人的軀體方面是中心，而美國的心理學家有很大一部份認爲認知方面或知識是中心（見本書麥卡伯關於認知結構性理論的文章）。在本範式中自身方面是中心，它在與世界和其他人的對話中作爲其他兩方面的整合力量。軀體在道德行爲中仍然是主要參加者，但只是體驗爲與道德行動相協調。例如，在婚姻中的主要性軀力是與愛的意願相協調而不是作爲性行爲的中心決定因素。同樣，如沙梅所指出，在廣義上情感也引起某些知識行爲，這也體驗爲與道德行爲的協調。但情感是自身的態度，我們對待世界和別人的方式，這是道德行爲的中心。這裡我們應隨時想到的是，我們所說的道德或美德行爲是被體驗的，並且是被體驗爲協調的。對於以軀體爲中心的行爲，如單純的性欲，或自我中心的行爲，如自淫，便不一定是協調性的。

　　至此，所給出的只是道德行爲範式，可以總結性的如下圖所示。

圖1 道 德 行 爲

客體側   自身側

世界   生命方面－軀體

其他人（社會方面）   認知方面－自我（ego）

                               美德方面－自身（self）

$$\longleftarrow - - - - - - - - - - - - \longrightarrow$$

在價值層次上的共構性對話（co-constituted dialogue）

　　這個範式的一項優點是對各種更爲專門的研究所作出的多方面貢獻能給予肯定和綜合。可以認爲精神分析的貢獻是對道德行爲的生命方面作了部份描述，而認知心理學的貢獻則可以認爲是對認知方面作了部份描述。這兩種研究無論那一種或兩者通過充份地表述，而不僅僅是考慮了整個人，而且將道德還原成性要的滿足或是對道德論理結果的實踐，由此顯示了生命和認知兩方面在與世界或別人對話中是如何整合在整個道德生活中的。在這個範式中並不將軀體視爲中心，也不把理性視爲中心，而整合性的原則才是美德的具體和合理的力量，自身（self）才是道德行爲者。如將見到的，與發育階段相聯繫的特定的美德需要與不同的軀體傾向和理性形式整合，但這些整合的結構相似，這種結構即反映爲普遍的範式（paradigm）。

　　如上所示，精神分析學的貢獻可用道德生活的生命的或軀體的方面來表述。然而，艾利克森的新精神分析研究已經超出了生命性的範圍。如前所示，他一直企圖將生命、自我（ego）和社會三方面結合到精神分析的框架中。他的研究以下列方式處於上述範式中：

圖2 道德行為

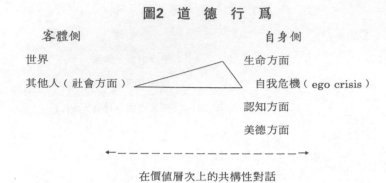

客體側　　　　　　　　　　　　　　自身側

世界　　　　　　　　　　　　　　　生命方面

其他人（社會方面）　　　　　　　　自我危機（ego crisis）

認知方面

美德方面

在價值層次上的共構性對話

　　三角形代表艾利克森特殊的以軀體或生命、自我（ego）和社會機制為依據的三叉式研究。他將精神分析所揭示的生命活動的各方面結合了起來，將之擴展到社會的領域並根據不同的發育階段對自我危機（ego crisis）進行確定。這些我們所熟習的自我危機，信任對不信任等等，與他所描述的各發育階段的美德，如希望、意願等等，是不同的。可以將這些美德確定為自身（self）的中心，在對話中自身代表著人的生命方面和認知方面的某種整合，代表著人格特徵的最中心的方面。

　　必需指出的是，自我危機尚未能與認知的方面得到同等的看待，通常確定的自我（ego）是指認知方面。原因是艾利克森所用的是自我(ego)，本我（id）和超我（superego）的精神分析理論，而不是通常的概念把自我看作為人格的理性的、有控制力的方面。因此，當把艾利克森的這套術語應用到各發育危機的認知方面時，便有了艾利克森所未想到的意義。這種應用的目的是將艾利克森的這套術語用於所列出的更廣泛的範式中，而不限於他已經擴展的，但仍比較專門的新精神分析框架。這兩者的主要差別在於前者加入了自我（self）方面。

對於每一發育階段，傳統精神分析學的貢獻可包括在生命的方面，認知心理學的貢獻可歸於認知方面，艾利克森的三叉式研究可歸於前面所列的叁項之中。各發育階段所確定的美德，將軀體、自我和社會方面整合起來的原則可視為中心的或自身的方面。由於本文篇幅所限，這裡只是以圖式的方式表示，大量內容有待充實。然而，該範式在認知方面未能允許例如皮亞杰和柯爾伯的貢獻得到較充份的發展，在社會方面也未能給社會心理學以較充份發展的餘地（見本書慕塞爾和列翁尼的章節介紹社會習得理論的貢獻）。現在讓我們先進行道德成長的第一階段，看看怎樣將該範式應用於特定的發育階段。

希望：生命第一年

根據艾利克森的著作，最基本的美德而且也是與生命的第一年最有關的便是希望。可把希望作為第一階段中生命、認知和社會方面的整合性體驗，而且也是在第一階段中對自我危機的解決。也許，我們所能給予希望的最中性的意義便是對感知的開放性，這就是人達到了足夠的鬆弛能對事物的方式更充份地感知，從而解決了生命第一階段的事。如果擔憂與害怕，感知一定是狹窄的，人便可能求助於幻想式的生活來取代。讓我們先對需要整合的各個方面和各種事件加以確定之後再來進一步對希望進行討論。應該提出的是，希望危機不僅發生於生命的第一年，而且一直會發生，無所謂最終的解決。所以，雖然討論的是嬰兒時期，但對於成人於希望危機時也涉及同樣的情況。

如果我們從這一階段的生命方面開始，可以看到傳統的精神分析只是在很窄的性主題下談到這一方面，即口期（orality）。所強

調的只是軀體的一部份，最易見和最活躍的部份，即嘴；這被稱爲動情區，通過這一主要方式，這一階段的滿足得到了保證。精神分析學證明最初的依賴性經驗是以後經驗的原型，以後在相似的情況下這種行爲型式（ pattern ）便早已建立。然而，我們也可注意到，生命第一年的嬰兒是處於平臥的位置，這是一種易受傷害的位置，對於這種易傷害性的軀體反應型式也是既經建立的。另外，如艾利克森所指出的，在生命的第一年中關切的型式尚未建立，因此嬰兒可能對事件表現失措和害怕的狀態。事實上，我們可以說，害怕或憂慮是最基本的負性情緒，對此才有希望反應。偏執狂（ paronoia ）和精神分裂症（ schizophrenia ）往往可以追根到這一時期。總之，在這一階段的軀體經驗是受傷害性、無助、及對照料者的幾乎完全依賴，以及逐漸建立的餵食和照料型式。

艾利克森談到這一時期的自我危機是——對基本的信任對不信任。艾利克森（ 1963 ）告訴我們嬰兒信任感的發展是：

> 一個相互調節的經驗。隨著母親對他幫助的技術逐漸給
> 予，他的感受能力不斷增長，以與天生的因內在穩定不成
> 熟而引起的不適相平衡（ 第247頁 ）。

在艾利克森的三叉式研究中「信任」（ trust ）這個術語保留在更狹隘的意義上應用，「希望」（ hope ）這個術語用爲更具包含性的美德，指信任—失信任危機的解決。在艾利克森的含義中，信任是一種軀體的經驗，軀體性的信任是希望經驗的必要特徵。信任也是一種社會經驗，而且這又形成了另一種基本特徵。希望的經驗是社會性的、軀體性的而且是自我（ ego ）意義上的。艾利克森（ 1963 ）描述了嬰兒的第一個社會成果是「願意讓母親離開視野而無過度的焦慮和忿怒，因爲嬰兒已經從內部感到可確定並從外部覺得可預見」（ 第247頁 ）。信任既意味著對自己的信任也意味著

對別人的信任；這完全是一種社會性的經驗。另外，艾利克森指出，宗教作爲一種社會設置與生命第一階段的事件相吻合，生命和死亡，以及希望和害怕。

艾利克森未在一般的意義上討論認知或自我的方面，但提出了一致性（consistency）這個術語來描述。這個詞在可預見性這個意義上可用於我們現在的範式中，以描述嬰兒階段的認知方面。當嬰兒經驗維持生命的餵養和照料型式時，便在自我的層次上達到了某些一致性或可預見性，而且認知功能的基礎便開始建立了。最後，嬰兒可開始預測事件，並知道對他的預見得到證實或不證實。然而，這仍然在根本上是一種感知性事件，因爲嬰兒處於臥位還不會移動，嬰兒還不能以任何有意識的或策略性的方式去影響事件的結果。這一自我方面是認知心理學的主要焦點。然而，應予注意的是，儘管人的心理學對任何道德成長理論均是必不可缺的，但人並不主要是心理學。

圖3　道德行爲：希望

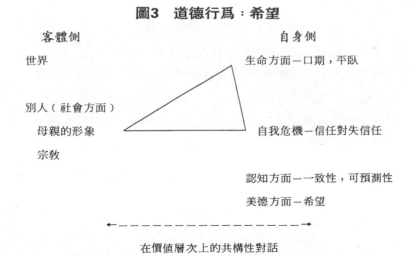

客體側　　　　　　　　　　　　　自身側

世界　　　　　　　　　　　　　生命方面－口期，平臥

別人（社會方面）

母親的形象　　　　　　　　　　自我危機－信任對失信任

宗敎

　　　　　　　　　　　　　　　認知方面－一致性，可預測性

　　　　　　　　　　　　　　　美德方面－希望

在價值層次上的共構性對話

在這一方面，讓我們總結一下，至今我們對生命第一階段的了解已經知道了什麼。在目前的範式中，可以用以下所示的來表示。希望被描繪為一種美德或力量，是一種對易受傷害的情況，依賴性，害怕和無援無助的某種反應方式。如上所指出的，希望在生命方面的經驗是鬆弛，而在社會方面是對世界和其他人的開放性。至於認知方面，儘管當抱有希望時人們能較好地利用他們的能力作預測，但希望並不能還原成預測的事。如果希望是以對某種反應的預測為基礎的，希望將較少承擔風險，希望將避開風險但缺乏道德美德的特徵。讓我們對這些區別作某些闡明。

首先，必須區別希望和樂觀及悲觀的態度。那些在第一年生活中幸運有好的經歷的孩子可能易抱樂觀態度。然而，這主要是已有的經驗，而缺乏作為自身反應的希望特徵。或者說，如果企圖用談話使自己有樂觀的態度，那末一定缺乏對事物和其他人的開放性，不能像其他人那樣開放。開放性與希望更為有關，因為希望比態度或感情更進一層。

其次，如上所提及的，希望和預見性也有區別；希望不能還原成論理推演能力。如馬塞爾（Marcel, 1962）所說：

希望並不是某種預先可將現實聯繫起來的經驗，像強加給借債者的契約那樣把人束縛住。但我們從未停止過這種主張，認為這種要求，這種假設是完全與希望無關的。希望從不規定某種契約的實行（第55頁）。

如已經提到的，成長中的第一個危機，希望危機是生—死的事；它涉及在易受傷害的情況下能否看到可能性的問題。在討論希望與失望傾向之間的密切關係時，馬塞爾（1962）指出，「嚴格地說，除非對失望存在豁免時，才有希望」（第36頁）。史皮茲（Spitz, 1954）和珀烏比（Bowlby, 1952）所描述的住院嬰兒可

以看作這類失望和無助的極好的例子。感到自己易受傷害而死、病，以及其他等等正是希望的原因，但也是可能失望的原因。成長第一階段及以後經驗希望危機時的中心問題是，當受到誘迫結束生命或其他可能性時，是否能足夠地開放想到未來的各種可能性。在這樣的方式中，嬰兒經過了第一年生活的經歷，對付將來的危機的模式便形成了。該模式設置了對各種可能性的限制，但這些限制並不是絕對的，而且該模式是在面臨易受傷害性時建立的，於是希望便發生了。

在這個範式中希望一直被確定為第一階段的中心的或自身的方面，因為在希望的反應中人的生命方面和認知方面整合起來了，而且經驗到向世界與其他人的開放。有意義的是艾利克森和其他研究者從不同的思想觀念背景出發匯合到了這一描述的許多方面。甚至在不同的思想家如歐洲的馬克思主義者布洛克（Ernest Bloch）那裡我們也發現人類的希望經驗的中心地位。格洛斯（David Gross, 1972）是這樣描述布洛克的工作的：

讓我們從抱著希望的人開始。如布洛克認為的，人並不是給定的人——人也不是他的現有屬性的總和——而是走向遠在他前面的事物的道路上的人。我們可以說人有其「本質」（essence），但本質的核心不是靜止的或「濃縮」的。事實上，人的本質從未有過實質性的定義，因為這是個無終結的本質，它一直在自我實現的道路上。人並未被把握和固定；人仍然是開放的，仍然在他可能成為的道路上，而這種開放所採取的形式當他成為他自己的計劃時正是希望：希望就是他可以成為，但現在還不是的那些（第116頁）。

這一簡要描述指出了範式包納生命第一階段事件的方式以及在道德

行為的心理學理論中希望如何代表著最基本的美德。這一研究途徑
對於道德教育的意義將在後面討論，但首先讓我們考慮一下在這個
範式中的兒童時期和青春時期的其他的美德。艾利克森提出的第二
個美德是意願美德。

意願：生命第二年

當人抱著希望時，他便對世界和別人的邀請開放著；他便感受
著各種可能性。艾利克森討論的第二個基本美德是意願（will），
並把意志作為朝向人們感受的立足點。可以看出，意願在發育上以
希望為基礎，而且意願的能並不僅僅限於人這一方面。甚至可以
說，人已經接受了世界和其他人的邀請性給的能量。然而，意願比
希望更進一層，除了在開放之中感知各種可能性外，而且還嚮往這
些可能性。在經驗上，這與通常所稱的有好的意願，嚮往著，或僅
僅能夠對自己的未來抱著願望等是等同的。意願這個美德的作用是
作為在第二發育階段的綜合性經驗。

在生命的第二年，嬰兒真正地開始有了觀點。精神分析學指
出，軀體的經驗在這一階段是如何對意願的未來行動和採取某種立
場的未來行動給予限制的。在這一階段嬰兒開始經驗到他自己與母
親之間的區別，並第一次會說「不」。因為對嬰兒完全賴以生存的
父母親給以反對所涉及的風險，這只有在最初信任的背景上才有可
能。精神分析學強調意願的軀體方面，並用肛期（anality）這個
術語稱謂這個階段，給出了軀體經驗與以後素質特徵之間的關係。
例如，弗洛伊德（Freud）（1908 / 1950）寫道：

將違拗性與對排便的興趣聯繫起來似非易事，然而應該記
住的是嬰兒能在很早期便以很大的自身意願進行排便行為

（見上述），而這種對於臀部皮膚（這裡與肛門的性慾區相聯繫）的痛性刺激對兒童是一種教育工具，打破他的自身意願使他屈服（第48頁）。

無論如何，我們可以從體質的素質特徵對最終特徵的形成給出系統的敍述：永久的特徵素質可以是原始衝動的不變的持續、昇華或者是對抗這些衝動的形成反應（第50頁）。

弗洛伊德在這裡強調了人類生命活動的延續性特徵，並通過集中強調生命性（vital）是人類生命活動的中心決定因素而將延續性特徵限制於生命的各種衝動。在這個範式中，可以接受的是，意願的最初經驗的確對以後的經驗給予限制，而且確立了相對持久的特徵性素質。父母親對兒童早期的自身意願所作的反應方式，對於他們所期望的日後如何管教孩子是相當重要的。然而，在這些限制之中，人們仍可經驗到在不同程度上難於與早期經驗聯繫起來的意願。儘管肛期並不是中心的決定因素，但它確實部份地代表了意願經驗的軀體方面。意願是一種力量或美德，它是在軀體性的決定性或限制性之下發生的。

艾利克森將這一階段的自我危機（ego crisis）稱為針對羞澀和疑慮的一種自動機制，並把它作為對精神分析的肛期概念的發展。如通常的情況那樣，艾利克森也從軀體的經驗開始並引至該經驗的自我（ego）和社會的方面：

肌肉成熟為這一實驗階段確立了兩個社會性模式的條件：把握力和釋放。於是，把握可成為破壞性的和可惡的約束，也可以成為照料的一種型式：擁有和掌握。釋放也可以成為有害的破壞性力量的喪失，或者成為一種鬆弛性的「讓它過去」和「隨它去」。（Erikson, 1963，第251頁）

同樣，艾利克森認爲宗教禮儀是直接針對第一發育階段的，法律規定則與第二階段具有最直接的關係：

我們對宗教禮儀具有有關的基本信任。個人對其意志得到再肯定並在成人的事物秩序中得到界定，事物的秩序同時又對其他人的意願進行再肯定和界定。個人對其意志的再肯定和界定的持久的需求對法律和秩序的原則具有禮儀性的保證（1963，第254頁）

無論是弗洛伊德還是艾利克森在對待第二階段時均不斷提到「意願」這個詞；確實，艾利克森將提名爲與第二階段的事件相聯繫的美德或力量。甚至病理情況通常也與第二階段聯繫著，強迫和衝動性症狀可以認爲是意願的失常。然而，在目前的範式中所理解的意願比艾利克森的三叉式研究更廣一些。在討論廣義概念之前，讓我們考慮一下認知－結構性理論所強調的意願經驗的認知方面，即自我（ego）的認知方面。

我們將應用「控制」這個術語，而不用艾利克森對第二階段提出的較限制性的術語「自身控制」，因爲「控制」並不限於經驗的主體極。按照這個範式和跟隨艾利克森所引導的，所能發現的就是這個階段的經驗，這是與自我（ego）方面關係最密切的。雖然人們不能意願自己去進行意願，但來自人們自己的努力進行控制是可能的。健康的自我（ego）在意願過程中，既能控制自身（self），又能在一定程度上控制世界，而且能夠根據意願召喚這種控制。正像在第一階段中的一致性和預測力屬於自我（ego）的功能範圍，控制在第二階段中屬於自我功能範圍。預測和控制對於意願經驗都是必要的，但它們只是代表了自我（ego）或認知方面，並不代表全部經驗。

根據本範式可將意願經驗的各方面摘要圖式如下。意願在這裡

被描述爲一種美德、力量和對自身控制和被別人的控制的某種反應
方式。這種經驗的生命方面包括取得立足點或有「主心骨」，但它
受到開放性的調節；儘管這種經驗並不是僵硬而是可調節的，但它
仍然是一種立足點。社會的方面包括這種立場與其他人的立場及與
意願的對象之間的對話。至於認知方面，意願者會很好地利用控制
能力。然而，意願並不能還原成控制的事實；否則它便成了操作或
任性。在意願的經驗時，人們仍然是開放著能夠得到修改的。在意
願經驗中，可經驗到一種和諧，至少在較短的時間內可以超越矛
盾、疑惑和猶疑。

圖4　道德行爲：意願

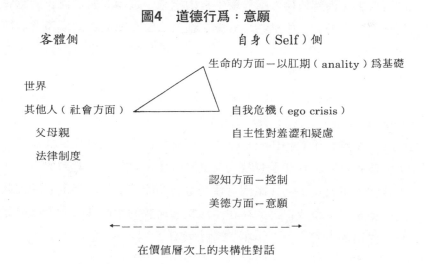

客體側　　　　　　　　　　　　　自身（Self）側

生命的方面—以肛期（anality）爲基礎

世界

其他人（社會方面）　　　　　　自我危機（ego crisis）

父母親　　　　　　　　　　　　自主性對羞澀和疑慮

法律制度

認知方面—控制

美德方面—意願

在價值層次上的共構性對話

　　恐怕還沒有其他心理學家能像義大利心理治療學家阿莎吉歐利
（Roberto Assagioli）那樣對意願經驗有深的研究。他是這樣描
述意願的：

　　當我們經驗到自己是「自身」，是主體時，我們往往會有
　　一種體驗，這種體驗可總結成一句話：「我是力量、是動

因」。這就是人類意願的經驗……我們發現，對自身（self）的發現往往與自身具有意願是相聯繫的。甚至，在一某種意義上，就是一種意願。（1972，第91頁）後一句話就是對艾利克森的陳述，「我就是我能夠自由意願的」的追述。

阿莎吉歐利對「紀律的嚴管法（右手法）」（維多利亞時代）和「思想自由，釋放、允許、釋出（左手法）」（近代）所作的區別對道德教育理論是很重要的。他的觀點認爲，這兩者在意願的經驗得到了整合，它們本身都不是目的。可以補充說，紀律使人爲什麼而自由，而釋放使人從什麼中自由出來，這兩者對於眞正的意願經驗都是必要的。如果集中於第一種方法，意願的必要成份開放性便喪失了；如果集中於第二種方法，可能從受抑制中得到更多自由，但仍不是意願的。

另一名專門研究意願中心問題的心理學家是范康（Adrian Van Kaam），他將意願與任性的經驗（experience of willfulness）及無意願（willessness）的經驗相區別，並這樣描述意願，「我沒有意願，我就是意願，或更好一些，我是個有意願的人。」（1966，第71頁）。在談到意願的整合功能時，他寫道「意願因此是一種表示，是我自己的存在作爲整體與我的生活情況的全部進行相互作用的方式」。（1966，第71-72頁）。

本範式認爲主體的軀體方面和認知方面在意願的經驗得到了整合，所以人們在與自己的生活情景的對話中作爲整體經驗到自己。除了創造有助於兒童變得充滿希望和開放的條件以外，道德教育者還應該關心提供各種結構以幫助兒童發現他們自己是有意願的人。

目的：三至七歲

　　希望本身就是美德，希望是在受傷害性存在下對別人和世界採取寬鬆和開放態度的力量和品德。同樣，意願本身也是美德，意願是當受別人誘迫被控制或過一種狹隘的，過份被控制的生活時，採取一種意願的自由選擇立場的力量或品質。根據艾利克森，這些美德的早期經驗發生在生命的最初兩年；它們為第三年的美德，目的感，奠定了基礎。艾利克森在討論對第三發育階段的事件進行解決時說：「我便是我所能想像將要成為的」。艾利克森應用了「想像」作為希望意義的同義語。要注意的是，在本範式中想像不同於幻想，幻想不具有同樣的意願性或目的性的特徵。

　　傳統的精神分析強調生命發展第三階段中的生命性經驗決定著以後的行為。但還是把生命經驗局限於性和侵略性主題。諾也斯（Noyes）和柯爾布（Kolb）（1958）對這一階段作了典型的描述：

　　　同樣；在大約三歲時，在發育上出現了另一階段，即愉快
　　　的興趣從肛門轉移到了生殖器區。這一期將持續到七歲左
　　　右。隨著這一期的到來，出現了對性差異，和對性器官大
　　　小、存在或不存在的關心。（第29頁）

諾也斯和柯爾布的描述包括對伊底帕斯（Oedipus）情結*的討論，性別區分；其結論認為這一階段的軀體經驗對以後的生活有決定性作用。精神分析學證明了這些經驗的重要性，並證明它們對以後生活的影響，儘管未能完全像有時所聲稱的那樣。況且，強調性和侵略性的主題會導致對另一個明顯的事實的忽視，即忽視了軀體運動的不同文化型式也是在這一時期建立的。因為這只強調了生命的方面，然而它仍然是對想像或目的作了部份描述。

　　除了這一時期的生命力旺盛，新的運動意義及更主動地「走向

────────────

* Oedipus complex：精神分析術語，兒童三至七歲間的性心理發育階段，特徵為對異性父母親的依戀。又譯戀母情結（男孩）或戀父情結（女孩）──譯註。

世界」以外，艾利克森發現這一階段的兒童經歷著稱爲「創始精神
對罪錯感」的自我危機（新精神分析自我）：「創始精神給自主性
注加了從事、企劃某一任務和向任務『進攻』的品質，爲了活潑與
不停的發展。這裡是在自身意願（self-will）之前，通常，是一種
反抗性的激情行爲，不管怎麼樣，是一種獨立性的抗爭
」。（1963,第255頁）要指出的是，這裡的焦點是兒童所經驗的在
活動和運動中的歡樂，而不是任務本身，任務是第四階段的事。

　　當然，運動自由本身也不是毫無問題，如艾利克森所指出的：
「這一階段的危險是對於預期的目標和對受到新的運動力和智力所
發動的精力過盛的歡樂行爲的罪錯感……」（1963，第255頁）。
在這裡參與作用的是文明化的力量和伴隨這些力量的各種衝突。如
果是健康的，這些力量可爲運動和行動提供管道，但總是有些衝
突。在歷史上，似乎讓兒童完全運動自由不給予一點引導的羅曼蒂
克概念作爲一可能性一直受到了拒絕。

　　對於艾利克森理論，自我危機是與兒童的不文明的衝動與以超
我（super ego）爲代表的對其滿足的禁止之間的衝突相聯繫的。
如艾利克森所說：「兒童必需從青春前期的專門對父母親的依附轉
到成爲父母親，成爲傳統的攜帶者這個緩慢的過程中來」（1963，
第256頁）。如果壓抑過多並對這些衝動加以抑制，兒童會變得過
份文明並伴隨下列結果：

　　　　其結果所致自身－道德（self-righteousness）──往往
　　　　對善行的主要獎勵──以後可以成爲對別人的使人難以忍
　　　　受的頑固的道德性監督，因此對創造性的禁止而不是引導
　　　　會成爲主導的行動。（1963，第257頁）

在道德教育計劃中，對眞正的道德和上述的道學家作風加以區別，
以及參與相互間的道德實踐是很重要的。

上述的大部份評論均必須將精神分析的生命中心觀擴展到自我
（ego）方面。艾利克森並將生命中心觀更直接地擴伸到社會方
面，如他指出的，經濟制度和職業角色與這一階段有最直接的關
係：

> 他（該幼童）當然繼續與同性別的父母親保持同一，但根
> 據目前的觀點，有時工作上的同一似乎更容許創始精神而
> 又無過多的嬰兒期衝突或戀父（母）情結性罪錯感而且在
> 共同做事所經驗的平等精神的基礎上有了更現實的同一
> 性……因此，社會的制度為這一年齡時期的兒童提供了以
> 理想的成人為形式的經濟精神（economic　ethos）。所
> 謂理想的成人是以他們的一致性和他們的作用為特徵並足
> 以取代連環圖畫書和童話故事中的英雄者。（1963，第
> 258頁）

這便是艾利克森對這一發育階段的生命、自我（ego）、和社
會方面所作的整合的全部情況。現在讓我們進展到認知或自
我（ego）的方面，以作更廣的瞭解，並用艾利克森的術語「指向」
（direction）對這一方面進行描述。在這一階段自我（ego）的
恰當的作用是對充滿精力的軀體給以一種指向。正如預測對真正的
希望是正常和需要的那樣，控制對真正的意願也是必需的，所以對
精力和運動給予引導或指向對想像（imagining）也是必需的。為
了進行想像，自我的認知方面不應該對之有所妨礙，但必須結合在
過程中。當自我的精力指向與想像的可能性不協調時，自我便對精
力流強烈地阻滯，如抑鬱，或者轉入過度的熱情之中，那裡精力無
充分指向地進行釋放。

當用「想像」（imagination）這個術語時，也包含了創造
性；因此在創造性作為自身（self）的方面或美德這個概念下更能

真正地理解認知方面。通常認為認知、計算和控制在創造過程中並不佔據中心地位。顯然，這些方面均是需要的，但它們本身都不能解釋創造過程，創造過程比智慧涉及的方面更廣。如我們所知，創造尚涉及運動與行為，儘管這些均不是中心成份。也許充滿精力的運動和智慧在想像和創造這樣更為中心的經驗下以某種方式相互協調。這些也可總結性地用下圖表示各方面的事件。

在希望中我把自己向生活環境的各種前景開放；在意願中我對面臨的模稜情況採取自己的態度；在想像中我向一定方向前進。我想像自己做些什麼事，而這一想便召請我行動，這種行動是順當、綜合和目的性的。

圖5　道德行為：目的

客體側	自身側
世界	生命方面－生殖器期（phallic stage）運動
其他人（社會方面）	自我危機
經濟制度	創始性對罪錯
職業角色	
	認知方面－指向
	美德方面－目的、想像、創造性

在價值層次上的共構性對話

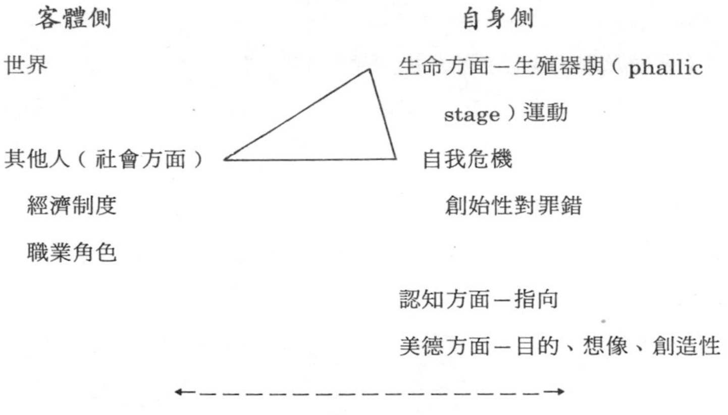

金恩（Martin Luther King）的民權運動可作為想像指向道德事件的一個典型例子。運動開始只是一件非常平常的事件：一名黑人婦女在下班回家的公共汽車上被要求坐到車後座上去。其他時

間這一要求將是理所當然的事。然而，那天她累了並拒絕了，而她的拒絕在人們的想像中被抓住了推動正確對待黑人的可能性。大量的人民被動員起來了，他們對這件事有同樣的想像，提供機會發展一種目的意義。

作為每個個人，每個人均需要在其生活中發現和注入目的意義，在目的中他的生活才有意義。這就成了一種力量或美德，它向前發展超出了開放性和採取某種態度，成為有目的運動。如范康所描述的：

> 我最初的創見必需轉變成具體的力量，這種力量將使我的生活成為現實。我需要一種操作性的創見，它成為我內在的驅力。什麼是具體的驅力呢？它是許多成份的融合——以我自身和情景的經驗為根的引導性的洞察力、奮激的驅力，在具體的日常行動中我的意志中的持久力，所有這些的結合。對於人類的這種創造性的行動的操作性源泉，我們有名稱給它麼？　我們可以稱它為「動機」（motivation）（1972，第4-5頁）

在道德教育計劃中，幫助學生發展這種想像力的品質是具有本質意義的。也許這樣去做的最重要的方式之一就是講故事（見第八章）。

能力：七歲至青春期

雖然艾利克森用「技能」（skill）這個術語來定名與潛伏期或青春前期相聯繫的美德，在目前的道德行為理論中還是選用「能力」（competence）或「能力感」（sense of competence）。技能似乎偏重描述認知方面而不是自身方面（self aspect），因為技能

似乎是能力感的先決條件，本身還不是一種力量。現在，至少是在初始的和意識前水平上受到動機驅動的兒童立即開始反抗這個世界對他的意圖給予的阻力。在最廣的意義上，六至七歲期的兒童的動機是成為成人，成為照料者，但是他們發現想像尚不足以達到他們所欲求的結果。往後，這種經驗還會重複，他們發現為了落實想像中的情景，需要一定的技能或能力。從大約七歲至青春期這一階段包括最初集中遇到的這一事實。

　　傳統的精神分析通常不把這一時期作為發育階段，因為這一時期代表生殖器期（ phallic stage ）的繼續，但性和侵略性的驅力強度均很差。例如諾也斯和柯爾布稱這一時期為潛伏期，並作了這樣的描述：

> 從大約六歲至十一或十二歲，對性的興趣相對減低。這稱為潛伏期。然而這種性的興趣和活動並不是消失，只是沒有其前期和後期中所見的顯著的和有意義的性心理改變。（ 1958，第31頁 ）

　　然而，因為艾利克森同時注意這一發育時期的自我（ ego ）和社會方面，所以他把這一時期的自我危機定為努力對卑下 （ industry vs. inferiority ）並談到社會任務是進入文化的技術中去。他強調從家庭的「溫室」環境轉向外在世界：

> 因此，內在階段似乎一切準備「進入生活」，除了首先必需經過學校生活，不管這個學校是指農村、是城市居民區，還是教室。兒童必需忘卻往日的希望和心願，他的豐富的想像順從於無人性的事物的法則——甚至基本的國文算術。因為，在兒童期之前，在心理上已經是胚始的父母親，他能成為生物學上的父母親，他必需開始成為一名工作者，一名可能的提供者。（ 1963，第258-259頁 ）

艾利克森對這一階段的自我危機作了如下描述：

> 他發展了努力的意識……也就是他調整他自己適合這個工
> 具世界的無機性法則……這一時期兒童的危險在於不足和
> 卑下感。如果他對他的工具和技能或者對於他在他工具伙
> 伴中的地位感到失望，他便不願意與它們以及這個工具世
> 界的一部份取得同一。喪失這種「努力聯繫」的希望會將
> 他拖回到更孤獨的、較少工具意識的人們熟知的戀
> 父（母）情結期的對抗之中。（1963，第259-260頁）

這裡我們再一次看到，與傳統精神分析觀的狹隘性相比，在艾
利克森的理論中對這一階段的事件作了更廣、更包含性的綜合。他
把教育稱爲與這些事件最有關的社會制度，而且是爲了發展能力感
而教授技能的最重要手段。在這裡所採用的廣義觀點中，能力是一
種力量或美德而且是道德的一種表現。在更窄的道德觀點中，也需
要給學生技能，因爲他們需要從事道德行爲。

於是，這一發育階段的認知方面包括方法或技術的知識。在其
本身的作用方面，技術爲能力的表現提供了載體。然而，如果能力
還原成技術物質，忘記了有些人可能技術高超但對任務的眞正意義
所知甚少，就會產生問題。我們的文化特別傾向於還原，不僅在工
作方面是這樣，而且對於友誼和友愛方面，這方面這種研究方法甚
至更不合適。應該指出的是，拒絕學習任何技術的反技術態度對於
能力經驗也是一種障礙。也許，特別是在道德教育中，可以把技術
理解爲一種訓練，它使人從完成任務中自由出來，而不是對能力的
取代或妨礙。

第四發育階段事件的範式綱要如下所示。這一階段的生命方面
以精神分析的性和侵略性驅力的潛伏期來表示；在本範式中本階段
的軀體主要被用爲工具。三角形仍代表艾利克森將生命、自我、和

社會結合起來的三叉式研究。對此，尚加入了認知方面，以及最中心的美德方面。

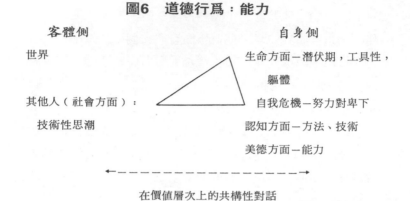

圖6　道德行爲：能力

客體側	自身側
世界	生命方面－潛伏期，工具性，軀體
其他人（社會方面）：技術性思潮	自我危機－努力對卑下
	認知方面－方法、技術
	美德方面－能力

在價値層次上的共構性對話

　　於是，能力是這一階段事件的引導性主題，這裡軀體被經驗爲工具性的，而且性和侵略性驅力是主導性的；這裡努力意識和技術事件可以帶到一起並結合起來。人們發現在能力經驗中這些事件的解決。能力經驗並不一定發生在成人認爲很嚴肅的場合，它也可發生在遊戲之中。事實上，可以見到在體育中能力經驗最生動，這時軀體可以被忘卻，因爲這時軀體可被信賴爲一種工具，這時技術當然也可當作工具，這時在運動員和其任務之間經驗著一種和諧。在這些時刻，無論是體育、奕棋、機械工作、或學術研究中的經驗，給兒童鼓勵，作出最好的引誘。

　　珀錫齊（ Pirsing ）這樣描述這種經驗：

　　有時間看一下不熟練的工人或差的工人並將其表現與熟練的工匠比較（其工作已知是極好的），你就會看到他們的區別。工匠並不遵循單一的指導。他在工作過程中不斷作出決定。爲此，他專心致志於其所爲，儘管他並非故意將

自己與工作結合起來。他的運動與機器是一種和諧。

（1974，第160-161頁）

下面珀錫齊用「性質」（quality）這個術語強調在能力經驗中自身與客體和諧關係的客體極。應用能力經驗的本研究不僅僅將人的各方面結合起來，而且將自身與世界關係結合進來。也許這就是珀錫齊所說，有一個像他這樣的人說：「相信我，世界看來不是精神與物質的兩分，而是性質、精神和物質的三位一體，所以維修摩托車的技藝和其他技藝均有它們從未有過的意義領域。」這段話的意義（1974，第240頁）。這個領域稱為美德領域，而且，對於這個發育階段能力這個術語似乎能很好地表述。

在本道德成長範式中，特別指出了青春期前的基本美德或力量。道德行為被描述為即使在害怕的情況下仍繼續保持開放和可改變性，如能自由地採取自己的立場觀點，在與客觀世界和其他人關係的經驗中按照自己的想像去參與，在性質與完美的價值指向下發展自己的能力。在這些經驗中，世界與其他人被想像為邀請性的，與我們自身是分離的、是召喚我們去參與他們，並由此引出了我們的最大能力和可能性。根據艾利克森，對發育的各階段中最初與這些事件發生衝突的事件作了特定。顯然，美德並不是只經驗一次的品質，而是在實踐中不斷得到增強。文化、家庭和學校均有責任建立條件，使美德能繼續地實踐和得到獎勵。從青春期延伸至成人早期的下一階段，對於成人的道德行為所需的美德或力量稱為「忠實」（fidelity）。

成人期作爲承諾

在分析下一階段，忠實階段時，我們必需考慮的不僅是兒童在

發育，而且在向前進。因為這一階段處在兒童期和成人期之間，更需要瞭解的不僅僅是忠實經驗的基礎，而且還有將來的結果。其基礎其實已在上面提及，這就是，忠實經驗需要有限的希望、意願、想像與能力的力量。為了介紹以後的一些階段，首先必須給出成年時期的初步概況，以便看出與這一階段有關的將來的方向。

顯然，有許多不同的方式來描繪成年時期，但這裡的焦點是道德成長，而且我們將用這方面的前景作為引導。將成年期與兒童期和青春期區別開來的道德經驗可以發現是承諾經驗（experience of commitment）。成人能夠自由地作出承諾，並承擔這些承諾。事實上，可以將成人時期描述為按照承諾去愛、去工作的生活。儘管兒童和青春少年也可有成人生活的企望，如關於未來事業，但我們通常並不要他們對企望承擔什麼。另外，我們甚至給青少年一個有各種選擇的延長期實驗，並不要他們承擔嚴肅的責任。目前處罰已少應用，校園裡主要學習領域的改變只是這一情況的一個小的例子，我們可以當然地相信在這一發育階段也有這一改變。

從某些對承諾經驗的非正式的描述性研究，可以勾畫出一個初步的輪廓。大多數人當要求他們描述承諾經驗時，他們往往用婚姻中對愛情關係的承諾，或對特定的工作或職業角色的承諾作為例子。在前兩階段中世界和／或其他人被視為引起一定反應，在本階段中也是這樣，而在這裡這一情景最初只被認為允諾的引起者。事實上，承諾經驗可以視為要求與反應關係的螺旋形的結合和不斷增長。在最初階段，主體們描述他們自己通常是受到了他們原先想的事情的召喚，或被某一人物、人們或設想的實物所吸引。相當時日之後，他們便伴隨著急切和嚴重的心情對情況作出保證或承諾陳述的反應。當向公眾作承諾陳述時便有了一種不可逆轉的感覺，這種感覺是承諾經驗的必要成份。在這一時期，還有報導對自己聯想到

的未來的領域的開放，他們作許諾性的誓言，甚至提到對孫子的期望。通過作出承諾，未來的某些方面便開放了，與作出承諾前所經驗的未來具有不同的方式。

然而，最初的召喚只是去作出誓言，但後來便有了比作出誓言更進一步的未來召喚。這些召喚的開放性在下面這些陳述中受到了強調，例如：情況變化眞快……情況的要求比我想到的多得多……我發現承諾不是作過就算了的事，而是把歷史結合起來。「例如，我們可以想像一下，一些開始當父母親的家長，他們爲照料小寶寶提出了許多許多任務的這種經驗。在對這些要求作出反應時，人們報告他們的目的感、意義感增加了，感到個人以先驗習慣的方式捲入，甚至整個的捲入並感到承諾責任感加深了。

在這一時期以後，想像到性質更重要的一些召喚。人們描述他們個人的鬥爭，一種冒險和懷疑感，他們是否必需作出承諾。在對這些更困難的要求作出反應時，人們談到犧牲和痛苦，新的奉獻感和責任感，並對承諾作出進一步的認定。人們談到克服困難、疑慮，並作了以前想來不可能的事。還有一種感覺，人們感到他們自己並未成功，因爲他們常常感到疲寧和敗北。更恰當地說，人們視自己是被承諾牽著走：這個過程進行著，儘管人們感覺不到。

對於人們，這一過程將不停地發展，他們的承諾也將時時對他們要求不同的反應。在對這些要求的反應中，在經過了通常的疑慮和害怕時期之後，他們報告對他們自己有了新的信仰和信任，感到滿意和自身價值，以及對承諾的重新肯定。人們有了更穩定的同一感，這種同一性（identity）現在是以他們承擔過來的承諾來界定的。

以上只是對成年期經驗的非常簡短的描述，指向這一時期的是同一性危機和忠實性。事實上，從未來方面來看，對青春少年和早

期成人的實驗可以視爲對未來承諾的試驗基礎（見第六章上述部份，與這裡有關的是限制或促進道德選擇的影響）。

由於以上敍述過於簡短，成年期經驗的某些方面需通過反覆思考來把握並作出某些區分。衛斯特萊（Westley, 1972）在其論文「許諾的意願」中談到「目前對於承諾、誓言、許願的模糊不清」。他強調這並沒有什麼新鮮東西，人們只是發現自己旣受吸引又有負擔。他對契約和許願作出區分，他認爲契約是雙方的約定，許願只是一方給另一方的自由饋贈，或一種實際的設想。他進一步說：「所以許願是因爲通過許願，人們便把自己放到了他所考慮的『許願的情景』……」他使他的人格在實現許願時處於希望的喜悅之中，對此許願他認爲在他的生活中是可能實現的。（1972，第11-12頁）

衛斯特萊認爲有兩種方法可以避免許願的模糊性，從承擔中去除風險性，並使許願成爲不要像青年人所面對的情況：

> 那些教條地認定「許諾必須堅持實現」的人們，以及那些
> 在避免教條而絕對地宣稱：「許諾是不近人情的，必須不
> 作許諾」的人們，他們都實際上繞過了基本的模糊點，這
> 也便是我們所發現的問題的中心。（1972，第12頁）

第二種態度顯然是逃避承諾，第一種態度則通過假托經驗並不具備的確定性來避免模糊性。歐波特（Gordon Allport, 1962）對承諾經驗的敍述是「時時刻刻一半確定而又全心全意」。（第378頁）。從上述主體們的敍述可以看出，不可逆轉的意願是自身進行承諾的要素，但也允許一時衝動作出的承諾或錯誤的承諾。在第一種態度中人們似乎是完全確定並全心全意，因此迴避了經驗中固有的模糊性。

從以上對承諾的簡短敍述，可以看出，青春少年或青年成人在

進入成人之前有一段小心謹慎的時間是正確的，社會也原諒這一段等待時期。有了對進一步指向的居同性危機的這些瞭解，以及對有道德的成人是一種承諾的一般性定義，讓我們用範式對這一階段作出敘述。

忠實性（Fidelity）：青春少年和青年成人

精神分析觀點集中在發育的生命方面，特別是性，並用生殖期（genitality）來敘述成人期。青春期為成熟的性愛提供了必要的起點。諾也斯和柯爾布用傳統的精神分析法描述了這個過程：

> 青春少年以其性器期的迅速的生理器發育和性生殖能力的迅速成熟激動著對異性的興趣和活動。性機制不再遍佈全身而變得集中於性器官……隨著生物性成熟的必然是心理的成熟與更為成熟的情緒滿足。……異性相吸以愛情及將性功能整合為交合，生殖的目的為要素，以建立一個提供安全和獨立的家庭。這種異性相吸是個體整個成熟人格發展中的一個部份。（1958，第31頁）

有趣的是，所有關於發育的觀點均把愛情作為對成人時期的最好描述。精神分析學的觀點認為愛情主要以生命活動和性來表述。艾利克森認為愛情是生命、自我（ego）和社會的結合。在本範式中包容了所有這些觀點，但認為愛情是與其他人的共構性對話，是自身（self）的表現，自身在這裡的作用是將受其他人激動的各方面，生殖的、親的、認知方面的等等，結合起來。在這一廣闊的理解中，成人期的美德是由對想像中的事物和心想去愛和關心的人們的愛和關心（見第四章，吉利甘對柯爾伯的評論）。顯然，為了使這種關心能夠有效，必需有某些基本的一致性。在作出成人時期的各種承諾時，我們實際上是在共建我們的成人史。當一項承諾中斷

時，在這類承諾方面我們便回到了成人前的地方。因此，在愛這個美德之前需要有另一個美德。艾利克森將之稱爲「忠實」（fidelity），這是將靑春少年期與早期成人期聯繫起來的一種美德或力量。

艾利克森，仍然屬於精神分析傳統，他從生命方面開始闡述：
但是在靑春前期和靑春期一切早先所依靠的相同性和連續
性均或多或少地重新出現了問題，因爲體格迅速生長達到
兒童早期的水平並且因爲有了新的生殖成熟。（1963，第
261頁）
接著，艾利克森把這一階段的自我危機定爲一種同一性對角色混亂，他從兩方面對自我危機進行描述。一方面是向成人愛情的運動，另一方面是向表現在工作上的向成人的關心的運動。在這方面靑春少年在兩個領域與他們的同一性作鬥爭：
在相當大的程度上，靑年的愛情是通過將自己的混亂的自
我投射到其他人並因此視其反思和逐漸變爲淸晰，以達到
明確自己的同一性的企圖。（1963，第262頁）
正在生長和發育中的靑年人，面臨著身體內部的生理上的
革命，以及未來可見的成人的任務，他們現在關心的是，
別人怎樣看待他們並與他們自己的感覺相比較，他們帶著
如何將早期教育給他們的爲人和技能與目前的職業標準聯
繫起來。（1963，第261頁）
在艾利克森的研究中，所尋求的同一性和一致性不僅是作爲人格內部的性愛的同一性和職業的同一性，而且包括社會的同一性：
在尋求引導同一性的社會價値時，人們便面臨著意識思想
（ideology）和好人當政（aristocracy）的問題。這兩
個問題在其最廣的可能意義上，都意指在確定的世界影像

和注定的歷史過程中，最好的公民將統治國家，統治使人民中的最優秀者得到發展。爲了不致於成爲冷嘲熱諷式的不著邊際和無動於衷式的盲無所知，年輕人總得必須能夠信任自己，這樣那些繼承著他們的前輩的成人世界的人們，因此也就承擔著使自己成爲最優秀者的責任。（1963，第263頁）

這些摘引說明艾利克森努力包括生殖的生命方面、同一性的自我危機對角色混亂和意識思想和好人當政的社會方面，對本階段進行的精神分析學描述。

如上所述，艾利克森用「忠實性」這個術語來描述與這一階段相聯繫的美德或力量。他沒有直接談及自我的更通常的意義，或這一階段的認知方面，但提出了一個似乎適合於這一階段的術語「專注」（devotion）。顯然，人們不能使自己像自我（ego）具體化那樣忠實，但這裡使我們有興趣的是在忠實的成長中，人的意識的，控制性的方面是如何恰當的參與的。在本範式中專注理解爲一致性或習慣的同義語；也就是，我能夠有意識地發展恆定性的習慣，這種訓練能很好的幫助我們實行忠實。不可能或至少在意願上是不可取的，以意識的方式去發展某種同一性，但所經驗的一致性對於更具有對話性的忠實是有幫助的。

以次頁圖式方式表示的範式有助於理解與同一性階段相同一的各種情況。

忠實作爲一種經驗被確定爲成人階段的合適的美德，和對成人階段的生命、認知和社會三方面的結合。這也就是，在實施忠實性中人們經驗到與人格（person）或投射（project）（即忠實施予的對象）之間的和諧（harmony）。人們在實行忠實性中所獲得的

力量爲愛情關係和工作的承諾性經驗作了準備。承諾性經驗是與成
人時期一致的。承諾經驗的要素是性成熟，這是不同程度的穩定的
同一感，一致性的自我習慣，和一種社會條件。這種社會條件促進
在價值層次上的共構對話

圖7　道德行爲：忠實

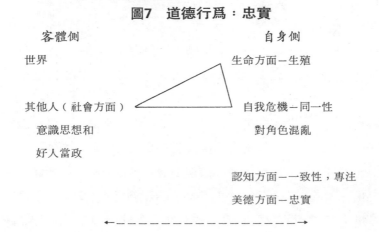

客體側　　　　　　　　　　　　　　　自身側

世界　　　　　　　　　　　　　　生命方面－生殖

其他人（社會方面）　　　　　　　自我危機－同一性

意識思想和　　　　　　　　　　對角色混亂

好人當政

認知方面－一致性，專注

美德方面－忠實

承諾的作出和保持。

　　馬塞爾（Gabriel　Marcel，　1964）的敍述有助於弄清一些區
分。

　　首先，我覺得仔細地區分一致性和忠實性是重要的。一致
性可以看作是忠實性的合理的框架。似乎可以簡單地將一
致性定義爲針對某一目標的堅持性……（第153頁）
然而，一眼就可看出，一致性作爲一種不可變的結構，不
是構成忠實性的唯一元素。忠實性尚包含著另一種遠難把
握的因素，這個因素我應稱之爲呈獻（presence）。（第
153頁）
我爲自己保持一致，對於我自己，爲了我自己的目的——

然而，我為別人而呈獻，更確切地說，為你。（第154頁）

馬塞爾舉了一個人的例子，他出於一致性去探望一名殘傷人，這就是，為了履行他的責任，而另一個人出於忠實同樣去探望，這就是，出於對殘傷患者的關心。第一種情況時患者的經驗是一種贈授，但並不是忠誠的朋友。在這一段引述中澄清了一致性和忠實性之間的關係，並弄清了所敘述的忠實性中的特定種類的對話經驗。

饒有興味的是，馬塞爾通過對忠實性的討論把自己引到了承諾這個論題，正像在本範式中忠實為成人期的經驗作了準備。他應用同一例子繼續說：

我去探望一位殘傷患者，也許，我只是出於禮貌；但是我發現我的探望給他帶來了超乎預料的喜悅；另一方面，我更理解他的孤獨和痛苦；服從於一種不可抗拒的衝動，我覺得有責任經常來看望他。顯然，當我對他作出許願時，我的思想確確沒有想到目前的安排還能夠改變。然而，讓我們假設，改變的想法確實在我思想上閃過；我解除了這一安排，我覺得我竟然解除了這一安排，這種考慮將是一種非英雄好漢的行為。然而，這時雖然我給自己承擔了這個責任，但情況有了改變。有人記下了我的許願，並因此有賴於我的探望。而我也知道……（1964，第159頁）

這一段描述與承諾的起始時期人們所給出的描述非常相似，即受到召喚引起許諾和全心全意去做的反應。

在這一發育階段中，人們經驗的許諾與成年人作出的許諾有不同的考慮方式。這一情況有助於青年人熟悉他們的生命方面的特點，和他們與其他人及具體想法的適合性，熟悉他們看待自己和別人看待他們的方式，他們做出許諾的社會環境，並熟悉那些在這個

過程中在其意識控制之內和之外的各種因素。隨著他們熟悉程度的增加，永遠也不會結束，青年人便學會了考慮自己以及別人便能夠作出成人的承諾，承諾本身只是個載體用以表現對別人和最終是對後代的愛和關心。忠實是開放性、意願、想像和能力（competence）這些經驗的背景。它是成人期道德、愛和關心的基礎。

某些延伸的意義

儘管教育工作者提出特殊的方法使道德教育能最有成效是更重要的，但本範式的一些廣延的含義對他們的考慮會有所幫助。從廣義的社會性開始，我們生活所處的文化或許最好稱之爲青少年文化；它易於對實驗改變作出報償性回應，但還未達到對成人期關懷人的功能給以價值的水平。因爲學校只是對更廣的文化的部份反映。在這樣一個環境中難在道德上造就學生。然而，在社會變化中起某些領導作用也是教育機構的固有功能之一，而且在這方面道德教育也是一項有力的工具。

至此，對學校所做的道德界定主要是在認知或理性上的。這裡所提出的範式承認認知在道德中的地位，但更強調對道德行爲者的塑形作用。雖然沒有一種教育可以直接使學生成爲有道德，但可以創造某些條件有助於道德的成長。這些條件應該與有關學生的發育階段相協調（見第十二章，該章根據不同的教育方法的時間分期，對各階段作了更專門的詳細闡述）。然而，根據本範式的觀點，關於道德教育的教育氣氛可以作一些更廣的陳述。

希望或開放性，我們一直說是一切其他美德的基礎性美德。由此，道德教育的教育氣氛必需是安全和使人毫無顧慮的，使學生易於接受，無強制性。如果學生感到害怕，道德成長就極少或不可

能。至於意願，重要的是給學生表示同意或不同意，克服他們自己的阻力作出陳述和進行工作。然而，這不會發生在毫無價值觀的環境中。如我們所知，道德成長需要各方面的訓練，在這些訓練中道德才成長。這些訓練不應以強迫的方式給予，它們只是作為載體，使學生對經驗開放，否則便不可能經驗。這裡我所說的不僅是特殊學派的道德法規，而是文明環境所需的通常的訓練。

　　至於想像或目的，必須給予比道德行為中認知性參與更多的條件。想像性參與需要給學生面對道德問題的自由，猶如他們處於學校或人群組織之中，並按照自己對問題的反應去想像和行動。這類經驗將學生們與道德行為所需的技能和能力聯繫起來。對於不同的學生需要不同的特殊能力；應該鼓勵每個學生以最符合自己的才幹和未來方向的方式作貢獻。根據教育程度，應給學生們機會對有關項目承擔一定的責任，並讓他們能以適合於年齡或發育階段的方式去盡責。

　　這裡故意只對這些意義作一般性的提及，以使對學校環境最瞭解的教育者有最大可能的餘地來設計和落實道德教育計劃。本叢書的下一卷，萊恩（ K. Ryan ）和馬克森（ G. McLean ）編著的 *Character Education in the Schools and Beyond*（ New York： Praeger, 1986 ）以討論具體實施為中心。

摘　　要

　　當前的各種道德教育計劃常常受到的批評是，在很狹窄的範式中運作，未能考慮道德情況的其他方面。為了對此情況作出反應，這裡提出一個新的範式，該範式力圖以綜合的方式包括許多方面。按照艾利克森的發育理論及他所描述的美德程序表，作為出發點，

本範式的焦點是道德行爲，而不是道德推理。在接受精神分析學的洞見的同時，又超越精神分析的觀點，去向更廣闊的觀點，強調道德是自身（ self ）的一種表現。這種更寬廣的範式強調道德行爲的對話、理性或社會性本質，把這個本質作爲必要的組成成份；在這一對話過程中人們受到塑形，也對道德關注的對象進行塑形。在人的問題方面，對人的生命和認知方面給予考慮，並討論了這兩方面在道德行爲中的作用。道德美德被描述爲人的這些方面在與道德關注的對象進行對話時的一種特殊的整合或和諧。在這個過程中人們自身及某些價值得到了實現。本章指出了各發育階段的美德並討論了這些美德在心理成熟中的作用。本範式爲更專門的心理模式提供了另一種選擇。那些心理模式要麼排斥道德行爲者的自由，要麼把道德行爲者還原成他的道德生活的一個方面。

Duquesne University

Pittsburgh, Pennsylvania

參 考 文 獻

Allport, G. W.（ 1962 ）. Psychological models for guidance. *Harvard Educational Review, 32*, 373-381.

Assagioli, R. & Miller, S.（ 1972 ）. The will of Robert Assagioli. *Intellectual Digest*, pp. 90-92.

Bowlby, J.（ 1952 ）. *Maternal care and mental health.* Geneva：World Health Organization.

Ellrod, F. E., McLean,G. F., Schindler, D. & Mann, J.（ 1986 ）. *Act and agent：Philosophical foundations for moral education and character development.* Washington：

University Press of America.

Erikson, E. H. (1963) . *Childhood and society.* New York：W. W. Norton.

Erikson, E. H. (1968) . *Identity：Youth and Crisis.* New York：W. W. Norton.

Erikson, E. H. (1961) . The Roots of virtue. In J. Huxley (ed.) . *The humanist frame：The modern humanist vision of life.* New York：Harper.

Freud, S. (1908 / 1950) . Character and anal eroticism. In E. Jones (ed.) , *Collected papers of Sigmund Freud, 2,* 45-50. London：Hogarth.

Gross, D. & Bloch, E. (1972) . The dialectics of hope. In D. Howard & K. Klare (eds.) , *The unknown dimension：European Marxism since Lenin.* New York：Basic.

Marcel, G. (1964) . *Creative fidelity.* New York：Farrar, Straus & Giroux.

Marcel, G. (1962) . *Homo viator： Introduction to a metaphysic of hope.* New York：Harper & Row.

McLean, G. F. (1986) . The person and moral growth. In F. E. Ellrod, G. F. McLean, D. Schindler, & J. A. Mann (eds.) , *Act and agent：Philosophical foundations of moral eductation.* Washington：University Press of America, 1986.

Noyes, A. P. & L. C. Kolb. (1958) . *Modern clinical psychiatry.* Philadelphia & London：W. B. Saunders Co.

Pirsig, R. M. (1974) . *Zen and the art of motorcycle mainten-*

ance. New York：Bantam.

Samay, S. A.（1986）. Affectivity：The power base of moral behavior. In F. E. Ellrod, G. F. McLean, et al.（eds.）, *Act and Agent：Philosophical Foundations of Moral Education.* Washington：University Press of America, 1986.

Spitz, R.（1945）. Hospitalism. *The Psychoanalytic study of the child, 1*, 53-54.

Van-Kaam, A.（1972）. *Envy and originality.* Garden City, New York：Doubleday.

Van-Kaam, A.（1966）. *The art of existential counseling.* Wilkes-Barre, PA：Dimension Books.

Westley, R. W.（1972）. The will to promise. *Humanitas, 8*, 9-20.

第十一章
道德發展的綜合理論的闡明
與懷特的能力概念的對話

諾 爾 士 著
Richard T. Knowles

　　為了對前章提出的綜合性理論作更全面的敍述，似乎與懷特（White）對發育的研究作對話是合適的。通過與懷特研究方法的比較指出相似性和區別，這個道德理論的輪廓會顯得更清晰。所以選擇懷特的理論，是因為他也拓寬了艾利克森（Erikson）的領域，特別是自我（ego）或認知方面，並指向道德行為。儘管懷特只用了很少的篇幅考慮能力作為美德（1979，第6頁），他對能力的描述與我們所說的自身（self）的認知方面有許多共同之處，他們都將理論拓寬超過了從艾利克森理論所作的開始。

　　對話將集中於這兩種理論的二點一致處和三點主要的分歧處。這三個分歧點是：(1)對精神分析學和新精神分析學研究，包括艾利克森的研究所作的批判；(2)能力（competence）的概念；(3)對自身（self）的結構所作的描述。

精神分析學研究的批判

在懷特對精神分析所作的全部批判與前面文章中所作的批判之間，即使有所差別，也似乎很少很少。事實上，這裡可以提要式的給出他的批判要點，並可包括為綜合理論的代表。懷特的批判並不指向精神分析學所揭示的真理，而是針對精神分析範式的狹隘。懷特接受了精神分析學關於人的發育的主要見解，並認為這些應必不可少地包括在綜合理論中作為一個方面。然而，他爭辯說，除了性和侵略性以外，還有更多的東西需要包括在一種更廣闊的觀點中。在這項設想中，人們稱為認知性的和美德性的或自身的方面，懷特稱之為能力（ competence ）。對於獨立於性本能和侵略本能之外的在嬰兒時期的能（ energy ）和驅動力（ drive ）的存在，懷特給出了令人信服的案例（ White, 1963 ）。

他發現他的觀察為發育具有比精神分析的本能觀廣得多的基礎作了爭辯：

> 我所用的這件概念使我採取不同的理論，認為驅動力是活
> 動和學習的必要條件，因此，不同於弗洛伊德（ Freud ）
> 的本能理論。況且，能力的概念引導出一種關於自
> 我（ ego ）的概念，這種自我概念與通常我們討論心
> 理─性階段時的概念不同。（ 1960，第97頁 ）

在前面的文章中對以艾利克森的信任對不信任危機等為代表的關於自我（ ego ）的精神分析觀點與通常意義上的自我作了區分。懷特的研究為嬰兒和早期童年時期的自我奠定了第二種意義的基礎，對人提出了一個比精神分析性思考更全面的圖像。

在目前的研究中，將精神分析對理解人的發育所作的貢獻視為與生命方面有關。更精確一些說，精神分析的貢獻被視為對來自早期生物史中的對人的決定性作出了解釋。精神分析教導我們，對於我們的自由受到生物史的限制給予更多的關心。然而，對於這些決

定性，曾經提到的認知和自身（self）這兩方面也應給予整體觀點
地考慮。懷特並認為精神分析對理解反覆性的行為也是一種貢獻，
但精神分析不足以作為一種總體的觀點：

> 把早期經驗作為後期行為型式的研究，因此，應予很大的
> 鼓勵，如對客體的最初選擇，對外界客體的最初專注（
> cathexis），口腔同化（oral incorporation）作為認同
> 作用（identification）的模型，出生經驗作為焦慮反應
> 的建立，子宮內生活對兒童的全能性（omnipotence）。
> 對於人類行為的反覆性成份我們均作了精銳的說明，然
> 而，問題在於，適應性行為意味著不是反覆性而是變化
> 性。（1963，第15頁）

這裡所提出的模式的中心特徵是人和世界和／或其他人的共構
性對話（co-constituted dialogue），這意味著人在行動時同時受
到作用。而且，精神分析不能提供全部的基礎，還因為精神分析很
少談到第一位的成份，作為行為者的人。懷特也注意到同樣的困
難：

> 性慾和破壞性本能對行為的完全控制，首先服從於此的是
> 生來就無力的智力機器，這就直接導致了一項嚴重的困
> 難，即對於現實感覺的發展。（1963，第14頁）

因此，他把人的概念作為驅動者和被驅動者並列，並由此超越
了驅動的精神分析概念：

> 我的主要論辯是，達到某種能力的動機不能完全來自
> 能（energy），即目前的驅力（drive）或本能概念。
> （1963，第279頁）

他用「動機」（motivation）這個術語來取代「驅力」（drive），
以解釋人作為行動者這個更廣的概念。

對驅力概念所提出的問題不僅僅是理論上的意見不一，而是以觀察和描述爲基礎的。這與心理學理論應該更充分地反映經驗的概念是一致的。儘管懷特的描述細節無法在此詳述，但可複述一下其論辯的核心部份：

動物和幼兒的遊戲、探索和操作行爲，我相信，給我們提供了一些最清楚的事實，在這些事實基礎上去建立獨立自我能（ego energy）的概念（1963，第33頁）。

對嬰兒和幼兒所作的觀察指出了驅力學說基礎上的缺陷。除了受驅動以外，嬰兒也經常主動行動，而這方面必需被包括在一種綜合性理論中去。

懷特注意到在新精神分析的思考中，發育已在某種程度上移向了把握人的更主動的方面這個方向。與目下的研究相似，他認爲艾利克森的工作是「精神分析理論的重大發展」（1960，第106頁）。他似乎也同意將艾利克森的工作擴展至精神分析範式之外的設想。

我對這種思想（區域性衝動的區域性愉快）的不滿意來自於，我相信爲了力圖將發育階段理論放到更廣的基礎上，艾利克森並沒有從舊的性慾論原型中充分地解脫出來。他想對能力的成長給以意義，他對生長的敍述所用的一般概念直接來自原初的理論。（1960，第107-108頁）

關於行動的理論需要似也有一致的意見，對於目下的情況焦點是道德行動：

自我（ego）往往被理解爲人格的一部份，即與現實接觸並受到現實的改變，因此自我可以對衝動的表現實行現實的控制。我要爭辯的是，一種行動的理論最好使這一陳述可理解，而且我還力圖證明，有關的能並不主要來自性慾

和侵略本能。（ 1963，第2頁 ）

懷特再一次陳述：

如以現實來檢驗和認定，精神分析理論對嬰兒期的幻想和
本能性的能進行研究，但該理論尙不能應用通過行動自我
得以發育的充份概念（ 1963，第126頁 ）。

在本書前面的文章中曾經提出，精神分析爲人的生命方面的某
些理解提供了概念基礎，認知心理學則爲人的認知或自我（ ego ）
方面提供了理解的概念基礎，但這些研究必須綜合到道德行爲的更
廣泛的理論中去。各分別觀點的危險是把道德行動視爲僅僅是由早
期生物性歷史決定的或僅僅是一種思想。懷特似也同意這種研
究。

在經院心理學中，以其強的歷史根源於知識的哲學問題，
長期以來一直存在著一種傾向，主要從認知來考慮機體與
其環境的關係。研究者們一直詢問知識是如何銘記和貯存
的，似乎生物性的目的就是增大信息貯存庫，就像守財奴
看著他的黃金沾沾自喜。效應力（ effectance ）這個詞具
有糾正這種扭曲的功能，並與皮亞杰（ Piaget ）及最近的
一些其他研究者一致，強調行動及行動的結果。活的機體
不是坐在那裡學習，而是通過行動，它所學的是一種設計
或爲以後的行動作準備。（ 1963，第34頁 ）

本節的主要部份是複習懷特對精神分析研究的批判並對這些批
判表示贊同。在這一階段這兩種研究的相似性是非常明顯的。一般
而言，精神分析學研究揭示了加於個體的限制性和決定性，但不足
以解釋道德選擇的認知方面或稱爲美德的自身（ self ）的表現。在

「嬰兒的遊戲、探索、操作行爲中」，懷特發現了比精神分析所發現的寬得多的關於人的概念基礎。懷特爲這種較寬的基礎所作的論辯是令人信服的，並與建立一種道德行爲的綜合性理論的意圖是一致的。本研究將嬰兒的遊戲和探索視爲自身方面的最早表現；這些表現爲希望、鬆弛、閒暇、信任等等。在本研究中，操作行爲被視爲自我、認知、預測和演算的早期指徵，並因此是認知方面的表現。懷特對操作性行爲與認知未作區分，並用「能力」（competence）這個術語包括了兩者。後面將說明這些區別，然而，關於對精神分析立場的批評，懷特的立場與本研究非常相似。另外，懷特論證了嬰兒時期自我（ego）和自身（self）發育的基礎，這對於精神分析已經建立的生命的本能性基礎是非常需要的補充。本研究尋求道德行爲者的本能、認知和價值三方面的包羅在一起，因爲這三方面在道德行動中是整合在一起的。

能力的概念

懷特認爲嬰兒的遊戲、探索、和操作行爲是能力的高度發揮，這時的主觀經驗稱爲「能力感」。能力成了懷特的發育圖式的中心項目，也是他對嬰兒期發育基礎進行敘述的邏輯性的結果。然而，「能力」這個術語對於描述人類的可能性還是太窄。根據沙梅（Samay）的文章（見本叢書前卷，*Act and Agent：Philosophical Foundations for Moral Education and Character Development*, Ellrod & McLean, 1986，第三章）情感被視爲是愛的高度發展，根據艾利克森提出的美德順序表，愛、關懷和智慧是成人的美德，而能力則不足以精確的反映成人的可能性。然而，如前面文章中所見，能力被視爲發展出來的一種主要美德或力量，並作爲

以後成人發展的基礎。目前的研究不把能力放在人們發展的中心，而是按照艾利克森的觀點將能力看作發育的潛伏狀態的中心並作爲人類發育的更寬廣的圖景中的一部份。這一安置並不排除能力在以後的發育中可以周期地作爲中心事件。

當然，懷特並不同意用「美德」這個術語來描述能力：

當我們專心去發展社會能力時，我們必需小心防止認爲這僅僅是一種光彩的美德，每個人都會大量地擁有。（ 1979，第3頁 ）

從這段陳述的內容，似乎他想防止一種對能力進行直接教授的一種可能的自然和時興的動向，因爲他繼續說，沒有任何外在的行動者能夠將能力教給另一個人（ 1979，第3頁 ）。本研究對這種保留十分同意。如前面的文章所述，沒有一種美德是能夠強迫的，因爲，根據定義，美德都是自身表現性的（ self-expressive ）。有些事物可以促進自身表現，但表現必須來自道德行爲者，其人其身。

本節企圖展示懷特的能力概念和前章的研究之間的相似性和困難。我們已經指出了一個主要的困難。儘管兩者的觀點均同意，在精神分析的衝動領域之外對於人的存在還有某些東西。懷特將之稱爲「能力」。而本研究認爲，如果用比精神分析更寬廣的範式來理解美德，艾利克森所稱的美德還是能更好的反映它。對這個「還有某些東西」本研究對之在自我方面（ ego aspect ）（預測、控制等等）和自身方面（ self aspect ）（希望、意願等等）又作了進一步區分。懷特似乎用「能力」這個術語來概括兩方面。因此，現在要進一步研究能力，瞭解懷特對能力的一般概念和把它作爲一項主要與發育的潛伏期相聯繫的一種美德或力量而進行的更特殊性的描述，在這兩者之間的相似性或差別。

能力的軀體方面

第一項一致的領域是關於能力的重要，包括任何敍述中的生物學方面或具體的方面。不然的話，能力就成了抽象的、理念的，道德的概念，並會忽視精神分析對理解人類行為的貢獻。能力是具體的能力。它在一定方式上包括著生物性的和本能性的能力。本研究同意懷特的主張，能力是一種生物學概念，儘管在這是否就是能力的本意這個問題上還可能有區別。如果首位性（ primacy ）是指歷史的首位性，這就是說，生物性的能力在嬰兒和幼兒期更為明顯，於是這便是一致之處，而且對懷特的陳述便不會有什麼問題：

然而，儘管通過學習而易於改變，人類的動機系統乃植根於生長、維持生命和繁殖的簡單需要。（ 1966，第5頁 ）

另一方面，如首位性指能力主要是本能性的表現，包括當下對能力的迫切要求，這就有了不一致。生物性的、軀體的或生命的方面對於能力是必不可少的，但並不是經驗的中心方面。能力的一個突出的特點是軀體是理所當然的，是結合在經驗中的，不是在過程中獲得的。在本研究中，經驗的主要方面是自身（ self ）的表現，是工作的表現。若軀體方面成了首位性的，我們便脫離了經驗。懷特在談到當強的軀力、疼痛和憂慮壓倒了效應力的驅動（ 1961，第325頁 ）時，他似乎也承認這個事實，他寫道：

當失落感和憂慮非常嚴重時，以致於嬰兒只要是醒著時，便始終是渴求本能性的滿足和安全，而探索性的遊戲，危機間期的空閒時間的活動，便絕然地被淹沒或擠了出去。（ 1963，第190頁 ）

即使在軀體的緊張不太嚴重的情況下，人們對能力經驗的利用也降低。如懷特所描述的：

在日常的情況下，一個趨向重要工作會議的人所想到的僅
僅是幫助他快一點到達開會地，而一個作飯後散步的人則
易於大量地截獲他周圍環境中的因果性信息。（1961，第
321頁）

可以作出論辯，存在著一種最佳的軀體狀態，它使人處於能力經驗
之中，而且這似乎是正確的，但是注意去達到最佳狀態便使人從經
驗中渙散出來，因爲在能力經驗中人們專心致志於所關心的對象，
以致軀體再不是主要的焦點。雖然在能力經驗時包括愉快的軀體狀
態，但這時滿足是次要的。總之，一致的意見是能力具有生物的或生
命的方面，但也有不一致的地方，如關於經驗的生命方面的首位性。

能力的自我（ego）和自身（self）方面

　　另一項與能力有關的事是關於人的活動與其能力的客體間的關
係。有兩種活動方式，一種方式人作用於客體，但不接受（人 ┄┄→
世界），另一種方式人旣作用又接受（人←┄→世界）。本研究對這兩
種方式加以區別。第一種方式集中於，人具有作用，在這種情況下，
可稱爲利用技能；第二種方式包括受作用與作用兩方面的和諧。「能
力」這個術語是用於這類活動的。懷特似未對兩種方式加以區別，把
兩者統稱爲「能力」。讓我們更詳細地研究這些區別。

　　因爲心理學對物理科學方法的模仿，使心理學對人的經驗的研究
受到了限制，並讓經驗去適應於物理方法。人類生活的最重要的經
驗，包括能力，便被拒之門外。懷特是這樣描述這種情況的：

他（科學家）極端地拒絕走出對力作用於人的解釋，以考慮
人是如何反過來作用於環境的。因此，對人格的科學研究便
大大有利於行爲的簡單的、不太有靈活性的方面，而

對於多樣性、個體性，連續的改變、或對於人作爲行動之
源很少注意。（1966，第23頁）

懷特竭力用皮亞杰的例子來糾正這種情況。那是一個三個月的
孩子，他發現他可以拉一根繩索而使懸掛在搖藍上空的鈴發出聲
響。即使在這麼小的年齡，也發現了人的活動的證據。懷特寫道：

有作用，能夠有作用，似乎是問題的中心。找了幾本字
典，我選擇就簡單地稱爲「能力」（他的）並說遊戲性
的、探索的行爲是能力的一般性衝動的表現。（1979，第
8頁）

他接著繼續強調了在心理學中長期受忽視的主動性的方面：

我的建議是，嬰兒期的大量活動、操作，和探索，應該一
塊兒考慮，作爲能力的各方面，而在目前我假定，在它們
背後有一個總的動機性的主因。我建議給這個動力一個名
字效應力（effectance），因爲它的最特徵性的特點見於
對環境產生效應。（1960，第102-103頁）

本研究在這些陳述中看出了人的自我或認知方面的基礎，一種人作
用、操作、謀略等等，另一種人發展技能，於是有了起作用的能
力。然而，有效應與能力並不相同，儘管能力是效應的先決條件。

除了給自我方面提供基礎以外，我們在懷特的工作中發現了自
身方面的基礎，本研究將之視爲能力的核心。在描述人們超越單純
的實效的方式時，懷特言中了其區別：

我並不想意指幼小動物和兒童的遊戲和探索是因爲想練習
有用的技能和爲將來的可能性作準備。他們遊戲和探索，
因爲有趣——因爲固有的東西滿足它——不是因爲去得到
某些未來的價值。（1963，第34頁）

我們大多熟悉在行爲的某一水平上的效率感，在這個水平上，

我們抱著產生特定結果的意圖而行動。當我們向球板投球時，
向浮橋游過去時，或修理家用器具時，我們感到效率。但這種
感覺並必需與特定意圖結果的成果聯繫。探索行爲時，結果並
不能預期，似乎較好的猜測是說效率感伴隨著整個引起效果的
過程。活動本身滿足自己，並不爲特定的結果。（ 1963，第35
頁 ）。

這已超越了單純的效益，在本研究中把單純的技術和方法視爲能力
的範圍。我們能夠準確地實施技術並達到效果，但這並不意味著我
們有足夠的能力（ competent ）。能力是指與環境之間的特殊關
係，不是掌握什麼，而是相互的影響與被影響。

懷特談到這種關係時認爲，這種關係不同於人造就一切，不顧
物質本身的情況：

發展對其環境進而有效的熟悉，兒童似乎完全被這個易於
接受的任務所佔。這包括，發現他對環境所能產生的作
用，及環境對他的作用。（ 1961，第313頁 ）。

對付環境意思是繼續不斷地與環境發生關係、相互往來，
這樣便逐漸改變著與環境的關係。（ 1961，第314頁 ）。

在這個過程中，兒童所關心的不是掌握環境，而是抱著希望、
開放、鬆弛的態度：

舉個形象的例子，我們可以說，效應的要求表示當神經肌
肉系統無其他工作時，或受到環境的溫和刺激時，想要去
做的事。（ 1961，第313頁 ）

總之，兩種研究均一致認爲，除了生物性以外，不管對人類經
驗作怎樣的描述，均應該包括經驗的主動性方面。本研究作了進一
步的區分，主動性的方面可用於功能、效率和掌握，這時可稱之爲
自我模式（ ego mode ）。至於能力（ competence ），稱爲技術模

式（technical mode）。在另一方面，主動性方面的存在可與世界這一頭作反應和相協調，這時可稱爲自身模式（self mode），而「能力」（competence）一詞則用於這方面的經驗。在自我模式中，生物的或生命的方面被經驗爲時間性的活動形式（form of tense activity）；在自身模式中軀體被經驗爲愉快和與能力經驗的結合。如前所見，如果生物性或生命性作爲中心，如存在著強驅動力時，技術性的效率與能力均會受到削弱。

在本研究中，按照艾利克森的意義，能力是一種美德或力量，這就是說，能力的經驗使人更強大，本研究對能力的考慮沒有懷特所用的意義那麼寬，本研究視能力主要是與發育的潛伏期有關的，是早期美德：開放性、意願、想像的基礎，並指向更成熟的美德：愛、關切、和智慧。懷特似乎也同意認爲能力對於愛是基礎性的：

能力的意義再擴大也不一定導致愛，但一定要在人的相互作用中至少有最小意義上的效力，才會有愛的存在。（1963，第94頁）

然而，論證了人的自我或認知方面的主要的根在嬰兒的操作性活動之中，以及自身（self）或美德的根在嬰兒的遊戲和探索活動之中。後者應與嬰兒期有關希望和開放性的描述有關。通過與懷特對精神分析學研究的批判及懷特的能力概念所作的對話，我們對本研究有了進一步的闡明，最後，讓我們討論自身（self）的結構，這是隨著這兩種理論的論題。

自身的結構

懷特與艾利克森相似，從三方面進行研究以瞭解人類。儘管在

他的研究中所用的術語與艾利克森所用的非常相近，他們之間的主
要區別在於，懷特觀點中自我（ego）的意義比艾利克森所用的意
義更廣。這一情況極相當於主流心理學（mainstream psycho-
logy）中所理解的自我。我想，懷特在拓寬艾利克森的研究，不再
限制於狹隘的精神分析理論和建立一個不完全繫於本能力的自我概
念，這兩方面取得了成功。懷特也為自身的概念提供了基礎，然
而，他未能建立自身的概念。本節企圖介紹懷特的三方面研究，
並將這些研究擴伸至第四個，即稱為「自身」（the self），的術
語上。

　　與艾利克森把他對人的研究稱為包括軀體、自我和社會三方面
的研究一樣，懷特稱他的研究包括生物、心理動力、和社會三方面
（1966，第22頁）。他們所用的一些術語非常相似，但如我們已經
見到的，懷特所用的意義比艾利克森用的要廣一些。例如，在生物
性的方面，我們已經見到懷特認為能力是生物性的概念，也就是說
能力是以生物性為基礎的。在論及這個問題時，懷特舉了軀體能的
例子作為對與性和侵略性驅力相關的能的補充，這樣便拓寬了精神
分析所提出的生物性基礎。

　　與艾利克森和本研究相似，懷特的研究強調在任何對人的理解
中包括生物方面的重要。他敍述他對生物性方面的理解：

> 人的存在及人的存在的理由的根與所有生物是同一的。我
> 們可以像研究動物或植物那樣研究人，而不去涉及特殊的
> 本質如靈魂或精神。這一被實行了近一個世紀的總思想，
> 構成了這裡我們稱為的人的生物性的觀點。它是生物科
> 學，包括實驗心理學和醫學研究，重大成就的基礎（
> 1966，第4頁）。

懷特甚至極端地說，生物性方面是自身的核心：

這兩個特徵，持久存在著的軀體和繼之交接著的記憶，構

成了自身的不可缺少的核心（1976，第412頁）。

懷特的研究，艾利克森的及本研究均同意人的生物性方面，包括人

的生物性歷史中的記憶，是必基本的方面，對於經驗的任何理解，

諸如對能力和愛必須包括生物學的方面，以免對它們的理解變得不

眞實或受到扭曲。可能有某些不一致的地方，例如對於生物性方面

的首位性。在上述的引文中，懷特似乎以傳統的精神分析方式對待

生物性的方面，也就是說，似乎可以在生物性方面找到瞭解人的鑰

匙。（對於懷特的生物性是核心的觀點，這裡可能言之過甚）。艾

利克森已經移向了軀體並不具有首位性的觀點，而認爲是與自

我（ego）和社會性平行的原基，這就是說，自身（self）的核心

已經包括著自我和社會性。如果我們已經正確地瞭解了懷特，那麼

在這方面本研究更接近艾利克森的研究。然而，所有這三種研究均

包括生物性作爲基本。

把社會性作爲人的基本方面，這三種研究也是一致的。在本研

究中，認爲人在根本上是社會性的，而且社會性與人的其他方面是

交織在一起的。例如，軀體性的手勢姿態和運動是文化性的；事實

上，人從生活的一開始便同化文化。艾利克森也作出了相似的論

點，他談到社會性的信任時也認爲表現爲軀體方面。懷特也同意將

社會性方面作爲基本的成份：

如果不瞭解人所生活的社會環境，就不可能瞭解人。人是

個機體，但他的最特殊的特徵是他的學習能力；以及在其

他人群環境中的整個學習生涯。（1966，第13-14頁）

這一段懷特的引語也很好的表現了他的研究的三個方面：人作爲

機體、人是社會性的、和人是自我（ego）──自我的中心品質是

學習和認知。下一步將敍述的是懷特的心理動力或自我方面意味什

麼，並對此與我們所稱的美德的自身方面作出區別。

首先，讓我們考慮一下懷特所述的自我系統(ego system)，這是與目前所理解的人的自我方面非常相似的：

> 自我系統的概念對於瞭解更有組織的和持久特徵的生長是不可缺少的。如我們在前一章所見弗洛伊德把自我（ego）引入動力心理學並委任給它一個有點類似於各種爭執力量之間的仲裁那樣的職位。慕雷（Murray）對其一方面作了誇大，他敍述了自我概念中包含的計劃、目標確定和執行操作等意義，而艾利克森也稍稍在不同方向上作了誇張，他強調自我同一（ego identity）是組織化的中心。這裡所用的自我系統包括了這兩方面的擴大，並吸收了自身概念和自身圖像（self-picture）概念中所要包含的東西。（1966，第374頁）

這一對自我方面的包容性敍述，強調了如自身概念和自身圖像中的執行方面和認知方面，相當於前章中對自我方面的描述。

懷特對自我系統的另一項描述舉例說明了一致性（最初發育階段的自我方面）和自身客體作用（self-objectification）（一種對自己的認識性態度），也與本研究是一致的：

> 顯然，沒有一種單獨的生長趨向能夠對自我系統中所發生的每一件事作出近似的說明。在本節中我們所述的趨向在某些方面是相像的，但不是全部，馬克勒南（McClelland）的自身一致性（self-consistency）趨向概念，在勒奇（Lecky）的人格理論中有中心的重要性。歐波特（Allport）在自身客體作用（self-objectification）的標題下敍述了生長的有些不同的方面。這是指「成熟成人的一種特殊的超然公正性，用於考察他自己的自負之處與

其能力的關係、他目前的目標與他的可能目標的關係、他
自己的裝備與其他人的裝備的比較、他自己對自己的看法
和別人對他的看法的關係。」這些趨向在我們自己的一些
問題是能夠分辨的，對於瞭解這些問題是重要的。自我同
一性的穩定是許多方式中的一種方式，在這種情況下自我
系統才向充份發育進展。（1966，第381頁）

限於篇幅，本章不可能對懷特對自我方面的瞭解所作的貢獻作
出極恰當的評述。一般而言，他的大部份敘述與本研究中的敘
述相似。唯一的區別是他通常對自我方面和自身方面不加區分
（ White, 1976，第431頁 ），而這一區分又是本研究的中心。
本研究首先以這一區分爲基礎，不僅以理論爲背景而且以必需
反映於理論的經驗爲基礎。下一步，我們將強調自身的經驗，
如懷特的著作中超越自我的描述那樣，儘管懷特本人並未爲這
些描述作確定。

　　在作出這一區分時，我們希望能與懷特的這些評論的精神
一致：

他（現代的人）再不能以對眞理的一知半解去扭曲宇宙
了，也再不能因爲離開了他的發育特徵去扭曲他的關於自
身知識（ self-knowledge ）了。這些特徵給他機會導向他
的命運所指。他是他自己的形象，他不會放棄高度人性的
品質，力圖瞭解事物，把他們改變得更好。可是，正是行
爲的這些方面，一直是研究人的本質的科學中最被忽視的
部份。例如，心理學家幾乎從未研究過普通人逐漸掌握他
們日常生活中的普通問題……很少有關於偉大的堅韌不拔
精神、少見的英雄行爲、對藝術的不尋常貢獻、及解決或
掌握重要社會問題中的特殊的成功這些事例的系統性案例

記錄。人格的自然成長，人類成就的更高效果，在人類對
於他們自己的當代思想中只給出了很貧乏的表象（
representation ）（ 1966，第2頁 ）。

若這樣的可能是能夠實現的，似乎心理學理論應反映這些自身的經
驗，並將給它們經驗的位置，不僅僅是思想。目前有爭議的是當前
的一些理論均不能反映這些經驗。這些經驗超越了通常的生物性
的、自我的和社會性的範疇。例如，假若我們從自我方面來考慮甘
地（ Gandhi ），我們許會結論說，他是個很聰明的操作者。儘管
這也有點正確，但並沒有恰如其份的反映甘地是個什麼人，或反映
他所以獻身於超越一般範疇的價值。只有自我方面才打開了對他的
經驗作正確理論反映的可能性。自我方面便是我們認為的瞭解甘地
一生的中心。

　　我們這裡所述的與懷特想擴寬觀點包容更多的經驗的意圖是一
致的。本研究包括了懷特和艾利克森提出的三個觀點，並加入一個
自身（ self ），其作用是將另三方面進行整合和加入補充的意義。
再說，懷特似也同意下列設想：

　　　這三種觀點對於瞭解青少年都是有價值的。包容生物性
　　　的、心理動力的、和社會性的證據是基本的，要記
　　　住，人，這個動物，是非常複雜的動物，他生活在社會之
　　　中，有歷史和傳統還有現在的結構。如不拓開我們的視野
　　　便不可能瞭解人的本質。也許不進一步拓寬視野便不能瞭
　　　解人的本質（重點號是我加的）。即使我們將對於人的三
　　　種觀點都結合起來而有許多收穫，我們也不能倉促地說，
　　　我們已考慮了所有的方面。（ 1966，第22頁 ）

現在讓我們看看關於自身的證據方面所做的工作，這些以自我
（ ego ）方面為源並超越自我方面。

在前面的文章中，對於每一發育階段的自我方面和自身方面作了區別。當自我方面是經驗的中心時，計劃、計算、執行等便受到強調；軀體通常經驗到緊迫感和驅動；自身的表現便或多或少受到限制。當自身方面是中心時，如在承諾經驗時，我們談到過一種和諧和人的各方面的結合，以及自身和世界間的和諧。我們談到這兩者是不同的經驗。這兩種經驗還要求在理論上的區分。在承諾這件事上，懷特以類似的方式對自身經驗作了描述：

> 有時有一種什麼事都很順手的經驗，發現一種覺得很正確、似乎釋放自己全部能力的活動的經驗，這種經驗可以是一種高度戲劇性的事件。「這就我一直嚮往的」，「這才是眞正的我。」「現在我才發現了自己。」──這些往往是表達這種經驗的陳述，意味著我到了某種生活型式與自己內在的意願型式之間的和諧。（ 1976，第421頁 ）

懷特寫到承諾的經驗：

> 當興趣達到了整個操作過程，這就是說，興趣深化了；當日常的活動也全身心地去做，以及當滿足已不限於社會性的報償和遠景時。這是一種發展，這在青年成人時期是特別重要的，這時對於特定的和現實的生活道路必需作出承諾。（ 1966，第394頁 ）

這裡有所爭論的是，這些經驗與以自我（ ego ）爲中心的經驗不同，更正確一些，這些經驗應稱爲自身（ self ）的經驗，它們是力量的或美德的經驗。

懷特還描述過另一項超越軀體、自我或社會方面的經驗，即關切（ caring ）的經驗。在艾利克森的敍述中，關切是一種成人的美德，而本研究認爲關切是與其他已敍述過的美德（ 希望、意願等等 ）具有相似的結構。在討論阿德勒（ Adler ）的社會利益概念和

阿吉爾（Argyle）的趨向與某種比自身更大的東西取得和諧的概念時，懷特清清楚楚地說，關切經驗的方式是超越軀體中心性和自我中心性的：

> 這些廣的概念含意是對在兒童時期很自然的自我中心（egocentrism）的超越，和對濃厚的自我關心的超越，在青春少年時期對自身的關心往往很突出；而且也不是完全不合適的。或多或少相似的，雖然不是相同的，是歐波特的「自身意義的擴伸」這個更精確的發展性概念。當別人的企業的或某些有價值的客體的福利成為與自己的福利同樣重要時，自身的意義便擴伸了，「更好的說法是，別人的福利與自己的同一了」。（1966，第401頁）

懷特繼續引用歐波特的話說：

> 當極度要求的直接軀體或自我中心性分散時，便相應地成熟了。對每一個生命，自愛都是突出和不可少的，但只有自身的擴伸才是成熟的標記。（1966，第401頁）

這裡我們再一次看到在考慮關切是超越和區別於軀體中心的模式和自我中心模式方面的一致意見。我肯定，沒有人會為人不應該去關心軀體要求或自我需要進行論辯。事實上，健康軀體和強的自我的目標都是明顯得到公認的，由此自身經驗才會有大的進展。甘地有強的自我而且是聰明的大大地幫助了他對印度的關切。然而，心理學理論也應該給諸如承諾和關切這類經驗一個位置；本研究尋求確立這個位置。

　　總之，在本節中我們看到，懷特描述的自身的結構提供了一個比艾利克森的描述更寬廣的自我圖像，而且他描述的結構為區別於生物的、自我的或社會的模式的自身經驗模式提供了基礎。懷特的**研究與本研究的區別在於懷特對自我模式和自身模式未作區分，**

本研究則作了許多區分。

總　結

　　本書前面的文章主要從艾利克森的思想中尋求提供一個道德成長的綜合理論。本文通過與懷特的研究進行對話，明確相似之處和區別之處以圖進一步闡明這一綜合理論。懷特對精神分析研究基礎的狹隘性所作的批評與本研究是相似的。在確定能力是發育的中心概念上則有分歧，艾利克森的美德順序表對發育作了較正確的說明。然而，在懷特的著作中發現了在嬰兒和幼童時期對自我或認知方面作更廣泛的理解的基礎。這個基礎越過了精神分析的性本能和侵略性本能基礎。另外，在嬰兒的遊戲和探索行為中也發現了以後的自身經驗的基礎。懷特對認知方面或自我方面所作的描述也比艾利克森的描述更寬廣和更可信。但懷特的研究和艾利克森的研究均未提出一直被稱為美德的自身經驗。然而，懷特的研究似乎指向了這個方向，被稱為自身模式的可以考慮為這個方向的進一步發展，這在懷特的研究中已含蓄地提及了。

Richard T. Knowles

Duquesne University

參 考 文 獻

Ellrod. F. E., McLean, G. F., Schindler, D. & Mann, J.（1986）. *Act and agent : Philosophical foundations for moral education and character development.* Washington :

University Press of America.

White, Robert W. (1960) . Competence and the psychosexual stages of development. In R. Marshall (ed.) . *Nebraska symposium on motivation.* Lincoln, Nebraska : University of Nebraska Press.

White, Robert W. (1961) . Motivation reconsidered : the concept of competence. In D. W. Fiske and S. R. Maddi (eds.) , *Functions of varied experience.* Homewood, III : the Dorsey Press.

White, Robert W. (1963) . Ego and reality in psychoanalytic theory. *Psychological Issues, 3,* 1-202.

White Robert M. (1966) . *Lives in progress* (2nd edition) . New York : Holt, Rinehart and Winston.

White Robert W. (1976) . *The enterprise of living* (2nd edition) . New York : Holt, Rinehart and Winson.

White, Robert W. (1979) . Competence as an aspect of personal growth. In M. W. Kent and J. E. Rold (eds.) *Primary prevention of psychopathology.* Hanover, New Hampshire : University Press of New England.

第十二章 終生的道德發展

哥 爾 曼 著

Margaret Gorman

引 言

本系列叢書第一卷，《行爲和行爲者》（ *Act and Agent：Philosophical Foundations of Moral Education and Character Development,* Ellrod & McLean,1986 ）的文章談的是關於道德基礎的自由、選擇、情感和反思。在各篇文章中道德行爲者均是將各個方面結合起來的主因。在本卷的第二部份中，探索了與道德有關的某些心理學方面，包括道德判斷、情緒和選擇。麥卡伯（ McCabe ）複習了認知結構發展論的貢獻，蓋文（ Gavin ）展示了自身理想（ self-ideal ）在意識形成中的重要性。

布拉貝克（ Brabeck ）介紹了吉利甘（ Gilligan ）對柯爾伯（ Kohlberg ）理論的挑戰。兩篇文章（第七章和第九章）展示了社會習得理論家們的洞見，關於發展自身控制以成爲自主的道德行爲者或自身（ self ）的重要性，以及環境因素在道德成長中的重要性。在第三部份，諾爾士（ Knowles ）介紹了並擴展了艾利克森（ Erikson ）的範式，並且敍述了有道德的人的理想成長是發展

希望、意願、目的、忠實、愛，關切和智慧等力量。

　　本文將力圖將心理學研究的這些因素均綜合起來，集中於諾爾士提出的發展人的三個方面（見本卷第十章）：生命或軀體方面、自我或認知方面、和自身（self），這個常常被忽視的方面，與直接的經驗性研究相比更向現象學描述開放的方面。因爲有道德的人並不是孤立的，而是經常與環境相互作用著的，隨著人的長大與衰老環境又不斷地變化和擴大，故環境在本圖式中放在客體極加以考慮。當人的自身方面是主要的時，例如，當幼兒抱著希望時，生命和認知方面被認爲是和諧的運行着。在這種情況下，環境，包括其他人也被經驗爲和諧的配合活動着。而這種自身、認知、和環境的和諧只是少見的情況，這只是道德成長成熟的目標（也見Erikson 1950, 1959, 1964, 1968）。

　　因爲認知是最向教育開放的方面，並且是父母親、教師和朋友們給以促進的行動，故考慮給以進一步的劃分。將在「智力」這個標題下來考慮抽象思考的能力及道德判斷（根據 Piaget, 1967；Kohlberg, 1969, 1981；Gilligan, 1982；Perry, 1970；Kitchener and King, 1981）。發展自身覺察（awareness of self）（Burns 1979；Blasi, 1983），以及發展對別人的覺察（Selman, 1980）和終末環境的含義（Fowler, 1981 and Kilpatrick，見本卷第八章），等也將進行討論。

　　雖然在本書中有一章關於情緒對道德的作用（第十章），但圖中對情感或情緒無分別的分類。這點闕如並不是說情緒在人的道德成長中不重要。而是因爲，圖示集中於人們大多向父母親和教育者開放求助的那些方面，因爲布拉貝克（Brabeck）和哥爾曼（Gor-man）在第五章中指出在所討論的情緒中（憂慮、羞愧、罪錯、憤怒和移情）存在著認知成份，圖示只關於那些認知方面的發育。例

如，關於對別人的覺察一節主要根據謝爾曼（Selman, 1980）和霍夫曼（Hoffman, 1982）關於社會觀點的攝取、對自己的感覺的覺察和對別人的感覺的覺察的見解。

在作圖表說明發展有道德的人之前，需先作某些說明，如選擇這些成份的理由，哲學家和心理學家在研究道德問題中的不同作用。

人在生長中的心理成份

在某種程度上，心理學家可以描繪出逐年的人的成長，而哲學家則能將道德的目標和規範論述得最好。哲學家可以向人們介紹「善」或道德的眞諦，甚至基本的根：人意味著什麼。沙梅（Samay）和其他一些作者在《行爲和行爲者》一書中都企圖做這件事。於是，成長的道路便是朝向哲學家所示的目標。心理學家只是描述人在歲月中的過程。

環　　境

在第九章中，列翁尼和葛拉齊亞諾總結了許多關於環境對人的作用的研究，以及人們影響環境的需要。本章的圖式通過箭頭指出人們對環境的成形和環境對人的成形之間的相互作用。隨著人們的成長，環境便不斷擴大，到了老年環境重新變得不再複雜。

生命方面

在本書第十章中，諾爾士對生命方面作了描述。精神分析研究

對這方面的瞭解作出了許多貢獻，諾爾士與艾利克森拓寬了認識並將之擴大到社會方面。該範式對軀體方面也將採取寬廣的觀點，不僅僅指性的發展，而且在一般的意義上指身體範疇。

認知成份：智能、自身尊重、對別人的看法，對終極的看法

1.智能　人們智能的發展是從具體到現實的更抽象的結構，甚至超越到形式的運作，邏輯地和系統地對世界進行結構。人們可以接受存疑和人類心智有限，而同時他們又繼續探究宇宙之謎。這些是雷結爾（Reigel, 1973）和其他作者（Kitchener and King, 1981）所提出的邏輯或「辯證運作」的後形式化形式（postformal form）。

道德判斷的能力，如柯爾伯所圖示的，似乎是從自我中心期，這時關心的是避免受懲罰、或滿足需要和慾求，至依賴群體規範時期，無論這些規範是共同夥伴的還是建立的法律系統。人們可以超越這些，認定一些原則，獨立於任何法律系統的專制，植根於人類需要為生活和成長得更有人性這個方式之中。晚近，墨爾菲（Murphy）和吉利甘（C. Gilligan, 1980）指出，後慣例的思想（postconventional thought），可有兩種形式：根據柯爾伯的原則性正義模式的後慣例形式（postconventional formal）；和不僅包括邏輯原理而且根據特定情景對原理進行考查的後慣例境況（postconventional contextual）。（Edelstein and Noam, 1982）。

在某種程度上，顯然，判斷道德事件的智能是道德成熟的必需因素，但一般認為智能不僅僅是因素。這裡有相當多的模糊之處，有些人認為道德判斷是引導全部道德發展的，另一些人錯誤地認為

這是柯爾伯的主張（Kohlberg, 1969, 1976；Conn, 1981）。另外也重要的是要指出，柯爾伯模式的貢獻並不是他提供了對人進行特徵標記或分期的範式。他的研究的價值之一是，由於這一範式靈敏地描述了人在各個階段的特徵，以致家長和教育者能夠確認他們的孩子處於哪一階段，並由此逐漸地促進他們的孩子成長成爲道德行爲者。

2. 自身尊重（self-esteem）**和自身觀念**（self-concept）

如果考慮道德判斷只是道德情景中的一個成份，便可假設意識是對行動是否與自身一致進行判斷者，自身也就人們相信自己所是的人，就是人們選擇要成爲的人（見蓋文，第六章）。由於這個理由，對於自身尊重和自身觀念發展的瞭解是瞭解道德成長所不可少的基礎（Meacham, 1975；Blasi, 1983）。

心理學家們對於究竟自身尊重或自身一致，何者重要一直有不同的意見，但認爲意識、道德特徵、自身覺察、自身一致性、自身尊重、和自身理想均是重要因素在概念上是相當一致的。詹姆士（William James, 1890）認爲自身理想是道德想像。其他作者（Rosenberg, 1979）認爲所欲求的自身即是道德想像：

如這裡所理解的，道德想像比慣常的意識概念要廣，因爲它包括自身需要的全部結構、全部標準系統、及個人對他自己的要求。（第42頁）

羅森伯（Rosenberg）指出，道德想像的重要乃在於，想像的倒毀伴隨著自責或罪錯感，這時對自身的責備比對行爲的譴責更重。因此，在討論自身觀念理論和自其觀念的成長時，家長或教育者應該注意的一個重要方面是，對受到自身理想的鼓舞或，如何爾內（Horney）所說的，受到自我譴責的專治進行區別。

不僅僅因爲自身想像與自責感有關，而且與作道德判斷的能力

和實行道德判斷有關。兒童可以有發育良好的智力去作成熟的道德判斷，但若他們的自身尊重很低，可以相當安全地結論，智力成熟的道德判斷力會大爲減弱（Simpson, 1974）。

自身覺察的整個發展型式是從猜測性的、推論性的、未經深思熟慮的自身覺察至自身覺察、自身選擇和自身接受的觀念，由此接受了生命有限、現實和人的自主性。人們希望那些自主的自身覺察的人能與心理學中描述的能夠進行選擇的自由的道德行爲者及哲學家所描述的相當。每一個人都能夠有意識的說：「我是」。

3.對別人的覺察 謝爾曼（1980）和柯爾伯（1969）的研究指出成熟的道德判斷的必要因素是對別人、對別人的感覺和情況的覺察能力；這是一種充當角色和接受社會觀點的能力。霍夫曼（1982）指出，這種對別人的覺察是移情作用的認知成份。目前越來越多的人認爲移情作用是某些形式的助人行爲的先行機制。（見布拉貝克與哥爾曼，上述第五章）。喀甘（Kegan, 1982）在一種以皮亞杰理論和客體關係理論（object relations theory）爲基礎的比較新的人格發育模式中，認爲人逐漸地從認爲自身淹沒在其他人中至認爲自身越來越分離出來，以便更有意識的選擇關係。喀甘（Kegan）試圖證明，發育成長不僅僅是分化、分離和自主性增加，而且是整合、接合和包涵（第108頁）。

喀甘的觀點對於更充分地瞭解向觀察開放的人類發育的波動和交替過程是很有幫助的。接繼學齡兒童的極端自我中心的是十幾歲孩子的合夥一致性，再後是青少年期的波動（或游移），這時青少年覺得交替於失落於群體之中和失落成了孤獨者、與所有的人包括家庭分離開，這樣兩種情況之間。甚至在成年期，也在需要與社會人們一致和需要自主及對自己的生活負責，這兩方面存在著眞正的鬥爭。

巴干（Bakan, 1966）也曾提出人們努力成爲結合起來的行動
者和團體。諾爾士（第十章）在前面提出的理論中提出，美德的和
道德的行動可以有助於解決似乎存在於自主性和聯合性之間的兩分
論。當人們按德性行動時，人們不僅在關係上人性地行動，而且也
發展了自己的人性。

4.對終極（ultimate）的覺察 奇帕翠克（Kilpatrick）（第
八章）介紹了對於遠景或理想的需要，並如他所建議的可通過故事
的媒介進行教育或使之領悟。隨著對自身和道德事件感的增長，還
需對生活意義和目的的遠景和理想，按照這個人們才能選擇。福歐
勒（Fowler, 1981）給信仰（faith）下的定義是求得意義的道路，
包括價值和權威的中心，福歐勒提出的關於信仰逐漸成熟的範式可
以作爲認知成份的第四個中心。

根據福歐勒（1981）的看法，人的成長從對於精神的直覺開
始，變得沈浸於信仰的故事之中，沒有很精細的覺察，並毫無疑問
地接受群體的觀點。直到青春後期自身的自然性運動才朝向自主
性，才使人們能夠從通常由教堂或社會流行的規範所給予的對人生
問題毫無問題的答案中解脫出來。更爲成熟的人們能針對信仰或憧
憬中的不確定成份選擇自己的觀點，使這些不確定的東西不再終生
的和在一切關係中迷困自己。

自　　身

自身發育的總方向是朝向一個能希望、意願、想像、使事情做
好、對信仰不盲目、愛和對所愛的人及人類貢獻自己以及最終成爲
智慧的自我（Erikson 1964）。

道德成長的總方向

除了根據三個主要成份——生命、自我或認知模式、自身模式——對每一階段的圍繞道德對人進行描述以外，我們將給出人的成長的方向，以及可能促進成長特別是認知領域的成長，的支持性行爲。對促進認知發育的將予以強調，因爲尚無直接的方法來發展自身。在將我們的總結按這些成份來劃分時，存在著喪失整體觀點來看待人的危險，但這種劃分卻似乎是正確對待發育中的人的最好的方式。

對於人生將給出以下分期：

1.幼童期（3－6歲）

2.初等學生期－青春前期（6－13歲）

3.青春期或中學生期（13－17歲）

4.大學青年期（18－25歲）

5.青年成人期（25－40歲）

6.中年期（40－65歲）

7.老年成人期（65歲－）

雖然本書的目的是在教育方面幫助家長和其他人，教育上傳統限於三十歲之前，但本文介紹的人的成長將超過大學青年至中年和老年成人，這是因爲以下理由：

1.越來越明顯，在迅速發展著的技術世界中，特別是成人面臨著未曾預料到的道德挑戰。爲此，成人需要進一步的教育。當今在社會、政治和經濟情況方面的困惑和問題要求解決，這是一百年前，甚至五十年前未能想像的。這些情況要求人們更成熟，以便他們在正確明晰的倫理原則基礎上，如在本叢書第一卷 " *Act and*

Agent ”一書中，哲學家們所提出的，去作出創造性的解決。的確，變應性和適應能力，同化和順應（accomodation）均是生長和成熟的標誌。

2.越來越多的心理學家承認，成人在情緒、智力、和道德上能夠也確實在繼續成長。

3.因爲家長和孩子之間的觀點衝突，雖然往往是最痛苦的事，可引起某些最大的成長。這些衝突可迫使成人檢查他們的假設和他們的毫無疑問地墨守習慣的標準。

根據生活的不同時期所作的區分並不意味著所有的人均表現出特定生活分期的全部特徵。這裡選用了時期這個詞，而未用階段這個詞（見Glaserfeld & Keeley, 1982）。以下對於特定時期的表只是一種以最簡明的方式對生命各時期的模式特徵進行分組的嘗試。青春時期的同一性危機及中年時期的中年危機均未寫出。這些所謂危機也只是對某些人在相應時期的描述。況且，有可能一個中年人表現的青年人特徵反比中年特徵更多。這些表只是張很粗糙的圖，試圖表現各生命時期的一般特徵。在給出了人的發育在三個主要成份——生命、認知或自我模式及自身模式——上的一般總看法後，以下各節將對在各生命時期的人作更詳細的考慮。

學齡前期（3—6歲）

總　　觀

雖然生命頭三年對人的道德成長非常重要，但本節對於人的詳細描述將從幼童開始，因爲在這個年齡前後，心理學家發現發生了以父母的形象作爲行爲指導的內化作用，以及自身能力的某些發展。

　　表3（及以後的各表）力圖表達學齡前兒童的全部情況。在左側是他們在世界中所涉及的客體極。對於學齡前兒童來說，他們所涉及的集中於家庭、主要的其他人、兄弟姊妹、及家裡的環境包括未能見到的隱隱覺察的環境。在表的右側是兒童的主體極。箭頭示兒童與其環境的相互作用，兒童不但受環境的成型作用而且也塑型他們的環境。

　　儘管必須記住的是，兒童總是捲入在這種相互作用之中，而且每一名兒童是個整體，但是爲了作深入的瞭解，每個兒童的不同方面可能加以強調。如前所示，在右側的兒童的三個方面是生命、認知和自身方面。當自身方面處於優勢時，例如兒童處於希望之中時，生命方面和認知方面和諧地運行著，這時，環境，包括其他人，也經驗爲處於和諧狀態。這種狀況被描述爲美德（Knowles，第十章）。

　　學齡前兒童的智力主要在感覺運動層次，因爲兒童早就獲得了客體的持久特性。在這個年齡沒有多少眞正的道德判斷力，除了這時的兒童有能力學習按照對他有意義的其他人所給予的獎勵和懲罰來行爲。

　　對別人的最初的覺察開始緩衝早年的強自我中心。兒童能夠眞正地超過與其他人平行地做遊戲，且能開始發展某種集體行爲的能力。在這一點上，兒童必需發展一種感到他們自己是好的意識，甚至當做錯了事時也當如此。雖然對於整個一生來說，所做（doing）與所是（being）之間的區別甚爲重要，但區別可從這個時期開始。在這個年齡期，兒童可在夥伴之間相互給予和攝取能力，並在某種程度上發展與成人的能力交換。他們的信仰和對終極環境的覺察剛剛開始，但通常對看不到的現實有某種直覺感，他們覺得夢似乎非常現實。即使他們的父母親沒曾向他們說起上帝，他們仍

表 3

學齡前兒童（3—6歲）	目前所處	可以發展的	成人能做的
生命方面	·運動性增加 ·水平方向的 ·站立 ·移動	·發展軀體技能能掌握環境	·非條件性的接受和理解 ·給以支持但讓兒童繼續做 ·限制條件 ·引導但不是禁止運動
認知方面 智能：	·感覺─運動─幻想 ·好就是對我有意義的其他人獎勵我的事 ·壞就是對我有意義的其他人懲罰我的事	·具體的─運作性的─異質性的 ·好是集體所說的好 ·壞是集體不願接受的	·提問題讓兒童瞭解結果並感到別人 ·幫助他們學習規則和懂得規則，使他們更爲自由
自身概念：	·對我有意義的別人給我好的我和壞的我的意識 ·來自行動和其他人的自身感 ·認爲自身難與父母與其他人分開	·我是我想朋友們想像中的我 ·我是我想的別的看去像的人 ·我可以和父母親分開	·允許作現實的測試 ·給以理想，以身作則 ·幫助他們知道失敗和錯誤，但並不意味他們的失敗 ·給予成功的機會
環境 （事物和其他人的世界） 家庭、主要的其他人，姊妹兄弟，家，（超驗現實的──上帝） **對別人的看法：**	·看不到別人的觀點 ·不行地一起遊戲；自我中心	·開始有扮演角色的觀點 ·認爲別人與己有別 ·尊重差別 ·合作性的群組遊戲 ·從外在的相似成爲好朋友	·幫助他們懂得群組遊戲是合作，不是競爭 ·幫助他們覺察別人的感情和觀點 ·幫助他們共同工作，幫助別人

對超驗的看法：
・上帝和人一樣，您我一樣會發怒
・直覺的
・設想

・對上帝的瞭解可通過故事和文字中的道德英雄
・神話
・文學
・首次感到上帝

・講英雄故事、理想、遠景、夢想

自身
・我是我所希望的
・我是我自由意願的
・我是我想像中我將要是的

・我是我能學習去做的
・我是我所能做的
・走向實行生活信仰和與人共有的信仰

・由於兒童的自由反應，成人不能直接接使兒童抱有希望、意願和有想像但可間接的幫助兒童創造條件

家庭、夥伴、同學、相似的人們、鄰居

──→ 不斷擴大的環境

・幫助他們在公正、尊重、愛護的基礎上發展集體或小組
・提供一個公正、尊重、愛護的環境

然會知道上帝，從朋友或從電視中聽到過上帝（ Rizzuto, 1979 ）。
這也是好奇和好玩的年齡期，他們希望生活在一個愛和受支持的世
界。

環　　境

從上表中可以看出，如上所提及的，學齡前兒童的主要環境是
家庭。當然，因爲自然的關係，在相互作用中受到家庭的成型作用
更強。然而，家庭中有一個新生嬰對所有有關的人均構成了不同的
情景並以不同的方式構型這個家庭。所以在學齡前兒童與他們的家
庭之間一直進行著相互對話。

生命方面

生命方面對於學齡前兒童是非常明顯的。精神分析學把兒童的
發展描述爲三個階段：口腔階段、肛門階段和生殖器階段，弗洛伊
德（ Freud ）是從身體的三個開口及它們的三個發育階段假設這三
個階段的。兒童首先由母親餵奶，然後是排便訓練及最後是戀
父（母）情結時期，（ 3－5歲）根據弗洛伊德的看法，發展了對異
性父親或母親的性吸引。諾爾士用身體位置的詞彙符號性地描述這
些時期，平臥、站立和行動。軀體方面的經驗與兒童的其他方面的
經驗是不能分開的，與環境也是不能分開的；它們都是整個情況中
的各方面。

認知成份

智力的發育　因爲智力方面的能力仍然是前運作性的（ preop-
erational ）（ Piaget, 1967 ），故兒童不能夠對道德事件有眞正的
見識。兒童的道德見識來自行爲的後果（ Kohlberg, 1969, 1971,

1976）。他們有對於自己的後果的覺察，但對自己的行動給別人的後果卻無覺察，因爲人們不是在別人的體內（Selman, 1980）。因此，需要通過提問以圖發展他們對其他人的感覺的敏感性。例如「如果別人對你這樣做，你會有什麼感覺？」這類問題會有幫助。

因爲兒童的思想是前運作模式的，故兒童不能夠想到他們的行動對別人的後果，甚至想不到選擇和其他的行動模式。成人需從這方面幫助他們。對於兒童的清晰的一致的各種限制也會幫助他們弄清環境和他們與環境的關係。兒童需要給予經常的提醒，他們才會對他們行動對別人和自己的後果負責（Hoffman, 1970）。

自身觀念　珀恩斯（Burns）（1979）總結了關於自身觀念的研究後指出，自身觀念有多方面來源：

1. 最近通過感覺知覺提供的軀體覺察和軀體想像作爲核心。圍繞這個核心便形成了自身參考（self reference）和自身同一（self identity）。

2. 語言幫助著自身與其他人的緩慢的區分過程，並促進瞭解來自別人的大量反饋。

3. 早期幼年過後，重要的其他人，其中小夥伴們變得比父母更趨重要。（第183頁）

珀恩斯繼續說，「如果一個人因爲他是什麼人而受到接受、承認、和喜愛，而且他自己也已覺察到這個情況，那末他應該有了肯定的自身觀念」（第183頁）。因爲兒童感覺到他們處在受信任的環境中，他們便在希望中發展了自身（self），他們是如何發展自身的，艾利克森（1964）對此作了更充份的描述。如果兒童通過了排便訓練期，覺察到對自己身體的控制能力，他們便開始有了指導自己生活的能力感。他們將成爲「儘

管有些小的地方不隨心所欲，但能自由意志的人」。（Erikson, 1964）。

　　事實上，兒童在這個階段在自身覺察方面最重要的發展是，儘管「可以是一個能自由意志的人」（Erikson, 1964），但並不是想成爲什麼或想做什麼都可以的。作爲人類，這就意味著人是受限制的，不是不受限制或最崇高者。如果在無條件的得到愛的同時未能發展對人的受限制性和不完備的承認和接受，那末以後到靑春少年時期就會出現充滿偉大的幻想，而當面臨受到限制時就會沮喪、憤怒甚至行以粗暴。

　　柯胡特（Kohut, 1977）與艾利克森（Erikson, 1964）均強調模範的重要性，這個模範應給兒童一種理想：「我是我所能想像和我想要成爲的人」。父母的重要性不僅僅在於給兒童無條件的愛，同時在於給兒童理想，以給兒童發展的目的和方向。如表中所示，這一階段的兒童可走向能力感（sense of competence），特別是開始上學以後。他們將走向對自己的覺察：「我是這樣的人，我能學習做得更好」，這是所希望的不久就發生的情況。

　　所有這些經驗均屬於自身感，仍然依賴於父母親的形象，然而出現了內在力量和成就感。這種自身，伴隨著對控制自己身體、任務和環境能力的不斷增長的覺察，是成熟的道德行爲者能夠不顧身份、環境和夥伴的壓力，根據自己的價值和責任作選擇的重要的先成因素。

　　對其他人的覺察　三至六歲的兒童開始走出幼年的自我中心圈。相互幫助、給予和攝取仍很少，但學齡前兒童可發展合作和群組遊戲的能力。這一時期的關係是很表淺的而且以自我爲中心，但原始的利他主義已經出現，並需給予鼓勵，如果沒有家庭和父母親的支持，相互幫助和利他主義，以及瞭解和關心別人能力的發展就

會延遲或受到持久性的損害（Hoffman, 1982）。當兒童的充當角色觀念未能充份發展時（Selman, 1980），他們覺得別人也完全像他們一樣看待世界。

對終極環境的覺察 如福歐勒所指出的，對於這個年齡兒童的信仰我們幾乎沒有什麼證據。然而，艾利克森（1950）證明，早期的信任經驗形成了以後的信仰的基礎。在一篇鮮為人知的關於宗教禮儀的文章中，艾利克森（1970）也指出，經常受到父母親形象的人的問候經驗的需要是一切將來宗教禮儀的原型。

> 有許多事實提示，人生來就需要這種經常性的相互肯定與確認，……因此，我提出這種最初的和最微不足道的肯定、這種神聖存在感參與構成人們的禮儀，形成了一種滲向各處的元素，我們將之稱為「神聖感（Numinous）」……其結果是一種分離、超驗感也有受確認的明確感。（第714-715頁）

因此，艾利克森提出，需要禮儀以幫助兒童在最幼年時期去對付他們的兩種基本推動力和進行調和。這兩個基本推動力是，他們未能完全分離的關係，及他們作為確立的人的自主性。當然，支持和發展這兩種衝力的環境是非常需要的，這種環境可產生於父母親只有一個人及傳統的家庭中。

初等學校兒童（6－13歲）

總 觀

在艾利克森（1968）的圖式（scheme）或模式（model）中，這些兒童關心的是發展學校功課、體育和社會角色的能力。他們尚未遇到對自身的懷疑和青春期的體格改變，所以他們關心的主要是

表　4

	目前所處	可以發展的	成人能做的
初等學校兒童（6—13歲）	**生命方面** 發展軀體技能能掌握環境	·生殖期開始 ·開始成為成人的體格 ·更強壯和更有技能	·允許他們失敗並從錯誤中獲益 ·幫助他們接受失敗，這是生人生的一部份
	認知方面 智能： ·具體運作；清晰性和確定性的需要 ·好就是給予獎勵的，和所在集體中所做的事	·形式的運作，抽象思維能力 ·形成其他的解決 ·好是一個集體對其他集體的行為	·幫助他們對集體的和電視中的標準能夠批判 ·給予他們不同於所有集體的其他集體中充當角色的經驗 ·幫助他們瞭解對規則的需要 ·給子制定規則的機會 ·給子幫助別人的機會
環境 事物和其他人的世界：家庭、學校、種族人群、電視	**自身觀念：** ·對自身一軀體的外在觀尚無內省（introspective） ·自我中心但對內在世界無興趣 ·對自身的穩定觀點 ·自身尊重的滿足主要來自成人	·對內在思想，感情世界的覺察；由外在世界轉向內在世界 ·覺察夥伴對自身的評價 ·關於自身的「真知」更多地來自內在好朋友 ·父母親對自身的看法作用降低	·對忠誠、勇敢的品質予以肯定 ·幫助他們從家庭向更大的集體 ·肯定「集體同一性」

夥伴文化，超現實，上帝一實質或有意義意義的命令

・使他們多交「好」的朋友
・做好的友誼的模範
・幫助他們發展有目標的集體，超越他們自己的需要（流亡者、老年人等等）

・向不是他們的集體更開放
・更多的與人共享、相互友誼
・對別人的感情和需要有更大的覺察
・從以「趣味」為基礎的小集體成員走向以目標為基礎的社群成員

對其他人的看法：
・尚不能知別人是如何感知自己的
・排斥不在一個集體的
・其他人要求自己在需要和欲求方面有某些犧牲
・相互性開始

・提供社群，有清楚的看法和道德理想、對不同的信仰和理想開放
・接觸其他文化

・綜合性的一傳統性的
・關於集體支持的自身的強烈感覺，對生活的意義和目的有普遍的、無疑問的信仰

對超驗的看法：
・神話文學；愛好英雄故事
・從文學理解神話
・對所信任的社群很少歸屬感

・父母只能從供間接地使兒童發展新力量的環境

・我有勇氣離開兒童世界；向成人經驗開放
・我有勇氣離開童年時期依賴的上帝
・在與上帝的關係上發展一種行動感(sense of agency)

自身：
・我是我能夠學著去做的
・我是我有能力做的
・我在共同信仰和道德指向的社群中能實施有限的禮儀

・提供支持的環境但在道德理想上是穩定的
・按理想行事的模範，並得到肯定和獎勵

・進入更大的集體，不是以相似和關係為基礎，而是以相似的理想、看法、領域、善好，厭惡為基礎

- - - → 不斷擴大的環境

外在的——如何掌握事物，如何行爲得正合適。然而，他們正在走出獲得父母親或其他成人同意的需要。夥伴們的同意和標準開始代替父母親的標準，以及到了四年級左右，甚至代替老師的標準。他們在比自己的家庭更大的集體中走向一種社群感（ sense of community ）。也許，集體同一性、同意和支持作爲他們成功的具體尺度是他們的最大需要。

環　　境

　　越來越多的心理學研究指出社會環境對這一年齡兒童的重要。父母親越來越發見他們的教導在這個時期很少或沒有影響力，由於主要通過媒體和廣告形成的強力的集體性壓力。電腦和電腦遊戲引入初等學校也影響兒童的智能和解決問題的能力。最後將進入一種不僅僅以人際關係爲基礎的社會環境，而是以擁有共同的看法和理想爲基礎。父母親和教師需要向他們提供一個支持性的而又穩定的環境。他們需要向模範們學習，這些模範是按照自己的主張行事並得到承認的。

生命方面

　　他們的體格通過體育得到了發育，而且在教室內發展了技能，作爲工具將幫他們進入成人的工作世界。有些九歲和十歲的兒童在很短時期內便進入了青春期（ Erikson, 1968 ）。

認知成份

　　智能的發育　大多數研究將這一時期的兒童置於認知的前形式運作（ preformal operations ）水平（ Piaget, 1967 ）。兒童可以進行具體運作，但不能夠瞭解道德決定背後的供選擇的假說或原

則。他們看著具體的結果，小集體的所說所做或他們對於事情的感覺在較大程度上控制著他們的道德決定。這些兒童的大部份處於柯爾伯的圖式中的第一或第二階段（1981）。低年級的較年小的兒童可能作假的報導等，因為他們的正義感還很原始，或者因為他們想得到教師的同意。但他們一旦進入三或四年級，小集體的標準對他們便更重要。他們也發展了對於他們的行動對別人的作用的更敏銳的觀察力。教育工作者和家長應該用提問來問他們，讓他們能預見他們行動的後果。否則，會重新發生這類事故，例如有些青年（雖然是青春年少，但顯然處在道德判斷的階段一或二），他們在使用長期車票的火車上扳動機鈕以致火車出軌造成了死亡和受傷。他們沒有考慮他們行動的後果。

在此早期道德發展階段的兒童不能採納別人的觀點（Selman, 1980）。對這一期的兒童應給予有意的經常的幫助：

1.在行動之前反覆考慮行動的後果

2.看一看選擇，及這些不同選擇對他們自己及其他人的後果

霍夫曼（1970, 1982）證明（見第五章）對於更成熟的有道德的人的發展，引導或讓人們看到後果是比懲罰或停止給予愛更有效的方法。後面的方法只能削弱自身尊重。我們認為自身尊重是不顧自身利益獨立判斷或相對獨立判斷的必要成份。

自身觀念 庫柏史密（Coopersmith, 1967）研究了這一年齡兒童的自身尊重。他證明，那些自身尊重最高的兒童他們的父母給予他們明確的界限，在該限度內他們有充分的機會去作決定。與這項研究和柯胡特（Kohut, 1977）的成人鏡像理論（theory of mirroring adults）相一致，這一時期對於教師和父母所需要的是，提出現實的和可能的成就目標，對兒童本人給以穩固的支持，即使對他們的行為可能有某些不同意。

　　如珀恩斯（1979）所指出的，這一年齡兒童的自身感不僅來自他們所想的對他們重要的其他人（父母，教師和某些朋友）對他們的想法，而且越來越多地來自同一小群體的成員。努力使兒童感到他們是一個「好」的小群體的一員或在小群體之「中」，可能對他們可能有的屬於一個更普遍的但不好的集體的願望或傾向發生衝突。努力給他們爲別人服務的任務和責任也會增進他們的自身尊重。他們是天生的現實主義者，如果他們的小集體以同情失利者爲目標，他們也會同情。若不是這樣，如該小集體看不起失利的人，這些兒童也會非常殘酷。

　　在此時期的自身觀念是對於外在特性和行爲的非反覆思考的，固定性的看法。根據羅森伯（1979），這時的自身觀念是比較健康和堅定的。他說：

　　　　尙不能用別人的眼光來看自己，兒童只有一種原始的傾向
　　　　從我的角度來看自己，把自己看爲客體。因此，自身意識
　　　　一般很低，自身觀念穩定性高和自身尊重滿意（第254
　　　　頁）。

　　由於對自己內在的狀況很少或無興趣，這些兒童的道德也同樣以外在標準爲基礎——即以行動及於自己後的愉快或不愉快的後果爲基礎。

　　對別人的覺察　這個時期的友誼並不以深刻的內省性的友愛和相互性爲特徵，這些特徵只在以後才能發展。哈杜普（ Hartup, 1983 ）對我們所知的兒童的友誼作了總結：

　　　　對友誼的期望隨著年齡增長而改變，但在所有的年齡中交
　　　　互作用仍然是突出的。在兒童和青春時期出現了合作性和
　　　　友愛；在青春時期個人的支持尤其強烈……對兒童的朋友
　　　　和非朋友進行的觀察證實交互性（ reciprocity ）和相互性

（mutuality）的友誼關係是一切年齡的特徵，但一致性、協調性和合作在童齡中期變得越益明顯。（第143頁）

哈杜普與其他作者還指出，與夥伴或單獨的友人良好關係的先成物是穩定的家庭關係。「家庭的破裂易於影響對夥伴文化的適應性，作爲夥伴關係基礎的好的家庭關係在整個兒童和青春時期均是需要的」（Hartup, 1983，第172頁）。

在這個時期，兒童也發展他們的擔任角色的能力，對別人的感情和思想更爲覺察，以幫助相互性的發展。儘管對夥伴關係的研究是瞭解青春前期兒童的重要課題，必須承認，「夥伴關係對兒童成長的貢獻是與其他社會系統共同作用的（例如，家庭和學校）而不是獨立的」（Hartup, 1983，第173頁）。

對終極環境的覺察　福歐勒（1981）描述這一時期兒童所表現的特徵是「神話文學期」（Mythic　Literal）（階段2）。他們酷愛故事，渴望英雄以便模仿。這是讓兒童閱讀那些有遠見有勇氣按照自己的道德原則生活的人物故事的不尋常的機會。有時他們可從聽到的和讀到的那些在信仰和責任之間作出困難選擇的人物故事中，得到生活理想的視景。

自　　身

這些兒童從工作和遊戲中發展自身的力量。每個兒童都可以說，「我就是我能夠學著去做的，我是我有能力去做的那樣的人」。（Erikson,　1964）。當他們進入青春期，這些力量將使他們能夠脫離兒童世界並向成人經驗開放。這些力量只有兒童自己才能發展，雖然父母和教師可間接地幫助他們創立條件，促進其認知方面，生命方面和環境方面的成長。

總　　結

　　這些兒童處於外向性（ extraversion ）、巨大活動性、和增長對於自己覺察的年齡，能夠完成任務和歸屬於他們有共同價值和責任並尊重的夥伴小集體，儘管這些價值和責任他們尚並不理解。令人窘迫的是，當他們離開家庭和父母的價值時，父母親甚至學校均面臨著眞正的困境。首先，似乎家庭訓練和教育的目標就是社會化的──使兒童能適應於周圍環境，按照通行的社會規範行爲。當兒童步入夥伴社會，顯然僅僅適合於美國社會還不是道德敎育的目標。眞正的道德成長和成人的成熟性要求人們能夠超越，甚至能夠批判社會規範和習俗。喀甘（ 1982 ）和巴干（ 1966 ）這樣提出問題。父母親和敎育者在塑形兒童的同時又如何鼓勵他們對社會的批判，並根據什麼規範來看待問題？如何在受規範的成型與需要成熟的成人來幫助根據超越當前標準的眼光或目標去形成社會規範，這兩方面進行平衡，並以持久的原則爲基礎？本叢書第一卷（ *Act and Agent,* Ellrod & McLean, 1986 ）的哲學家們致力於探索和提供這些持久的原則。

青春時期（ 13－17歲 ）

總　　觀

　　隨著青春期的開始及不可避免的青春少年正在進入的世界的擴大，大多數青春少年出現了深刻的自身懷疑、內在尋求和違拗。

　　某些晚近的研究（ Offer, Ostrov, Howard 1981 ）指出，青春時期並不像傳統文獻所描述的是一個經歷風暴和應激的時期。然而，青春時期的任務不僅僅是學習在成人社會中工作和行爲，而且

是考查以及或許甚至是達到自己的同一性的開始,並且企圖找出生活的意義。「我是個什麼樣的人?我為什麼在這裡?我將往那裡去?別人都喜歡我嗎?我是個『正常的』男子嗎?我是個『正常的』女子嗎?」這些問題並非平均的青春前期兒童所關心,現在是經常用來考查的問題。這個時期可以是內心檢查選擇和承諾的時期,或者是沮喪和缺乏方向的時期。這是個對於道德成長十分重要的時期。

因為這些深刻的問題和通過負性的從父母親那裡的獨立來肯定自己的欲望,青春少年往往被認為反叛或不順從習俗者。有必要區分一下負性的順從(negative conformity)和不順從(non-conformity)。不順從者按照自己的價值選擇,因為他們懂得並自由地選擇。人們可以選擇小集體的價值或父母親的價值,但他們並不盲目的順從。而負性的順從者則不懂得或實際上未能選擇價值。在努力成為不依賴於(這裡未用獨立於)成人(父母或教師)權威的人時,他們只是簡單地否定成人主張的價值。他們並不是自由的選擇或理解負性的價值。他們只是盲目的否定那些他們原先隨聲附和或盲目順從的價值和標準。儘管青春少年似乎是在努力追求獨立,實際上這一時期是從對他們最重要的群體那裡獲得同一性和標準的時期。

環　　境

也許再沒有其他時期像這個時期那樣,環境有這麼強的影響力,首先,因為環境包括幾乎全部的夥伴和周圍的必需成份,這些均迎合青春少年的需要和標準,而不是限制。當這些青春少年還是兒童時,他們是在成人所塑造的環境之中。對於成人他們雖也受到商業環境的強烈影響,但如所希望的,具有足夠的自主性以抵抗對

表　5

環境	目前所處	可以發展的	成人能做的
青春期（13—17歲）	**生命方面**		
	・生殖功能開始 ・體格上成為成人 ・成長得更強壯和更有技能	・增強生殖方面的能力 ・技能發展 ・充實精力	・承認成長 ・對他們的衝動不加責備 ・但限制不恰當的行為
	認知方面		
	智能：形式運作使得青少年有能力構建假設、關於世界是如何作用於青春期自我中心的，「我按照世界的樣子瞭解世界」。		
	・看到父母的教導和價值觀的限制 ・沈浸於小集體的標準和感情之中 ・「好」便是小集體的命令和覺得好玩的東西	・覺察和承認不定性 ・覺察到對對道德原則作系統陳述的需要及堅持正義保護一切有關人的權利的需要 ・覺察到需要一個超過小集體共同意見的清晰的和有權威的法律系統	・允許更多地參與與規則制定和實施 ・鼓勵其對系統法制性的需要，以便在社會中生活
環境： 家庭、夥伴、學校、鄰居、自己相似的與自己相似的十幾歲的孩子	**自身觀念：** 自身觀念紊亂： ・對別人如何考慮自己不像快的覺察 ・對自身的知覺由外向內轉移 ・對自身的真象的瞭解最好的朋友而不是依賴父母 ・個體性形成和自由更為重要 ・「我已不是個孩子，但還不知道我是什麼樣的人」	・我仍然是父母親的衛星 ・從父母親的希望單純的違拗中走出（個體性形成） ・更自覺的選擇同一性（自主性） ・從「我已不是個孩子」至「我將選擇是我所選擇的」	・認識到對父母親的違拗或反對只是暫時性的 ・允許距離但給予支持和聯繫

對別人的看法：

・隨著對父母的分離，需要歸屬其他人 ・只能像我的朋友「還不能說：「我正在做我選擇去做的事」 ・渴於參與集體	・從對父母或夥伴的依賴至自身選擇的價值和目標 ・更多的覺察到別人看待世界和我與我自己不同 ・更大的相互性——不是需別人肯定同一性	・更多地提問，揭示別人的感情和觀點 ・向不同的集體和文化暴露 ・考慮他們的觀點和感情 ・深化和拓展關係

對超越的看法：

・對於上帝愛我的故事關心 ・走向綜合性的一習俗的觀點 ・無疑問地接受小集體的信念、禮儀、規範	・走向個人的反思或轉變 ・對信仰、小集體的價值和歷史背後的覺察和理性有更大的覺察 ・導致知性後的承諾(informed commitment)	・支持和瞭解他們的疑問和叛逆只是成長過程的一部份而且是成人的承諾和忠誠時示範自己的承諾 ・在模糊不清時示範自己的承諾

自身：

・我能夠冒險離開兒童時期的世界，並向成人經驗開放	・我能忠於我的諾言和/或承諾 ・在我與其他人的關係和與上帝的關係上，我可以是個成人	・對於有關自身的自由沒有直接可做的，也沒有直接的指令可給予的 ・只有對成長著的自身的尊重

	・更大的歷史與環境。存在著與我不同的人、民族，具有不同的甚至相衝突的價值	・幫助他們發展而接受其他環境 ・批判自己環境的能力和意願

- - - - → 不斷擴大的環境

它的壓力。青春少年則尙未發展自主性並在目前僅僅抵抗父母親的環境。成人可以支持他們這些掙扎中的自我，並不要因爲青少年強烈的違拗而關閉這種支持（Josselson, 1980）。如果他們能組成互相鼓勵與支持的小集體，他們可在這種掙扎中發展道德和個人自主性。

生命方面

青春少年在體格上開始成爲成人。成人應接受他們的成長，不要對他們的很強的固有衝動橫加指責。然而，他們也需要對不恰當的行爲給以清楚的界限。如果成人對他們自己的性能力感到滿意，這有助於青春少年對自己的軀體和別人的軀體有正性的態度（Erikson, 1968）。

認知成份

智能的發育 因爲形式運作開始發展（Piaget, 1967），道德和理論假說的選擇能力便出現了。青春少年可憧憬理想，並看到他們的父母、社會或組織是如何缺乏理想。他們對成人不能按道德原則行事，會很有批判，但是，因爲他們自己尙無完全自主的自身觀念而易受人影響而且脆弱，他們自己往往屈從於小集體的規範。事實上，忠於友人或小集體往往是在道德困境時做決定的因素（Kohlberg, 1971, 1976；Gorman, 1977）。例如，雖然他們知道在商店裡偷東西是錯誤的，但他們很少揭發偷商店的朋友。

在此時期夥伴環境可能是約束性或有害性的。成長似乎只在現存的認知或道德結構已不能吸收新的事件或情況時才發生，因爲這是一條發育的原理（Piaget, 1967），所以向在規範上與夥伴規範不同的其他小集體開放是使階段3的青春少年走出原先的小集體的

最好方法（ Kohlberg， 1976；Gorman, 1977 ）。旅遊、爲殘傷人
或老人服務的經驗不僅使青春少年向其他的集體規範開放，而且爲
別人服務能發展正性的自身尊重。按照喀甘（ 1982 ）的描述，這是
人際交往期，在此時期少年們覺得他們的自身受到人際關係的限
制。當人們由需要歸屬、關係、和附和能變得因從小集體脫離出來
而更平衡，這在道德成長和自身發育上是一重要時期。因此，在下
一時期，青年時期，他們便能更自覺地選擇價值和關係。

　　自身觀念　大多數心理學文獻指出，青春時期的主要任務是在
角色困惑或不集中時尋找同一。雖然這是個終身的任務，但最初的
尋找出現在青春期。艾利克森（ 1959 ）對自我同一性下的定義是：

　　　　於是，自我同一感是增長而成的信心，即人們維持內部相
　　　　同性和連續性的能力（ 在心理學意義上的自我 ），以與對
　　　　於別人的相同性和連續性相匹對。（ 第89頁 ）

喬色森（ 1980 ）指出，人們認爲的十三歲時的同一性並不是眞正的
同一性，而是自我的穩定性或自身尊重。眞正的同一性僅僅來自對
外在於自己的發展著的現實的責任。

　　　　有許多同一性形成的過程均發生在對可能的自身進行排斥
　　　　性的選擇之中。同一性是排斥性的；它表現爲承諾和對可
　　　　能性的摒棄。「 我想做（ 是 ）這個而不是那個或別的 」。
　　　　（ 第202頁 ）

這一年齡時期的青春少年關心個體性的形成較自主性更多，青春後
期或大學青年則更關心自主性。個體性形成是對認爲完全來自父母
的同一性的否定。沒有計劃未來的欲望，對他想成爲什麼樣的人也
無考慮。目前關心的僅僅是從父母親那裡獨立出來。

　　對於高中的學生，青春期是個痛苦的時期，因爲體格上的不斷
變化，以及因爲他們現在敏銳地覺察到其他人怎樣考慮他們。

似乎，青春早期是自身觀念紊亂時期，自身意識——特別
是對其他人如何考慮其自身的不愉快的覺察——急速增
長；早期的不經思考的自身接受消失了。自身變得更不穩
定、易變和逐漸消失。以往毫無疑問的自身的眞像，現在
變成了有問題的自身假設，尋求關於自身的眞象便是問題
之一。

總的自身尊重及對特殊的自身成份的評定降低。到青春後
期，總的自身尊重改善，但一般而言自身觀念的紊亂仍持
續。早年的信任和無疑問的自身觀念是否在晚年時回復
——而且如果回復，在什麼時期——仍然是需要進一步研
究的問題。與此同時，對自身的認識由外部轉移至內部。
原先，關於自身的眞象是無所不知的權威的事，而現在有
賴於我們有意識地純純從我們自己作出選擇的人們——我
們的最好的朋友或特別是我們自己。這種認識的出現使我
們直接接近了見不到的內心的自身領域。（Rosenberg,
1979，第225頁）

羅森伯（1979）也指出，因爲對父母的知識的尊重降低，青春
少年對他們自己的知識變得尊重。因此，青春前期的兒童不過從外
在或重要的其他人得出他們的自身觀念，青春少年則從外在轉移至
內在，求助於對他們是什麼人的認識。

有些心理學研究揭示了十幾歲的女孩與十幾歲的男孩在自身觀
念方面的差別。雖然有證據說，女孩的自信心較男孩低，但羅森伯
（1979）指出，「並不是女孩的自信特別低，而男孩的自信特別
高。」他接著發問，「那末，有誰的自身觀念受到了損害？」（第
287頁）。吉利甘（1982）的進一步研究指出，女孩沿著關係、關
心及責任的道路發展，而男孩則沿價值動力和人際爲主導的路線。

但是有證據指出，社會生活的因素較遺傳的因素更可能是主要差別的原因。

然後是努力形成個體性的時期。「我不是父母親所想像的或想要的我」。他們尚未爲自主性努力，因爲自主性意味著他們知道他們是什麼樣的人，以及他們想做什麼和是什麼。事實上，他們所發展的相反的同一性（Erikson, 1959）可以從完全來自父母親或主要的小集體的兒童的同一性轉向完全相反地來自夥伴的同一性。發展著的違拗也應意味著最終拒絕夥伴的同一性，而且，如所希望的，有了對自身的選擇，他們想成爲的自身（Josselson, 1980）。

對別人的覺察　青春少年們擴大了與他們發生關係的人數。他們剛開始發展更成熟的相互性和交叉性。更敏感的青春少年能夠在想像中設身處地，去感覺甚至移情於別人的感情和憂慮。但是，大多數情況下，他們從自己爲主的觀點來看世界，而且堅定的相信別人也像他們一樣的看待相同的世界。

任何好朋友的關係或與異性間的關係，儘管包含著某些相互性，主要還是爲自身服務的以增強青春少年的同一性，因爲他們仍然需要別人來肯定或將別人的同一性給他們。

最後，哈杜普（1983）指出，雖然某些青年與家庭有矛盾或者可以有相當大的衝突，但大多數的青春少年是能夠綜合家庭的要求和夥伴的期望的（第182頁）。

對終極環境的覺察　正像在道德層次上青春少年關心的是小集體的規範，同樣在信仰層次上他們關心的是他們所能歸屬的那個社群（Fowler, 1981）。青春期是綜合性習俗時期，青春少年尋求成爲有信仰的社群的一員，因爲得到支持，而不是因爲使他們的信仰承諾得到考驗。即使他們拒絕成爲某個組織的成員，通常也是爲了與具有相似的未經仔細考慮的信仰或者甚至是未經仔細考慮的對否

定信仰。

　　因爲歸屬感是他們的較大的需要，所以重要的是，青春少年能找到並屬於支持他們、提供有用的理想和正性承諾的小集體。在此時期，他們很少關心教義或神學，雖然他們也提出宗教教導和科學關係的問題，他們受到科學教育，諸如進化論、宇宙創始等等。（Gorman, 1977）。他們主要關心的是他們的同一性，和受到「小集體內」的人的喜歡。因此，成人需給他們眞正的歸屬於一個有信仰的社群的意識。這應是個成人的社群，這些成人們承諾著、支持著並按照他們宣稱的去做。

自　　身

　　青春期是在心理上和道德上均有大的成長的時期。因爲智能有了足夠的發展能夠認識抽象的原理和不同的選擇，因爲充當角色能力的發展足以認識別人的感情，而且因爲同一性正在形成，同一性是一種選擇而不是強加，所以青春少年可成爲成熟的道德行爲者，能夠根據原則爲自己作決定，並關心別人的需要。

總　　結

　　由於自身的力量發展著，所以青春少年能夠冒險脫離兒童世界並向成人的經驗開放。不久以後他們便能忠誠於他們自己對上帝和其他人的承諾（Erikson, 1964；Fowler, 1981）。雖然成人不能直接幫助發展忠誠性，但可以間接地表示對成長著的自我的尊重，他們自己可以是忠實於他們自己的承諾的模範。

青年期（18－25歲）

總　　觀

　　有些作者可能反對將這一時期歸入青春晚期。其他一些研究指出，在美國文化中，真正爲同一性的掙扎，即成爲脫離自身角色和社會要求的自身這個意義上的掙扎發生於18至25歲。

> 　　青春晚期的少年……更注重於自主性的一面。現在他們有
> 了相對穩定和完整的自身，問題是怎樣對待它。這是心理
> 社會同一性和自主性的危機。可能性（potentiality）的
> 意識擴大（但可能防衛性的免卻）。將來有了新的現實
> 性。「我是什麼人？」讓位給「我將成爲什麼人？」在此
> 時期，晚期青春少年更關心將他們新發現的自身「適合
> 於」客觀世界並強迫世界適合他們。我認爲艾利克森對同
> 一性危機現象所作的詳盡描述最清楚的適用於大齡青春少
> 年的掙扎。中期青春少年努力形成個體性時，還仍然是父
> 母的衛星。而晚期青春少年已不是衛星，他們必須努力尋
> 找自己的軌道。（Josselson，1980，第208頁）

　　事實上，喬色森（1980）提到了紐曼（Newman and Newman, 1976）的研究。喬色森討論了13至17歲年齡期是小集體同一性的危機期或異化期（alienation），而紐曼則把同一性危機或角色瀰亂（role diffusion）和角色紊亂（role confusion）放在18至22歲時期。

　　因此，大學青年或18至25歲青年所面臨的任務與高中學生相比似有真正的區別。青春早期少年所關心的同一性是夥伴小集體的一部份，青春晚期少年所關心的同一性來自職業的選擇和人際關係，而不是與小集體的同一，但是是與另一個人的同一。青春早期少年面向同年齡的小集體，而青春晚期少年則向著他們必需進入的成人世界。他們詢問的是他們如何適合這個世界。

　　年輕人第一次認識到作出承諾的需要，不管自身的懷疑和對他

表 6

	目前所處	可以發展的	成人能做的
青年 （18－25歲） 環境 「我的小集體」 電視廣告 競爭性的社會 壓抑	**生命方面：** ・對生殖功能更有把握感 ・更集中的應用精力 **認知方面：** **智能：** ・二元性和／或極端相對主義 ・毫無問題地接受並要求適合社會標準 ・形式運作 ・認識到對系統的需要但不要 ・認識到對系統是向變化開放的 **自身觀念：** ・尋求同一性 先佔：根據社會需要 分散：不斷的實驗 行動暫緩：延遲選擇 ・同一性仍然主要來自小集體 ・兩面性，儘管自己也覺察到	・相互的生殖方面的能力 ・更廣的應用精力 ・從相對主義到責任相對主義和辯證思想 ・後習俗性形式主義和後習俗主義 ・尋找規則和法律深層的原則 ・當法律與原則抵觸時在工作中變通法律的能力 ・通過對自己選擇的價值和自身理想的承諾達到同一性。這些價值和理想來自故事和自己的角色、事業、和自身覺察到區別。我不是角色的我；我有那些角色	・承認其性和軀體的同一性 ・對變化開放 ・示知習俗規則和道德原則的區別 ・根據原則對現存制度給予不斷的批判 ・作為師長在他們自己、他們的角色、他們的自身方面都明顯是傑出的 ・給予與所選的價值一致的事業機會 ・給以各種選擇和機會

對別人的看法：
·從極端地依賴走出至反依賴的關係
·能瞭解自身與其他人的關係
·仍然需要和利用別人而不是相互給予

·友愛與相互性的關係
·參與更大的社會
·爲別人服務以忠實、愛和責任

·終生友愛和參與社會生活的模範
·示以對責任有價值的"原因"和制度
·對他們的不太隱私的事表示關心與覺察

對超驗的看法：
·綜合的一習俗的或毫無疑問的情感上的附合
·與任何宗教組織成員的負責的分離

·以反思爲基礎對宗教組織的願景、想像和描述承諾
·我選擇這種願景
·個體性的一反思性的

·示知信仰的願景是與行爲始終一致的
·示以給予支持和前景的社群

自身：
·我能夠願意忠實於我的承諾

·作出和堅持對事業的承諾、關係和價值
·如同受到超驗現實的上帝的召喚

·僅僅支持其追求
·尊重他們的承諾
·示知自己的承諾

·瞭解和尊重不同習俗、價值和想法
·雖然他們必須適合社會，但覺察到他們能夠與社會分開並幫助塑造社會

·給以其他文化的經驗
·給以超驗的案例，雖然生活在環境之中

────→ 不斷擴大的環境

們考慮進入的組織的懷疑。他們在對確定性的欲求和害怕承擔責任之間搖擺不定（Perry, 1970）。馬奇亞（Marcia, 1966, 1980）描述了對付青春晚期同一性危機的四種模式。有些人儘管缺乏絕對的確定性，他們通過對事業、生活、伴侶、價值、道德和信仰的視景的承諾解決了危機〔這就是馬奇亞，1966所描述的同一性成就（identity achievement）〕另一些人仍未解決，處於不確定和懷疑，動搖和猶疑（行動暫緩）之中。有許多人處於中間狀態——通過很快地和全身心地投入第一個接觸的工作、角色或關係來避卻懷疑（先佔作用）。另一些人不斷地尋求新的角色（分散作用）。危機時期如何解決，主要決定於成爲怎樣的青年成人和中年人。

環　　境

隨著青春晚期少年走出對他們一直有着強烈的正性或負性影響的夥伴環境，他們需要希望，這樣他們便不會被他們尋求進入的社會所壓倒。他們以懷疑的眼光，但仍帶著天眞的著迷，看待他們希望進入的事業和政治世界，但是這些對於他們似乎幾乎沒有道德和信仰承諾的支持。這也是一個時期，他們的環境可通過旅遊和直接經驗其他文化而擴大，這樣他們便覺察到還有他們自己以外的環境。

生命方面

這個年齡的青年對於他們自己的生殖功能有了更成熟的意識，並需要走向相互的性活動。成人應該承認他們所出現的性和體格的同一性是眞實的，但只是他們整個人的同一性的一部份（Erikson, 1968）。

認知成份

智力發育　珀利（William　Perry, 1970）報導了大學青年智力和倫理發展的令人感興趣的圖景。他指出，最初，青年處於極端二元性的階段，這時他們把權威（教師、媒體或夥伴）所說均接受爲正確，而別人所說均認爲有錯誤。對其他觀點的不斷增長的覺察，這些乃由大學課程和在工作及大學中擴大了夥伴集體的生活經驗的結果，於是引起懷疑主義和極端的相對主義。這個時期的大學生認爲事情是對的，僅僅是因爲這個或那個社會這麼說。他們現在知道其他的社會並不與他們的社會一致。其結果使他們覺得沒有絕對的東西。每件事件均依賴於養育它們的文化。

從這種極端的相對主義，思想健康的大學生開始認識到，永遠也不能作絕對的確定，以及人們需要對某種價值負責，這對他們便成了絕對。這就是責任相對主義（committed relativism）階段。儘管對他們有意識選擇的，對他們是絕對性的價值負有責任，他們將仍然尊重其他不同價值的東西（Perry, 1970；Kitchener & King, 1981；King, Kitchener, Davison, Parker, & Wood, 1983；Murphy & Gilligan, 1980）。

在某種意義上，柯爾伯（1976，第43頁）所描述的第四、五階段也與極端相對主義或珀利（1970）的多元性階段相似。這兩位心理學家均承認大學青年已發展了形式運作，因此有能力作系統陳述和理解（在某種程度上）抽象的道德原理（由不同的哲學家系統陳述的）並理解法律和政治系統是如何作用的，以及在事實上如何「打倒這個系統」。

在柯爾伯（1976）描述中第五階段的人們能夠理解，如果法律和司法制度違反道德原則，特別是正義，那它們能夠，也應該，受到改變。第五階段的人們與珀利所述的責任的相對主義相似，但第四、第五階段的人們則不同。這兩個階段時都能理解，制度如何能

夠改變，但階段－5中有原則性的人們改變制度是爲了促進正義和人權，第四、五階段的人們除了自身的利益外，並無其他改變或「打倒」制度的動機。

遺憾的是，有些大學生仍然停留在相對主義或階段－4,5的水平，並且未能步入對普遍道德原則的責任，包括正義的責任（Kohlberg, 1976）或關切和責任心（Gilligan, 1982）。面對在執行時遠不如司法系統的指令那樣清晰的按道德原理行動的不確定性，他們可能退回到毫無疑問地服從權威（只要權威是清晰的，是誰則並不重要）或者甚至回到小集體的規範或事業和工作的規範（Perry, 1970）。

可能在這一時期青年人將發展更綜合的、實用的或辯證的知識型式。這裡沒有篇幅介紹祁森納（Kitchener）及金恩（King, 1981）描述的反思性判斷的七個階段，但越來越多的證據說明，青春期之後智力仍然繼續發展著（King, Kitchener, Davison, Parker, Wood, 1983）。

所有這些均指示青年時期對於道德成長至關重要。在討論道德原則及其人類本性之源時，必須同時討論這些原則在具體情景中的應用經驗——在運用中人們可能會提到經典的美德謹慎（prudence）。尤其重要的是，從道德原則來反思這些事件時，習俗與司法規定與道德原則的區別必需弄清楚。往往學生們知道道德理論，但未能受到如何反思作出道德決定的幫助。需要幫助他們將理論與行動聯繫起來。

自身觀念 如總的敍述所示，在青年時期可以有更穩定的自身界定，雖然人們終身需不斷地對自己進行重新界定，例如與其他人、事業以及其他責任改變的關係。

喀甘（1982）還指出，青年時期青年人努力走出僅僅來自人際

關係的同一性。他們需要認識他們不僅僅只是這些關係，而且喀甘還認爲青年們正在步入自主意識。在青年成人期，他們可以有不僅僅是融入的關係而且是選擇的關係，這種關係可保證相互的同一性。

理想可以使這些青春晚期的少年們更清楚他們的價值體系。這些價值是對他們所尊敬的重要的其他人給予他們的信仰視景和／或想像進行仔細考慮的結果。例如這個年齡的人可以說：

我想爲別人服務（我的最高價值）。所以，我選擇醫學事業，作爲我能夠實行該價值的最好的方式，該價值可獻出我的能力（在科學方面）和愛好（科學勝過於醫學咨詢）。

遺憾的是，這不是通常發生的情況。往往在他們眞正弄清楚他們的價值之前，校園裡常有這樣的話，醫生是高收入階層，並在美國社會中有高的地位。他們會不去檢查他們的價值和天才，而投入前期醫學課程。現在他們的同一性是「醫學前期」。於是同一性來自醫學前期，而理想的解決是由同一性來選擇角色（Schein, 1978）。

一個相似的例子是，一位女士，她發現在大多數繁華的城市中教學工作均很不景氣，而電腦職業則很熱門。她未考察自己的價值與天份便選擇了電腦職業，並從這項選擇中得出她的同一性。

如勒文森（Levinson, 1978）所指出的，作爲導師，示以理想和作爲年輕人的支持者的成人們可幫助青年人作更明智的事業選擇。因爲關鍵的是選擇與自身一致的角色，而這時同一性還相對地不太清晰（Schein, 1978），對於作爲導師的人們，重要的是清楚的突出他們自己的角色和他們的自身。他們需要明白，他們的眞正價值來自他們對價值所負的責任，這些價值是他們有意識選擇的，

而不是來自社會給他們的職業及由此而來的角色行為。

對別人的覺察 雖然對這一年齡階段的人的最重要的任務是獲得同一性——對一個自主的與社會要求分離的,但還未能適應於這些社會要求的自身的覺察——這一時期也是成熟的和相互性關係大大成長的時期。

青春早期少年應用同性或異性的關係只不過是為了確定非常脆弱而且衍生出來的自身意識(Erikson, 1959),而年齡較大的青春少年具有自主的自身意識,可以嘗試給予與相互性的關係。在這個過程中,兩方面均會發現自己給予的比接受的更多(Josselson, 1980)。然而,早年的大學青年似乎大多數暫時回到青春早期的自我中心和一致性的關係。

大學青年需要終生友愛和參與社會生活的模範。他們中的許多人親眼見到失敗的婚姻和關係,而不願承擔終生的承諾,擔憂自己的能力不能維持這種關係。

有諷刺意味的是,那些有強自身感的人們似乎更願也更能夠擔負責任(Perry, 1970)。況且,這正是自身的成長和與瞭解別人有關的能力增長之間有密切關聯的例子——這兩種成份對於成熟的有道德的人都是相當需要的。

如霍夫曼(1982)所指出,在此時期他們對於前景和個體感情的瞭解能力擴大到對整個群體和民族的持久的情況的覺察。如果他們通過經驗直接地或通過閱讀代替性地通過閱讀暴露於比自己國家情況差的人民,這也是對社會正義和社會責任的覺察能夠發展的年齡。

對終極環境的覺察 根據福歐勒(1981)的敍述,大學青年往往處於綜合的習俗性信仰階段。他們可以深入到信仰的活動之中,主要出於歸屬於某一小集體或社群的需要。或者,他們可以對任何

組織宗教毫無興趣，漠不關心。許多這類青年雖然他們不是經常去
教堂的虔誠者，但他們仍然認為自己是宗教信仰者。有些因覺得無
關而拒絕加入宗教組織，另一些因看到宗教組織不能按道德原則行
事而離開，它經常講道，但很少實行或根本不實行（Hoge,
1981）。

某些大學青年直到他們需要向他們的孩子談到上帝和生活的意
義時，才重新積極去教堂。他們更能看到人們未能按照所想的去做
與道德原則之間的區別，因為人的能力有限，而理想則是所有的人
爭取的方向。

對別人的信仰承諾可以加強和引導他們努力發現遠景想法，並
按照想法去做。也許，對其他人來說，大多數人很少去檢查他們的
信仰或道德責任的基礎。他們主要關心的是其他問題，除非面臨親
人或好友嚴重疾病或死亡時。他們主要關心的是如何「使之適合」
複雜而又迅速發展著的社會。對於許多人來說，這一時期的信仰和
責任或是無關緊要，或是被忽視和未作深思（Fowler, 1981）。

另外，有些人在經過兩或參年的對信仰責任的負性拒斥之後，
甚至在他們畢業之前便對組織宗教或政治的或社會的事件作出同類
的承諾，對此珀利（1970）稱之為承諾性相對主義（committed
relativism)。

對於大多數與這些青年接觸的成人，這個時期是等待，從生理
和心理給予支持，按照自己的道德和信仰責任去做和作為見證。

自　　身

這個時期的自身應該發展力量，忠誠於承諾，這樣他們才能在
下一時期走向友愛和愛（Erikson, 1964）。另外，成人不能直接
幫助他們，但可以給他們支持，尊重他們的承諾和示知他們自己的

責任。

總　結

青春晚期和青春早期的區別在於，晚期青年較少負性反應，和尋求發展同一性，以及同時選擇事業。青春早期少年努力從家庭中獨立出來，進入二十歲的青年則準備承擔責任——在工作和人際關係方面。的確，他們即將成爲成熟的道德行爲者。

青年成人（ 25－40歲 ）

總　觀

根據艾利克森（ 1959；1968）這是一個最可敎誨，最少爲人之師的年齡。通常這又是第一次婚姻、第一個孩子、第一個家、第一次抵押財產做生意、在事業階梯上第一個眞正的「工作」，甚至也許第一次害大病的時期。艾利克森稱這一年齡的特徵是，友愛或孤立的年齡，以及婚姻是他們生活中較重要的變化之一。然而，照料和訓練他們的孩子以及發展他們丈夫或妻子的事業也是他們關心的大事，甚至可能是角色衝突的原因。

事實上，在勒文森（ 1978）的青年男子發展模式中，直到四十歲以前結婚，家庭一直處於事業選擇和發展之下。另外，在此時期還需要眞正地接受責任心以爲了對他們的配偶和家庭的承諾。青年成人的世界比前節所述的狹窄的工作或大學環境有了相當的擴大。他們需要參加學校事務、民政事務以及有些人要參加敎堂活動。

許多曾經捨棄敎堂活動的人重新恢復敎堂活動，因爲感到他們的孩子該受價值敎育，他們自己是受過敎育的現在是受尊重的。他

們開始認識到，組織性的宗教，不論是什麼宗教，許多世紀以來都是這些價值的攜帶者和傳播者。在參與學校和教堂活動的過程中，他們自己在智力、道德及在信仰方面均有發展（Gorman, 1983）。

　　這也可以是一個紊亂的時期。對於年輕人來說，他們過去過的是單身的、相對獨立的、自身中心的生活，他們現在必須學會犧牲，以眞正的相互性給予愛的對象的需要、欲求、權利以及以後給予年幼的孩子們的迫切需要。

　　勒文森（1978）的青年男子模型幾乎完全專注於事業的發展，晚近關於事業動機的研究似不能得到同樣的結論，在晚近的研究中家庭的價值和兩方面的事業考慮對於許多人均是比個人事業發展更大的關心事項（Schein, 1978）。

　　可有許多型式的家庭生活——單人的父（母）親、未婚家庭、兩方面事業的夫妻、和正在減少的，核心家庭（Nesbitt, 1983）。這是一個需要作出許多選擇的時期，並對終生具有意義。

環　　境

　　這些青年人周圍的環境是不斷擴大著的，各式各樣而且往往是零碎的。有工作世界、社會世界、和政治世界，所有這些既瀰漫又迷亂。他們可追逐互相衝突的價值，與媒體中的標準一致或者有選擇地塑形他們自己的世界，而同時保持足夠的適應性以在某一世界中求生存和發展，儘管在該世界中並不能持久地保證經濟上的發展，他們可能是第一代子女少於父母的美國人。在此時期，他們需要使他們自己與社會的和經濟的環境保持距離，以便與環境之間保持自主性的關係，而不是一致（Nesbitt, 1983）。

　　首先，這也是他們需要重新檢查環境的時期，特別是合作的和

表 7

青年成人（25－40歲）

	目前所處	可以發展的	成人能做的
生命方面	・生殖功能成熟 ・體能充沛和發展	・對生活的愛 ・為自己也為後代生活	・鼓勵他們的活力
認知方面 智能：	・較大地接受不定性或相對的原則主義 ・分別他們的原則的挑戰，這受到他們的原則可與社會價值和事業目標相衝突	・照料與責任的道德 ・原則和行動之間更大的一致 ・價值體系更清晰	・作按原則行事的模範，即使以某些物質成功為代價 ・作同樣勇敢和堅持一致的同伴
自身概念：	・能力與事業選擇將加強自主意識 ・事業和角色的成功可以是依賴性和角色一致性的，而不是自主性的，特別關心成功的外在徵象	・與事業遠離 ・擴大目標貢獻，包括向更大的社會作超越 ・自身超越過自我實現夢想建立更好的社會勝過去擁有更多的東西	・給以想像 ・建立鼓勵自主性的社會，而且社會目標不僅僅是權力、地位、或物質利益
看待別人：	・友愛與團結 ・與配偶、孩子、同事有最大關係時期 ・在事業的需要和家庭之間掙扎	・擴大關心的範圍超越此時此地至社會後代及至社會地位低下的階層集群性	・當關係和／或事業發生生動搖時，給予支持 ・集群性的模範 ・給以集群性的機會

環境
工作世界、學校世界、政治世界、社會世界、經濟世界、開始的家庭：
一切衝突

對超驗的看法：
· 對於有些人，在經過一段冷淡時期之後，欲與孩子們有共同的信仰視景和價值，為了孩子重回信仰社群
· 更深入地瞭解信仰責任
· 有些人，向上帝所禱關係增長
· 接受組織的限制
· 提供信仰社群——一切尋求理解過程和解釋的增長
· 提供服務的組織而不是要求服務
· 年齡較大的成人按他們的信仰承諾生活

自身：
· 我是由我所愛的人和我所關心的人或事物來界定的。我對別人和上帝負責
· 社群性：我有社群性的力量
· 從別人和物質世界中得出各種可能性。通過貢獻自身與別人共享上帝的愛
· 不能直接幫助，只能創造有利的環境

· 批判已接受的價值
· 圍繞價值將世界結合起來
· 我可以塑形世界，甚至想在一定程度上，我受到世界的塑造
· 民族、城市、社會對重新檢查基礎開放
· 以相互尊重為基礎的環境

----→ 不斷擴大的環境

工作的世界。他們是否應該把整個國民生產的增長或成熟成人的發展作爲最大的關切？爲了生產和事業的發展，家庭和發展孩子方面的犧牲應到何種程度？是否人民，我們最大的自然資源，在技術的祭壇上遭受了犧牲？馬可比（Maccoby, 1981）對年輕人生活的工作環境的性質提出了很好的問題。雖然兒童與青春少年也與環境相互塑造，但他們是不自覺的。隨著青春晚期的到來，人們便作出故意的，有意識的努力來改變環境，如我們所見特別是在六十歲這十年間。年輕成人甚至會作更大的努力去塑形環境。

認知成份

智力發展　利格爾（Riegel, 1973），祁森納和金恩（1981）指出，成人可以超越形式運作發展智力，走向辯證思維的能力和更大的容忍模糊性和不確定性。年輕成人還可以發展對複雜情景和不同前景的更大的覺察，以及能夠追求對於宇宙的更大的知識，這樣的信心。

　　辯證思維的能力在那些柯爾伯（1969）所描述的第五階段的能進行原則思維（principled thinking）的人們最爲明顯。雖然他們覺察到法律或宗教組織對某些事所作的宣佈，但他們仍能按照正義的原則作出道德判斷，或因爲關心和責任感而作判斷（Gilligan, 1982）。他們能夠向侵犯公民權利的法律或對某一部份人民不公正的政府機構挑戰。在宗教方面，他們的限制家庭人數的決定可能與宗教組織的主張相衝突。無論是通過有啓發的咨詢或是由於他們的智力增長，他們已有能力將權威者的教導、正義或道德的原則以及他們自己在這二十世紀最後四分之一的具體情況統統加以考慮。有些人甚至可能已經發展了後習俗形式的道德判斷（Murphy　and Gilligan,　1980）。例如，尤其是年輕的天主教徒在作出家庭人口

計劃的道德決定時，他們不再單純地服從宗教權威。有些人覺得在他們的選擇與作為一個真正的宗教組織成員之間並無矛盾（Greeley）。

對於他們較大的矛盾往往是社會或工作的要求與他們對道德原則的遵守之間的矛盾。智力的更加成熟是對各種不同人群的權利相互矛盾的複雜情景的覺察。為了在公司中發展可能需要對顧客稍有欺騙；而不發展則會使孩子上大學的權利受到危險。或者說，取得威信和經濟上的好的提升可以使孩子將來能夠上大學，但可能意味著較少的時間與孩子在一起，較少的時間在孩子們發展的重要時期或婚姻時期與自己的配偶在一起。這種真正的價值衝突可迫使年輕的成人們去弄清楚及充實他們的價值體系（Edelstein and Noam, 1982）。

許多人選擇家庭為最高價值（Nesbitt, 1983）並犧牲工資的提升，以加強家庭的聯繫。一些團體已開始考慮這個現象（Maccoby, 1981）。

這個時期情況的模糊性要求成熟的道德判斷，在此時期家長可以提出建議和作為模範。

自身觀念　在經過了青春早期和晚期的懷疑和躊躇之後，這是一個對自己指導自己生活的能力的覺察增長時期。當然，生活要受到不可避免的種種情況的限制。頻繁的改換工作可影響自身信心。就大部份而言，這是個應激時期，但也有希望和信心，他們相信生活是能掌握的和按照自己的想像去生活的（Levinson, 1978）。

因為新的工作、新的家、新的家庭及新的責任的壓力，這個時期並不是大量內部反思和自身評價的時期：簡單的說，簡直沒時間。人們被完全吸收於緊迫的外在任務，有時因為經濟上的不定和角色的不明使外在任務十分困難（Gorman 1983）。

在一個有雙重事業的家庭中或在一個丈夫比他們的父親承擔更多的責任在體格上照料孩子的家庭中，年輕成人必須建立他們自己的角色模範，作爲丈夫、妻子和父母親。離婚後的父（母）更增加了責任和新的角色要求。

專心於按照外在事業及家庭角色生活（ Levinson, 1978，描述的「暴漲 」期）可阻礙自身的成長和／或促進相互成長的友愛和共享。年齡較大一些的成人可從作爲教導者和模範而得到幫助。

對別人的覺察 在這一時期可以發展不僅僅是對於個人的，而且對於人們的集體的移情能力（ Hoffman, 1982 ）。這也可以是與更大的集體友愛和團結的時期，關心不同於自己的人們的時期。儘管他們對別人的情況有更多的覺察，但因關心自己事業的發展而抑制爲社會地位較低的人們所作的助社會行爲的發展。

年輕成人需要看到自己人格的發展，他們的自身實現，而當他們走出他們自己幫助別人時，當他們走向集群性而不是孤立自己時，這些便得到了促進（ Maslow, 1971 ）。

對終極環境的覺察 越來越多的證據表明，這一年齡的青年要尋求一個信仰社群求得支持和前景。與綜合性習俗時期的青春少年相比，這是十分不同的需求（ Fowler, 1981 ；Hoge, 1981 ）。

25至40歲的青年人作出了重要的生活選擇並面臨著一些非常重要的生活的問題。大多數人並不追求與制度的要求一致，而是尋求一種制度，這種制度能爲他們服務，能爲他們追求信仰前景的需要、幫助教育孩子的需要、支持那些也在努力在世俗世界中按他們的理想生活的夥伴們的需要服務。

有些青年人會說，他們從來也未脫離過宗教，即使在他們未參加宗教活動時也未脫離過。就像容格（ Jung, 1957 ）那樣，青年人把「信念」作爲教義的社會表現，把宗教，按照容格的觀念，作

爲與世外現實的關係（第31～34頁），將兩者作出區別。他們可能
暫時地拒斥宗敎的社會方面，但仍然保持與超驗的關係（Gorman,
1983）。

他們可能處在個體階段（individuative stage, Fowler,
1981），這時他們有意識的選擇歸屬於某一特定的組織，或者他們
可能處於第五結合階段（conjunctive stage 5），這時他們認識到
人的缺點及制度的缺陷。儘管他們忙於「工作」，許多人仍迫切需
要精神營養。

哥爾曼（1983）選擇了一些青年夫婦談話後發現，有些人參加
宗敎活動是爲了他們的孩子。這就促使了他們自己的眞正信仰的成
長。有許多人承認，他們並不是爲了宗敎情況的需要而祈禱，而是
當開車、釣魚、或看到自然的美時才祈禱。他們從上帝的具體象徵
中解脫出來，認爲任何人類的象徵物均不足以表現終極的現實。

這種對終極環境的不斷增長的覺察，以及社群成員中的相似的
信仰可能是對那些將面對他們的父母從未遇到過的道德困境的青年
人的眞正支持。

自　　身

艾利克森（1964；1968）稱這個年齡是爲「友愛和團結」而鬥
爭並與「孤立」抗爭的年齡。他對這個時期的自身所作的界定是愛
和關心。愛是偉大的力量，同一性來自對別人和對超驗的承
諾（Erikson, 1959, 1968）。

總　　結

青年成人時期是富於成長的時期，因爲增加了責任、關係和承
諾。年輕的成人需要較年長的成人的支持、敎導和模範作用。

表　8

	目前所處	可以發展的	其他人能做的
生命方面	·成熟的社群性 ·力量開始降低	·雖然力量降低，但更整合 ·向死亡和疾病開放	·鼓勵更好地健康照料
認知方面 智力： ·道德——判斷以對正義的關心和尊重為基礎 ·綜合和辯證運作的能力增強 ·可有社會方面和心理方面的辯證	·接受矛盾的能力繼續增長 ·作出多種解決 ·耐受不斷的變化 ·關心和負責	·提出問題以作出多種解決 ·使變化逐漸發生，幫助向變化開放 ·幫助對改變的社會俗和穩定的道德原則作出區分	
對別人的看法： ·無名稱的、孤立的、無友愛的或表面的關係 ·或者發展深厚的友誼、有共同思想、感情 ·局限於社群開放觀點或更多的社群開放觀點和感情	·社群性：希望與別人共享自己的夢想；或者 ·自己專心一致 ·與後代的連續感——或角色 ·主導和工作常規化	·區別不同輩的追求，並互相支持 ·示明「沒有人是孤島」	

中年
（40－60歲）

環境
工作世界，家
其他國家或將
世界縮小到工
作和家

對超驗的看法：
・綜合的習俗性或毫無疑問的與慣例一致，或者
・受到告知而對之負責

・聯合的信仰或對信仰視景在制度表現上的限制的覺察
・在未轉變的世界和正在轉變的視景中生活和行動

・類似的人組成社群，追求理想的生活和將理想與責任傳給孩子

自身：
我是：
・生存著的我
・一切已是的並將是的我

・回顧既往
・在面對死亡之中關心生活
・整合

・成爲世界公民
・全球村
・我是世界的一部份，在經濟上是獨立的

・用媒體強調
・相似性、共同的人性
・禮儀，減少民族主義和種族隔閡

──→不斷擴大的環境

中年時期（ 40－60歲 ）

總　　觀

　　艾利克森（ 1959 ）提出這是一個與其他代最有關係的年齡——無論是與年幼的孩子，還是與年老的父母親。這又是可以看到豐富的工作成就，人際關係成就，或者是一個失望和停滯的時期。艾利克森指出，對於這個時期他故意的選擇了社群性（ generativity ）這個詞， 而不用多產性 （ productivity ） 或創造性 （ creativity ），因後者針對事物而不是針對人。他說，他指的是具有與自己類似的價值觀和觀點的人的不斷增多。因此，社群性所意味的比生物意義的社群性廣得多，後者通常發生於二十或十歲以前。

　　這一時期的成人是道德價值的主要傳遞者。艾利克森（ 1959, 1970 ）曾談到對於生命每一時期的主要任務有幫助的人際關係種類。他把「生兒育女和生產所要求的能力」歸爲對中年人有幫助的事。生兒育女在人生理想的道路上要求人們比在職業上更多的能力。

　　勒文森（ 1978 ）也把教導子女的任務作爲這一年齡的中心任務。在理想成熟的過程中，中年人越出了他們個人事業發展的夢，並尋求將眞正的美國人的宗教、政治、經濟對一切人平等的夢傳遞下去，現在他們可以和年輕人共享這些夢想。因此，中年時期可以是通過自身超越達到自身完滿或走出去幫助別人的時期。

　　勒文森（ 1978 ）也指出，這可以說是一個否定幻想（ de-illusionment ）時期，而不是脫離幻想（ disillusionment ）時期。這是個對個人的夢進行檢查以清除幻想的時期。這並不意味著通過脫離幻想丟掉一切美夢，而是在夢想中分辨眞正的可能性和去除幻

想。

中年人是分析者、綜合者和整合者（Erikson, 1970）。在中年時期，角色需要作重新檢查，與自身分開而與別人的自身相結合，而且要植根於超越物質的、外在的和暫時的成功的價值上。成人從前二十年的熱情工作轉向內在。青年時的重要問題是「怎樣」和「什麼」。而現在的問題則是「爲什麼」和「我是什麼樣的人？」這些問題與青春少年作探索性提問時相似，而現在則以更深刻的評價的方式提問，並植根於經驗（Jung, 1933；Schein, 1978）。

正如青春期是人格巨大成長的時期，中年可以是內向的大成長時期或者是外向停滯時期。我們的敍述主要根據艾利克森（1950, 1959），勒文森（1978），瓦蘭特（1977），謝因（Schein, 1978），福歐勒（1981）和容格（1933）。

環　　境

環境對中年成人的界定起著主要作用。如果環境強調物質積累和舒適，過度的作用便會將許多成人約束於工作、家和友人。

另一方面，國內和國際經濟環境的不可預見性可幫助成人對他們的環境的價值和標準提出問題。去審視其他可代替的價值和標準，甚至去改變環境（Maddi, 1967）。馬地指責那種把人約束爲僅僅是社會角色的扮演者和生物需求的化身的環境。

在中年時期，中年人可以選擇將他們的環境限制到非常小，或者使自己向全宇宙開放，這樣他們就可以用艾利克森（1959）的話說：「人類，就是我類。」

生命方面

勒文森（1978）指出，在中年時期成人開始感到精力和力量均

在降低。儘管生殖性的成熟，他們的體力卻在降低。經驗和技能可對力量的降低進行代價。

認知成份

智力發展 中年可以是眞正的辯證思維時期（ Riegel, 1973 ），這時中年人的豐富經驗可以使他們能夠認識全部或大部道德事件的內幕，並作出創造性的、可實行的和公正的解決。然而，許多不能應付甚至忍受不斷迅速變化的，不定性的世界的中年人便退到教條之後和墨守常規，而對那些不按法律條文生活的人加以粗糙的批評。

對於中年人，艾利克森（ 1959, 1982 ）推薦關於照料和責任的道德或後習俗的情景性的道德思考（ Gilligan, 1982；Murphy and Gilligan, 1980 ）是社群性的理想道德的類似情況。不如意的是，當中年人正爲他們的道德而奮鬥時，他們通常與他們的青春年少的孩子生活在一起，孩子們似乎拒絕他們的一切道德說教和示範。關於他們作爲父母親傳遞普通道德價值的自身懷疑可能增長。其結果可以是對孩子們作粗暴的拒斥，但眞正的社群性可幫助他們發展孩子的成熟道德判斷的能力。他們可以通過尊重孩子們的意見和觀點和與孩子共同討論他們的道德問題，共同努力解決這些問題來發展孩子們的道德判斷能力。根據霍夫曼（ 1970, 1982 ）引證的材料範例和引導是發展內化的成熟意識的最好方法。成人們在中年時期需要確信青春期的孩子們需要他們，要他們幫助解決道德決定。而父母親必需能夠區別眞正的正義和責任及社會習俗。

自身觀念 容格（ 1933 ）和勒文森（ 1978 ）均指出，中年人轉向內在並對生活的目的和意義提出問題。如果他們的同一性完全來自工作、事業或角色（ 團體的總經理、工人、家庭主婦和母親、銀

行家、醫生等等），中年時期可以是大的應激時期。社會角色要求隨著日月進程而遷移，較年輕的急望充當年長者的角色。

成年人需要一獨立於自己的角色和活動的內在中心，該中心能不顧角色的約束和工作的習俗而自己成長（Jung, 1957，第35頁）。往往事業和工作不能提供教導的機會，則可以在政治、市民生活或宗教方面找到機會。

因此，自身覺察的方向既有內在及至自身的又有外在及至社群性的其他人的。如果成人能將他們的夢想傳遞下去，像金恩將他的夢想傳給楊格（Andrew Young）那樣，他們便能接受不能充份實現夢想的生活。

對其他人的覺察 這是在外在關係方面真正改變的時期並可對僅以角色規定為基礎的婚姻產生威脅。

當孩子們離去，冷清的家迫使老夫婦在最初數年中相依為伴。要求更深的、新的相互性，對以角色為主的婚姻有很重的應力（Levinson, 1978）。

這對父母和十餘歲的孩子之間的關係也可是巨大應力時期，他們兩方面均在經歷自身懷疑時期。某些成人傾向退出他們的困難關係而沉浸於繁忙的工作中或飲酒（Schein, 1978）。

另一個可要求許多時間和個人投資的關係是對年老的和／或有病的父母親的照料。有些人把他們的責任推給國家。另一些人放棄自己思想的寧靜，全身心地照料父母，對老年父母的照料義務，如果和對孩子與工作的責任相衝突，可成為嚴重的道德困境。有些人能與父母有充足的分離，既照料他們又保持了他們父母的高尊和自己的自主性。

因此，責任迅速轉換時，人際關係可給中年人很大的應力。中年人需要的不是退縮或逃避責任，而是接受人的限制性。承認和接

受這些，他們才可解脫自己成為剛開始婚姻與事業的年輕人的保證人和教導者。社群性是中年的主要任務和主要成果（Erikson, 1959, 1964, 1982；Schein, 1978；Levinson, 1978）。

對終極環境的覺察 某些中年人滿足於毫無疑問的信仰形式。福歐勒（1981）稱這種信仰為綜合習俗性信仰（synthetic-conventional faith）。他們可能按時參加宗教活動，傾向於外在的遵守慣例以這種方式來支持他們害怕或不願面對的內在空虛。

許多參加過宗教活動和對孩子進行宗教教育的人發展出更成熟的，適合自身的信仰。福歐勒對此稱之為個體的反思性（individual-reflexive）（1981）。他們可參與改變禮教和建立真正信仰的社群。有時，尤其是進入第五階段後，他們把覺察擴大到有助於不幸的人們，如流亡者、囚犯等（Gorman, 1983）。

於是，對於中年人來說，信仰可以是外在的裝飾或者是與生命結合在一起的同一性的內在部份。福歐勒（1981）對第五階段的人所作的描述是「生活和行動於未轉變的世界與正在轉變的視景和忠實性之間」（第198頁）。成熟的成人可忍受宗教和政治領導人缺乏這種理想的缺點，因為他們可以抱著與之有共同理想並最後實現的希望繼續工作。

自　　身

艾利克森（1964）認為中年人的力量是關心。社群性的成人是這樣一些人，他們可以說：「我就是生存著的我——以及我是我一直是和已經形成並將形成的我」。他們可以很好地走向完美，如艾利克森所說的「繼續是一直所是的」（1959）。其他人可以通過尋求這些成人做教導者和讓他們知道其他人受到了他們的幫助。

總　　結

　　中年時期可以是鞏固和內部成長的時期。那些在二次世界大戰後處於「兒童萬歲運動」（ great baby boom ）的人們及特別長壽的人們才進入這個人群。當面對中年人時，應對諸如婚姻、家庭、事業頂峰、年老的父母親、經濟約束和內在精神成長，這些問題和事件。中年人可面臨許多道德困境，涉及不同人和有關組織的權利衝突。他們需要支持和尊重。

成年晚期（ 60歲以上 ）

總　　觀

　　在美國隨著老年人口的增加，對成年晚期的研究也在增加。瓦利斯（ Wallis ）在時代（ *Time* ）雜誌1983，7月第11期上報導，1983年7月1日在美國歷史上第一次65歲以上的人數（ 2740萬 ）超過了10至20歲的人數（ 2650萬 ）。舊的關於老年人加強分離性的各種學說（ Cumming & Henry, 1961 ）正在讓位給捲入和約定到新的各種活動和承諾中去的建議（ Kahana, 1982 ）。卡哈那（ Kahana ）還報導老年學家正開始承認老年像其他年齡時期一樣有很大的各種類型的多樣性。菲斯克（ Fiske, 1980 ）也發出警告反對對中年和老年作過份一般化的認識，反對把開始與終止與特定的階段或年齡聯繫起來。金默爾（ Kimmel, 1980 ）對研究進行總結後指出，人格特徵是決定成功的老年生活是繼續活動還是逐漸退離的關鍵。因爲老年學是相當新的領域和有時研究相互矛盾，例如體力的減弱是因爲年老還是疾病（ Kimmel, 1980 ）。下面力圖綜合關於老年的最近研究。

表 9

成年晚期 （60歲以上）	目前所處	其他人能做的
環境 更動可引起適應 激或降低活力；其重要性 主要對於自主 性而不是舒適 → 不斷縮小的環境	**生命方面** ・精神運動和感覺功能降低 ・軀體反應緩慢，但受技能和經驗代償	・承認和支持他們的反應差別，但並不一定低差
	認知方面 智力 ・超越純邏輯或實用邏輯 ・關心具體的實用性和社會系統穩定	・認識這種關心實用性和穩定可損失某些細節和純邏輯
	自身概念 ・保持一致性 ・自身的想像比面臨的即將臨頭的死亡更重要	・使他們能關心別人和能對自身想像給予肯定人接觸
	對別人的覺察 ・極少進行研究 ・有些在慈善院中生活的人有低的移情和高的信任，以維持自身感。	・建立一種促進自主感和信任別人的慈善院
	對終極的覺察 ・無什研究 ・老年人各種水不的信任均有 ・他們對自己所選擇的意義的承諾，在某些人中是可能的和明顯的	・給以繼續學習的機會，這樣他們可以繼續重新構述他們對意義的承諾
	自身 ・智慧，完美和成熟的信仰是健康自身的特徵 ・繼續是一直所是的	・其他人繼續與他們保持關係，對他們給予肯定

儘管研究一般指出，在對刺激的感知、操作和反應上機體變得效率較差，但金默爾指出，對這些改變是因爲年老本身的結果，還是因爲疾病，和因爲社會因素進行區分是很重要的。另一項要注意的是，在智力發展的研究上，採取抽樣比較，這就需要考慮群組效應的可能意義。研究還揭示，民族對於人們對待年老的方式和體力下降率是個重要因素（ Kahana, 1982 ）。

這張成年晚期的表已稍作了修改，以反映老年人在改變上的整合（ integration ）而不是從運動的觀點發展進入「更高的階段」。艾利克森（ 1982 ）認爲老年人的任務是完美性對絕望。

這裡所需要的可以簡單地稱爲「完美性」（ integrality ），一種保持事物在一起的傾向。的確，我們必需承認，對於老年人回顧性的當神話來敍述，可以認爲是一種假整合性以用來對抗潛在的絕望……然而就整個而言，我們必須讓人的潛能，在適宜的條件下，或多或少積極地讓早年階段的整合性的經驗結出成果（ 第65頁 ）。

因爲老年人的一個主要問題往往是更動，目前已有更多的關於環境對老年人影響的研究，結果相互交錯。有些說，更動有負性的作用（ Lieberman & Tobin, 1983 ）；對其他人說，更動提供了新的結約的機會（ Spence, 1975；Lowenthal, 1971 ）。

最近關於智力功能的研究指出，需改變智力成熟的標準。當前對於智力行爲的測定證明了反對學術成就標準的正確。老年人對用於年輕人的智力測驗很少興趣。對老年人的實用主義的考慮可作出他們的智力功能形態不同於年輕成人，而不是不成熟（ Labouvie-Vief, 1980 ）。因此，老年人的道德判斷通常更爲考慮情景和更實用性。

至於老年人的自身觀念，大多數晚近的研究（ Lieberman &

Tobin, 1983）指出，「從老年人的觀點來看，晚年的中心問題是維持自身連續性、自身完美和自身同一性的力不從心的動力」（第347～348頁）。他們指出，老年人發展某些故事是爲了加強他們的自身觀念。然而，一致性切不可解釋爲固執，勿寧說是對穩定性的關心（Labouvie-Vief, 1980）。事實上，這種對自身完美的關切被認爲是比死亡威脅更大的關切（Lieberman & Tobin, 1983）。

老年人對別人覺察的水平也與青年人一樣很不一致。謝爾曼（Selman）（1980）未對老年人作這項研究。利伯曼（Lieberman）和多賓（Tobin）（1983）發展了對別人移情與不信任的試驗，他們發現在慈善院中，那些移情作用低的老年人比較長壽，因爲他們缺乏對別人的興趣，從而防止了與疾病的認同作用（identification）。但是艾利克森（1959）認爲老年人是與全部人性相聯繫的：「人類即我的類」。即使退出工作，角色也可認爲是對老年人覺察別人的限制，有研究指出，有些老人繼續保持對別人的覺察及對人類家庭的覺察（Kimmel, 1980）。

容格（1933）是首先指出人們在後半生便內省和反思人生的意義。雖然一般承認，老年人信教的比年輕人多（Kimmel, 1980），但對老年人信仰的發展卻無甚研究。速利克（Shulik）（1979）與四十名老人（平均年齡70歲）談話，發現在他所稱的年齡感（對於必然和不可避免的生活改變的主觀感受的測量）與福歐勒（1981）定義的信仰水平之間有密切關係。速利克結論：「對於外在生活的細微差別（即環境改變）的敏感性，隨著對內在生活差別（即內在的改變）的敏感性增加而增加。因此，像其他的成份那樣，對於終極的覺察在更大的程度上隨個體不同，不僅是年齡本身。」

最後，老年人的自身可以按照艾利克森（1968）對老年所述的

特殊美德來描述。智慧是老年人的美德。「智慧……在死亡的面前，仍然是生命本身所積極關切的，而且是超然的……它不顧對失敗的瞧不起和對最終化為烏有的恐懼，保持著和傳遞著經驗的完美」（1978，第26頁）。對此，他在其他地方寫道：「繼續是一直所是的」（1959），和「我是生存著的我」（1968，第141頁）。

在整個生命週期中來看成人晚年這個段落，可以看到重要的是，越來越老的主要事實意味著，某些體力降低、社會角色數的減少，和某些關係丟失。然而，有大量證據表明，有些老人仍能繼續在高度能力的水平上進行智力的和道德的活動。如卡哈那（1982）所說：「最後，這是一種信念，個人的靈魂（psyche）能夠駕御消極的生物性和社會性影響，賦予我們最積極的前景」（第907頁）。

環　　境

對於更動效應的研究結果參差不同。卡哈那（1982）報導，對於有些老人，環境改變提供了新的責任機會，從而抵消了角色丟失和朋友丟失。在一項對遭受到被迫更動的八百名65～85歲老人的研究中，利伯曼和多賓（1983）指出，不僅因為失去了熟習的東西而引起應激，「更動還在下述程度上引起應激，習慣了的行為方式破壞了，並加置了奮力的心理活動需要……舊的對日常世界的假設必需放棄，並必需發展新的假設和行為」（第91頁）。

他們提出有三種環境應激超負的來源：

1.有害的環境：新環境的性質，

2.個人生活方式和新環境要求之間是否適應或一致，

3.新環境和舊環境間一致性的程度（第93頁）。

在一項為期八年的對更動的研究中，他們發現，有相當大的比例受到更動的不利作用。

可以這樣提出問題：當人們越益年老，是否變得更依賴於外在環境？勞頓（Lawton）（1980）發展了環境性順從假說（environmental docility hypothesis），認為，越是老年，行為便越受到環境的控制。當然，隨著年齡增長，對社會支持的依賴性更大，並對自己的命運更少控制。但如利伯曼和多賓（1983）所指出，對自己命運較少控制並不等同於變得更受環境影響。有些研究指出，對環境的依賴性減少。紐嘉登（Neugarten）、摩爾（Moore）和羅維（Lowe）（1965）指出，隨著年老進程，發展著從規範性控制中的解脫。這可能是由於不顧外在和內在的變化，維持自身的需要。史邊斯（Spence）（1975）勾勒了一種晚年時期協約的動態模式，並建議在晚年時期可以發展新的適應性。羅文塔（Lowenthal）（1971）也建議，新的環境可在閒暇的活動中提供新的重新協約的機會。

利伯曼和多賓（1983）結論：

因此，如給予目前的知識，沒有理由結論，老年人比其他
年齡的人更依賴或更不依賴環境的偶然事件。的確，證明
環境的改變對老年人是個危機並不能為環境性順從假說提
供支持或反對。（第118頁）

卡哈那（1982）指出，尋求好的環境或規劃是無用的，因為在老年人中存在著極大的差異性。比居住的物理特點（斜坡等）更重要的是心理─社會的環境：「在心理─社會環境中，居住者可以單獨居住而並不孤獨，人們可以互相幫助而不必擠在一起，可以受到關心而無需放棄關心自己的自身和親友的感覺，可以依賴別人而無需放棄自己的獨立性」（第80頁）。

因此，環境對老年人是十分重要的。更動的應激可引起行爲反應和退回到自我中心並較少關心別人。在另一方面，有支持性的環境可以促進自主性和成熟的道德決定。

生命方面

在對老年人體力下降的探索中，那一些改變是年老本身引起的，那一些是疾病引起的則並不清楚。證據表明機體對外在刺激的感知、操作、和反應均變得效率較差（Kimmel, 1980）。許多人以他們的技能和經驗抵消了反應遲慢。金默爾（1980）指出，年輕人往往因爲缺乏經驗或技能以及因爲身份而必須接近生理能力限度地工作，但老年人則可以比較少的體力和精力發展代價和有效地工作。因爲大多數人的能力是慢慢地逐漸地降低，故代價自動發生，只是疾病或損傷時是例外。

認知成份

智力功能　在一生中是否存在著嚴重的與年齡相關的認知過程降低，對此意見十分分歧（Denney, 1982；Horn & Donaldson, 1976；Baltes & Schaie, 1976；Schaie, 1978；Labouvie-Vief, 1980, 1982a, 1982b）。而且，抽樣研究更使研究複雜化，因爲抽樣研究混淆了年齡和群組效應。今天的30歲的人與40歲的人不同並不僅僅因爲年輕而且因爲文化不同。

拉布維－衛夫（Labouvie-Vief）（1982）對一生中的智力功能給出三種模式：(1)生長退化模式，來自社會達爾文主義和邏輯實證主義時代；(2)場景模式，強調文化對智力發展的作用；(3)等級層次發展模式，這是她贊成的。

生長模式強調體力下降影響心理運動功能、反應時間和邏輯能

力。在生長模式中，「成人時期本身在概念上已不是成長時期，只是引起新的和適應形式的改變時期。最多也只能取得代價穩定來掩蓋迅速的生物性退化」（第153頁）。

場景模式斷言，儘管技能受生物性的影響，但其他方面則依賴於文化。場景模式還指出，某些對老年人進行測定的場景最初是為測定學校的兒童和青春少年的。因為成人習慣於由實用性的理由來作決定而不是抽象地論理，年老成人可能不能被啓動去解決智力試題，除非與他們生活相關。拉布維－衞夫結論：

> 而且，由這項研究導出的論辯是相當一致的。即使給以相當的支持，在許多研究設置中作測定的老年人的常規認知行為可能對老年人能夠做的事只是個很差很差的指標。相反，年齡相關的行為差異往往反映社會文化環境，包括這些環境所包含的限制和機會。如果將這些環境列入考慮，那麼將成人的智力發展考慮為主要是不變的、普遍一致的，和退行性—減退的結局則往往是很不公正的（第163頁）。

拉布維－衞夫（1982a）稱等級層次發展模式為非線性的模式：

> 要抓住這個事實，當我們成長時，我們不僅僅達到了更高的空間－時間層次，而且我們將放棄較低的層次，除非低層次能夠被結合到高層次的概念之中……每一個階段既帶來進展又有破壞。（第167頁）

根據皮亞杰（1967）的形式運作標準，成人的邏輯和認知似乎表現為高層次結構的去組織化（Labouvie-Vief，1980）。但拉布維－衞夫和其他一些研究者提出，在形式運作的最高層次上，除了青春少年的抽象認知以外，還有另一種邏輯形式，包括對具體實用

的關切和一種趨向社會系統穩定的壓力。這可以意味著成人有不斷
進展著的認知結構改變，青年人需要的是可塑性，探尋不同的選
擇，並從具體場景中抽象以便更聰慧的選擇，而成年時期的里程碑
則是承諾和責任。承諾可意味著回到實用主義的必需，接受矛盾和
調和。因此，拉布維－衛夫（1980b）和皮亞杰（1967）論辯，青
春少年的純邏輯是成人的實用邏輯的準備。

　　這一高級的實用邏輯可以更好地解釋成人似乎回到了更習俗的
道德層次這一發現。拉布維－衛夫爭辯的觀點是，成熟成人的所
謂習俗性立場與純習俗性相比，是更高的發展（也見Gilligan　&
Murphy, 1979；Perry, 1970）。她說的一般成人的情況也可應用
於健康的較年老的成人，他們的認知功能是相似的：

　　可以論辯說，成人時期的道德發展引起了螺旋式的，但發
　　展性的早期社會性認知結構極性的重視；這就是由自我中
　　心和社會性系統所確定的前習俗性認知性社會結構和習俗
　　性的道德，在成人時期上升到了更高的認知分化層次，以
　　個體主義的形式對合作性的後習俗性的推理（1980b，第
　　156頁）。

　　儘管老年人常被指責爲固執，但有需要區分一下固執和對穩定
性的關切。許多研究均指出，數學家的創造期於二十餘歲，歷史學
家和哲學家則晚得多（Kimmel, 1980），這並不指示複雜的邏輯
能力降低（Labouvie-Vief, 1980a）。某些老年人的認知力降低和
適應不良性固執，可能是適應更複雜情況的需要。適應既包括失去
又包括獲得，在這一種環境的特殊適應可能意味著在另一方面適應
的喪失。

　　總結而言，最好把老年人的智力功能和道德判斷水平視爲不同
於青春少年，而不是低差。如拉布維－衛夫（1982a）所說：我們

需要有「一種老年進程的觀點，這種觀點受令於老年進程是正常的
這個概念，而不是青年人有優越性的概念」（第178頁）。

自身觀念

> 我們相信，基本線是對老年的本質任務作重新估價，老年
> 的任務不是走向有限性、不是為了整合的目的而對自己的
> 生平作高度目的性的重建和重新審查，也不是智慧和寧
> 靜。毋寧說這個任務是保持一個首尾一貫的、一致性的自
> 身，一個更重要的內在任務，而不是維持一個已接受的自
> 身的相互作用性任務。（Lieberman & Tobin, 1983，第
> 349頁）。

利伯曼和多賓（1983）所做的研究導致他們提出自身形
象（self-image）一致對老年人的重要性。他們所說的智慧與寧靜
不是任務，這似與艾利克森（1978；1982）矛盾，重要的是要看
到，在認知層次上，自身形象一致性的重要。在自身層次上，智慧
這個美德寧可說是遍佈全身的力量，而不僅是智力的內容。在社會
角色改變的影響下，由於體力下降和失去了心愛的親人們，利伯曼
和多賓發現，老年人發展故事是作為抗爭的策略，尤其是關於控制
和自身一致性的故事。

利伯曼和多賓（1983）還發現，當老年人緬懷他們所重建的往
事便建立了一個過去的自身，這有助於維持目前的自身。老人們重
新勾勒自己的歷史，「並不是為了解決矛盾和在死亡之前重新組織
自己的生平，而毋寧是為了建立一個持久的和肯定的自身」（第
349頁）。這並不意味著所有的老年人均失去了與現實的接觸。某
些人是這樣，但對於較為健康的人們，只有很微少的改變。蘇爾斯
（Suls）和慕連（Mullen, 1982）指出，緬懷往事可以為老年人加

強自身感，特別是關於能力和成果的記憶。他們指出，如果老年人在文化環境中受到價值器重，並在照料孩子中很活躍，那麼他們便不需要追憶這麼許多，因爲在他們與其他人接觸時會加強自身觀念。年輕人的自身強化通常求助於與其他人的相互作用，老年人可能接受同類的加強方式。本文作者知道在波士頓市郊有一個稱爲「生平史」的計劃及蘇爾斯和慕連所提到的受到政府支持的一個志願者計劃「退休老年志願者計劃」（RSVP）。老年人到中學中去向學生講述在大衰退時期或在Dachau集中營中的生活。這裡所發展的人際關係肯定了這些老年志願者的自身觀念，並使他們緬懷往事的自然要求有了合法的安排。

勒古耶（Rene L'Ecuyer, 1981）對「長壽的自身」（60至100歲）的研究指出，老年人的自身仍在發展，並不需走向下降的方向（第217頁）。利伯曼和多賓（1983）發現，他們所研究的絕大部份老年人均述及可能死亡的事實。事實上，有限性似對中年晚期比最後這貳拾年更爲至關重要（也見Munnichs, 1966）。「臨近死亡在老年人中只是在有限情況下的危機，而且……死亡這件事必須在時間上較早加以檢驗，以瞭解它對人們心理的作用」（Liberman & Tobin, 1983，第231頁）。

因此，許多關於老年人自身觀念的研究均指向與過去聯繫的自身一致性的重要。可以有理由地結論，這種一致性將反映在道德決定和行爲的一致性上。

對別人的覺察　對於老年人對別人的覺察的研究很有限。事實上，已做的許多研究都是別人對老年人的態度而不是老年人對別人的態度。金默爾（1980）總結研究，這些研究指出老年人無論男女，均有對外在社會的和環境的束縛的關心降低，和增加對內在興趣和動態的注意。紐嘉登（1977）指出，內省增強是唯一的人格改

變，在對老年的研究中一致地發現了這一情況。對其他人的支持的需要是一般都接受的，羅文塔和哈文（Haven）（1968）發現，知心朋友對老年人面臨的損失可作爲一種緩衝。

在一項關於社會相互作用對老年人生活滿足性的效應的研究中，孔諾斯（Connors）、鮑沃斯（Powers）和布天納（Bultena）（1979）發現，與生活滿足最有正性關係的主要是相互作用的性質，相互作用的量則不是主要的。

雖然研究指出老年人有要求別人支持的需要（而且在這方面老年人與其他年齡的人並無區別），但關於老年人對別人的覺察及老年人的扮演社會角色的能力卻沒有什麼研究。 謝爾曼 （Selman）（1980）和霍夫曼（1982）所做的大部份研究都是對年輕人的研究。

然而，利伯曼和多賓（1983）確實對八百名老人的移情和不信任水平進行了考察。他們所作的考察，並非充份地爲了一般性地瞭解老年人的移情作用，而且選擇作爲老年人特徵的人格的這一方面，研究那些在慈善院內活得較長的老人。其結果令人吃驚甚至著慌。他們發現對別人的高度不信任有助於慈善院的生活，因爲「對別人的不信任可降低人際間的衝突和減少不現實的愉快的期望與回償之間的相互作用」（第97頁）。

低移情作用也有助於慈善院中的生活，因爲「對別人的觀點缺乏興趣和不關心受到了避免與疾病和病廢發生認同作用（identification）的促進」（第97頁）。他們還發現，高度的侵略性通過蠻橫的態度去取得個人所需要的也有助於老年人在慈善院內生活。

這些結果揭示的慈善院對老年人的作用比揭示老年人的情況及老年人對別人移情和信任的能力更多。在揭示這些情況時，老年人

的積分（score）由很低至很高的移情、不信任和侵略性。利伯曼和多賓指出在這些特徵上，老年人也和其他人群一樣有很大的差異。尚無研究發現年齡本身能引起改變。移情作用的水平早就發展並繼續維持，除非有突然的環境改變才受到威脅。

　　對終極環境的覺察　金默爾（1980）總結了相當少的對老年人在宗教方面情況的研究。他說，儘管一般均同意老年人比年輕人更信仰宗教，但他們並不勤於去做宗教崇拜，可能因為體力不能之故。

　　然而，近來更多的研究和理論均集中於老年人所個人選擇和陳述的信仰系統，較少研究老年人與宗教組織的陳述一致或老年人參加宗教活動的情況。福歐勒（1981）對這方面所作的界定：「信仰對所有的人都是一種導向，它給人希望和努力、思想和行動的目的和目標」（第14頁）。

　　菲斯克（1980）強調老年人在基本價值上保持連續性的需要。菲斯克對研究作了複習並結論，承諾能使人對付生活的改變。她追踪研究了承諾的四個領域：知識技能的掌握，人際關係，關切（這是一種超越目前的自身網絡和自人們自身的教養完美性和對別人的覺察中發出的關切）；自身保護（第359頁）。她覺得第三個承諾領域既代表了社群性又代表著完美性，並與使人們的生活有意義的信心有密切關係。她發現，在年齡很高時，許多老人只留下了作為其他承諾的基礎的承諾，這對他們的生活和其他人的生活均有意義。她建議老年人應允以繼續學習和研究，她還提到舊金山大學的福洛姆終生學習學院。那裡，歷史和哲學是最普及的課程，每年有數百名學生的輪換。這類對學習的承諾使老年人能加強他們的內在力量，以對付年老。「那些知道他們的價值是什麼，什麼是值得努力的，及如何去愛的老人們是他們的後輩們生活的象徵性目標」

（第369頁）。

速利克（1979），在應用福歐勒（1981）面談程式時認爲信仰主要是哲學的和精神的信仰體系，其次才是對敎義的制度性表現所持的附合性。他對四十名健康老年（60-86歲）的研究發現，歲月年齡與信仰水平的發展並無有意義的關聯。然而，在隨年齡增長的主觀感覺改變而定義的「年齡感」與歲月年齡之間則有很高的相關性。

速利克（1979）未能證明，究竟是高信仰水平使老年人對隱匿的心理改變有更多的覺察，還是「年齡感」引致了高信仰水平。社會經濟和敎育水平也與信仰發展的水平相關。在一項他所用的心理良好狀態的測量中，他發現，個人思想意識較成熟的受試者（即，較高的信仰水平）情緒能較好地平衡，或者比那些較不成熟的人較少得精神疾病。

福歐勒（1981）提供了對六十二名61歲以上的受試者研究的結果，但包括了速利克所作的四十例面談案例。速利克的案例沒有一例是第六階段的，福歐勒的老年案例則分佈所有階段，包括第二、三階段至第六階段。

因此，老年人信仰的發展顯示了與其他上述成份同樣多的差異性。指示信仰成熟水平可幫助老年人更好地對付年齡老化的應激，這樣的研究實在太少。

自　　身

菲斯克（1980）提出，艾利克森關於晚年時期自身的任務的觀點，儘管仍然強調完美性（包括整體性和值得尊敬的眞誠）對絕望，現在尚包括對自己和別人的輕視（Erikson, 1982）。她相

信，除非人們是完美的，否則人們便不可能眞正的社群性。她的研究揭示，「儘管有些人當他們年歲越高時，明顯達到了智慧的更高形式，達到更有效的對付和適應，因此達到了更充實的生活，但這並不一定是普遍的型式」（第340頁）。

艾利克森（1982）研究了嬰兒所特徵的希望和老年時希望的形式，他說就是，「信仰」（第62頁）。智慧和完美是晚年的特徵。構入到老年生活方式的禮儀是思想意識性的，「爲的是在分離的軀體和心理之間維持某種秩序和意義，這也可以說是一種持久的智慧的希望」（第62頁）。他認爲眞正的完美意味著結合在一起，不僅是個人的生活，而且「以有序的方式與遠久的時間和各方面的目的的和諧……以及一種對一生中最重要的少數『其他人』的無時間性的愛」（第65頁）。在各種意義上，艾利克森對老年和完美最初的描述（1950）仍然是：「繼續是一直所是的」。

總　　結

對成人晚期的研究正在增加。老年人在智力功能、自身觀念、對別人的覺察和信仰水平（像其他年齡期一樣）各人有很大的差別，但有些人儘管年老仍然很有能力和完美。更動的影響和環境的重要使老年人能夠維持自主性，而且自身感在任何關於老年的研究中均需加以考慮。

有需要提出一個老年的模型來表示完整和轉變，而並不是中年逐漸減弱。老年人較少作道德決定，但沒有理由說老年人一定較不成熟。

全文總結和結論

　　本章對有道德的人從幼年到老年的發展提出了一個總觀。如本章的引言中所述，在瞭解道德發展方面最有幫助的成份取自諾爾士（第十章）提出的模式：生命成份，自我或認知成份（包括智力發展），自身觀念，對別人的覺察和對終極的覺察。對一生各時期的描述意思是各個年齡時期一般特徵的描述，但並不是必須如此。

　　圖表和一般性的描述只是提出了一些途徑，家長、教育工作者、朋友均可用以促進道德的成長和整合（指中年和成年晚期）。

Boston College

Chestnut Hill, Mass

參 考 文 獻

Bakan, D. (1966). *The duality of human existence：An essay on psychology and religion.* Chicago：Rand McNally.

Baltes, P. B. & Schaie, K. W. (1976). On the plasticity of adult and gerontological intelligence：Where Horn and Donaldson fail. *American Psychologist, 31*, 720-725.

Blasi, A. (1983). Moral cognition and moral action：a theoretical perspective. *Developmental Review, 3*, 178-210.

Burns, R. B. (1979). *The self concept：Theory, measurement, development and behavior.* London：Longman.

Conn, W. E. (1981). Affectivity in Kohlberg and Fowler. *Religious Education, 76*, 33-48.

Connors, K., Powers, E. & Bultena, G. (1979). Social interaction and life satisfaction：An empirical assessment of late-life patterns. *Journal of Gerontology, 34*,

116-121.

Coopersmith, S. (1967) . *The antecedents of self esteem*. San Francisco：Freeman.

Cumming, E. & Henry, W. E. (1961) . *Growing old：The process of disengagement*. New York：Basic.

Datan, N. & Lohmann, N. (Eds.) . (1980) . *Transitions of aging*. New York：Academic Press.

Denney, N. W. (1982) . Aging and cognitive changes. In B. Wolman (Ed.) , *Handbook of developmental psychology* (pp.807-827) . Englewood Cliffs：Prentice Hall.

Edelstein, W. & Noam, G. (1982) . Regulatory structures of the self and 〝postformal〞 stages in adulthood. *Human Development, 25*, 407-422.

Ellrod, F. E., McLean, G. F., Schindler, D. & Mann, J. (1986). *Act and agent：Philosophical foundations for moral education and character development*. Washington：University Press of America.

Erikson, E. H. (1950) . *Childhood and society*. New York：Norton.

Erikson, E. H. (1959) . Identity and the life cycle. *Psychological Issues* (pp. 1-171) .

Erikson, E. H. (1964). Insight and responsibility. New York: Norton.

Erikson, E. H. (1968) . *Identity：Youth and crisis*. New York：Norton.

Erikson,E. H. (1970) . The development of ritualization. In

D. Cutler,（Ed.）, *The religious situation, 1968*（pp. 711-733）. Boston﹕Beacon.

Erikson, E. H.（Ed.）.（1978）. *Adulthood*. New York﹕Norton.

Erikson, E. H.（1978）. Reflections on Dr. Borg's life cycle. In E. H. Erikson（Ed.）, *Adulthood*（pp. 1-31）. New York﹕Norton.

Erikson, E. H.（1982）. *The life cycle completed﹕A review*. New York﹕Norton.

Fiske, M.（1980）. Tasks and crises of the second half of life﹕the interelationship of commitment, coping and adaptation. In Birren, J. E. & Sloane, R. B.（Eds.）, *Handbook of mental health and aging*. Englewood Cliffs, N. J.﹕Prentice-Hall.

Fowler, J. W.（1981）. *Stages of faith﹕The psychology of human development and quest for meaning*. San Francisco﹕Harper & Row.

Gilligan, C.（1982）. *In a different voice*. Cambridge, MA﹕Harvard University Press.

Gilligan, C. & Murphy, J. M.（1979）. Development from adolescence to adulthood﹕The philosopher and the dilemma of the fact. In D. Kuhn（Ed.）, *Intellectual development beyond childhood*. New York﹕Jossey-Bass.

Glaserfeld, E. von & Kelley, M. F.（1982）. On the concepts of period, phase, stage and level. *Human Development, 25*, 152-160.

Gorman, M. (1977). Moral and faith development in seven-teen-year-old students. *Religious Education, 72,* 491-504.

Gorman, M. (1983). The faith development of selected adult couples. *Research in Education*, June (ED 225052).

Greeley, A. M. (1983). Selective Catholicism : How they get away with it. *America, 148*, 333-336, Apr. 30.

Hareven, T. K. & Adams, K. J. (1982). *Aging and life course transitions : An interdisciplinary perspective.* New York : Guilford Press.

Hartup, W. W. (1983). Peer relations. In P. Mussen (Ed.), *Hand-book of Child Psychology* (Vol. 4, 4th ed., pp. 103-196). New York : Wiley.

Hoffman, M. L. (1970). Conscience, personality and socialization techniques. *Human Development, 13*, 90-126.

Hoffman, M. L. (1982). Development of prosocial motiva-tion :Empathy and guilt. In N. Eisenberg (Ed.), *The development of prosocial behavior* (pp. 281-313). New York : Academic Press.

Hoge, D. R. (1981). *Converts, dropouts, returnees : A study of religious change among Catholics.* New York : Pilgrim Press.

Horn, J. L. & Donaldson, G. (1976). On the myth of intellectual decline in adulthood. *American Psycholo-gist, 31*, 701-719.

James, W. (1980). *The principles of psychology* (Vols. 1 & 2). New York : Henry Holt.

Josselson, R. (1980). Ego development in adolescence. In J. Adelson (Ed.), *Handbook of adolescent psychology* (pp. 188-210). New York：Wiley.

Jung, C. G. (1933). *Modern man in search of a soul.* W. S. Dell & C. F. Baynes (Trans.). New York：Harcourt Brace Jovanovich.

Jung, C. G. (1957). *The undiscovered self.* New York：New American Library.

Kahana, B. (1982). Social behavior and aging. In B. Wolman (Ed.) *Handbook of Developmental Psychology* (pp. 871-889). Englewood Cliffs：Prentice Hall.

Kegan, R. (1982). *The evolving self；Problem and process in human development.* Cambridge, MA：Harvard University Press.

Kimmel, D. C. (1980). *Adulthood and aging* (2nd ed.). New York：Wiley.

King, P. M., Kitchener, K. S., Davison, M. L., Parker, C. A., & Wood, P. K. (1983). The justification of beliefs in young adults：A longitudinal study. *Human Development, 26*, 106-116.

Kitchener, K. S. & King, P. M. (1981). Reflective judgment：Concepts of justification and their relationship to age and education. *Journal of Applied Developmental Psychology, 2*, 89-116.

Kohlberg, L. (1969). Stage and sequence：the cognitive developmental approach to socialization. In D. Goslin

(Ed.) , *Handbook of socialization theory* (pp.347-480) . Chicago ﹕ Rand McNally.

Kohlberg, L. (1971) . From is to ought ﹕ How to commit the naturalistic fallacy and get away with it in the study of moral development. In T. Mischel (Ed.) , *Cognitive psychology and epistemologies* (pp. 151-235) . New York ﹕ Academic Press.

Kohlberg, L. (1976) . Moral stages and moralization ﹕ the cognitive-developmental approach. In T. Lickona (Ed.) , *Moral development and behavior ﹕ Theory, research, and social issues* (pp.31-53) . New York ﹕ Holt, Rinehart & Winston.

Kohlberg, L. (1981) . *The philosophy of moral development.* New York ﹕ Harper & Row.

Kohut, H. (1977) . *The restoration of the self.* New York ﹕ International Universities Press.

Labouvie-Vief, G. (1980a) . Beyond formal operations ﹕ uses and limits of pure logic in life-span development. *Human Development, 23*, 141-161.

Labouvie-Vief, G. (1980b) . Adaptive dimensions of adult cognition. In N. Datan & N. Lohmann (Eds.) , *Transitions of aging* (pp. 3-26) . New York ﹕ Academic Press.

Labouvie-Vief, G. (1982a) . Individual time, social time, and intellectual aging. In T. K. Hareven & K. J. Adams (Eds.) , *Aging and life course transitions ﹕ An interdisciplinary perspective* (pp. 151-182) . New York ﹕

Guilford Press.

Labouvie-Vief, G. (1982b). Learning and memory in later life. In B. Wolman (Ed.), *Handbook of developmental psychology* (pp.828-845). Englewood Cliffs : PrenticeHall.

Lawton, M. P. (1980). Environmental change : The older person as initiator and responder. In N. Datan & N. Lohmann (Eds.), *Transitions of aging* (pp. 171-193). New York : Academic Press.

L'Ecuyer, R. (1981). The development of the self-concept through the life span. In M. D. Lynch, A. A. Norem-Hebeisen, & K. J. Gergen (Eds.), *Self-concept : Advances in theory and research* (pp. 203-218). Cambridge, MA : Ballinger.

Levinson, D. J. (1978). *The seasons of a man's life.* New York : Knopf.

Lickona, T. (Ed.). (1976). *Moral development and behavior : Theory, research and social issues.* New York : Holt, Rinehart & Winston.

Lieberman, M. A. & Tobin, S. S. (1983). *The experience of old age.* New York : Basic.

Lowenthal, M. (1971). Intentionality : Toward a framework for the study of adaptation in adulthood. *Aging and Human Development, 19,* 79-95.

Lowenthal, M. & Haven, C. (1968) Interaction and isolation : intimacy as a critical variable. *American*

Sociological Review, 33, 20-30.

Maccoby, M.（1981）. *The leader : A new face for American management.* New York : Simon & Schuster.

Maddi, S. R.（1967）. The existential neurosis. *Journal of Abnormal Psychology, 72*, 311-325.

Marcia, J. E.（1966）. Development and validation of ego identity status. *Journal of Personality and Social Psychology, 3*, 551-558.

Marcia, J. E.（1980）. Identity in adolescence. In J. Adelson（Ed.）, *Handbook of adolescent psychology*（pp. 159-187）. New York : Wiley.

Maslow, A. H.（1971）. *The farther reaches of human nature.* New York : Viking.

Meacham, J. D.（1975）. A dialectical approach to moral judgment and self-esteem. *Human Development, 18*, 159-170.

Munnichs, J. M.（1966）. Old age and finitude : a contribution to psychogerontology. *Bibliotheca Vita Humana, 4.*

Murphy, J. M., Gilligan, C.（1980）. Moral development in late adolescence and adulthood : a critique and reconstruction of Kohlberg's theory. *Human Development, 23*, 77-104.

Naisbitt, J.（1982）. *Megatrends.* New York : Warner.

Neugarten, B. L.（1977）. Personality and aging. In J. E. Birren & K. W. Schaie（Eds.）, *Handbook of the psychology of aging*. New York：Van Nostrand Reinhold.

Neugarten, B. L., Moore, J. W. Lowe, J. C.（1965）. Age norms, age constraints, and adult socialization. *American Jorunal of Sociology, 70*, 710-717.

Newman, P. R. & Newman, B. M.（1976）. Early adolescence and its conflict：Group identity vs. alienation. *Adolescence, 9*, 261-274.

Offer, D., Ostrov, E., Howard, K.（1981）. *The adolescent：A psychological self-portrait*. New York：Basic.

Perry, W. G. Jr.（1970）. *Forms of intellectual and ethical development in the college years*. New York：Holt, Rinehart & Winston.

Piaget, J.（1967）. *Six psychological studies*. New York：Random.

Riegel, K. F.（1973）. Dialectic operations：The final period of cognitive development. *Human Development, 16*, 346-370.

Rizzuto, A.（1979）. *The birth of the living God*. Chicago：University of Chicago.

Rosenberg, M.（1979）. *Conceiving the self*. New York：Basic.

Schaie, K. W.（1978）. Toward a stage theory of adult cognitive development. *Aging and human development, 8*, 129-138.

Schein, E.（1978）. *Career dynamics*. Reading, MA：Addison Wesley.

Selman, R. (1980) . *The growth of interpersonal understanding* ﹕ *Developmental and clinical analyses.* New York ﹕ Academic Press.

Shulik, R. N. (1979) . Faith development, moral development and old age ﹕ An assessment of Fowler's faith development paradigm. Unpublished manuscript.

Simpson, E. L. (1974) . Moral development research ﹕ A case study of scientific cultural bias. *Human Development, 17,* 81-106.

Spence, D. (1975) . The meaning of engagement. *International Journal of Aging and Human Development, 6,* 193-196.

Suls, J. & Mullen, B. (1982) . From the cradle to the grave ﹕ Comparison and self-evaluation across the life-span. In J. Suls （ Ed. ）, *Psychological perspectives on the self* （ Vol. 1 ）（ pp. 97-125 ）. Hillsdale, N. J. ﹕ Lawrence Erlbaum.

Vaillant, G. E. (1977) . *Adaptation* to life. Boston ﹕ Little Brown.

Wallis, C. (1983) . Medicine ﹕ Slow, steady and heartbreaking. *Time 122* (2) , 56-57.

人名索引

道德發展心理學／馬克林(George F. McLean)，
　　諾爾士(Richard T. Knowles)編；方能御譯.
　　--初版. --臺北市：臺灣商務，民82
　　　面；　公分
　　　譯自：Psychological foundation of
　　moral education and character development
　　：an integrated theory of moral
　　development
　　　含參考書目及索引
　　　ISBN 957-05-0739-X（平裝）

　　　1.發展心理學　2.道德－教育

173.6　　　　　　　　　　　　　82003689

道德發展心理學

Psychological Foundation of Moral Education and Character Development : An Integrated Theory of Moral Development

定價新臺幣 360 元

編　　　者	馬　克　林（George F. McLean）
	諾　爾　士（Richard T. Knowles）
譯　　　者	方　能　御
責任編輯	王　林　齡
封面設計	江　美　芳
校對者	余　芝　光

出　版　者
印　刷　所　臺灣商務印書館股份有限公司
　　　　　臺北市重慶南路 1 段 37 號
　　　　　電話：（02）23116118・23115538
　　　　　傳眞：（02）23710274
　　　　　讀者服務專線：080056196
　　　　　E-mail：cptw＠ms12.hinet.net
　　　　　郵政劃撥：0000165－1 號
　　　　　出版事業：局版北市業字第 993 號
　　　　　登　記　證

- 1993 年 7 月初版第一次印刷
- 2000 年 3 月初版第二次印刷

ISBN　957-05-0739-X（平裝）　　　　　32173000